앞선 정보 제공! 도서 업데이트

언제, 왜 업데이트될까?

도서의 학습 효율을 높이기 위해 자료를 추가로 제공할 때!
공기업 · 대기업 필기시험에 변동사항 발생 시 정보 공유를 위해!
공기업 · 대기업 채용 및 시험 관련 중요 이슈가 생겼을 때!

01 시대에듀 도서
www.sdedu.co.kr/book
홈페이지 접속

02 상단 카테고리
「도서업데이트」
클릭

03 해당
기업명으로
검색

참고자료, 시험 개정사항 등 정보 제공으로 학습효율을 높여 드립니다.

근로복지공단

사 원

근로복지공단

사이다

사일 동안
이것만 풀면
다 합격!

근로복지공단
NCS + 전공

시대에듀

2025 최신판 시대에듀 All-New 사이다 모의고사
근로복지공단 NCS + 전공

Always **with you**

사람의 인연은 길에서 우연하게 만나거나 함께 살아가는 것만을 의미하지는 않습니다.
책을 펴내는 출판사와 그 책을 읽는 독자의 만남도 소중한 인연입니다.
시대에듀는 항상 독자의 마음을 헤아리기 위해 노력하고 있습니다. 늘 독자와 함께하겠습니다.

머리말 PREFACE

세계 최고 수준의 사회보장서비스기관을 지향하는 근로복지공단은 2025년에 신입 직원을 채용할 예정이다. 근로복지공단의 채용절차는 「원서접수 ➡ 서류전형 ➡ 필기전형 ➡ 직업성격검사 ➡ 면접전형 ➡ 서류검증 ➡ 임용등록」 순서로 이루어진다. 필기전형은 행정직 6급(일반)의 경우 직업기초능력과 직무기초지식으로 진행된다. 그중 직업기초능력은 의사소통능력, 문제해결능력, 자원관리능력, 수리능력 총 4개의 영역을 평가하며, 2024년에는 피듈형으로 진행되었다. 또한 직무기초지식은 법학, 행정학, 경영학, 경제학, 사회복지학 총 5개의 영역을 통합전공으로 평가하므로 반드시 확정된 채용공고를 확인해야 한다. 필기전형에서 고득점을 받기 위해서는 다양한 유형에 대한 폭넓은 학습과 문제풀이능력을 높이는 등의 철저한 준비가 필요하다.

근로복지공단 합격을 위해 시대에듀에서는 기업별 NCS 시리즈 누적 판매량 1위의 출간 경험을 토대로 다음과 같은 특징을 가진 도서를 출간하였다.

도서의 특징

❶ 합격으로 이끌 가이드를 통한 채용 흐름 확인!
- 근로복지공단 소개와 최신 시험 분석을 수록하여 채용 흐름을 파악하는 데 도움이 될 수 있도록 하였다.

❷ 기출응용 모의고사를 통한 완벽한 실전 대비!
- 철저한 분석을 통해 실제 유형과 유사한 기출응용 모의고사를 4회분 수록하여 시험 직전 4일 동안 자신의 실력을 점검할 수 있도록 하였다.

❸ 다양한 콘텐츠로 최종 합격까지!
- 온라인 모의고사를 무료로 제공하여 필기전형에 대비할 수 있도록 하였다.
- 모바일 OMR 답안채점/성적분석 서비스를 통해 자동으로 점수를 채점하고 확인할 수 있도록 하였다.

끝으로 본 도서를 통해 근로복지공단 채용을 준비하는 모든 수험생 여러분이 합격의 기쁨을 누리기를 진심으로 기원한다.

SDC(Sidae Data Center) 씀

◇ 미션

> 산재보험과 근로복지서비스로 **일하는 삶의 보호와 행복**에 기여한다

◇ 비전

> 일터에 **안심**, 생활에 **안정**, 일하는 모든 사람의 **행복파트너**

◇ 핵심가치

책임과 신뢰

전문성과 혁신

공감과 소통

◇ 인재상

일하는 사람과 **공감**하고 **열정**으로 행동하는 **바른 인재**

공감人	혁신人	책임人
소통하는 열린 인재	도전하는 전문 인재	신뢰받는 바른 인재

◇ **경영방침**

공정 서비스

▶
- 공정한 업무상 재해 보상
- 소득 기반 산재 · 고용보험료 부과
- 국민요구 맞춤 데이터 공유

적시 서비스

▶
- 업무상 질병 적기 처리 강화
- 산재근로자 치료 · 생계비 신속 지원
- 맞춤형 근로복지서비스 제공

감동 서비스

▶
- 직원을 보호하는 안전한 일터
- 역량 향상을 위한 유연한 근무환경
- 활력 넘치는 조직문화 조성

◇ **중장기 전략방향**

일터안전망 강화

▶
- 산재 · 고용보험 사각지대 해소
- 신속 · 공정한 산재 보상
- 전문 재활치료 강화
- 일상회복과 일터복귀 지원

근로복지 격차 완화

▶
- 생활안정 금융지원 강화
- 상생형 근로복지 지원
- 임금체불 근로자 보호
- 퇴직연금 가입 확대

지속가능한 혁신

▶
- 현장중심 전문역량 제고
- 디지털 혁신으로 고객 만족
- 국민 눈높이의 윤리경영 실천
- 안전 · 환경 · 책임경영 강화

◇ 지원자격(공통)

❶ 성별 · 학력 · 연령 : 제한 없음[단, 임용일 기준 만 60세 이상(정년)인 자는 제외]
❷ 대한민국 국적을 보유한 사람
❸ 국가공무원법 제33조 및 근로복지공단 인사규정 제14조(결격사유)에 해당하지 않는 사람
❹ 남성의 경우 병역필 또는 병역 면제자

◇ 필기전형

과목	전형	세부영역
직업기초능력 (70문항)	전 전형	의사소통능력, 문제해결능력, 자원관리능력, 수리능력
직무기초지식 (30문항)	행정직 6급 (일반전형)	법학, 행정학, 경영학, 경제학, 사회복지학(각 6문항)

◇ 직업성격검사 및 면접전형

구분	내용
직업성격검사 (온라인 사전)	• 조직적합성 및 성격역량 평가 • 필기전형 합격자에 한해 온라인 개별 실시
면접전형	• 직무수행에 필요한 직업기초능력 및 직무수행능력 평가 • 의사소통능력 · 문제해결능력 · 직업윤리 · 공단 및 직무이해도 · 자기개발계획 등 평가 • 방식 : 다대일 면접, 1인 집중면접(직무상황면접 + 경험행동면접)

❖ 위 채용 안내는 2024년 하반기 채용공고를 기준으로 작성하였으므로 세부사항은 확정된 채용공고를 확인하기 바랍니다.

2024년 하반기 기출분석 ANALYSIS

총평

근로복지공단의 필기전형은 피듈형으로 출제되었으며, 난이도가 비교적 평이했다는 후기가 많았다. 의사소통능력, 자원관리능력, 수리능력은 다양한 자료를 활용한 세트문제가 다수 출제되었으므로 정확하게 자료를 이해하고 문제를 푸는 연습을 하는 것이 좋겠다. 직무기초지식에서는 기본 개념을 활용한 문제가 많이 출제되었으므로 출제되는 영역에 대한 이론을 확실하게 학습해 두어야 한다. 또한, 직업기초능력 70문제, 직무기초지식 30문제를 110분 안에 모두 풀어야 하므로 시험 전에 풀이 시간을 조절하는 연습이 필요해 보인다.

◇ 영역별 출제 비중

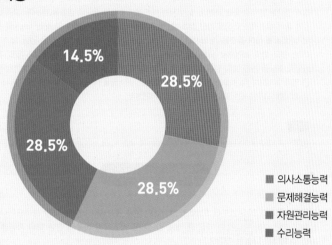

14.5%
28.5%
28.5%
28.5%

- ▩ 의사소통능력
- ▩ 문제해결능력
- ▩ 자원관리능력
- ▩ 수리능력

구분	출제 특징	출제 키워드
의사소통능력	• 문서 내용 이해 문제가 출제됨 • 내용 추론 문제가 출제됨 • 모듈형 문제가 출제됨	• 근로복지공단 어린이집, 두루누리 지원사업 등
문제해결능력	• 명제 추론 문제가 출제됨 • 규칙 적용 문제가 출제됨	• 일치/불일치, 선정 인원 고르기, 금액 구하기 등
자원관리능력	• 시간 계획 문제가 출제됨 • 비용 계산 문제가 출제됨 • 품목 확정 문제가 출제됨 • 인원 선발 문제가 출제됨	• 수상자 고르기, 스케줄표 짜기 등
수리능력	• 자료 이해 문제가 출제됨 • 수열 규칙 문제가 출제됨	• 금액, 표, 규칙 등

주요 공기업 적중 문제 TEST CHECK

문장 삽입 ▶ 유형

07 다음 글에서 〈보기〉의 문장이 들어갈 위치로 가장 적절한 곳은?

(가) 1783년 영국 자연철학자 존 미첼은 빛은 입자라는 생각과 뉴턴의 중력이론을 결합한 이론을 제시하였다. 그는 우선 별들이 어떻게 보일 것인지 사고 실험을 통해 예측하였다.
별의 표면에서 얼마간의 초기 속도로 입자를 쏘아 올려 아무런 방해 없이 위로 올라간다고 가정해보자. (나) 만약에 초기 속도가 충분히 빠르지 않으면 별의 중력은 입자의 속도를 점점 느리게 할 것이며, 결국 그 입자를 별의 표면으로 되돌아가게 할 것이다. 만약 초기 속도가 충분히 빠르면 입자는 중력을 극복하고 별을 탈출할 수 있을 것이다. 이렇게 입자가 별을 탈출할 수 있는 최소한의 초기 속도는 '탈출 속도'라고 불린다.
(다) 이를 바탕으로 미첼은 '임계 둘레'라는 것도 추론해냈다. 임계 둘레란 탈출 속도와 빛의 속도를 같게 만드는 별의 둘레를 말한다. 빛 입자는 다른 입자들처럼 중력의 영향을 받는다. 그로 인해 빛은 임계 둘레보다 작은 둘레를 가진 별에서는 탈출할 수 없다. 그런 별에서 약 30만 km/s의 초기 속도로 빛 입자를 쏘아 올렸을 때 입자는 우선 위로 날아갈 것이다. (라) 그런 다음 멈출 때까지 느려지다가, 결국 별의 표면으로 되돌아갈 것이다. 미첼은 임계 둘레를 쉽게 계산할 수 있었다. 태양과 동일한 질량을 가진 별의 임계 둘레는 약 19 km로 계산되었다. (마) 이러한 사고 실험을 통해 미첼은 임계 둘레보다 작은 둘레를 가진 암흑의 별들이 무척 많을 테고, 그 별들에선 빛 입자가 빠져나올 수 없기에 지구에서는 볼 수 없을 것으로 추측했다.

보기

미첼은 뉴턴의 중력이론을 이용해서 탈출 속도를 계산할 수 있었으며, 그 속도가 별 질량을 별의

증감률 ▶ 키워드

05 다음은 K국가의 2018년부터 2022년까지 GDP 대비 공교육비 비율에 대한 그래프이다. 공교육비 비율의 전년 대비 증감률이 가장 큰 해와 민간재원 공교육비 비율의 전년 대비 증감률이 가장 큰 해를 순서대로 나열한 것은?

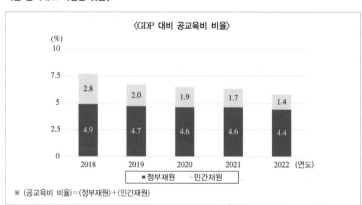

〈GDP 대비 공교육비 비율〉

※ (공교육비 비율)=(정부재원)+(민간재원)

① 2019년, 2019년   ② 2019년, 2021년
③ 2019년, 2022년   ④ 2022년, 2019년
⑤ 2022년, 2022년

국민건강보험공단

AI ▶ 키워드

05

감시용으로만 사용되는 CCTV가 최근에 개발된 신기술과 융합되면서 그 용도가 점차 확대되고 있다. 대표적인 것이 인공지능(AI)과의 융합이다. CCTV가 지능을 가지게 되면 단순 행동 감지에서 벗어나 객체를 추적해 행위를 판단할 수 있게 된다. 단순히 사람의 눈을 대신하던 CCTV가 사람의 두뇌를 대신하는 형태로 진화하고 있는 셈이다.

인공지능을 장착한 CCTV는 범죄현장에서 이상 행동을 하는 사람을 선별하고, 범인을 추적하거나 도주 방향을 예측해 통합관제센터로 통보할 수 있다. 또 수상한 사람의 행동 패턴에 따라 지속적인 추적이나 감시를 수행하고, 차량번호 및 사람 얼굴 등을 인식해 관련 정보를 분석해 제공할 수 있다. 한국전자통신연구원(ETRI)에서는 CCTV 등의 영상 데이터를 활용해 특정 인물이 어떤 행동을 할지를 사전에 예측하는 영상분석 기술을 연구 중인 것으로 알려져 있다. 인공지능 CCTV는 범인 추적뿐만 아니라 자연재해를 예측하는 데 사용할 수도 있다. 장마철이나 국지성 집중호우 때 홍수로 범람하는 하천의 수위를 감지하는 것은 물론 산이나 도로 등의 붕괴 예측 등 다양한 분야에 적용될 수 있기 때문이다.

① AI와 융합한 CCTV의 진화
② 범죄를 예측하는 CCTV
③ 당신을 관찰한다, CCTV의 폐해
④ CCTV와 AI의 현재와 미래

문단 나열 ▶ 유형

03 다음 문단을 논리적 순서대로 바르게 나열한 것은?

(가) 흡연자와 비흡연자 사이의 후두암, 폐암 등의 질병별 발생위험도에 대해서 건강보험공단은 유의미한 연구결과를 내놓기도 했는데, 연구결과에 따르면 흡연자는 비흡연자에 비해서 후두암 발생률이 6.5배, 폐암 발생률이 4.6배 등 각종 암에 걸릴 확률이 높은 것으로 나타났다.

(나) 건강보험공단은 이에 대해 담배회사가 절차적 문제로 방어막을 치고 있는 것에 지나지 않는다 하여 비판을 제기하고 있다. 아직 소송이 처음 시작한 만큼 담배회사와 건강보험공단 간의 '담배 소송'의 결과를 보려면 오랜 시간을 기다려야 할 것이다.

(다) 이와 같은 담배의 유해성 때문에 건강보험공단은 현재 담배회사와 소송을 진행하고 있는데, 당해 소송에서는 담배의 유해성에 관한 인과관계 입증 이전에 다른 문제가 부상하였다. 건강보험공단이 소송당사자가 될 수 있는지가 문제가 된 것이다.

(라) 담배는 임진왜란 때 일본으로부터 호박, 고구마 등과 함께 들어온 것으로 알려져 있다. 그러나 선조들이 알고 있던 것과는 달리, 담배는 약초가 아니다. 담배의 유해성은 우선 담뱃갑이 스스로를 경고하는 경고 문구에 나타나 있다. 담뱃갑에는 '흡연은 폐암 등 각종 질병의 원인'이라는 문구를 시작으로, '담배 연기에는 발암성 물질인 나프틸아민, 벤젠, 비닐 클로라이드, 비소, 카드뮴이 들어 있다.'라고 적시하고 있다.

① (가) - (다) - (라) - (나)   ② (가) - (라) - (다) - (나)
③ (라) - (가) - (다) - (나)   ④ (라) - (다) - (가) - (나)

학습플랜 STUDY PLAN

1일 차 학습플랜   1일 차 기출응용 모의고사

_____ 월 _____ 일

의사소통능력	문제해결능력	자원관리능력	수리능력

법학	행정학	경영학	경제학	사회복지학

2일 차 학습플랜   2일 차 기출응용 모의고사

_____ 월 _____ 일

의사소통능력	문제해결능력	자원관리능력	수리능력

법학	행정학	경영학	경제학	사회복지학

3일 차 학습플랜 — 3일 차 기출응용 모의고사

_____월 _____일

의사소통능력	문제해결능력	자원관리능력	수리능력

법학	행정학	경영학	경제학	사회복지학

4일 차 학습플랜 — 4일 차 기출응용 모의고사

_____월 _____일

의사소통능력	문제해결능력	자원관리능력	수리능력

법학	행정학	경영학	경제학	사회복지학

취약영역 분석 WEAK POINT

1일 차 취약영역 분석

시작 시간	:	종료 시간	:
풀이 개수	개	못 푼 개수	개
맞힌 개수	개	틀린 개수	개

취약영역 / 유형	
2일 차 대비 개선점	

2일 차 취약영역 분석

시작 시간	:	종료 시간	:
풀이 개수	개	못 푼 개수	개
맞힌 개수	개	틀린 개수	개

취약영역 / 유형	
3일 차 대비 개선점	

3일 차 취약영역 분석

시작 시간	:	종료 시간	:
풀이 개수	개	못 푼 개수	개
맞힌 개수	개	틀린 개수	개

취약영역 / 유형	
4일 차 대비 개선점	

4일 차 취약영역 분석

시작 시간	:	종료 시간	:
풀이 개수	개	못 푼 개수	개
맞힌 개수	개	틀린 개수	개

취약영역 / 유형	
시험일 대비 개선점	

이 책의 차례 CONTENTS

문 제 편　근로복지공단 NCS + 전공

1일 차 기출응용 모의고사	2
2일 차 기출응용 모의고사	62
3일 차 기출응용 모의고사	126
4일 차 기출응용 모의고사	188

해 설 편　정답 및 해설

1일 차 기출응용 모의고사	2
2일 차 기출응용 모의고사	18
3일 차 기출응용 모의고사	33
4일 차 기출응용 모의고사	48
OMR 답안카드	

1일 차
기출응용 모의고사

〈모의고사 안내〉

평가영역	문항 수	시험시간	모바일 OMR 답안채점/성적분석 서비스
[NCS] 의사소통능력＋문제해결능력＋자원관리능력＋ 수리능력 [전공] 법학＋행정학＋경영학＋경제학＋사회복지학	100문항	110분	

1일 차 기출응용 모의고사

문항 수 : 100문항
시험시간 : 110분

| 01 | 직업기초능력

01 다음 글의 제목으로 가장 적절한 것은?

> 맥주의 주원료는 양조용수·보리·홉 등이다. 맥주를 양조하기 위해서는 일반적으로 맥주생산량의 10 ~ 20 배 정도 되는 물이 필요하며, 이것을 양조용수라고 한다. 양조용수는 맥주의 종류와 품질을 좌우하며, 무색·무취·투명해야 한다. 보리를 싹틔워 맥아로 만든 것을 사용하여 맥주를 제조하는데, 맥주용 보리로는 곡립이 고르고 녹말질이 많으며 단백질이 적은 것, 그리고 곡피(穀皮)가 얇으며 발아력이 왕성한 것이 좋다. 홉은 맥주 특유의 쌉쌀한 향과 쓴맛을 만들어 내는 주요 첨가물이며, 맥주를 맑게 하고 잡균의 번식을 막아주는 역할을 한다.
> 맥주의 제조공정을 살펴보면 맥아제조, 담금, 발효, 저장, 여과의 다섯 단계로 나눌 수 있다. 이 중 발효공정은 맥즙이 발효되어 술이 되는 과정을 말하는데, 효모가 발효탱크 속에서 맥즙에 있는 당분을 알코올과 탄산가스로 분해한다. 이 공정은 1주일간 이어지며, 그동안 맥즙 안에 있던 당분은 점점 줄어들고 알코올과 탄산가스가 늘어나 맥주가 되는 것이다. 이때 발효 중 맥즙의 온도 상승을 막기 위해 탱크를 냉각 코일로 감고 그 표면을 하얀 폴리우레탄으로 단열시키는데, 그 모습이 마치 남극의 이글루처럼 보이기도 한다.
> 발효의 방법에 따라 하면발효 맥주와 상면발효 맥주로 구분되는데, 이는 어떤 온도에서 발효시키느냐에 달려있다. 세계 맥주 생산량의 70%를 차지하는 하면발효 맥주는 발효 중 밑으로 가라앉는 효모를 사용해 저온에서 발효시킨 맥주를 말한다. 요즘 유행하는 드래프트비어가 바로 여기에 속한다. 반면, 상면발효 맥주는 주로 영국, 미국, 캐나다, 벨기에 등에서 생산되며 발효 중 표면에 떠오르는 효모로 비교적 높은 온도에서 발효시킨 맥주를 말한다. 에일, 스타우트 등이 상면발효 맥주에 포함된다.

① 홉과 발효 방법의 종류에 따른 맥주 구분법
② 주원료에 따른 맥주의 발효 방법 분류
③ 맥주의 주원료와 발효 방법에 따른 맥주의 종류
④ 맥주의 제조공정
⑤ 맥주의 발효 과정

02 다음 중 빈칸에 들어갈 문장을 〈보기〉에서 골라 순서대로 나열한 것은?

근대와 현대가 이어지는 지점에서 많은 사상가는 지식과 이해가 인간의 삶에 미치는 영향, 그리고 그것이 형성되는 과정들을 포착하려고 노력했다. 그러한 입장들은 여러 가지가 있겠지만, 그중 세 가지 정도를 소개하고자 한다.

첫 번째 입장은 다음과 같이 말한다. 진보적 사유라는 가장 포괄적인 의미에서, 계몽은 예로부터 공포를 몰아내고 인간을 주인으로 세운다는 목표를 추구해왔다. 그러나 완전히 계몽된 지구에는 재앙만이 승리를 구가하고 있다. 인간은 더 이상 알지 못하는 것이 없다고 느낄 때 무서울 것이 없다고 생각한다. 이러한 생각이 신화와 계몽주의의 성격을 규정한다. 신화가 죽은 것을 산 것과 동일시한다면, 계몽은 산 것을 죽은 것과 동일시한다. 계몽주의는 신화적 삶이 더욱 더 철저하게 이루어진 것이다. 계몽주의의 최종적 산물인 실증주의의 순수한 내재성은 보편적 금기에 불과하다. _____(가)_____

두 번째 입장은 다음과 같이 말한다. 인간의 이해라는 것은 인간 현존재의 사실성, 즉 우리가 처해 있는 역사적 상황과 문화적 전통의 근원적인 제약 속에 있는 현존재가 부단히 미래의 가능성으로 기획하여 나아가는 자기 이해이다. 따라서 이해는 탈역사적, 비역사적인 것을, 즉 주관 내의 의식적이고 심리적인 과정 또는 이를 벗어나 객관적으로 존재하는 것을 파악하는 사건이 아니다. _____(나)_____ 인간은 시간속에 놓여 있는 존재로서, 그의 이해 역시 전승된 역사와 결별하여 어떤 대상을 순수하게 객관적으로 인식하는 것이 아니라 전통과 권위의 영향 속에서 이루어진다. 따라서 선(先)판단은 이해에 긍정적인 기능을 한다.

세 번째 입장은 다음과 같이 말한다. 우리는 권력의 관계가 중단된 곳에서만 지식이 있을 수 있다는, 그리고 지식은 권력의 명령, 요구, 관심의 밖에서만 발전될 수 있다는 전통적인 생각을 포기해야 한다. 그리고 아마도 권력이 사람을 미치도록 만든다고 하여, _____(다)_____ 오히려 권력은 지식을 생산한다는 것을 인정해야 한다. 권력과 지식은 서로를 필요로 하는 관계에 놓여 있다. 결과적으로 인식하는 주체, 인식해야 할 대상, 그리고 인식의 양식들은 모두 '권력, 즉 지식'에 근본적으로 그만큼 연루되어 있다. 따라서 권력에 유용하거나 반항적인 지식을 생산하는 것도 인식 주체의 자발적 활동의 산물이 아니다. 인식의 가능한 영역과 형태를 결정하는 것은 그 주체를 관통하고, 그 주체가 구성되는 투쟁과 과정, 그리고 권력 및 지식이다.

보기
㉠ 이해는 어디까지나 시간과 역사 속에서 가능하며, 진리라는 것도 이미 역사적 진리이다.
㉡ 바로 이 권력을 포기할 경우에만 학자가 될 수 있다는 이와 같은 믿음도 포기해야 한다.
㉢ 내가 알지 못하는 무언가가 바깥에 있다고 하는 것은 바로 공포의 원인이 되기 때문에, 내가 관계하지 못하는 무언가가 바깥에 머물러 있는 상태를 허용할 수 없다.

	(가)	(나)	(다)			(가)	(나)	(다)
①	㉠	㉡	㉢		②	㉡	㉠	㉢
③	㉡	㉢	㉠		④	㉢	㉠	㉡
⑤	㉢	㉡	㉠					

03 다음 중 빈칸에 들어갈 내용으로 가장 적절한 것은?

미국 대통령 후보 선거제도 중 '코커스'는 정당 조직의 가장 하위 단위인 기초선거구의 당원들이 모여 상위의 전당대회에 참석할 대의원을 선출하는 당원회의이다. 대의원 후보들은 자신이 대통령 후보로 누구를 지지하는지 먼저 밝힌다. 상위 전당대회에 참석할 대의원들은 각 대통령 후보에 대한 당원들의 지지율에 비례해서 선출된다. 코커스에서 선출된 대의원들은 카운티 전당대회에서 투표권을 행사하여 다시 다음 수준인 의회선거구 전당대회에 보낼 대의원들을 선출한다. 여기서도 비슷한 과정을 거쳐 주(州) 전당대회 대의원들을 선출해내고, 거기서 다시 마지막 단계인 전국 전당대회 대의원들을 선출한다. 주에 따라 의회선거구 전당대회는 건너뛰기도 한다.

1971년까지는 선거법에 따라 민주당과 공화당 모두 5월 둘째주 월요일까지 코커스를 개최해야 했다. 그런데 민주당 전국위원회가 1972년부터는 대선후보 선출을 위한 전국 전당대회를 7월 말에 개최하도록 결정하면서 1972년 아이오와주 민주당의 코커스는 그 해 1월에 열렸다. 아이오와주 민주당 규칙에 코커스, 카운티 전당대회, 의회선거구 전당대회, 주 전당대회, 전국 전당대회 순서로 진행되는 각급 선거 간에 최소 30일의 시간적 간격을 두어야 한다는 규정이 있었기 때문이다. 이후 아이오와주에서 공화당이 1976년부터 코커스 개최 시기를 1월로 옮기면서, _____

아이오와주의 선거 운영 방식은 민주당과 공화당 간에 차이가 있었다. 공화당의 경우 코커스를 포함한 하위 전당대회에서 특정 대선후보를 지지하여 당선된 대의원이 상위 전당대회에서 반드시 같은 후보를 지지해야 하는 것은 아니었다. 반면 민주당의 경우 그러한 구속력을 부여하였다. 그러나 2016년부터 공화당 역시 상위 전당대회에 참여하는 대의원에게 같은 구속력을 부여함으로써 기층 당원의 대통령 후보에 대한 지지도가 전국 전당대회에 참여할 주(州) 대의원 선출에 반영되도록 했다.

① 아이오와주는 미국의 대선후보 선출 과정에서 선거 운영 방식이 달라진 최초의 주가 되었다.
② 아이오와주는 미국의 대선후보 선출 과정에서 민주당과 공화당 사이에 깊은 골을 남기게 되었다.
③ 아이오와주는 미국의 대선후보 선출 과정에서 코커스의 개정을 요구하는 최초의 주가 되었다.
④ 아이오와주는 미국의 대선후보 선출 과정에서 코커스 제도를 폐지한 최초의 주가 되었다.
⑤ 아이오와주는 미국의 대선후보 선출 과정에서 민주당과 공화당 모두 가장 먼저 코커스를 실시하는 주가 되었다.

04 다음 글에서 철학의 여인의 논지를 따를 때 밑줄 친 ㉠에 해당하는 것을 〈보기〉에서 모두 고르면?

다음은 철학의 여인이 비탄에 잠긴 보에티우스에게 건네는 말이다.

"나는 이제 네 병의 원인을 알겠구나. 이제 네 병의 원인을 알게 되었으니 ㉠ 너의 건강을 회복할 방법을 찾을 수 있게 되었다. 그 방법은 병의 원인이 되는 잘못된 생각을 바로잡아 주는 것이다. 너는 너의 모든 소유물을 박탈당했다고, 사악한 자들이 행복을 누리게 되었다고, 네 운명의 결과가 불의하게도 제멋대로 바뀌었다는 생각으로 비탄에 빠져 있다. 그런데 그런 생각은 잘못된 전제에서 비롯된 것이다. 네가 눈물을 흘리며 너 자신이 추방당하고 너의 모든 소유물을 박탈당했다고 생각하는 것은 행운이 네게서 떠났다고 슬퍼하는 것과 다름없는데, 그것은 네가 운명의 본모습을 모르기 때문이다. 그리고 사악한 자들이 행복을 가졌다고 생각하는 것이나 사악한 자가 선한 자보다 더 행복을 누린다고 한탄하는 것은 네가 실로 만물의 목적이 무엇인지 모르고 있기 때문이다. 다시 말해 만물의 궁극적인 목적이 선을 지향하는 데 있다는 것을 모르고 있기 때문이다. 또한 너는 세상이 어떤 통치 원리에 의해 다스려지는지 잊어버렸기 때문에 제멋대로 흘러가는 것이라고 믿고 있다. 그러나 만물의 목적에 따르면 악은 결코 선을 이길 수 없으며 사악한 자들이 행복할 수는 없다. 따라서 세상은 결국에는 불의가 아닌 정의에 의해 다스려지게 된다. 그럼에도 불구하고 너는 세상의 통치 원리가 정의와는 거리가 멀다고 믿고 있다. 이는 그저 병의 원인일 뿐 아니라 죽음에 이르는 원인이 되기도 한다. 그러나 다행스럽게도 자연은 너를 완전히 버리지는 않았다. 이제 너의 건강을 회복할 수 있는 작은 불씨가 생명의 불길로 타올랐으니 너는 조금도 두려워할 필요가 없다."

보기

ㄱ. 만물의 궁극적인 목적이 선을 지향하는 데 있다는 것을 아는 것
ㄴ. 세상이 제멋대로 흘러가는 것이 아니라 정의에 의해 다스려진다는 것을 깨닫는 것
ㄷ. 자신이 박탈당했다고 여기는 모든 것, 즉 재산, 품위, 권좌, 명성 등을 되찾을 방도를 아는 것

① ㄱ
② ㄴ
③ ㄱ, ㄴ
④ ㄴ, ㄷ
⑤ ㄱ, ㄴ, ㄷ

05 다음 중 온실가스·에너지 목표관리제에 대한 내용으로 적절하지 않은 것을 〈보기〉에서 모두 고르면?

K공단은 지구온난화에 대비하는 전 세계의 흐름에 발맞춰 2015년부터 '온실가스·에너지 목표관리제'를 운영하고 있다. 목표는 2025년까지 국가온실가스 배출전망치(BAU) 대비 37%를 줄이는 것이다. K공단은 온실가스를 많이 배출하고 에너지 소비가 큰 업체를 매년 관리대상 업체로 지정한다. 또한 온실가스 감축, 에너지절약 및 이용 효율과 같은 목표를 설정하고 목표 범위 이내로 온실가스 배출량과 에너지 소비량을 줄이도록 지속해서 관리한다.

관리대상으로 지정된 업체는 온실가스·에너지에 대한 명세서, 목표이행 계획서 및 이행실적보고서를 매년 제출해야 한다. 별도의 검증기관은 명세서가 정확히 작성됐는지 확인하며 관리업체가 목표를 달성하지 못했을 경우 정부는 과태료를 부과한다. 또한, 중앙행정기관, 지자체, 공공기관 등 공공부문에서 소유하거나 임차해 사용하는 건물 및 차량에도 온실가스·에너지 목표관리제가 적용된다.

공공부문 역시 2025년까지 온실가스를 30% 이상 줄여야 하는 것이 목표이며, 더욱 효과적으로 감축 계획을 이행할 수 있도록 온실가스 감축 기술 진단 및 전문컨설팅, 담당자 역량강화 교육 서비스를 지원해 온실가스를 줄이도록 독려하고 있다. 2022년 기준 온실가스·에너지 목표관리대상은 총 358개, 공공부문 대상기관은 824개 등으로 해마다 느는 추세다. 민·관이 한마음 한뜻이 되어 지구온난화에 대비한 힘찬 발걸음을 시작한 것. 지구의 온도가 1도 내려가는 그 날이 머잖아 찾아올 것이라 기대되는 이유다.

보기

㉠ 기업체뿐만 아니라 공공부문에서도 온실가스·에너지 목표관리제를 적용한다.
㉡ 온실가스 감축 계획을 효과적으로 진행할 수 있도록 전문적인 교육을 했다.
㉢ 온실가스를 많이 배출하고 에너지 소비가 가장 많이 줄어든 업체를 매년 관리대상 업체로 지정한다.
㉣ 공공부문은 2025년까지 온실가스를 37% 이상 감소하는 것을 목표로 하고 있다.
㉤ 관리대상으로 지정된 업체는 목표이행 계획서를 제출해야 하며, 미달성한 경우 상부 업체는 과태료를 부과한다.

① ㉠, ㉡, ㉢
② ㉡, ㉢, ㉣
③ ㉡, ㉢, ㉤
④ ㉡, ㉣, ㉤
⑤ ㉢, ㉣, ㉤

06 다음 중 밑줄 친 (가)와 (나)의 예시로 적절하지 않은 것은?

사회적 관계에 있어서 상호주의란 '행위자 갑이 을에게 베푼 바와 같이 을도 갑에게 똑같이 행하라.'라는 행위 준칙을 의미한다. 상호주의 원형은 '눈에는 눈, 이에는 이'로 표현되는 탈리오의 법칙에서 발견된다. 그것은 일견 피해자의 손실에 상응하는 가해자의 처벌을 정당화한다는 점에서 가혹하고 엄격한 성격을 드러낸다. 만약 상대방의 밥그릇을 빼앗았다면 자신의 밥그릇도 미련 없이 내주어야 하는 것이다. 그러나 탈리오 법칙은 온건하고도 합리적인 속성을 동시에 함축하고 있다. 왜냐하면 누가 자신의 밥그릇을 발로 찼을 경우 보복의 대상은 밥그릇으로 제한되어야지 밥상 전체를 뒤엎는 것으로 확대될 수 없기 때문이다. 이러한 일대일 방식의 상호주의를 (가) 대칭적 상호주의라 부른다. 하지만 엄밀한 의미의 대칭적 상호주의는 우리의 실제 일상생활에서 별로 흔하지 않다. 오히려 '되로 주고 말로 받거나, 말로 주고 되로 받는' 교환 관계가 더 일반적이다. 이를 대칭적 상호주의와 대비하여 (나) 비대칭적 상호주의라 일컫는다.

그렇다면 교환되는 내용이 양과 질의 측면에서 정확한 대등성을 결여하고 있음에도 불구하고, 교환에 참여하는 당사자들 사이에 비대칭적 상호주의가 성행하는 이유는 무엇인가? 그것은 셈에 밝은 이른바 '경제적 인간(Homo Economicus)'들에게 있어서 선호나 기호 및 자원이 다양하기 때문이다. 말하자면 교환에 임하는 행위자들이 각인각색인 까닭에 비대칭적 상호주의가 현실적으로 통용될 수밖에 없으며, 어떤 의미에서는 그것만이 그들에게 상호 이익을 보장할 수 있는 것이다.

① (가) : A국과 B국 군대는 접경지역에서 포로 5명씩을 맞교환했다.
② (가) : 오늘 우리 아이를 옆집에서 맡아주는 대신 다음에 하루 옆집 아이를 맡아주기로 했다.
③ (가) : 동생이 내 발을 밟아서 볼을 꼬집어주었다.
④ (나) : 필기노트를 빌려준 친구에게 고맙다고 밥을 샀다.
⑤ (나) : 옆집 사람이 우리 집 대문을 막고 차를 세웠기에 타이어에 펑크를 냈다.

일본의 한 완구 회사가 개발한 '바우링 걸'은 개 짖는 소리를 인간의 언어로 번역하는 기계이다. 이런 기계를 제작하려면 동물들이 어떻게 자신의 의사를 표현하는지를 알아야 하는데, 이에 관한 연구는 동물행동학에서 가장 중심이 되는 부분이다. 동물행동학 학자들은 동일한 상황에서 일관되게 반복되는 동물의 행동을 관찰한 경우, 일단 그것을 동물의 의사 표현으로 본다. 물론 그 구체적인 의미를 알아내는 것은 상황을 다양하게 변화시켜 가며 반복 관찰하고 그 결과를 분석한 후에야 가능하다. 이것이 가능하려면 먼저 동물들이 어떻게 의사를 표현하는지를 알아야 한다. 그렇다면 동물들은 어떤 방법으로 의사를 표현할까?

먼저 시각적인 방법부터 살펴보자. 남미의 열대 정글에 서식하는 베짱이는 우리나라의 베짱이와는 달리 머리에 뿔도 나 있고 다리에 무척 날카롭고 큰 가시도 있다. 그리고 포식자가 가까이 가도 피하지 않는다. 오히려 가만히 서서 자신을 노리는 포식자에게 당당히 자기의 모습을 보여준다. 이 베짱이는 그런 모습을 취함으로써 자기를 건드리지 말라는 뜻을 전하는 것이다. 또한 열대의 호수에 사는 민물고기 시칠리드는 정면에서 보면 마치 귀처럼 보이는 부분이 있는데, 기분 상태에 따라 이곳에 점이 나타났다 사라졌다 하면서 색깔이 변한다. 이 부분에 점이 생기면 지금 기분이 안 좋다는 의사를 드러내는 것이다.

이처럼 모습이나 색깔을 통해 의사를 표현하는 정적인 방법도 있지만 행동을 통해 자신의 의사를 표현하는 동적인 방법도 있다. 까치와 가까운 새인 유럽산 어치는 머리에 있는 깃털을 얼마나 세우느냐에 따라서 마음 상태가 다르다고 한다. 기분이 아주 좋지 않거나 공격을 하려고 할 때 머리털을 가장 높이 세운다고 한다.

소리를 이용하여 자신의 의사를 표현하는 동물들도 있다. 소리를 이용하는 대표적인 방법은 경보음을 이용하는 것이다. 북미산 얼룩다람쥐 무리에는 보초를 서는 개체들이 따로 있다. 이들은 독수리 같은 맹금류를 발견하면 날카로운 소리로 경보음을 내어 동료들의 안전을 책임진다. 그리고 갈고리 모양 나방 애벌레는 다른 애벌레가 자신의 구역에 침입하면 처음에는 노처럼 생긴 뒷다리로 나뭇잎을 긁어 진동음으로 경고 메시지를 보낸다. 침입자가 더 가까이 접근하면 입으로 나뭇잎을 긁어 짧고 강한 소리를 계속 만들어낸다.

냄새를 통해 자신의 의사를 전달하는 방법도 있다. 어떤 동물은 먹이가 있는 장소를 알리거나 자신의 영역에 다른 무리가 들어오는 것을 막기 위한 수단으로 냄새를 이용하기도 한다. 둥근 꼬리 여우원숭이는 다른 동물이 자신의 영역에 들어오면 꼬리를 팔에 비빈 후 흔든다. 그러면 팔에 있는 기관에서 분비된 냄새를 풍기는 물질이 꼬리에 묻어 그 침입자에게 전달된다.

이처럼 동물들은 색깔이나 소리, 냄새 등을 통해 자신의 의사를 표현한다. 그러나 동물들이 한 가지 방법만으로 자신의 의사를 표현하는 것은 아니다. 상황에 따라 우선적으로 선택하는 것도 있지만 대부분의 경우에는 이것들을 혼용한다. 현재까지 알려진 동물의 의사 표현 방법은 양적이나 질적인 면에서 인간의 언어와 비교할 수 없을 정도로 단순하고 초라하지만 동물행동학의 연구 성과가 폭넓게 쌓이면 현재 개발된 '바우링 걸'보다 완벽한 번역기가 등장할 수도 있을 것이다.

07 다음 중 윗글에서 동물의 의사 표현 방법으로 언급되지 않은 것은?

① 행동을 이용하는 방법

② 냄새를 이용하는 방법

③ 소리를 이용하는 방법

④ 서식지를 이용하는 방법

⑤ 모습이나 색깔을 이용하는 방법

08 다음 중 윗글에 대한 독자의 반응으로 적절하지 않은 것은?

① 동물의 의사를 번역할 수 있는 기계를 언급하여 독자의 흥미를 유발하고 있군.

② 동물의 의사 표현을 어떻게 파악하는지에 대해서도 언급하여 도움이 되었어.

③ 동물의 의사 표현 방법에 대한 다양한 사례를 제시하여 이해하기가 쉽군.

④ 동물행동학에 대한 깊이 있는 연구가 축적되기를 기대하며 글을 마무리하고 있어.

⑤ 동물의 의사 표현 수단이 갖는 장단점을 대비하며 서술하여 차이점을 파악하기 쉽군.

09 다음 사례에 나타난 의사 표현에 영향을 미치는 요소에 대한 설명으로 적절하지 않은 것은?

> • 독일의 유명 가수 슈만 하이크는 "음악회에서 노래를 부를 때 심리적 긴장감을 갖지 않느냐?"라는 한 기자의 질문에 대해 "노래하기 전에 긴장감을 느끼지 않는다면, 그때는 내가 은퇴할 때이다."라고 이야기하였다.
> • 아일랜드의 극작가 버나드 쇼는 젊은 시절 매우 내성적인 청년이었다. 그는 잘 아는 사람의 집을 방문할 때도 문을 두드리지 못하고 20분이나 문밖에서 망설이며 거리를 서성거렸다. 그는 자신의 내성적인 성격을 극복하기 위해 런던에서 공개되는 모든 토론에 의도적으로 참가하였고, 그 결과 장년에 이르러서 20세기 전반에 가장 재치와 자신이 넘치는 웅변가가 될 수 있었다.

① 소수인의 심리상태가 아니라, 90% 이상의 사람들이 호소하는 불안이다.

② 잘 통제하면서 표현을 한다면 청자는 더 인간답다고 생각하게 될 것이다.

③ 개인의 본질적인 문제이지만, 완전히 치유할 수 있다.

④ 분명한 원인은 아직 규명되지 않았다.

⑤ 불안을 심하게 느끼는 사람일수록 다른 사람과 접촉이 없는 직업을 선택하려 한다.

10 다음 기사를 읽고 난 후의 감상으로 적절하지 않은 것은?

> 고등학교 환경 관련 교과서 대부분이 특정 주장을 검증 없이 게재하는 등 많은 오류가 존재한다는 보수 환경·시민단체의 지적이 제기됐다. 사단법인 환경정보평가원과 바른 사회시민행동은 지난 5월부터 6개월간 고등학교 환경 관련 교과서 23종을 분석한 결과 총 1,175개의 오류를 발견했다고 밝혔다. 이들 단체에 따르면 교과서 23종 모두 편향적 내용을 검증 없이 인용하거나 부실한 통계를 일반화하는 등의 문제점을 보였으며 환경과 녹색성장 교과서 5종에서만 오류 897건이 확인됐다.
>
> 우선 교과서 13종이 서울, 부산 등 6대 대도시의 온도 상승 평균값만을 보고 한반도의 기온 상승이 세계 평균보다 2배 높다고 과장해 기술한 것으로 나타났다. 도시화의 영향을 받지 않은 추풍령은 100년간 기온이 0.79℃ 상승했지만 이런 사실을 언급한 교과서는 1종에 불과했다. 방조제를 허물고 간척한 농경지를 갯벌로 만든 역간척 사례는 우리나라에서 찾을 수 없지만, 교과서 7종이 일부 환경단체의 주장만을 인용해 역간척을 사실인 것처럼 서술하고 있다고 이들 단체는 주장했다. 우리나라 전력 생산의 상당 부분을 차지하는 원자력 발전의 경우 단점만을 자세히 기술하고, 경제성과 효율성이 낮은 신재생에너지는 장점만 언급한 교과서도 있었다고 덧붙였다.
>
> 환경정보평가원의 사무처장은 "환경 관련 교과서 대부분이 표면적으로 드러나는 사실을 검증하지 않고 그대로 싣는 문제점을 보였다."라며 "고등학생들이 보는 교과서인 만큼 객관적 사실에 기반을 둬 균형 있는 내용을 실어야 한다."라고 주장했다.

① 갑 : 교과서의 잘못된 내용을 바로잡는 일은 계속 이어져야 합니다.

② 을 : 중·고교생들이 쓰는 교과서 전체를 검토해 사실이 아닌 것을 모두 솎아내는 일이 시급합니다.

③ 병 : 교과서를 집필할 때 객관성 유지의 원칙을 지키지 못하면, 일부 자료를 확대하여 해석함으로써 사실을 왜곡할 수 있습니다.

④ 정 : 일부 환경 관련 교과서에 실린 원전 폐쇄 찬반문제에 대해 대부분의 환경 보호 단체들은 찬성하지만, 원전 폐쇄는 또 다른 사회적 혼란을 일으킬 수 있습니다.

⑤ 무 : 대부분 표면적으로 드러나는 사실을 검증하지 않고 그대로 사용해 잘못된 정보를 전달하는 경우가 있습니다.

11 다음 글의 '도덕적 딜레마 논증'에 대한 비판으로 적절한 것을 〈보기〉에서 모두 고르면?

1890년대에 이르러 어린이를 의료 실험 대상에서 배제시켜야 한다는 주장이 대두되었다. 그 주장의 핵심적인 근거는 어린이가 의료 실험과 관련하여 제한적인 동의능력만을 가지고 있다는 것이었다. 여기서 동의능력이란, 충분히 자율적인 존재가 제안된 실험의 특성이나 위험성 등에 대한 적절한 정보를 인식하고 그것에 기초하여 그 실험을 자발적으로 받아들일 수 있는 능력을 일컫는다. 그렇기 때문에 어린이를 실험 대상으로 하는 연구는 항상 도덕적 논란을 불러일으켰고, 1962년 이후 미국에서는 어린이에 대한 실험이 거의 시행되지 않았다. 이러한 상황에서 1968년 미국의 소아 약물학자 셔키는 다음과 같은 '도덕적 딜레마 논증'을 제시하였다. 어린이를 실험 대상에서 배제시키면, 어린이 환자 집단에 대해 충분한 실험을 하지 않은 약품들로 어린이를 치료하게 되어 어린이를 더욱 커다란 위험에 몰아넣게 된다. 따라서 어린이를 실험 대상에서 배제시키는 것은 도덕적으로 올바르지 않다. 반면, 어린이를 실험 대상에서 배제시키지 않으면, 제한적인 동의능력만을 가진 존재를 실험 대상에 포함시키게 된다. 제한된 동의능력만을 가진 이를 실험 대상에 포함시키는 것은 도덕적으로 올바르지 않다. 따라서 어린이를 실험 대상에 포함시키는 것은 도덕적으로 올바르지 않다. 우리의 선택지는 어린이를 실험 대상에서 배제시키거나 배제시키지 않는 것뿐이다. 결국 어떠한 선택을 하든 도덕적인 잘못을 저지를 수밖에 없다.

보기

ㄱ. 어린이를 실험 대상으로 하는 연구는 그 위험성의 여부와는 상관없이 모두 거부되어야 한다. 왜냐하면 적합한 사전 동의 없이 행해지는 어떠한 실험도 도덕적 잘못이기 때문이다.

ㄴ. 동물실험이나 성인에 대한 임상 실험을 통해서도 어린이 환자를 위한 안전한 약물을 만들어낼 수 있다. 따라서 어린이를 실험 대상에 포함시키지 않더라도 어린이 환자가 안전하게 치료받지 못하는 위험에 빠지지 않을 수 있다.

ㄷ. 부모나 법정 대리인을 통해 어린이의 동의능력을 적합하게 보완할 수 있다. 어린이의 동의능력이 부모나 법정대리인에 의해 적합하게 보완된다면 어린이를 실험 대상에 포함시켜도 도덕적 잘못이 아닐 수 있다. 따라서 이런 경우의 어린이를 실험 대상에 포함시켜도 도덕적 잘못이 아닐 수 있다.

① ㄱ
② ㄴ
③ ㄱ, ㄷ
④ ㄴ, ㄷ
⑤ ㄱ, ㄴ, ㄷ

12 다음 문장을 논리적 순서대로 바르게 나열한 것은?

> (가) 여름에는 찬 음식을 많이 먹거나 냉방기를 과도하게 사용하는 경우가 많은데, 그렇게 되면 체온이 떨어져 면역력이 약해지기 때문이다.
>
> (나) 만약 감기에 걸렸다면 탈수로 인한 탈진을 방지하기 위해 수분을 충분히 섭취해야 한다.
>
> (다) 특히 감기로 인해 열이 나거나 기침을 할 때에는 따뜻한 물을 여러 번에 나누어 먹는 것이 좋다.
>
> (라) 여름철 감기를 예방하기 위해서는 찬 음식은 적당히 먹어야 하고 냉방기에 장시간 노출되는 것을 피해야 하며, 충분한 휴식을 취하고, 집에 돌아온 후에는 손발을 꼭 씻어야 한다.
>
> (마) 일반적으로 감기는 겨울에 걸린다고 생각하지만 의외로 여름에도 감기에 걸린다.

① (가) – (다) – (나) – (라) – (마)

② (가) – (라) – (다) – (마) – (나)

③ (가) – (라) – (마) – (나) – (다)

④ (마) – (가) – (라) – (나) – (다)

⑤ (마) – (다) – (라) – (나) – (가)

13 다음 글의 서술 방식상 특징으로 가장 적절한 것은?

> 현대의 도시에서는 정말 다양한 형태를 가진 건축물들을 볼 수 있다. 형태뿐만 아니라 건물 외벽에 주로 사용된 소재 또한 유리나 콘크리트 등 다양하다. 이렇듯 현대에는 몇 가지로 규정하는 것이 아예 불가능할 만큼 다양한 건축양식이 존재한다. 그러나 다양하고 복잡한 현대의 건축양식에 비해 고대의 건축양식은 매우 제한적이었다.
>
> 그리스 시기에는 주주식, 주열식, 원형식 신전을 중심으로 몇 가지의 공통된 건축양식을 보인다. 이러한 신전 중심의 그리스 건축양식은 시기가 지나면서 다른 건축물에 영향을 주었다. 신전에만 쓰이던 건축양식이 점차 다른 건물들의 건축에도 사용이 되며 확대되었던 것이다. 대표적으로 그리스 연못은 신전에 쓰이던 기둥의 양식들을 바탕으로 회랑을 구성하기도 하였다.
>
> 헬레니즘 시기를 맞이하면서 건축양식을 포함하여 예술 분야가 더욱 발전하며 고대 그리스 시기에 비해 다양한 건축양식이 생겨났다. 뿐만 아니라 건축 기술이 발달하면서 조금 더 다양한 형태의 건축이 가능해졌다. 다층구조나 창문이 있는 벽을 포함한 건축양식 등 필요에 따라서 실용적이고 실측적인 건축양식이 나오기 시작한 것이다. 또한 연극의 유행으로 극장이나 무대 등의 건축양식도 등장하기 시작하였다.
>
> 로마 시대에 이르러서는 원형 경기장이나 온천, 목욕탕 등 특수한 목적을 가진 건축물들에도 아름다운 건축양식이 적용되었다. 현재에도 많은 사람이 관광지로서 찾을 만큼, 로마시민들의 위락시설에는 다양하고 아름다운 건축양식이 적용되었다.

① 역사적 순서대로 주제의 변천에 대해서 서술하고 있다.

② 전문가의 말을 인용하여 신뢰도를 높이고 있다.

③ 비유적인 표현 방법을 사용하여 문학적인 느낌을 주고 있다.

④ 현대에서 찾을 수 있는 건축물의 예시를 들어 독자의 이해를 돕고 있다.

⑤ 시대별 건축양식의 장단점을 분석하고 있다.

14 다음 글에 대한 반론으로 가장 적절한 것은?

> 사회복지는 소외 문제를 해결하고 예방하기 위하여 사회 구성원들이 각자의 사회적 기능을 원활하게 수행하게 하고, 삶의 질을 향상시키는 데 필요한 제반 서비스를 제공하는 행위와 그 과정을 의미한다. 현대 사회가 발전함에 따라 계층간·세대간의 갈등 심화, 노령화와 가족 해체, 정보 격차에 의한 불평등 등의 사회 문제가 다각적으로 생겨나고 있는데, 이들 문제는 때로 사회 해체를 우려할 정도로 심각한 양상을 띠기도 한다. 이러한 문제의 기저에는 경제 성장과 사회 분화 과정에서 나타나는 불평등과 불균형이 있으며, 이런 점에서 사회 문제는 대부분 소외 문제와 관련되어 있음을 알 수 있다.
> 사회복지 찬성론자들은 이러한 문제들의 근원에 자유 시장 경제의 불완전성이 있으며, 이러한 사회적 병리 현상을 해결하기 위해서는 국가의 역할이 더 강화되어야 한다고 주장한다. 예컨대 구조 조정으로 인해 대량의 실업 사태가 생겨나는 경우를 생각해 볼 수 있다. 이 과정에서 생겨난 희생자들을 방치하게 되면 사회 통합은 물론 지속적 경제 성장에 막대한 지장을 초래할 것이다. 따라서 사회가 공동의 노력으로 이들을 구제할 수 있는 안전망을 만들어야 하며, 여기서 국가의 주도적 역할은 필수적이라 할 것이다. 현대 사회에 들어와 소외 문제가 사회 전 영역으로 확대되고 있는 상황을 감안할 때, 국가와 사회가 주도하여 사회복지 제도를 체계적으로 수립하고 그 범위를 확대해 나가야 한다는 이들의 주장은 충분한 설득력을 갖는다.

① 사회복지는 소외 문제 해결을 통해 구성원들의 사회적 기능 수행을 원활하게 한다.
② 사회복지는 제공 행위뿐만 아니라 과정까지를 의미한다.
③ 사회 복지의 확대는 근로 의욕의 상실과 도덕적 해이를 불러일으킬 수 있다.
④ 사회가 발전함에 따라 사회의 불균형이 심해지고 있다.
⑤ 사회 병리 현상 과정에서 생겨나는 희생자들을 그대로 두면 악영향을 불러일으킬 수 있다.

15 다음 중 띄어쓰기가 옳은 것은?

① 이 건물을 짓는데 몇 년이나 걸렸습니까?
② 마트에서 딸기 한박스 사오렴.
③ 걱정하지 마. 그 일은 내가 알아서 해결할 게.
④ 물건을 교환하시려면 1주일 내에 방문하셔야 합니다.
⑤ 다음 주에 발표할 보고서가 아직 완성이 안됐다.

※ 다음 글을 읽고 이어지는 질문에 답하시오. [16~17]

아도르노는 문화산업론을 통해서 대중문화의 이데올로기를 비판하였다. 그는 지배 관계를 은폐하거나 정당화하는 허위의식을 이데올로기로 보고, 대중문화를 지배 계급의 이데올로기를 전파하는 대중 조작 수단으로, 대중을 이에 기만당하는 문화적 바보로 평가하였다. 또한 그는 대중문화 산물의 내용과 형식이 표준화·도식화되어 더 이상 예술인 척할 필요조차 없게 되었다고 주장했다.

그러나 그의 이론은 구체적 비평 방법론의 결여와 대중문화에 대한 극단적 부정이라는 한계를 보여 주었고, 이후의 연구는 대중문화 텍스트의 의미화 방식을 규명하거나 대중문화의 새로운 가능성을 찾는 두 방향으로 발전하였다. 전자는 알튀세를 수용한 스크린 학파이며 후자는 수용자로 초점을 전환한 피스크이다.

초기 스크린 학파는 주체가 이데올로기 효과로 구성된다는 알튀세의 관점에서 허위의식으로서의 이데올로기 개념을 비판하고 어떻게 특정 이데올로기가 대중문화 텍스트를 통해 주체 구성에 관여하는지를 분석했다. 이들은 이데올로기를 개인들이 자신의 물질적 상황을 해석하고 경험하는 개념틀로 규정하고, 그것이 개인을 자율적 행위자로 오인하게 하여 지배적 가치를 스스로 내면화하는 주체로 만든다고 했다. 특히 그들은 텍스트의 특정 형식이나 장치를 통해 대중문화 텍스트의 관점을 자명한 진리와 동일시하게 하는 이데올로기 효과를 분석했다. 그러나 그 분석은 텍스트의 지배적 의미가 수용되는 기제의 해명에 집중되어, 텍스트가 규정하는 의미에 반하는 수용자의 다양한 해석 가능성은 충분히 설명하지 못했다.

이 맥락에서 피스크의 수용자 중심적 대중문화 연구가 등장한다. 그는 수용자의 의미 생산을 강조하여 정치 미학에서 대중 미학으로 초점을 전환했다. 그는 대중을 사회적 이해관계에 따라 다양한 주체 위치에서 유동하는 행위자로 본다. 상업적으로 제작된 대중문화 텍스트는 그 자체로 대중문화가 아니라 그것을 이루는 자원일 뿐이며, 그 자원의 소비 과정에서 대중이 자신의 이해에 따라 새로운 의미와 저항적·도피적 쾌락을 생산할 때 비로소 대중문화가 완성된다. 피스크는 지배적·교섭적·대항적 해석의 구분을 통해 대안적 의미 해석 가능성을 시사했던 홀을 비판하면서, 그조차 텍스트의 지배적 의미를 그대로 수용하는 선호된 해석을 인정했다고 지적한다. 그 대신 그는 텍스트가 규정한 의미를 벗어나는 대중들의 게릴라 전술을 강조했던 드 세르토에 의거하여, 대중문화는 제공된 자원을 활용하는 과정에서 그 힘에 복종하지 않는 약자의 창조성을 특징으로 한다고 주장한다.

피스크는 대중문화를 판별하는 대중의 행위를 아도르노식의 미학적 판별과 구별한다. 텍스트 자체의 특질에 집중하는 미학적 판별과 달리, 대중적 판별은 일상에서의 적절성과 기호학적 생산성, 소비 양식의 유연성을 중시한다. 대중문화 텍스트는 대중들 각자의 상황에 적절하게 기능하는, 다양한 의미 생산 가능성이 중요하다. 따라서 텍스트의 구조에서 텍스트를 읽어 내는 실천 행위로, "무엇을 읽고 있는가?"에서 "어떻게 읽고 있는가?"로 문제의식을 전환해야 한다는 것이다. 피스크는 대중문화가 일상의 진보적 변화를 위한 것이지만, 이를 토대로 해서 이후의 급진적 정치 변혁도 가능해진다고 주장한다.

그러나 피스크는 대중적 쾌락의 가치를 지나치게 높이 평가하고 사회적 생산 체계를 간과했다는 비판을 받았다. 켈러에 따르면, 수용자 중심주의는 일면적인 텍스트 결정주의를 극복했지만 대중적 쾌락과 대중문화를 찬양하는 문화적 대중주의로 전락했다.

16 다음 중 윗글을 읽고 이해한 내용으로 가장 적절한 것은?

① 아도르노는 대중문화 산물에 대한 질적 가치 판단을 통해 그것이 예술로서의 지위를 가지지 않는다고 간주했다.

② 알튀세의 이데올로기론을 수용한 대중문화 연구는 텍스트가 수용자에게 미치는 일면적 규정을 강조하는 시각을 지양하였다.

③ 피스크는 대중문화의 긍정적 의미가 대중 스스로 자신의 문화 자원을 직접 만들어 낸다는 점에 있다고 생각했다.

④ 홀은 텍스트의 내적 의미가 선호된 해석을 가능하게 한다고 주장함으로써 수용자 중심적 연구의 관점을 보여 주었다.

⑤ 정치 미학에서 대중 미학으로의 발전은 대중문화를 이른바 게릴라 전술로 보는 시각을 극복할 수 있었다.

17 다음 중 윗글을 토대로 할 때, 〈보기〉에 대한 각 입장의 평가로 적절하지 않은 것은?

> **보기**
>
> 큰 인기를 얻었던 뮤직 비디오 〈Open Your Heart〉에서 마돈나는 쇼무대에서 춤추는 스트립 댄서 역할로 등장하였다. 그러나 그녀는 유혹적인 춤을 추는 대신에 카메라를 정면으로 응시하며 힘이 넘치는 춤을 추면서 남성의 훔쳐보는 시선을 조롱한다. 이 비디오는 몇몇 남성에게는 관음증적 쾌락의 대상으로, 소녀 팬들에게는 자신의 섹슈얼리티를 적극적으로 표출하는 강한 여성의 이미지로, 일부 사람들에게는 여성 신체를 상품화하는 성차별적 이미지로 받아들여졌다.

① 아도르노는 마돈나의 뮤직 비디오에서 수용자가 얻는 쾌락이 현실의 문제를 회피하게 만드는 기만적인 즐거움이라고 설명했을 것이다.

② 초기 스크린 학파는 마돈나의 뮤직 비디오에서 텍스트의 형식이 다층적인 기호학적 의미를 생산한다는 점을 높게 평가했을 것이다.

③ 피스크는 모순적 이미지들로 구성된 마돈나의 뮤직 비디오가 서로 다른 사회적 위치에 있는 수용자들에게 다른 의미로 해석된 점에 주목했을 것이다.

④ 피스크는 마돈나의 뮤직 비디오가 갖는 의의를 수용자가 대중문화 자원의 지배적 이데올로기로부터 벗어날 수 있는 가능성에서 찾았을 것이다.

⑤ 켈러는 마돈나의 뮤직 비디오에서 수용자들이 느끼는 쾌락이 대중문화에 대한 경험과 문화 산업의 기획에 의해 만들어진 결과라고 분석했을 것이다.

※ 다음 글을 읽고 이어지는 질문에 답하시오. [18~19]

우리나라의 지명은 역사적으로 많은 우여곡절을 겪으면서 변천해왔다. 그러나 자세히 관찰하면 우리나라 지명만이 갖는 특징이 있는데, 이는 우리 지명의 대부분이 지형, 기후, 정치, 군사 등에서 유래되었다는 점이다.

우리나라의 지명에는 山(산), 谷(곡), 峴(현), 川(천), 新(신), 大(대), 松(송) 등의 한자가 들어 있는 것이 많다. 이 중 山(산), 谷(곡), 峴(현), 川(천) 등은 산악 지형이 대부분인 한반도의 산과 골짜기를 넘는 고개, 그 사이를 굽이치는 하천을 반영한 것이다. 그런가 하면 新(신), 大(대) 등은 인구 증가와 개척·간척에 따라 형성된 새로운 마을과 관련되는 지명이며, 松(송)은 어딜 가나 흔한 나무가 소나무였으므로 이를 반영한 것이다. 그 다음으로 上(상), 內(내), 南(남), 東(동), 下(하) 등의 한자와 石(석), 岩(암), 水(수), 浦(포), 井(정), 村(촌), 長(장), 龍(용), 月(월) 등의 한자가 지명에 많이 들어 있다. 이러한 한자들은 마을의 위치나 방위를 뜻하는 것으로서, 우리 민족이 전통적으로 남(南), 동(東) 방향을 선호했다는 증거이다. 또한 큰 바위(石, 岩)가 이정표 역할을 했으며, 물(水, 井)을 중심으로 생활했다는 것을 반영하고 있다. 한편, 평지나 큰 들이 있는 곳에는 坪(평), 平(평), 野(야), 原(원) 등의 한자가 많이 쓰였는데, 가평, 청평, 양평, 부평, 수원, 철원, 남원 등이 그 예이다.

한자로 된 지명은 보통 우리말 지명의 차음(借音)과 차훈(借訓)을 따랐기 때문에 어느 정도는 원래의 뜻을 유추할 수 있었다. 그런데 우리말 지명을 한자어로 바꿀 때 잘못 바꾸면 그 의미가 매우 동떨어지게 된다. 특히 일제 강점기 때는 우리말 지명의 뜻을 제대로 몰랐던 일제에 의해 잘못 바뀐 지명이 많다. 그 사례를 들어 보면, 경기도 안산시의 고잔동은 원래 우리말로 '곶 안'이라는 뜻이었다. 우리말 의미를 제대로 살렸다면 한자 지명이 곶내(串內)나 갑내(岬內)가 되었어야 하나, 일제에 의해 고잔(古棧)으로 바뀌었다. 한편 서울의 삼각지도 이와 같은 사례에 해당한다. 이곳의 원래 지명은 새벌(억새 벌판)인데, 경기 방언으로 새뿔이라고 불렸다. 이를 새(세)를 삼(三)으로, 뿔(벌)을 각(角)으로 해석하여 삼각지로 바꾼 것이다. 이렇게 잘못 바뀐 지명은 전국에 분포되어 있다. 현재 우리가 이 '고잔(古棧)'과 '삼각지(三角地)'에서 원래의 의미를 찾아내기란 결코 쉽지 않다.

조선 시대에는 촌락의 특수한 기능이 지명에 반영되는 경우가 많았는데, 특히 교통 및 방어와 관련된 촌락이 그러하였다. 하천 교통이 발달한 곳에는 도진취락(渡津聚落)이 발달했는데, 이러한 촌락의 지명에는 ~도(渡), ~진(津), ~포(浦) 등의 한자가 들어간다. 한편, 주요 역로를 따라서는 역원취락(驛院聚落)이 발달했다. 역은 공문서의 전달과 관리의 내왕(來往), 관물(官物)의 수송 등을 주로 담당했고, 원은 관리나 일반 여행자에게 숙박 편의를 제공했다. 따라서 역(驛)~, ~원(院) 등의 한자가 들어가는 지명은 _____ 곳이다.

해방 후 국토 공간의 변화에 따라 지명에도 큰 변화가 있었다. 국토 개발에 따라 새로운 지명이 생겨났는가 하면, 고유의 지명이 소멸하거나 변질하기도 했다. 서울의 경우 인구 증가로 인해 새로운 동(洞)이 만들어지면서 공항동, 본동과 같은 낯선 지명이 생겨났다. 반면에 굴레방다리, 말죽거리, 장승배기, 모래내, 뚝섬과 같은 고유 지명은 행정 구역 명칭으로 채택되지 않은 채 잊혀 가고 있다.

16 근로복지공단

18 다음 중 윗글의 내용을 잘못 이해하고 있는 사람은?

① A : 서울 율현동(栗峴洞)의 지명은 마을이 위치한 고개 지형에서 유래되었군.

② B : 강원도의 원주시(原州市)는 주로 넓은 평지로 이루어져 있겠군.

③ C : 서울의 삼각지(三角紙)는 뿔 모양의 지형에서 유래된 지명이군.

④ D : 서울의 노량진동(露梁津洞)은 조선 시대 하천 교통의 요지였겠군.

⑤ E : 서울 공항동(空港洞) 지명의 역사는 안산 고잔동(古棧洞) 지명의 역사보다 짧겠군.

19 다음 중 윗글의 빈칸에 들어갈 내용으로 가장 적절한 것은?

① 과거에 경치가 뛰어났던

② 과거에 상공업이 발달했던

③ 과거에 왕이 자주 행차했던

④ 과거에 육상 교통이 발달했던

⑤ 과거에 해상 교통이 발달했던

20 다음 글을 읽고 추론한 내용으로 적절하지 않은 것은?

> 1인 가구가 급속히 증가하는 상황에 대응하기 위하여 K전력은 전력 데이터를 활용, 국민이 체감할 수 있는 사회안전망 서비스를 제공하고 사회적 가치를 구현하고자 '1인 가구 안부 살핌 서비스'를 개발하여 지자체에 제공하고 있다. '1인 가구 안부 살핌 서비스'는 전력 빅데이터와 통신데이터를 분석하여 1인 가구의 안부 이상 여부를 확인한 후 이를 사회복지 공무원 등에게 SMS로 알려주어 고독사를 예방하는 인공지능 서비스이다.
>
> 이 서비스의 핵심인 돌봄 대상자의 안부 이상 여부를 판단하는 인공지능 모델은 딥러닝 기법을 활용하는 오토 인코더(Auto Encoder)를 기반으로 설계하였다. 이 모델은 정상적인 전력 사용 패턴을 학습하여 생성되고 난 후, 평소와 다른 비정상적인 사용패턴이 모델에 입력되면 돌봄 대상의 안부에 이상이 있다고 판단하고 지자체 담당 공무원에게 경보 SMS를 발송하는 알고리즘을 가지고 있다. 경보 SMS에는 전력 사용 패턴 이상 여부 이외에 돌봄 대상자의 전화 수·발신, 문자 발신, 데이터사용량 등 통신사용량 정보도 추가로 제공되고 있다. 향후 전력 및 통신데이터 이외에 수도나 가스 등 다양한 이종 데이터도 융합하여 서비스 알람 신뢰도를 더욱 향상시킬 수 있을 것으로 기대하고 있다.
>
> '1인 가구 안부 살핌 서비스'는 지난해 에스케이텔레콤(SKT)과 사회안전망 서비스를 개발하기 위한 협약의 체결로 시작되었다. 이후 양사는 아이디어 공유를 위한 실무회의 등을 거쳐 서비스를 개발하였고, 서비스의 효과를 검증하기 위하여 광주광역시 광산구 우산동과 협약을 체결하여 실증사업을 시행하였다. 실증사업 기간 동안 우산동 복지담당자들은 서비스에 커다란 만족감을 나타내었다.
>
> 우산동 복지담당 공무원이었던 A씨는 관내 돌봄 대상자가 자택에서 어지러움으로 쓰러진 후 지인의 도움으로 병원에 내진한 사실을 서비스 알람을 받아 빠르게 파악할 수 있었다. 이 사례를 예로 들며 "관리 지역은 나이가 많고 혼자 사는 분들이 많아 고독사가 발생할 가능성이 큰데, 매일 건강 상태를 확인할 수도 없어 평소에 이를 예방하기란 쉽지가 않다."라면서 "K전력의 1인 가구 안부 살핌 서비스가 큰 도움이 되었고 많은 기대가 된다."라고 밝혔다.

① K전력은 고독사를 예방하기 위해 데이터 기술을 적용한 서비스를 만들었다.
② 오토 인코더 모델은 비정상적인 패턴을 감지하면 알람이 가도록 설계되었다.
③ 앞으로 '1인 가구 알림 살핌 서비스'에는 전력 데이터가 추가로 수집될 수 있다.
④ 광주광역시 광산구 우산동 지역 사람들이 처음으로 이 서비스를 사용하였다.
⑤ 우산동에서 이 서비스의 주요 대상은 고령의 1인 가구이다.

21 출근 후 매일 영양제를 챙겨 먹는 K사원은 요일에 따라 서로 다른 영양제를 복용한다. 〈조건〉에 따라 평일 오전에 비타민B, 비타민C, 비타민D, 비타민E, 밀크시슬 중 하나씩을 복용한다고 할 때, 다음 중 항상 옳은 것은?

> **조건**
> • 밀크시슬은 월요일과 목요일 중에 복용한다.
> • 비타민D는 비타민C를 먹은 날부터 이틀 뒤에 복용한다.
> • 비타민B는 비타민C와 비타민E보다 먼저 복용한다.

① 월요일에는 항상 비타민B를 복용한다.
② 화요일에는 항상 비타민E를 복용한다.
③ 수요일에는 항상 비타민C를 복용한다.
④ 비타민E는 비타민C보다 항상 먼저 복용한다.
⑤ 비타민D는 밀크시슬보다 항상 먼저 복용한다.

22 다음 글의 내용이 참일 때, 반드시 거짓인 것은?

> 갑 ~ 무는 H부서에 근무하고 있다. 이 부서에서는 K공단과의 업무 협조를 위해 지방의 네 지역으로 직원을 출장 보낼 계획을 수립하였다. 원활한 업무 수행을 위해서 모든 출장은 갑 ~ 무 중 두 명 또는 세 명으로 구성된 팀 단위로 이루어진다. 네 팀이 구성되어 네 지역에 각각 한 팀씩 출장이 배정되며, 네 지역 출장 날짜는 모두 다르다. 모든 직원은 최소한 한 번 출장에 참가한다. 이번 출장 업무를 총괄하는 직원은 단 한 명밖에 없으며, 그는 네 지역 모두의 출장에 참가한다. 더불어 업무 경력을 고려하여 단 한 지역의 출장에만 참가하는 것은 신입사원으로 제한한다. H부서에 근무하는 신입사원은 한 명밖에 없다. 이런 기준으로 출장 계획을 수립한 결과, 을은 갑과 단둘이 가는 한 번의 출장 이외에 다른 어떤 출장도 가지 않으며, 병과 정이 함께 출장을 가는 경우는 단 한 번밖에 없다. 그리고 네 지역 가운데 광역시가 두 곳인데, 단 두 명의 직원만이 두 광역시 모두에 출장을 간다.

① 갑은 이번 출장 업무를 총괄하는 직원이다.
② 을은 광역시에 출장을 가지 않는다.
③ 병이 갑, 무와 함께 출장을 가는 지역이 있다.
④ 정은 총 세 곳에 출장을 간다.
⑤ 무가 출장을 가는 지역은 두 곳이고 그중 한 곳은 정과 함께 간다.

※ A씨는 다음 규칙에 따라 자신의 금고 암호를 요일별로 바꾸어 사용하려 한다. 이어지는 질문에 답하시오.
[23~24]

〈규칙〉

1. 한글 자음은 알파벳 a ~ n으로 치환하여 입력한다.
   예 ㄱ, ㄴ, ㄷ = a, b, c
   - 된소리 ㄲ, ㄸ, ㅃ, ㅆ, ㅉ는 치환하지 않고 그대로 입력한다.
2. 한글 모음 ㅏ, ㅑ, ㅓ, ㅕ, ㅗ, ㅛ, ㅜ, ㅠ, ㅡ, ㅣ는 알파벳 대문자 A ~ J로 치환하여 입력한다.
   예 ㅏ, ㅑ, ㅓ = A, B, C
   - 위에 해당하지 않는 모음은 치환하지 않고 그대로 입력한다.
3. 띄어쓰기는 반영하지 않는다.
4. 숫자 1 ~ 7을 요일별로 요일 순서에 따라 암호 첫째 자리에 입력한다.
   예 월요일 – 1, 화요일 – 2, …, 일요일 – 7

---

23 A씨가 다음과 같은 암호를 입력하여 금고를 열었다고 할 때, 암호로 치환하기 전의 문구로 옳은 것은?

6hJd ㅐ cEaAenJaIeaEdIdhDdgGhJ ㅆ cAaE

---

① 이래도 그래 금고를 열 수 있을까
② 그래도 어쭈 금고를 열 수 없다고
③ 이래도 감히 금고를 열 수 있다고
④ 이래서 오잉 금고를 열 수 있다고
⑤ 이제야 겨우 금고를 열 수 없다고

24 다음 암호에 대한 해석으로 옳은 것은?

① 7hEeFnAcA → 일요일의 암호 '조묘하다'
② 3iJfh ㅖ aAbcA → 수요일의 암호 '집에가다'
③ 2bAaAbEdcA → 화요일의 암호 '나가돌다'
④ 6cEbhIdeCahIe → 토요일의 암호 '돈을먹음'
⑤ 1kAbjEgGiCh → 월요일의 암호 '칸트수정'

25 이웃해 있는 10개의 건물에 초밥가게, 옷가게, 신발가게, 편의점, 약국, 카페가 있다. 카페가 3번째 건물에 있을 때, 다음 〈조건〉을 토대로 항상 옳은 것은?(단, 한 건물에 한 가지 업종만 들어갈 수 있다)

> **조건**
> • 초밥가게는 카페보다 앞에 있다.
> • 초밥가게와 신발가게 사이에 건물이 6개 있다.
> • 옷가게와 편의점은 인접할 수 없으며, 옷가게와 신발가게는 인접해 있다.
> • 신발가게 뒤에 아무것도 없는 건물이 2개 있다.
> • 2번째와 4번째 건물은 아무것도 없는 건물이다.
> • 편의점과 약국은 인접해 있다.

① 카페와 옷가게는 인접해 있다.
② 초밥가게와 약국 사이에 2개의 건물이 있다.
③ 편의점은 6번째 건물에 있다.
④ 신발가게는 8번째 건물에 있다.
⑤ 옷가게는 5번째 건물에 있다.

26 비상대책위원회 위원장은 A ~ F위원 중 제1차 위원회에서 발언할 위원을 결정하려 한다. 다음 〈조건〉에 따라 발언자를 결정한다고 할 때, 항상 참이 되는 것은?

> **조건**
> • A위원이 발언하면 B위원이 발언하고, C위원이 발언하면 E위원이 발언한다.
> • A위원 또는 B위원은 발언하지 않는다.
> • D위원이 발언하면 F위원이 발언하고, B위원이 발언하면 C위원이 발언한다.
> • D위원이 발언하고 E위원도 발언한다.

① A위원이 발언한다.
② B위원이 발언한다.
③ C위원이 발언한다.
④ F위원이 발언한다.
⑤ 모든 위원이 발언한다.

27 다음 문제해결 절차에 따라 〈보기〉를 순서대로 바르게 나열한 것은?

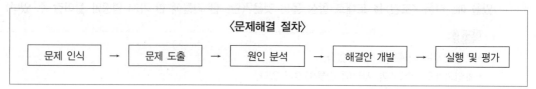

〈문제해결 절차〉

문제 인식 → 문제 도출 → 원인 분석 → 해결안 개발 → 실행 및 평가

보기

(가) 파악된 핵심 문제에 대한 분석을 통해 근본 원인을 도출한다.

(나) 실행계획을 실제 상황에 적용하는 활동으로, 당초 장애가 되는 문제의 원인들을 도출한 해결안을 사용하여 제거한다.

(다) 해결해야 할 전체 문제를 파악하여 우선순위를 정하고, 선정 문제에 대한 목표를 명확히 한다.

(라) 문제로부터 도출된 근본 원인을 효과적으로 해결할 수 있는 최적의 해결방안을 수립한다.

(마) 선정된 문제를 분석하여 해결해야 할 것이 무엇인지를 명확히 한다.

① (가) – (나) – (다) – (라) – (마)
② (나) – (마) – (가) – (라) – (다)
② (다) – (가) – (마) – (나) – (라)
④ (다) – (마) – (가) – (라) – (나)
⑤ (라) – (다) – (마) – (가) – (나)

28 12명의 사람이 모자, 상의, 하의를 착용하는데 모자, 상의, 하의는 빨간색 또는 파란색 중 하나이다. 12명이 모두 모자, 상의, 하의를 착용했을 때, 다음 〈조건〉과 같은 모습이었다. 이때, 하의만 빨간색인 사람은 몇 명인가?

조건

• 어떤 사람을 보아도 모자와 하의는 서로 다른 색이다.
• 같은 색의 상의와 하의를 입은 사람의 수는 6명이다.
• 빨간색 모자를 쓴 사람의 수는 5명이다.
• 모자, 상의, 하의 중 1가지만 빨간색인 사람은 7명이다.

① 2명   ② 3명
③ 4명   ④ 5명
⑤ 6명

29 다음 수제 초콜릿에 대한 분석 기사를 읽고 SWOT 분석에 의한 마케팅 전략을 진행하고자 할 때, 마케팅 전략으로 적절하지 않은 것은?

> 오늘날 식품 시장을 보면 원산지와 성분이 의심스러운 제품들로 넘쳐 납니다. 이로 인해 소비자들은 고급스럽고 안전한 먹거리를 찾고 있습니다. 우리의 수제 초콜릿은 이러한 요구를 완벽하게 충족시켜주고 있습니다. 풍부한 맛, 고급 포장, 모양, 건강상의 혜택, 강력한 스토리텔링 모두 높은 품질을 원하는 소비자들의 요구를 충족시키는 것입니다. 사실 수제 초콜릿을 만드는 데는 비용이 많이 듭니다. 각종 장비 및 유지 보수에서부터 값비싼 포장과 유통 업체의 높은 수익을 보장해주다 보면 초콜릿을 생산하는 업체에게 남는 이익은 많지 않습니다. 또한 수제 초콜릿의 존재 자체를 많은 사람이 알지 못하는 상황입니다. 하지만 보다 좋은 식품에 대한 인기가 높아짐에 따라 더 많은 업체가 수제 초콜릿을 취급하기를 원하고 있습니다. 따라서 수제 초콜릿은 일반 초콜릿보다 더 높은 가격으로 판매될 수 있을 것입니다. 현재 초콜릿을 대량으로 생산하는 대형 기업들은 자신들의 일반 초콜릿과 수제 초콜릿의 차이를 줄이는 데 최선을 다하고 있습니다. 그리고 직접 맛을 보기 전에는 일반 초콜릿과 수제 초콜릿의 차이를 알 수 없기 때문에 소비자들은 굳이 초콜릿에 더 많은 돈을 지불해야 하는 이유를 알지 못할 수 있습니다. 따라서 수제 초콜릿의 효과적인 마케팅 전략이 필요한 시점입니다.

〈SWOT 분석에 의한 마케팅 전략〉

- SO전략 : 강점을 살려 기회를 포착
- ST전략 : 강점을 살려 위협을 회피
- WO전략 : 약점을 보완하여 기회를 포착
- WT전략 : 약점을 보완하여 위협을 회피

---

① 전문가의 의견을 통해 수제 초콜릿의 풍부한 맛을 알리는 동시에 일반 초콜릿과 맛의 차이도 알려야겠어.
② 수제 초콜릿을 고급 포장하여 수제 초콜릿의 스토리텔링을 더 살려보는 것은 어떨까.
③ 수제 초콜릿의 스토리텔링을 포장에 명시한다면 소비자들이 믿고 구매할 수 있을 거야.
④ 수제 초콜릿의 마케팅을 강화하는 방법으로 일반 초콜릿과의 차이를 알려 대기업과의 경쟁에서 이겨야겠어.
⑤ 수제 초콜릿의 값비싸고 과장된 포장을 바꾸고, 그 비용으로 안전하고 맛있는 수제 초콜릿을 홍보하면 어떨까.

30 한 야구팀이 재정난을 겪게 되면서 핵심선수인 민한, 대호, 성흔, 주찬이를 각각 다른 팀으로 트레이드하려고 한다. C팀이 투수만 스카우트하게 될 경우, 다음 〈조건〉을 토대로 반드시 참인 것은?

> **조건**
> (가) 이들을 원하는 팀은 A ~ D 4팀이 있다.
> (나) 각 팀은 포수, 내야수, 외야수, 투수 중 중복 없이 하나만 얻을 수 있다.
> (다) 각 팀은 1명만 스카우트할 수 있다.
> (라) 민한이는 투수만 가능하다.
> (마) 대호는 B팀만 가려고 한다.
> (바) A팀은 외야수를 원한다.
> (사) 성흔이는 포수와 외야수만 가능하다.
> (아) 주찬이는 D팀을 가려고 하지 않는다.
> (자) 외야수 포지션은 성흔과 주찬 중에 선택한다.

① 주찬이는 포수로 스카우트될 것이다.
② A팀에서 스카우트할 선수는 성흔이다.
③ D팀은 선택할 포지션이 없어서 스카우트를 포기한다.
④ D팀은 성흔이를 포수로 스카우트할 것이다.
⑤ B팀은 대호를 외야수로 스카우트할 것이다.

31 업무수행과정에서 발생하는 문제를 발생형, 탐색형, 설정형의 세 가지 문제 유형으로 분류할 때, 다음 중 탐색형 문제에 해당하는 것은?

① 판매된 제품에서 이물질이 발생했다는 고객의 클레임이 발생하였다.
② 국내 생산 공장을 해외로 이전할 경우 발생할 수 있는 문제들을 파악하여 보고해야 한다.
③ 대외경쟁력과 성장률을 강화하기 위해서는 생산성을 15% 이상 향상시켜야 한다.
④ 공장의 생산 설비 오작동으로 인해 제품의 발주량을 미처 채우지 못하였다.
⑤ 향후 5년간 시장의 흐름을 예측한 후 자사의 새로운 성장 목표를 설정하기로 하였다.

32 K공단 안전본부 사고분석 개선처에 근무하는 B대리는 혁신우수 연구대회에 출전하여 첨단장비를 활용한 차종별 보행자사고 모형개발을 발표했다. SWOT 분석을 통해 추진방향을 도출하기 위해 다음 결과를 도출했을 때, 분석 결과에 대응하는 전략과 그 내용이 바르게 연결되지 않은 것은?

강점(Strength)		약점(Weakness)	
10년 이상 지속적인 교육과 연구로 신기술 개발을 위한 인프라 구축		보행자사고 모형개발을 위한 예산 및 실차 실험을 위한 연구소 부재	
기회(Opportunity)		위협(Threat)	
첨단 과학장비(3D스캐너, MADYMO) 도입으로 정밀 시뮬레이션 분석 가능		교통사고에 대한 국민의 관심과 분석수준 향상으로 공단의 사고분석 질적 제고 필요	

① WT전략 : 보행자사고 실험을 위한 연구소를 만들어 사고 분석 데이터를 축적한다.

② WO전략 : 실차 실험 대신 과학장비를 통한 시뮬레이션 연구로 모형을 개발한다.

③ WT전략 : 신기술 개발을 위한 연구대회를 개최해 인프라를 더욱 탄탄히 구축한다.

④ ST전략 : 지속적 교육과 연구로 쌓아온 데이터를 바탕으로 사고분석 프로그램 신기술 개발을 통해 사고분석 질적 향상에 기여한다.

⑤ SO전략 : 과학장비를 통한 정밀 시뮬레이션 분석을 토대로 국내 차량의 전면부 형상을 취득하고 보행자 사고를 분석해 신기술 개발에 도움을 준다.

33 다음 자료와 〈조건〉을 토대로 철수, 영희, 민수, 철호가 상품을 구입한 쇼핑몰을 순서대로 바르게 나열한 것은?

〈이용약관의 주요 내용〉

쇼핑몰	주문 취소	환불	배송비	포인트 적립
A	주문 후 7일 이내 취소 가능	10% 환불수수료, 송금수수료 차감	무료	구입 금액의 3%
B	주문 후 10일 이내 취소 가능	환불수수료, 송금수수료 차감	20만 원 이상 무료	구입 금액의 5%
C	주문 후 7일 이내 취소 가능	환불수수료, 송금수수료 차감	1회 이용 시 1만 원	없음
D	주문 후 당일에만 취소 가능	환불수수료, 송금수수료 차감	5만 원 이상 무료	없음
E	취소 불가능	고객 귀책 사유에 의한 환불 시에만 10% 환불수수료	1만 원 이상 무료	구입 금액의 10%
F	취소 불가능	원칙적으로 환불 불가능 (사업자 귀책 사유일 때만 환불 가능)	100g당 2,500원	없음

조건

• 철수는 부모님의 선물로 등산 용품을 구입하였는데, 판매자의 업무 착오로 배송이 지연되어 판매자에게 전화로 환불을 요구하였다. 판매자는 판매금액 그대로를 통장에 입금해 주었고 구입 시 발생한 포인트도 유지하여 주었다.
• 영희는 옷을 구매할 때 배송비를 고려하여 한 가지씩 여러 번에 나누어 구매하기보다는 가능한 한 한꺼번에 주문하곤 하였다.
• 인터넷 사이트에서 영화티켓을 20,000원에 구매한 민수는 다음 날 같은 티켓을 18,000원에 파는 사이트를 발견하고 전날 구매한 티켓을 취소하려 했지만 취소가 되지 않아 곤란을 겪은 적이 있다.
• 가방을 10만 원에 구매한 철호는 도착한 물건의 디자인이 마음에 들지 않아 환불 및 송금수수료와 배송비를 감수하는 손해를 보면서도 환불할 수밖에 없었다.

```
     철수    영희    민수    철호
①    E       B       C       D
②    E       C       B       D
③    E       D       F       C
④    F       C       E       B
⑤    F       E       D       B
```

34 A씨는 영업비밀 보호를 위해 자신의 컴퓨터 속 각 문서의 암호를 규칙에 따라 만들었다. 파일 이름이 다음과 같을 때, 이 파일의 암호는 무엇인가?

〈규칙〉

1. 비밀번호 중 첫 번째 자리에는 파일 이름의 첫 문자가 한글일 경우 @, 영어일 경우 #, 숫자일 경우 *로 특수문자를 입력한다.
   → 고슴Dochi=@, haRAMY801=#, 1app루=*
2. 두 번째 자리에는 파일 이름의 총 자리 개수를 입력한다.
   → 고슴Dochi=@7, haRAMY801=#9, 1app루=*5
3. 세 번째 자리부터는 파일 이름 내에 숫자를 순서대로 입력한다. 숫자가 없을 경우 0을 두 번 입력한다.
   → 고슴Dochi=@700, haRAMY801=#9801, 1app루=*51
4. 그 다음 자리에는 파일 이름 중 한글이 있을 경우 초성만 순서대로 입력한다. 없다면 입력하지 않는다.
   → 고슴Dochi=@700ㄱㅅ, haRAMY801=#9801, 1app루=*51ㄹ
5. 그 다음 자리에는 파일 이름 중 영어가 있다면 뒤에 덧붙여 순서대로 입력하되, a, e, I, o, u만 'a=1, e=2, I=3, o=4, u=5'로 변형하여 입력한다(대문자·소문자 구분 없이 모두 소문자로 입력한다).
   → 고슴Dochi=@700ㄱㅅd4ch3, haRAMY801=#9801h1r1my, 1app루=*51ㄹ1pp

---

2022매운전골Cset3인기준recipe8

① @23202238ㅁㅇㅈㄱㅇㄱㅈcs2trecipe
② @23202238ㅁㅇㅈㄱㅇㄱㅈcs2tr2c3p2
③ *23202238ㅁㅇㅈㄱㅇㄱㅈcs2trecipe
④ *23202238ㅁㅇㅈㄱㅇㄱㅈcs2tr2c3p2
⑤ *23202238ㅁㅇㅈㄱㅇㄱㅈcsetrecipe

35 다음은 자동차 외판원인 A ~ F의 판매실적 비교에 대한 정보이다. 이를 통해 추론한 내용으로 옳은 것은?

- A는 B보다 실적이 높다.
- C는 D보다 실적이 낮다.
- E는 F보다 실적이 낮지만, A보다는 높다.
- B는 D보다 실적이 높지만, E보다는 낮다.

① 실적이 가장 높은 외판원은 F이다.
② C의 실적은 꼴찌가 아니다.
③ B의 실적보다 낮은 외판원은 3명이다.
④ E의 실적이 가장 높다.
⑤ A의 실적이 C의 실적보다 낮다.

※ 다음은 K보험회사의 고객관리코드에 대한 자료이다. 이어지는 질문에 답하시오. [36~38]

• K보험회사 고객관리코드는 11자리로 이루어져 있다.

AA	B	CC	DD	EE	FF
보험 상품	해지환급금 지급유무	가입자 성별	납입기간	납입주기	보장기간

보험 상품	해지환급금 지급유무	가입자 성별
SY : 종합보험 CC : 암보험 BB : 어린이보험 TO : 치아보험 NC : 간병보험 LF : 생활보장보험	Y : 100% 지급 P : 70% 지급 Q : 50% 지급 R : 30% 지급 N : 미지급	남 : 01 여 : 10

납입기간	납입주기	보험·보장기간(년, 세)
10 : 10년 15 : 15년 20 : 20년 30 : 30년 00 : 일시	월 : 12 년 : 01 일시불 : 00	01 : 10년 02 : 20년 03 : 30년 08 : 80세 09 : 90세 10 : 100세

※ 보험 상품에 관계없이 납입기간은 보험기간보다 같거나 짧음
※ 생활보장보험과 치아보험 상품의 경우 보장기간은 최대 20년으로, 만기 후 재가입은 가능함. 그 외 보험 상품은 최대 100세 만기가입이 가능함

36 다음은 K보험회사 고객 A씨에 대한 설명이다. 고객 A씨의 고객관리코드로 옳은 것은?

> 최근 충치치료를 많이 받은 A씨는 금전적으로 부담을 느껴 앞으로 충치치료는 보험적용을 받기 위해 보험을 가입하기로 하였다. 해지환급금 지급률이 높을수록 보험료가 높다고 들은 A씨는 해지환급금은 받되 지급률을 최대한 낮게 하여 가입하기로 하였다. A씨는 보장기간을 최대한 길게 하고 납입기간은 보장기간과 같게 하되 납입은 연납으로 하기로 하였다.

① SYR01200102
② SYR10200110
③ TOR01200110
④ TOR10200102
⑤ TOR01200103

37 다음 중 해지환급금 미지급 100세 보장 간병보험 상품을 일시불로 납입한 남성의 고객관리코드는?

① NCN01000010

② NCN01000001

③ NCN01000110

④ NCN01000101

⑤ NCN01000102

38 다음과 같이 K보험회사에서 추석선물을 지급한다면, 〈보기〉 중 추석선물을 받을 고객은 모두 몇 명인가?

K보험회사는 보험기간에 대한 제약이 없는 보험 상품을 가입한 고객 중에서 해지환급금의 일부만을 지급받으며 납입기간이 보장기간보다 짧은 월납 고객에게 추석선물을 지급하기로 하였다.

보기

SYY01100102	NCP01201202	CCQ10151202	LFR10151220
CCR10000008	SYR01151203	BBN10100108	SYY01101209
LFP10101220	TOQ01000001	NCY01101208	BBQ01201209
TOY10200120	CCQ10000010	CCR01301210	SYN10200110

① 1명

② 2명

③ 3명

④ 4명

⑤ 5명

39 다음 〈조건〉을 토대로 추론한 내용으로 옳은 것은?

조건

- 분야별 인원 구성
  - A분야 : a(남자), b(남자), c(여자)
  - B분야 : 가(남자), 나(여자)
  - C분야 : 갑(남자), 을(여자), 병(여자)
- 4명씩 나누어 총 2팀(1팀, 2팀)으로 구성한다.
- 같은 분야의 같은 성별인 사람은 한 팀이 될 수 없다.
- 각 팀에는 분야별로 적어도 한 명 이상이 들어가야 한다.
- 한 분야의 모든 사람이 한 팀에 들어갈 수는 없다.

① 갑과 을이 한 팀이 된다면 가와 나도 한 팀이 될 수 있다.
② 4명으로 나뉜 두 팀에는 남녀가 각각 2명씩 들어간다.
③ a가 1팀으로 간다면 c는 2팀으로 가야 한다.
④ 가와 나는 한 팀이 될 수 없다.
⑤ c와 갑은 한 팀이 될 수 있다.

40 다음 글의 빈칸에 들어갈 내용으로 적절하지 않은 것은?

창의적 사고는 창조적인 가능성이다. 여기에는 '문제를 사전에 찾아내는 힘', '문제해결에 있어서 다각도로 힌트를 찾아내는 힘', 그리고 '문제해결을 위해 끈기 있게 도전하는 태도' 등이 포함된다. 다시 말해서 창의적 사고에는 사고력을 비롯하여 성격, 태도에 걸친 전인격적인 가능성까지도 포함된다. 이러한 창의적 사고는 창의력 교육훈련을 통해 개발할 수 있으며, _____일수록 높은 창의력을 보인다.

① 모험적
② 객관적
③ 예술적
④ 적극적
⑤ 자유분방적

41 모스크바 지사에서 일하고 있는 A대리는 밴쿠버 지사와의 업무협조를 위해 4월 22일 오전 10시 15분에 밴쿠버 지사로 업무협조 메일을 보냈다. 〈조건〉에 따라 밴쿠버 지사에서 가장 빨리 메일을 읽었을 때, 모스크바의 시각은?

> **조건**
> • 밴쿠버는 모스크바보다 10시간이 늦다.
> • 밴쿠버 지사의 업무시간은 오전 10시부터 오후 6시까지다.
> • 밴쿠버 지사에서는 4월 22일 오전 10시부터 15분간 전력 점검이 있었다.

① 4월 22일 오전 10시 15분
② 4월 23일 오전 10시 15분
③ 4월 22일 오후 8시 15분
④ 4월 23일 오후 8시 15분
⑤ 4월 23일 오후 10시 15분

42 K사에서 승진대상자 중 2명을 승진시키려고 한다. 승진의 조건은 동료평가에서 '하'를 받지 않고 합산점수가 높은 순이다. 합산점수는 100점 만점의 점수로 환산한 승진시험 성적, 영어 성적, 성과 평가의 수치를 합산한다. 승진시험의 만점은 100점, 영어 성적의 만점은 500점, 성과 평가의 만점은 200점이라고 할 때, 승진대상자 2명은 누구인가?

구분	승진시험 성적(점)	영어 성적(점)	동료 평가	성과 평가(점)
A	80	400	중	120
B	80	350	상	150
C	65	500	상	120
D	70	400	중	100
E	95	450	하	185
F	75	400	중	160
G	80	350	중	190
H	70	300	상	180
I	100	400	하	160
J	75	400	상	140
K	90	250	중	180

① A, C
② B, K
③ E, I
④ F, G
⑤ H, D

43 다음 자료를 토대로 할 때, 하루 동안 고용할 수 있는 최대 인원은?

총예산	본예산	500,000원
	예비비	100,000원
고용비	1인당 수당	50,000원
	산재보험료	(수당)×0.504%
	고용보험료	(수당)×1.3%

① 10명   ② 11명
③ 12명   ④ 13명
⑤ 14명

44 K공단은 직원들의 교양증진을 위해 사내 도서관에 도서를 추가로 구비하고자 한다. 새로 구매할 도서는 직원들을 대상으로 한 사전조사 결과를 바탕으로 선정점수를 결정한다. 다음 자료와 〈조건〉에 따라 추가로 구매할 도서를 선정할 때, 최종 선정될 도서는?

〈후보 도서 사전조사 결과〉

도서명	저자	흥미도 점수(점)	유익성 점수(점)
재테크, 답은 있다	정우택	6	8
여행학개론	W. George	7	6
부장님의 서랍	김수권	6	7
IT혁명의 시작	정인성, 유오진	5	8
경제정의론	S. Collins	4	5
건강제일주의	임시학	8	5

> **조건**
> • K공단은 전 직원들을 대상으로 후보 도서들에 대한 사전조사를 하였다. 각 후보 도서들에 대한 흥미도 점수와 유익성 점수는 전 직원들이 10점 만점으로 부여한 점수의 평균값이다.
> • 흥미도 점수와 유익성 점수를 3 : 2의 가중치로 합산하여 1차 점수를 산정하고, 1차 점수가 높은 후보 도서 3개를 1차 선정한다.
> • 1차 선정된 후보 도서 중 해외저자의 도서는 가점 1점을 부여하여 2차 점수를 산정한다.
> • 2차 점수가 가장 높은 2개의 도서를 최종 선정한다. 만일 선정된 후보 도서들의 2차 점수가 모두 동일한 경우, 유익성 점수가 가장 낮은 후보 도서는 탈락시킨다.

① 재테크, 답은 있다 / 여행학개론
② 재테크, 답은 있다 / 건강제일주의
③ 여행학개론 / 부장님의 서랍
④ 여행학개론 / 건강제일주의
⑤ IT혁명의 시작 / 건강제일주의

45 K유통에서 근무하는 강사원은 급여명세서를 받은 후 책상 위에 두었다가 실수로 일부분을 찢게 되었다. 강사원은 소실된 부분을 계산한 후 실수령액과 입금된 수령액이 일치하는지 확인하려고 한다. 공제액은 다음 자료와 같이 계산한다고 할 때, 강사원이 받을 실수령액은?

K유통 2025년 3월 급여명세서

성명	강★★	지급일	2025.04.04
지급내역	**지급액(원)**	**공제내역**	**공제액(원)**
기본급	1,800,000	소득세	15,110
잔업수당	70,000	건강보험	
복리후생비	100,000	고용보험	
		국민연금	
		장기요양보험	
		주민세	1,510
		조합비	20,000
		공제총액	
급여지급계		실수령액	

〈공제내역별 계산방법〉

구분	계산방법	비고
건강보험	(기본급)×6.12%	가입자 부담 : 50% 사업자 부담 : 50%
고용보험	(기본급)×1.3%	
국민연금	(기본급)×9%	
장기요양보험	(건강보험료)×6.5%	

※ 장기요양보험료의 경우 십의 자리에서 반올림함

① 1,756,030원
② 1,776,090원
③ 1,782,000원
④ 1,826,340원
⑤ 1,865,900원

46 K사원의 팀은 출장근무를 마치고 서울로 복귀하고자 한다. 다음 대화를 고려했을 때, 서울에 가장 일찍 도착할 수 있는 예정시각은 언제인가?

〈상황〉

• K사원이 소속된 팀원은 총 4명이다.
• 대전에서 출장을 마치고 서울로 돌아가려고 한다.
• 고속버스터미널에는 은행, 편의점, 화장실, 패스트푸드점 등이 있다.
  ※ 시설별 소요시간 : 은행 30분, 편의점 10분, 화장실 20분, 패스트푸드점 25분

〈대화 내용〉

A과장 : 긴장이 풀려서 그런가? 배가 출출하네. 햄버거라도 사 먹어야겠어.
B대리 : 저도 출출하긴 한데 그것보다 화장실이 더 급하네요. 금방 다녀오겠습니다.
C주임 : 그럼 그사이에 버스표를 사야 하니 은행에 들러 현금을 찾아오겠습니다.
K사원 : 저는 그동안 버스 안에서 먹을 과자를 편의점에서 사 오겠습니다.
A과장 : 지금이 16시 50분이니까 다들 각자 볼일 보고 빨리 돌아와. 다 같이 타고 가야 하니까.

〈시외버스 배차정보〉

대전 출발	서울 도착	잔여좌석 수(석)
17:00	19:00	6
17:15	19:15	8
17:30	19:30	3
17:45	19:45	4
18:00	20:00	8
18:15	20:15	5
18:30	20:30	6
18:45	20:45	10
19:00	21:00	16

① 17:45
② 19:15
③ 19:45
④ 20:15
⑤ 20:45

47 A씨와 B씨는 카셰어링 업체인 K카를 이용하여 각각 일정을 소화하였다. K카의 이용요금표와 일정이 다음과 같을 때, A씨와 B씨가 지불해야 하는 요금이 바르게 연결된 것은?

〈K카 이용요금표〉

구분	기준요금 (10분)	누진 할인요금				주행요금
		대여요금(주중)		대여요금(주말)		
		1시간	1일	1시간	1일	
모닝	880원	3,540원	35,420원	4,920원	49,240원	160원/km
레이		3,900원	39,020원	5,100원	50,970원	
아반떼	1,310원	5,520원	55,150원	6,660원	65,950원	170원/km
K3						

※ 주중 / 주말 기준
 - 주중 : 일 20:00 ~ 금 12:00
 - 주말 : 금 12:00 ~ 일 20:00(공휴일 및 당사 지정 성수기 포함)
※ 최소 예약은 30분이며 10분 단위로 연장할 수 있음(1시간 이하는 10분 단위로 환산하여 과금함)
※ 예약시간이 4시간을 초과하는 경우에는 누진 할인요금이 적용됨(24시간 한도)
※ 연장요금은 기준요금으로 부과함
※ 이용시간 미연장에 따른 반납지연 페널티 금액은 초과한 시간에 대한 기준요금의 2배가 됨

〈일정〉

• A씨
 - 차종 : 아반떼
 - 예약시간 : 3시간(토요일, 11:00 ~ 14:00)
 - 주행거리 : 92km
 - A씨는 저번 주 토요일, 친구 결혼식에 참석하기 위해 인천에 다녀왔다. 인천으로 가는 길은 순탄하였으나 돌아오는 길에는 고속도로에서 큰 사고가 있었던 모양인지 예상했던 시간보다 1시간 30분이 더 걸렸다. A씨는 이용시간을 연장해야 한다는 사실을 몰라 하지 못했다.
• B씨
 - 차종 : 레이
 - 예약시간 : 목요일, 금요일 00:00 ~ 08:00
 - 주행거리 : 243km
 - B씨는 납품지연에 따른 상황을 파악하기 위해 강원도 원주에 있는 거래처에 들러 이틀에 걸쳐 일을 마무리한 후 예정된 일정에 맞추어 다시 서울로 돌아왔다.

	A씨	B씨			A씨	B씨
①	61,920원	120,140원		②	62,800원	122,570원
③	62,800원	130,070원		④	63,750원	130,070원
⑤	63,750원	130,200원				

48 K의류회사는 제품의 판매촉진을 위해 TV광고를 기획하고 있다. 다음 광고모델 후보 5명에 대한 자료를 토대로 향후 1년 동안 광고효과가 가장 클 것으로 예상되는 모델은?

〈광고모델별 1년 계약금 및 광고 1회당 광고효과〉

(단위 : 천 원)

모델	1년 계약금	1회당 광고비	1회당 광고효과(예상)	
			수익 증대 효과	브랜드 가치 증대 효과
A	120,000		140,000	130,000
B	80,000		80,000	110,000
C	100,000	2,500	100,000	120,000
D	90,000		80,000	90,000
E	70,000		60,000	80,000
비고	• (총 광고효과)=(1회당 광고효과)×(1년 광고횟수) • (1회당 광고효과)=(1회당 수익 증대 효과)+(1회당 브랜드 가치 증대 효과) • (1년 광고횟수)=(1년 광고비)÷(1회당 광고비) • (1년 광고비)=1억 8천만 원-(1년 계약금)			

① A
② B
③ C
④ D
⑤ E

49 K회사에서 근무하는 김사원은 수출계약 건으로 한국에 방문하는 바이어를 맞이하기 위해 인천공항에 가야 한다. 미국 뉴욕에서 오는 바이어는 현지시각으로 21일 오전 8시 30분에 한국행 비행기에 탑승할 예정이며, 비행시간은 17시간이다. K회사에서 인천공항까지는 1시간 30분이 걸리고, 바이어의 도착 예정시각보다는 30분 일찍 도착하여 대기하려고 할 때, 김사원은 적어도 몇 시에 회사에서 출발해야 하겠는가?(단, 뉴욕은 한국보다 13시간이 느리다)

① 21일 10시 30분
② 21일 12시 30분
③ 22일 12시
④ 22일 12시 30분
⑤ 22일 14시 30분

50 다음은 한 달 동안 K사원의 야근 및 휴일근무를 기록한 자료이다. 회사의 초과근무수당 규정을 참고하여 K사원이 이번 달 받을 수 있는 야근 및 특근 수당을 바르게 구한 것은?(단, K사원의 세전 연봉은 3천만 원이고, 시급 산정 시 월평균 근무시간은 200시간으로 계산한다)

일	월	화	수	목	금	토
	1 (18 ~ 21시)	2	3	4 (18 ~ 22시)	5	6
7	8	9 (18 ~ 24시)	10	11	12	13
14 (09 ~ 12시)	15	16	17	18	19	20
21	22	23	24	25	26 (18 ~ 21시)	27 (13 ~ 18시)
28	29 (18 ~ 19시)	30				

〈초과근무수당 규정〉

• 시급 환산 시 세전 연봉으로 계산한다.
• 평일 야근 수당은 시급에 5,000원을 가산하여 지급한다.
• 주말 특근 수당은 시급에 10,000원을 가산하여 지급한다.
• 식대는 10,000원을 지급하며, 식대는 야근·특근 수당에 포함되지 않는다.
• 야근시간은 오후 7시부터 적용되며 10시를 초과할 수 없다(단, 초과시간 수당은 미지급한다).

① 285,000원 ② 320,000원
③ 355,000원 ④ 405,000원
⑤ 442,500원

※ K공단에서는 임직원 해외연수를 추진하고 있다. 이어지는 질문에 답하시오. **[51~52]**

〈2025년 임직원 해외연수 공지사항〉

• 해외연수 국가 : 네덜란드, 독일
• 해외연수 일정 : 2025년 5월 11일 ~ 2025년 5월 20일(10일간)
• 해외연수 인원 : 나라별 2명씩 총 4명
• 해외연수 인원 선발 방법 : 2024년 하반기 실적평가 항목 평균 점수 상위 4명 선발

〈K공단 임직원 2024년 하반기 실적평가〉

(단위 : 점)

성명	직급	2024년 하반기 실적평가		
		조직기여	대외협력	기획
유시진	팀장	58	68	83
최은서	팀장	79	98	96
양현종	과장	84	72	86
오선진	대리	55	91	75
이진영	대리	90	84	97
장수원	대리	78	95	85
김태균	주임	97	76	72
류현진	주임	69	78	54
강백호	사원	77	83	66
최재훈	사원	80	94	92

51 다음 중 해외연수 대상자가 될 수 있는 직원끼리 바르게 연결된 것은?

① 유시진, 최은서　　　　　　　② 양현종, 오선진
③ 이진영, 장수원　　　　　　　④ 김태균, 류현진
⑤ 강백호, 최재훈

52 K공단은 2025년 임직원 해외연수 인원을 나라별로 1명씩 늘려 총 6명으로 확대하려고 한다. 이때 해외연수 대상자가 될 수 없는 직원은?

① 양현종　　　　　　　　　　　② 오선진
③ 이진영　　　　　　　　　　　④ 김태균
⑤ 최재훈

53 K공단 인재개발원에 근무하고 있는 A대리는 〈조건〉에 따라 신입사원 교육을 위한 스크린을 구매하려고 한다. 다음 중 가장 적절한 제품은 무엇인가?

조건
- 조명도는 5,000lx 이상이어야 한다.
- 예산은 150만 원이다.
- 제품에 이상이 생겼을 때 A/S가 신속해야 한다.
- 위 조건을 모두 충족할 시 가격이 저렴한 제품을 가장 우선으로 선정한다.

※ lux(럭스) : 조명이 밝은 정도를 말하는 조명도에 대한 실용단위로, 기호는 lx임

	제품	가격(만 원)	조명도(lx)	특이사항
①	A	180	8,000	2년 무상 A/S 가능
②	B	120	6,000	해외 직구(해외 A/S)
③	C	100	3,500	미사용 전시 제품
④	D	150	5,000	미사용 전시 제품
⑤	E	130	7,000	2년 무상 A/S 가능

54 다음 중 자원관리과정을 순서대로 바르게 나열한 것은?

ㄱ. 필요한 자원의 종류와 양 확인하기	ㄴ. 계획대로 수행하기
ㄷ. 자원 활용 계획 세우기	ㄹ. 이용 가능한 자원 수집하기

① ㄱ - ㄴ - ㄷ - ㄹ   ② ㄱ - ㄹ - ㄷ - ㄴ

③ ㄴ - ㄷ - ㄹ - ㄱ   ④ ㄷ - ㄹ - ㄱ - ㄴ

⑤ ㄹ - ㄱ - ㄷ - ㄴ

55 다음 중 예산에 대한 설명으로 옳지 않은 것은?

① 사전적 의미는 필요한 비용을 미리 헤아려 계산하는 것이다.

② 좁은 범위에서는 개인의 수입·지출에 대한 것도 포함된다.

③ 예산은 유한하기 때문에 예산관리를 해야 한다.

④ 대부분 정해진 예산범위 안에서 계획을 세우게 된다.

⑤ 예산관리는 예산을 수립하고 집행하는데 있어 필요하다.

56 K기업에서 직원들에게 자기계발 교육비용을 일부 지원하기로 하였다. 총무인사팀에 A ~ E 5명의 직원이 다음 자료와 같이 교육프로그램을 신청하였을 때, K기업에서 직원들에게 지원하는 총 교육비는 얼마인가?

〈자기계발 수강료 및 지원 금액〉

구분	영어회화	컴퓨터 활용능력	세무회계
수강료	7만 원	5만 원	6만 원
지원 금액 비율	50%	40%	80%

〈신청한 교육프로그램〉

구분	영어회화	컴퓨터 활용능력	세무회계
A	○		○
B	○	○	○
C		○	○
D	○		
E		○	

① 307,000원　　　　　　　② 308,000원

③ 309,000원　　　　　　　④ 310,000원

⑤ 311,000원

57 다음은 직원들의 이번 주 초과근무 계획표이다. 하루에 5명 이상 초과근무를 할 수 없고, 초과근무 시간은 각자 일주일에 10시간을 초과할 수 없다고 한다. 한 사람만 초과근무 일정을 수정할 수 있을 때, 규칙에 어긋난 요일과 그 날에 속한 사람 중 변경해야 할 직원은 누구인가?(단, 주말은 1시간당 1.5시간으로 계산한다)

〈초과근무 계획표〉			
성명	초과근무 일정	성명	초과근무 일정
김혜정	월요일 3시간, 금요일 3시간	김재건	수요일 1시간
이설희	토요일 6시간	신혜선	수요일 4시간, 목요일 3시간
임유진	토요일 3시간, 일요일 1시간	한예리	일요일 6시간
박주환	목요일 2시간	정지원	월요일 6시간, 목요일 4시간
이지호	화요일 4시간	최명진	화요일 5시간
김유미	금요일 6시간, 토요일 2시간	김우석	목요일 1시간
이승기	화요일 1시간	차지수	금요일 6시간
정해리	월요일 5시간	이상엽	목요일 6시간, 일요일 3시간

	요일	직원		요일	직원
①	월요일	김혜정	②	화요일	정지원
③	화요일	신혜선	④	목요일	이상엽
⑤	목요일	정지원			

58 우유도매업자인 A씨는 소매업체에 납품하기 위해 (가로)3m×(세로)2m×(높이)2m인 냉동 창고에 우유를 가득 채우려고 한다. 다음 〈조건〉을 참고할 때, 냉동 창고를 가득 채우기 위해 드는 비용은 얼마인가?

> **조건**
> • 우유의 1개당 단가는 700원이다.
> • 우유 한 궤짝에 우유는 총 40개가 들어간다.
> • 우유 한 궤짝의 크기는 (가로)40cm×(세로)40cm×(높이)50cm이다.
> • 냉동 창고에 우유를 낱개로 채울 수 없다.
> • 냉동 창고에 우유 궤짝을 기울이거나, 옆으로 세워 쌓을 수 없다.

① 약 300만 원   ② 약 400만 원

③ 약 500만 원   ④ 약 600만 원

⑤ 약 700만 원

59 일본 도쿄에 있는 거래처에 방문한 K씨는 회사에서 삿포로에 위치한 거래처에도 다녀오라는 연락을 받았다. 이때 K씨가 선택할 수 있는 A ~ E교통편과 결정조건이 다음과 같을 때, K씨가 선택할 교통편은?(단, 결정조건계수는 소수점 셋째 자리에서 반올림한다)

〈교통수단별 시간 및 요금〉

구분	교통수단	시간(시간)	편안함 계수	요금(원)
A	일반열차	10	5	50,000
B	일반열차	8	5	60,000
C	고속열차	6	7	80,000
D	고속열차	5	7	100,000
E	고속열차	2	10	150,000

※ 편안함 계수 : 1 ~ 10까지의 숫자로 산정하며, 계수가 클수록 편안함

〈교통수단의 결정조건〉

• 결정조건계수 : $\dfrac{(편안함\ 계수)\times 700}{[(시간)\times 1,000]+[(요금)\times 0.5]}$

• 결정조건계수가 큰 교통수단을 선택한다.

① A   ② B

③ C   ④ D

⑤ E

60 K공단은 구내식당 기자재의 납품업체를 선정하고자 한다. 각 입찰업체에 대한 정보와 선정조건에 따라 업체를 선정할 때, 다음 중 선정될 업체는?

〈선정조건〉

• 선정방식
 선정점수가 가장 높은 업체를 선정한다. 선정점수는 납품품질 점수, 가격경쟁력 점수, 직원규모 점수에 가중치를 반영해 합산한 값을 의미한다. 선정점수가 가장 높은 업체가 2개 이상일 경우, 가격 경쟁력 점수가 더 높은 업체를 선정한다.

• 납품품질 점수
 업체별 납품품질 등급에 따라 다음 표와 같이 점수를 부여한다.

구분	최상	상	중	하	최하
점수	100점	90점	80점	70점	60점

• 가격경쟁력
 업체별 납품가격 총액 수준에 따라 다음 표와 같이 점수를 부여한다.

구분	2억 원 미만	2억 원 이상 2억 5천만 원 미만	2억 5천만 원 이상 3억 원 미만	3억 원 이상
점수	100점	90점	80점	70점

• 직원규모
 업체별 직원규모에 따라 다음 표와 같이 점수를 부여한다.

구분	50명 미만	50명 이상 100명 미만	100명 이상 200명 미만	200명 이상
점수	70점	80점	90점	100점

• 가중치
 납품품질 점수, 가격경쟁력 점수, 직원규모 점수는 다음 표에 따라 각각 가중치를 부여한다.

구분	납품품질 점수	가격경쟁력 점수	직원규모 점수	합계
가중치	40	30	30	100

〈입찰업체 정보〉

구분	납품품질	납품가격 총액(원)	직원규모(명)
A업체	상	2억	125
B업체	중	1억 7,000만	141
C업체	하	1억 9,500만	91
D업체	최상	3억 2,000만	98
E업체	상	2억 6,000만	210

① A업체　　　　　　　　② B업체
③ C업체　　　　　　　　④ D업체
⑤ E업체

61 영채는 배를 타고 길이가 30km인 강을 이동하고자 한다. 강을 거슬러 올라가는 데 걸린 시간이 5시간이고 강물이 흐르는 방향과 같은 방향으로 내려가는 데 걸린 시간이 3시간일 때, 흐르지 않는 물에서의 배의 속력은?(단, 배와 강물의 속력은 일정하다)

① 4km/h   ② 6km/h

③ 8km/h   ④ 10km/h

⑤ 12km/h

62 농도가 6%인 소금물 700g에서 한 컵의 소금물을 퍼내고, 퍼낸 양만큼 농도가 13%인 소금물을 넣었더니 농도가 9%인 소금물이 되었다. 이때, 퍼낸 소금물의 양은?

① 300g   ② 320g

③ 350g   ④ 390g

⑤ 450g

63 다음과 같이 일정한 규칙으로 수를 나열할 때, 빈칸에 들어갈 수로 옳은 것은?

1	2	8	(	)	148	765	4,626

① 12   ② 15

③ 24   ④ 27

⑤ 33

64 다음은 세계 음악시장의 규모에 대한 자료이다. 〈조건〉을 토대로 2025년의 예상 음악시장 규모를 바르게 연결한 것은?(단, 소수점 둘째 자리에서 반올림한다)

〈세계 음악시장 규모〉

(단위 : 백만 달러)

구분		2020년	2021년	2022년	2023년	2024년
공연음악	후원	5,930	6,008	6,097	6,197	6,305
	티켓 판매	20,240	20,688	21,165	21,703	22,324
	소계	26,170	26,696	27,262	27,900	28,629
음반	디지털	8,719	9,432	10,180	10,905	11,544
	다운로드	5,743	5,986	6,258	6,520	6,755
	스트리밍	1,530	2,148	2,692	3,174	3,557
	모바일	1,447	1,298	1,230	1,212	1,233
	오프라인 음반	12,716	11,287	10,171	9,270	8,551
	소계	30,155	30,151	30,531	31,081	31,640
합계		56,325	56,847	57,793	58,981	60,269

조건

• 2025년 후원금은 2024년보다 1억 1천 8백만 달러, 티켓 판매는 2024년보다 7억 4천만 달러가 증가할 것으로 예상된다.
• 스트리밍 시장의 경우 빠르게 성장하는 추세로 2025년 스트리밍 시장 규모는 2020년 스트리밍 시장 규모의 2.5배가 될 것으로 예상된다.
• 오프라인 음반 시장은 점점 감소하는 추세로 2025년 오프라인 음반 시장의 규모는 2024년 대비 6%의 감소율을 보일 것으로 예상된다.

	공연음악	스트리밍	오프라인 음반
①	29,487백만 달러	3,711백만 달러	8,037.9백만 달러
②	29,487백만 달러	3,825백만 달러	8,037.9백만 달러
③	29,685백만 달러	3,825백만 달러	7,998.4백만 달러
④	29,685백만 달러	4,371백만 달러	7,998.4백만 달러
⑤	29,685백만 달러	3,825백만 달러	8,037.9백만 달러

65 다음은 노동 가능 인구구성의 변화를 나타낸 자료이다. 이에 대한 설명으로 옳은 것은?

<표 제목>

구분	취업자	실업자	비경제활동인구
2023년	55%	25%	20%
2024년	43%	27%	30%

〈노동 가능 인구구성의 변화〉

① 경제활동인구는 증가하였다.
② 실업자의 비율은 감소하였다.
③ 이 자료에서 실업자의 수는 알 수 없다.
④ 취업자 비율의 증감폭이 실업자 비율의 증감폭보다 작다.
⑤ 비경제활동인구의 비율은 감소하였다.

66 K공단은 최근 미세먼지와 황사로 인해 실내 공기질이 많이 안 좋아졌다는 건의가 들어와 내부 검토 후 예산 400만 원으로 공기청정기 40대를 구매하기로 하였다. 다음 두 업체 중 어느 곳에서 공기청정기를 구매하는 것이 유리하며 얼마나 더 저렴한가?

업체	할인 정보	가격
S전자	• 8대 구매 시 2대 무료 증정 • 구매 금액 100만 원당 2만 원 할인	8만 원/대
B마트	• 20대 이상 구매 시 2% 할인 • 30대 이상 구매 시 5% 할인 • 40대 이상 구매 시 7% 할인 • 50대 이상 구매 시 10% 할인	9만 원/대

※ 1,000원 단위 이하는 절사함

① S전자, 82만 원   ② S전자, 148만 원
③ S전자, 160만 원   ④ B마트, 20만 원
⑤ B마트, 56만 원

67 근로복지공단에 근무 중인 A씨는 공단의 근로자 지원 프로그램 인지도를 파악하기 위하여 설문조사 계획을 수립하려고 한다. 설문조사는 퇴근시간대인 16:00 ～ 20:00에 30 ～ 40대 직장인을 대상으로 유동인구가 100,000명인 명동에서 실시할 예정이다. 설문조사를 원활하게 진행하기 위해서 사전에 설문지를 준비할 계획인데, 유동인구 관련 자료를 찾아본 결과 일부 정보가 누락된 유동인구 현황을 확인할 수 있었다. A씨는 직장인 30 ～ 40대에게 배포하기 위하여 최소 몇 장의 설문지를 준비하여야 하는가?

〈유동인구 현황〉

(단위 : %)

구분	10대	20대	30대	40대	50대	60대	70대	합계
08:00 ～ 12:00	1	1	3	4	1	0	1	11
12:00 ～ 16:00	0	2	3		3	1	0	13
16:00 ～ 20:00		3			2	1	1	32
20:00 ～ 24:00	5	6		13		2	0	44
합계	10	12	30		10		2	100

① 4,000장　　　　　　　　② 11,000장
③ 13,000장　　　　　　　④ 21,000장
⑤ 32,000장

68 2024년 폐암으로 인한 사망자는 2014년에 비해 1.25배 증가하였다. 2014년 대비 2024년도 위암 사망자의 증감률 대비 자궁경부암 사망자의 증감률이 2배라고 할 때, 2014년 대비 2024년도 간암 사망자의 증감률은?

〈암으로 인해 사망한 환자 수〉

(단위 : 만 명)

구분	폐암	간암	위암	자궁경부암	합계
2014년			100	20	240
2024년	50		80		200

① − 30%　　　　　　　　② − 27.5%
③ − 25%　　　　　　　　④ − 22.5%
⑤ − 20%

69 다음은 산업 및 가계별 대기배출량과 기체별 지구온난화 유발 확률에 대한 자료이다. 어느 부문의 대기배출량을 줄여야 지구온난화 예방에 가장 효과적인가?

〈산업 및 가계별 대기배출량〉

(단위 : 천 톤 CO_2eq)

구분		이산화탄소	아산화질소	메탄	수소불화탄소
산업 부문	소계	45,950	3,723	17,164	0.03
	농업, 임업 및 어업	10,400	810	12,000	0
	석유, 화학 및 관련제품	6,350	600	4,800	0.03
	전기, 가스, 증기 및 수도사업	25,700	2,300	340	0
	건설업	3,500	13	24	0
가계 부문		5,400	100	390	0

〈기체별 지구온난화 유발 확률〉

(단위 : %)

구분	이산화탄소	아산화질소	메탄	수소불화탄소
유발 확률	30	20	40	10

① 농업, 임업 및 어업
② 석유, 화학 및 관련제품
③ 전기, 가스, 증기 및 수도사업
④ 건설업
⑤ 가계 부문

70 다음은 주요 대상국별 김치 수출액에 대한 자료이다. 기타를 제외하고 2024년 수출액이 3번째로 많은 국가의 2023년 대비 2024년 김치 수출액의 증감률은?(단, 소수점 셋째 자리에서 반올림한다)

〈주요 대상국별 김치 수출액〉

(단위 : 천 달러, %)

구분	2023년		2024년	
	수출액	점유율	수출액	점유율
일본	44,548	60.6	47,076	59.7
미국	5,340	7.3	6,248	7.9
호주	2,273	3.1	2,059	2.6
대만	3,540	4.8	3,832	4.9
캐나다	1,346	1.8	1,152	1.5
영국	1,919	2.6	2,117	2.7
뉴질랜드	773	1.0	1,208	1.5
싱가포르	1,371	1.9	1,510	1.9
네덜란드	1,801	2.4	2,173	2.7
홍콩	4,543	6.2	4,285	5.4
기타	6,093	8.3	7,240	9.2
합계	73,547	100	78,900	100

① -5.06%

② -5.68%

③ -6.24%

④ -6.82%

⑤ -7.02%

71 다음 중 자유권적 기본권과 생존권적 기본권을 비교한 내용으로 옳지 않은 것은?

	자유권	생존권
①	자유주의·개인주의	단체주의·사회적 기본권
②	추상적 권리	주권적 공권
③	소극적·방어적 권리	적극적 권리
④	법률 이전에 존재하는 권리	헌법정책적·실정법적 권리
⑤	국가권력의 개입이나 간섭 배제	국가적 급부나 배려 요구

72 다음 중 甲이 전파상에 고장난 라디오 수리를 의뢰한 경우, 전파상 주인이 수리대금을 받을 때까지 甲에게 라디오의 반환을 거부할 수 있는 권리는?

① 저당권　　　　　　　　　② 질권
③ 지역권　　　　　　　　　④ 유치권
⑤ 임차권

73 다음 중 우리나라 헌법에 대한 설명으로 옳지 않은 것은?

① 국제평화주의를 규정하고 있다.
② 대통령의 계엄선포권을 규정하고 있다.
③ 국가의 형태로서 민주공화국을 채택하고 있다.
④ 국무총리의 긴급재정경제처분권을 규정하고 있다.
⑤ 실질적 의미의 헌법은 국가의 통치조직·작용의 기본원칙에 대한 규범을 총칭한다.

74 다음 중 수사개시의 단서로 옳지 않은 것은?

① 증거조사   ② 현행범 체포
③ 변사자 검시   ④ 자수
⑤ 고소

75 다음 중 사회보장기본법의 내용으로 옳은 것은?

① 국가는 중장기 사회보장 재정추계를 매년 실시하고 공표하여야 한다.
② 사회보장수급권의 포기는 취소할 수 없다.
③ 국가와 지방자치단체는 최저보장수준과 최저임금 등을 고려하여 사회보장급여의 수준을 결정하여야 한다.
④ 사회보장수급권은 다른 사람에게 양도할 수 있다.
⑤ 사회서비스란 사회적 위험을 보험의 방식으로 대처함으로써 국민의 건강과 소득을 보장하는 제도를 말한다.

76 다음 중 학자와 그들이 주장한 법의 목적이 바르게 연결되지 않은 것은?

① 칸트 – 인격의 완성   ② 루소 – 국가이익의 추구
③ 예링 – 생활이익의 확보   ④ 벤담 – 최대다수의 최대행복
⑤ 플라톤 – 도덕생활의 실현

77 다음 중 우리나라 공공기관에 대한 설명으로 옳은 것은?

① 정부기업은 정부가 소유권을 가지고 운영하는 공기업으로서 정부 조직에 해당되지 않는다.
② 국가공기업과 지방공기업은 공공기관의 운영에 관한 법률의 적용을 받는다.
③ 준정부기관은 총 수입 중 자체수입의 비율이 50% 이상인 공공기관을 의미한다.
④ 위탁집행형 준정부기관으로는 한국도로교통공단이 있다.
⑤ 공기업의 기관장은 인사 및 조직운영의 자율성이 없으며 관할 행정부처의 통제를 받는다.

78 다음 중 정부 각 기관에 배정될 예산의 지출한도액은 중앙예산기관과 행정수반이 결정하고 각 기관의 장에게는 그러한 지출한도액의 범위 내에서 자율적으로 목표달성 방법을 결정하는 자율권을 부여하는 예산관리 모형은?

① 계획 예산제도   ② 목표관리 예산제도
③ 성과주의 예산제도   ④ 결과기준 예산제도
⑤ 총액배분 자율편성 예산제도

79 다음 중 지방자치법상 지방의회의 의결사항에 해당하지 않는 것은?

① 조례의 제정·개정 및 폐지
② 재의요구권
③ 기금의 설치·운용
④ 대통령령으로 정하는 중요 재산의 취득·처분
⑤ 청원의 수리와 처리

80 다음 중 국세이면서 간접세끼리 연결된 것은?

① 개별소비세, 인지세, 부가가치세, 주세
② 증권거래세, 증여세, 상속세, 관세
③ 취득세, 재산세, 자동차세, 등록면허세
④ 종합부동산세, 법인세, 소득세, 상속세
⑤ 농어촌특별세, 교육세, 레저세, 담배소비세

81 다음 중 행정통제에 대한 설명으로 옳은 것을 〈보기〉에서 모두 고르면?

> 보기
> ㄱ. 행정통제는 통제시기의 적시성과 통제내용의 효율성이 고려되어야 한다.
> ㄴ. 옴부즈만 제도는 공무원에 대한 국민의 책임 추궁의 창구 역할을 하며 입법·사법통제의 한계를 보완하는 제도이다.
> ㄷ. 외부통제는 선거에 의한 통제와 이익집단에 의한 통제를 포함한다.
> ㄹ. 입법통제는 합법성을 강조하므로 위법행정보다 부당행정이 많은 현대행정에서는 효율적인 통제가 어렵다.

① ㄱ, ㄴ   ② ㄴ, ㄹ
③ ㄱ, ㄴ, ㄷ   ④ ㄱ, ㄷ, ㄹ
⑤ ㄴ, ㄷ, ㄹ

82 다음 중 현행 국가공무원법 제1조, 지방공무원법 제1조, 그리고 지방자치법 제1조에서 공통적으로 규정하고 있는 우리나라의 기본적 행정가치는?

① 합법성과 형평성   ② 형평성과 공정성
③ 공정성과 민주성   ④ 민주성과 능률성
⑤ 능률성과 합법성

83 다음 중 원가우위전략에 대한 설명으로 옳지 않은 것은?

① 원가우위에 영향을 미치는 여러 가지 요소를 활용하여 경쟁우위를 획득한다.
② 경쟁사보다 더 낮은 가격으로 제품이나 서비스를 생산하는 전략이다.
③ 가격, 디자인, 브랜드 충성도, 성능 등으로 우위를 점하는 전략이다.
④ 시장에 더 저렴한 제품이 출시되면 기존 고객의 충성도를 기대할 수 없다.
⑤ 시장점유율 확보에 유리하다.

84 다음 설명에 해당하는 이론은?

- 조직의 생존을 위해 이해관계자들로부터 정당성을 얻는 것이 중요하다.
- 동일 산업 내 조직 형태 및 경영 관행이 유사성을 보이는 것은 조직들이 서로 모방하기 때문이다.

① 대리인 이론   ② 제도화 이론
③ 자원의존 이론   ④ 전략적 선택 이론
⑤ 조직군 생태학 이론

85 다음 중 동종 또는 유사업종의 기업들이 법적, 경제적 독립성을 유지하면서 협정을 통해 수평적으로 결합하는 형태는?

① 지주회사(Holding Company)
② 카르텔(Cartel)
③ 컨글로머리트(Conglomerate)
④ 트러스트(Trust)
⑤ 콘체른(Concern)

86 다음 중 조직설계 요소에서 통제범위에 대한 설명으로 옳지 않은 것은?

① 과업이 복잡할수록 통제범위는 좁아진다.
② 관리자가 스텝으로부터 업무상 조언과 지원을 많이 받을수록 통제의 범위가 좁아진다.
③ 관리자가 작업자에게 권한과 책임을 위임할수록 통제범위는 넓어진다.
④ 작업자와 관리자의 상호작용 및 피드백이 많이 필요할수록 통제범위는 좁아진다.
⑤ 작업자가 잘 훈련되고 작업동기가 높을수록 통제범위는 넓어진다.

87 다음 중 STP 전략의 목표시장선정(Targeting) 단계에서 집중화 전략에 대한 설명으로 옳지 않은 것은?

① 대량생산 및 대량유통, 대량광고 등을 통해 규모의 경제로 비용을 최소화할 수 있다.
② 자원이 한정되어 있을 때 자원을 집중화하고 시장 안에서의 강력한 위치를 점유할 수 있다.
③ 세분시장 내 소비자욕구의 변화에 민감하게 반응하여야 위험부담을 줄일 수 있다.
④ 대기업 경쟁사의 진입이 쉬우며 위험이 분산되지 않을 경우 시장의 불확실성으로 높은 위험을 감수해야 한다.
⑤ 단일제품으로 단일화된 세부시장을 공략하여 니치마켓에서 경쟁력을 가질 수 있는 창업 기업에 적합한 전략이다.

88 다음 중 5가지 주문 작업을 1대의 기계에서 처리하고자 한다. 납기일, 남은 시간, 잔여처리시간이 다음과 같을 때 최소납기일우선법(EDD; Earlist Due Date)을 기준으로 작업순서를 결정하여 최우선으로 시작할 작업은?

주문작업	납기일	남은 시간	잔여처리시간
A	20일	19일	10일
B	31일	30일	5일
C	18일	17일	3일
D	15일	14일	6일
E	12일	11일	9일

① A ② B
③ C ④ D
⑤ E

89 다음 중 경기가 불황임에도 불구하고 물가가 상승하는 현상은?

① 에그플레이션 ② 하이퍼인플레이션
③ 에코플레이션 ④ 스태그플레이션
⑤ 차이나플레이션

90 다음과 같은 상황에서 실질이자율을 계산하면 얼마인가?

- S는 2년 만기 복리 상품에 연이자율 5%로 은행에 100만 원을 예금하였다.
- S가 사려고 한 제품의 가격이 2년 동안 50만 원에서 53만 원으로 인상되었다.

① 4.25% ② 5.5%
③ 6.35% ④ 8.5%
⑤ 10.5%

91 다음 사례들은 시장에서 기업들이 하는 행위이다. 이에 대한 설명으로 옳지 않은 것은?

> • A백화점은 휴대폰으로 백화점 어플을 설치하면 구매 금액의 5%를 할인해주는 정책을 시행하고 있다.
> • B교육업체는 일찍 강의를 수강신청하고 결제하면 강의료의 10% 할인해주는 얼리버드 마케팅을 진행하고 있다.
> • C전자회사는 해외에서 자사 제품을 국내보다 더 낮은 가격으로 판매하고 있다.

① 소비자후생이 감소하여 사회후생이 줄어든다.
② 기업은 이윤을 증대시키는 것이 목적이다.
③ 기업이 소비자를 지급용의에 따라 분리할 수 있어야 한다.
④ 소비자들 간에 차익거래가 이뤄지지 않도록 하는 것이 중요하다.
⑤ 일정 수준의 시장지배력이 있어야 이런 행위가 가능하다.

92 다음 〈보기〉 중 항상소득이론에 근거한 설명으로 옳은 것을 모두 고르면?

> **보기**
>
> 가. 직장에서 승진하여 소득이 증가하였으나 이로 인한 소비는 증가하지 않는다.
> 나. 경기호황기에는 임시소득이 증가하여 저축률이 상승한다.
> 다. 항상소득에 대한 한계소비성향이 임시소득에 대한 한계소비성향보다 더 작다.
> 라. 소비는 현재소득뿐 아니라 미래소득에도 영향을 받는다.

① 가, 나
② 가, 라
③ 나, 다
④ 나, 라
⑤ 다, 라

93 중국과 인도 근로자 한 사람의 시간당 의복과 자동차 생산량은 다음과 같다. 리카도(D. Ricardo)의 비교우위이론에 따르면, 양국은 어떤 제품을 수출하는가?

구분	의복(벌)	자동차(대)
중국	40	30
인도	20	10

	중국	인도
①	의복	자동차
②	자동차	의복
③	의복과 자동차	수출하지 않음
④	수출하지 않음	의복과 자동차
⑤	두 국가 모두 교역을 하지 않음	

94 A지역의 자동차 공급은 가격에 대해 매우 탄력적인 반면, B지역의 자동차 공급은 가격에 대해 상대적으로 비탄력적이라고 한다. 두 지역의 자동차 수요가 동일하게 증가하였을 경우에 대한 설명으로 옳은 것은?

① A지역의 자동차 가격이 B지역 자동차 가격보다 더 크게 상승한다.

② B지역의 자동차 가격이 A지역 자동차 가격보다 더 크게 상승한다.

③ A지역의 자동차 가격은 상승하지만 B지역 자동차 가격은 상승하지 않는다.

④ B지역의 자동차 가격은 상승하지만 A지역 자동차 가격은 상승하지 않는다.

⑤ 두 지역 모두 자동차 가격이 상승하지 않는다.

95 다음 중 종단조사에 대한 설명으로 옳은 것은?

① 한 시기에 여러 연령집단을 조사하는 방법은 동류집단(Cohort) 조사이다.

② 동일한 대상을 일정 시차를 두고 추적 조사하는 방법은 패널조사이다.

③ 동류집단 조사는 포괄적인 범위에 속한 인구집단의 변화를 측정하기 위한 조사이다.

④ 동류집단 조사와 패널조사는 조사 대상자 측면에서 동일하다.

⑤ 패널조사는 시간과 비용이 적게 드는 장점이 있다.

96 다음 중 사례관리 활동에 대한 설명으로 옳은 것을 〈보기〉에서 모두 고르면?

> **보기**
> ㄱ. 사례관리는 복합적이고 장기적인 욕구를 갖고 있는 사람에 대한 지원활동이다.
> ㄴ. 사례관리는 지역사회의 다양한 서비스 기관들을 연계하여 종합적인 서비스를 제공하는 활동이다.
> ㄷ. 사례관리자는 서비스를 연계하고 점검하는 간접적 실천 활동과 함께 교육, 상담 등 직접 실천활동을 수행한다.
> ㄹ. 사례관리 과정에 새로운 욕구가 발견되면 재사정을 통해 서비스를 계속적으로 지원한다.

① ㄱ, ㄴ   ② ㄷ, ㄹ

③ ㄱ, ㄷ, ㄹ   ④ ㄴ, ㄷ, ㄹ

⑤ ㄱ, ㄴ, ㄷ, ㄹ

97 복지국가의 발달을 설명하는 이론 중 다음 글의 주장과 가장 가까운 것은?

> 노동자계급을 대변하는 정치적 집단의 정치적 세력이 커질수록 복지국가가 발전한다.

① 국가중심적 이론　　　　　　　② 이익집단 정치이론
③ 산업화 이론　　　　　　　　　④ 독점자본 이론
⑤ 사회민주주의 이론

98 다음 중 사회복지적 관점에서 볼 때, 시장에서 재화들이 효율적으로 분배되기 위한 일반적인 조건으로 옳지 않은 것은?

① 재화의 거래에서 외부효과가 발생하지 말아야 한다.
② 위험의 발생이 상호 의존적이어야 한다.
③ 역의 선택 현상이 나타나지 말아야 한다.
④ 재화에 대해 수요자와 공급자가 충분한 정보가 있어야 한다.
⑤ 도덕적 해이가 나타나지 말아야 한다.

99 다음 중 빈칸에 들어갈 사회복지프로그램 평가유형을 순서대로 바르게 나열한 것은?

> * __㉠__ : 프로그램 진행 중에 원활하고 성공적으로 프로그램이 수행되도록 문제점을 찾아내고 수정 보완할 목적으로 실시된다.
> * __㉡__ : 프로그램 종결 후 연역적 객관적 방법으로 프로그램이 달성하고자 했던 목표를 얼마나 잘 성취했는가의 여부를 평가한다.
> * __㉢__ : 프로그램 평가를 차후에 종합적으로 검토해 보는 평가를 말하며, 평가에 대한 평가로 표현되기도 한다.

	㉠	㉡	㉢
①	형성평가	메타평가	총괄평가
②	메타평가	형성평가	총괄평가
③	총괄평가	메타평가	형성평가
④	형성평가	총괄평가	메타평가
⑤	메타평가	총괄평가	형성평가

100 다음 중 사회복지 실천과정을 순서대로 바르게 나열한 것은?

① 접수 → 자료수집 및 사정 → 개입 → 목표설정 및 계약 → 평가 및 종결
② 접수 → 목표설정 및 계약 → 개입 → 자료수집 및 사정 → 평가 및 종결
③ 접수 → 목표설정 및 계약 → 자료수집 및 사정 → 개입 → 평가 및 종결
④ 접수 → 자료수집 및 사정 → 목표설정 및 계약 → 개입 → 평가 및 종결
⑤ 접수 → 자료수집 및 사정 → 목표설정 및 계약 → 평가 및 종결 → 개입

www.sdedu.co.kr

2일 차
기출응용 모의고사

〈모의고사 안내〉

평가영역	문항 수	시험시간	모바일 OMR 답안채점/성적분석 서비스
[NCS] 의사소통능력+문제해결능력+자원관리능력+수리능력 [전공] 법학+행정학+경영학+경제학+사회복지학	100문항	110분	

2일 차 기출응용 모의고사

문항 수 : 100문항
시험시간 : 110분

| 01 | 직업기초능력

01 다음 글의 빈칸에 들어갈 내용으로 가장 적절한 것은?

> 오존층 파괴의 주범인 프레온 가스로 대표되는 냉매는 그 피해를 감수하고도 사용할 수밖에 없는 필요악으로 인식되어 왔다. 지구온난화 문제를 해결할 수 있는 대체 물질이 요구되는 이러한 상황에서 최근 이를 만족할 수 있는 4세대 신냉매가 새롭게 등장해 각광을 받고 있다. 그중 온실가스 배출량을 크게 줄인 대표적인 4세대 신냉매가 수소불화올레핀(HFO)계 냉매이다.
>
> HFO는 기존 냉매에 비해 비싸고 불에 탈 수 있다는 단점이 있으나, 온실가스 배출이 거의 없고 에너지 효율성이 높은 장점이 있다. 이러한 장점으로 4세대 신냉매에 대한 관심이 최근 급격히 증가하고 있다. 지난 2003 ~ 2017년 중 냉매 관련 특허 출원 건수는 총 686건이었고, 온실가스 배출량을 크게 줄인 4세대 신냉매 관련 특허 출원들은 꾸준히 늘어나고 있다. 특히 2008년부터 HFO계 냉매를 포함한 출원 건수가 큰 폭으로 증가하면서 같은 기간의 HFO계 비중이 65%까지 증가했다. 이러한 출원 경향은 국제 규제로 2008년부터 온실가스를 많이 배출하는 기존 3세대 냉매의 생산과 사용을 줄이면서 4세대 신냉매가 필수적으로 요구됐기 때문으로 분석된다.
>
> 냉매는 자동차, 냉장고, 에어컨 등 우리 생활 곳곳에 사용되는 물질로서 시장 규모가 대단히 크지만, 최근 환경 피해와 관련된 엄격한 국제 표준이 요구되고 있다. 우수한 친환경 냉매가 조속히 개발될 수 있도록 관련 특허 동향을 제공해야 할 것이며, 4세대 신냉매 개발은 ＿＿＿＿＿＿＿＿＿＿＿＿＿＿＿＿＿＿＿＿＿＿＿

① 인공지능 기술의 확장을 열게 될 것이다.

② 엄격한 환경 국제 표준을 약화시킬 것이다.

③ 또 다른 오존층 파괴의 원인으로 이어질 것이다.

④ 지구온난화 문제 해결의 열쇠가 될 것이다.

⑤ 새로운 일자리 창출에 많은 도움이 될 것이다.

휴대전화를 새 것으로 바꾸기 위해 대리점에 간 소비자가 있다. 대리점에 가면서 휴대전화 가격으로 30만 원을 예상했다. 그런데 마음에 드는 것을 선택하니 가격이 25만 원이라고 하였다. 소비자는 흔쾌히 구입을 결정했다. 그러면서 뜻밖의 이익이 생겼음에 좋아할지도 모른다. 처음 예상했던 휴대전화의 가격과 실제 지불한 금액의 차이, 즉 5만 원의 이익을 얻었다고 보는 것이다. 경제학에서는 이것을 '소비자잉여(消費者剩餘)'라고 부른다. 어떤 상품에 대해 소비자가 최대한 지불해도 좋다고 생각하는 가격에서 실제로 지불한 가격을 뺀 차액이 소비자잉여인 셈이다. 결국 낮은 가격으로 상품을 구입하면 할수록 소비자 잉여는 커질 수밖에 없다.

휴대전화를 구입하고 나니, 대리점 직원은 휴대전화의 요금제를 바꾸라고 권유했다. 현재 이용하고 있는 휴대전화 서비스보다 기본요금이 조금 더 비싼 대신 분당 이용료가 싼 요금제로 바꾸는 것이 더 이익이라는 설명도 덧붙였다. 소비자는 지금까지 휴대전화의 요금이 기본요금과 분당 이용료로 나누어져 있는 것을 당연하게 생각해 왔다. 그런데 곰곰이 생각해 보니, 이건 정말 특이한 가격 체계였다. 다른 제품이나 서비스는 보통 한 번만 값을 지불하면 되는데, 왜 휴대전화 요금은 기본요금과 분당이용료의 이원 체제로 이루어져 있는 것일까?

휴대전화 회사는 기본요금과 분당 이용료의 이원 체제 전략, 즉 '이부가격제(二部價格制)'를 채택하고 있다. 이부가격제는 소비자가 어떤 상품을 사려고 할 때, 우선적으로 그 권리에 상응하는 가치를 값으로 지불하고, 실제 상품을 구입할 때 그 사용량에 비례하여 또 값을 지불해야 하는 체제를 말한다. 이부가격제를 적용하면 휴대전화 회사는 소비자의 통화량과 관계없이 기본 이윤을 확보할 수 있다.

이부가격제를 적용하는 또 다른 예로 놀이 공원을 들 수 있다. 이전에는 놀이 공원에 갈 때 저렴한 입장료를 지불했고, 놀이 기구를 이용할 때마다 표를 구입했다. 그렇기 때문에 놀이 기구를 골라서 이용하여 사용료를 절약할 수 있었고, 구경만 하고 사용료를 지불하지 않는 것도 가능했다. 그러나 요즘의 놀이 공원은 입장료를 이전보다 엄청나게 비싸게 하고 놀이 기구의 사용료를 상대적으로 낮게 했다. 게다가 '빅3'니 '빅5'니 하는 묶음표를 만들어 놀이 기구 이용자로 하여금 가격의 부담이 적은 것처럼 느끼게 만들었다. 결국 놀이 공원의 가격 전략은 사용료를 낮추고 입장료를 높게 받는 이부가격제로 굳어지고 있는 것이다. 여기서 놀이 공원의 입장료는 상품을 살 수 있는 권리를 얻기 위해 지불해야 하는 금액에 해당한다. 그리고 입장료를 내고 들어간 사람들이 놀이 기구를 이용할 때마다 내는 요금은 상품의 가격에 해당하는 부분이다. 우리가 모르는 가운데 기업의 이윤 극대화를 위한 모색은 계속되고 있다.

① 놀이 공원의 '빅3'나 '빅5' 등의 묶음표는 이용자를 위한 가격제이다.
② 소비자잉여의 크기는 구입한 상품에 대한 소비자의 만족감과 반비례한다.
③ 이부가격제는 이윤 극대화를 위해 기업이 채택할 수 있는 가격 제도이다.
④ 휴대전화 요금제는 기본요금과 분당 이용료가 비쌀수록 소비자에게 유리하다.
⑤ 가정으로 배달되는 우유를 한 달 동안 먹고 지불하는 값에는 이부가격제가 적용됐다.

03 다음 문장을 논리적 순서대로 바르게 나열한 것은?

> (가) 심리학자 와이너는 부정적인 경험을 한 상황을 어떻게 해석하느냐에 따라 이러한 공포증이 생길 수도 있고 그렇지 않을 수도 있다고 한다.
> (나) 일반적인 사람들도 공포증을 유발하는 대상을 접하면서 부정적인 경험을 할 수 있지만 공포증으로까지 이어지는 경우는 드물다.
> (다) 부정적인 경험을 하더라도 상황을 가변적으로 해석하는 사람보다 고정적으로 해석하는 사람은 공포증이 생길 확률이 높다.
> (라) '공포증'이란 특정 대상에 대한 과도한 두려움으로 그 대상을 계속해서 피하게 되는 증세를 말한다.

① (가) – (나) – (다) – (라)
② (나) – (라) – (가) – (다)
③ (다) – (가) – (나) – (라)
④ (다) – (나) – (라) – (가)
⑤ (라) – (나) – (가) – (다)

04 다음 글의 제목으로 가장 적절한 것은?

> 경제학자들은 제도의 발달이 경제 성장의 중요한 원인이라고 생각해 왔다. 예를 들어, 재산권 제도가 발달하면 투자나 혁신에 대한 보상이 잘 이루어져 경제 성장에 도움이 된다는 것이다. 그러나 이를 입증하기는 쉽지 않았다. 제도의 발달 수준과 소득 수준 사이에 상관관계가 있다 하더라도 제도는 경제 성장에 영향을 줄 수 있지만 경제 성장으로부터 영향을 받을 수도 있으므로 그 인과관계를 판단하기 어렵기 때문이다.

① 경제 성장과 소득 수준
② 경제 성장과 제도 발달
③ 소득 수준과 제도 발달
④ 소득 수준과 투자 수준
⑤ 제도 발달과 투자 수준

05 다음 글의 서술상 특징으로 가장 적절한 것은?

> 법조문도 언어로 이루어진 것이기에, 원칙적으로 문구가 지닌 보편적인 의미에 맞춰 해석된다. 일상의 사례로 생각해 보자. "실내에 구두를 신고 들어가지 마시오."라는 팻말이 있는 집에서는 손님들이 당연히 글자 그대로 구두를 신고 실내에 들어가지 않는다. 그런데 팻말에 명시되지 않은 '실외'에서 구두를 신고 돌아다니는 것은 어떨까? 이에 대해서는 금지의 문구로 제한하지 않았기 때문에, 금지의 효력을 부여하지 않겠다는 의미로 당연하게 받아들인다. 이처럼 문구에서 명시하지 않은 상황에 대해서는 그 효력을 부여하지 않는다고 해석하는 방식을 '반대 해석'이라 한다. 그런데 팻말에는 운동화나 슬리퍼에 대해서는 쓰여 있지 않다. 하지만 누군가 운동화를 신고 마루로 올라가려 하면, 집주인은 팻말을 가리키며 말릴 것이다. 이 경우에 '구두'라는 낱말은 본래 가진 뜻을 넘어 일반적인 신발이라는 의미로 확대된다. 이런 식으로 어떤 표현을 본래의 의미보다 넓혀 이해하는 것을 '확장 해석'이라 한다.

① 현실의 문제점을 분석하고 그 해결책을 제시한다.
② 비유의 방식을 통해 상대방의 논리를 반박하고 있다.
③ 일상의 소재를 통해 독자들의 이해를 돕고 있다.
④ 기존 견해를 비판하고 새로운 견해를 제시한다.
⑤ 하나의 현상에 대한 여러 가지 관점을 대조하며 비판한다.

06 다음 글의 빈칸에 들어갈 내용으로 가장 적절한 것은?

> _____ 일반적으로 사람과 사람이 직접 얼굴을 맞대고 하는 접촉은 라디오나 텔레비전 등의 매체를 통한 접촉보다 결정적인 영향력을 미친다고 알려져 있다. 매체는 어떤 마음의 자세를 준비하게 하는 구실을 한다. 예를 들어, 어떤 사람에게서 새 어형을 접했을 때 그것이 텔레비전에서 자주 듣던 것이면 더 쉽게 그쪽으로 마음의 문을 열게 하는 면에서 영향력을 행사하는 것이다. 하지만, 새 어형이 전파되는 것은 매체를 통해서보다 상면(相面)하는 사람과의 직접적인 접촉에 의해서라는 것이 더 일반적인 견해이다. 사람들은 한두 사람의 말만 듣고 언어 변화에 가담하지 않으며 주위의 여러 사람이 다 같은 새 어형을 쓸 때 비로소 그것을 받아들이게 된다. 매체를 통한 것보다 자주 접촉하는 사람들을 통해 언어 변화가 진전된다는 사실은 언어 변화의 여러 면을 바로 이해하는 핵심적인 내용이라 해도 좋을 것이다.

① 언어 변화는 결국 접촉에 의해 진행되는 현상이다.
② 연령층으로 보면 대개 젊은 층이 언어 변화를 주도한다.
③ 접촉의 형식도 언어 변화에 영향을 미치는 요소로 지적되고 있다.
④ 매체의 발달이 언어 변화에 중요한 영향을 미치는 것으로 알려져 있다.
⑤ 언어 변화는 외부와의 접촉이 극히 제한되어 있는 곳일수록 그 속도가 느리다.

우리는 매일의 날씨를 직접 체감하며 살아간다. 어제는 더웠기 때문에 오늘은 옷을 얇게 입고, 저녁에 비가 내리기 시작했기 때문에 다음 날 가방에 우산을 챙기기도 한다. 즉, 과거의 날씨를 체험했기 때문에 오늘과 내일의 날씨를 준비하며 살아갈 수 있는 것이다. 이 때문에 19세기 중반부터 전 세계의 기상 관측소와 선박, 부표에서 온도를 측정해왔고, 이를 통해 지난 160년 동안의 온도 변화를 알아낼 수 있었다. 또한 수천 년 동안의 역사 기록물을 통하여 기후와 관련된 정보를 파악함은 물론, 위성 체계가 갖춰진 1979년 이후부터는 지상 위 인간의 시야를 벗어나 대류권, 성층권에서도 지구의 기후 변화를 감시할 수 있게 되었다.

그렇다면 기록 이전의 기후를 알 수 있는 방법은 무엇일까? 인류는 '기후 대리지표'라고 불리는 바다의 퇴적물이나 산호, 빙하, 나무 등에 나타난 반응을 토대로 과거 기후를 추측하고 있다. 이러한 기후 대리지표를 분석하기 위해서는 물리학, 화학, 생물학 등 기초과학을 필요로 한다.

바다의 퇴적물은 1억 7,000만 년 이상 된 해저가 없어 최대 1억 5,000만 년 전까지의 기후가 산출된다. 특히 고요한 바닷가의 물에서 어떠한 방해 없이 쌓인 퇴적물은 대륙에서만 발견되며 1억 7,000만 년을 넘는 과거의 기후를 알 수 있는데, 퇴적물에 포함된 플랑크톤 껍질에 당시의 기후 변화가 담겨 있다.

'얼음 기둥'은 극지방에 쌓인 눈이 얼음으로 변하고, 또 다시 눈이 쌓여 얼음이 되는 과정을 수십만 년 동안 반복해 만들어진 빙하를 막대기 모양으로 시추한 것을 의미한다. 남극 대륙의 빙하 기둥에서는 약 80만 년 전, 그린란드 빙하에서는 12만 5,000년 전 기후를 알 수 있으며, 산악 빙하의 경우에는 최대 1만 년 전까지의 기후 정보를 담고 있다.

한편, 위와 같은 퇴적물이나 빙하 기둥 안에 있는 산소동위원소를 이용하여 과거 온도를 알 수도 있다. 빙하의 물 분자는 가벼운 산소로 구성되는 비율이 높고 빙하기에는 바닷물에 무거운 산소 비율이 높아지기 때문에, 온도가 낮은 물에서 무거운 산소는 가벼운 산소보다 탄산칼슘에 더 많이 녹아 들어간다. 이를 이용해 퇴적물의 플랑크톤 껍질 속 탄산칼슘의 산소동위원소 비율로 과거 바닷물 온도를 알 수 있는 것이다. 또한 빙하를 만드는 눈의 경우 기온이 높아질수록 무거운 산소 비율이 높아지는 것을 이용해 과거 온도를 추정하기도 한다.

① 빙하를 만드는 눈은 기온이 높아질수록 무거운 산소에 비해 가벼운 산소 비율이 낮아진다.

② 기후 대리지표를 통하여 인류가 기록하기 전의 기후도 알 수 있게 되었다.

③ 대륙의 퇴적물을 이용하면 바다의 퇴적물로는 알 수 없는 과거의 기후 변화를 알 수 있다.

④ 얼음 기둥으로 가장 오래 전 기후를 알기 위해서는 산악 빙하나 그린란드 빙하보다는 남극 대륙의 빙하를 시추해야 한다.

⑤ 19세기 후반부터 세계 각지에서 온도를 측정하기 시작해 1979년 이후부터는 전 세계가 기후 변화를 감시하게 되었다.

08 다음 중 (가) ~ (마) 문단의 전개 방식에 대한 설명으로 적절하지 않은 것은?

> (가) 내 주변에는 나처럼 생기고 나와 비슷하게 행동하는 수많은 사람이 있다. 나는 그들과 경험을 공유하며 살아간다. 그렇다면 그들도 나와 같은 느낌을 가지고 있을까? 가령, 나는 손가락을 베이면 아프다는 것을 다른 무엇으로부터도 추리하지 않고 직접 느낀다. 하지만 다른 사람의 경우에는 '아야!'라는 말과 움츠리는 행동을 통해 그가 아픔을 느꼈으리라고 추측할 수밖에 없다. 이때 그가 느낀 아픔은 내가 느낀 아픔과 같은 것일까?
>
> (나) 물론 이 물음은 다른 사람이 실제로는 아프지 않은데 거짓으로 아픈 척했다거나, 그가 아픔을 느꼈을 것이라는 나의 추측이 잘못되었다는 것과는 관계가 없다. '아프냐? 나도 아프다.'라는 말에서처럼, 나는 다른 사람이 아픔을 느낀다는 것을 그의 말이나 행동으로 알고, 그 아픔을 함께 나눌 수도 있다. 하지만 그의 아픔이 정말로 나의 아픔과 같은 것인지 묻는 것은 다른 문제이다.
>
> (다) 이 문제에 대한 고전적인 해결책은 유추의 방법을 사용하는 것이다. 나는 손가락을 베였을 때 느끼는 아픔을 '아야!'라는 말이나 움츠리는 행동을 통해 나타낸다. 그래서 다른 사람도 그러리라 전제하고는, 다른 사람이 나와 같은 말이나 행동을 하면 '저 친구도 나와 같은 아픔을 느꼈겠군.' 하고 추론한다. 말이나 행동의 동일성이 느낌의 동일성을 보장한다는 것이다. 그러나 이 논증의 결정적인 단점은 내가 아는 단 하나의 사례, 곧 나의 경험에만 의지하여 다른 사람도 나와 같은 아픔을 느낀다고 판단한다는 것이다.
>
> (라) 이런 문제는 우리가 다른 사람의 느낌을 직접 관찰할 수 없기 때문에 생긴다. 만일 다른 사람의 느낌 자체를 관찰할 방법이 있다면 이 문제는 해결될 수 있을 것이다. 기술이 놀랍게 발달하여 두뇌 속 뉴런의 발화(發火)를 통해 인간의 모든 심리 변화를 관찰할 수 있다고 치자. 그러면 제3자가 나와 다른 사람의 뉴런 발화를 비교하여 그것이 같은지 다른지 판단할 수 있다. 그러나 이때에도 나는 특정한 뉴런 발화가 나의 '이런' 느낌과 관련된다는 것은 분명히 알 수 있지만, 그 관련이 다른 사람의 경우에도 똑같이 적용되는가 하는 것까지는 알 수 없다.
>
> (마) 일부 철학자와 심리학자는 아예 '느낌'을 관찰할 수 있는 모습과 행동 바로 그것이라고 정의하는 방식으로 해결책을 찾기도 한다. 그러나 이것은 분명히 행동 너머에 있는 것처럼 생각되는 느낌을 행동과 같다고 정의해 버렸다는 점에서 문제의 해결이라기보다는 단순한 해소인 것처럼 보인다. 그보다는 다양한 가설을 설정하고 그들 간의 경쟁을 통해 최선의 해결책으로 범위를 좁혀 가는 방법이 합리적일 것이다.

① (가) : 일상적인 경험으로부터 화제를 이끌어 내고 있다.
② (나) : 화제에 대한 보충 설명을 통해 문제 의식을 심화하고 있다.
③ (다) : 제기된 의문에 대한 고전적인 해결책을 소개하고 그 문제점을 지적하고 있다.
④ (라) : 제기된 의문이 과학적인 방법에 의해 해결될 수 있음을 보여 주고 있다.
⑤ (마) : 제기된 의문에 대한 새로운 접근 방법의 필요성을 주장하고 있다.

※ 다음 글을 읽고 이어지는 질문에 답하시오. [9~10]

실험실에서 모르모트(Marmotte)는 신약 등의 생체실험 시 사람 대신 동물실험에 쓰이는 쥐와 같은 설치류의 통칭으로 부르고 있다. 흔히 '모르모트'라는 말을 들으면 실험체 이미지가 떠오르는 이유가 이 때문이며 각 계층에서 실험적으로 쓰이는 모습을 비유적으로 표현할 때 '실험쥐', '모르모트' 등으로 쓰인다.

모르모트는 '마멋(Marmot)'에서 유래된 말이다. 더 정확하게 말하면 네덜란드에서 기니피그를 마멋이란 동물로 착각하여 마멋이라 불렀고 일본으로 전파되어 국내로 들어오며 모르모트는 기니피그를 칭하는 말이 되었다. 즉, 모르모트는 기니피그를 칭하는 말이지만 모르모트의 어원인 마멋과는 다른 동물인 다소 혼동의 여지가 있는 상황이 된 것이다.

기니피그와 같은 쥐가 동물실험에 쓰이는 비율은 원숭이, 돼지 등을 제치고 압도적으로 높은 비율을 차지하고 있다. 그렇다면 동물실험에서 인간과 유사하다고 알려진 원숭이나 침팬지 등의 영장류를 쓰지 않고 외형부터 인간과 동떨어져 있으며 더러움의 상징 중 하나인 쥐를 동물실험으로 쓰는 이유는 무엇일까? 의외로 쥐는 인간 유전자와 매우 흡사하다고 한다. 쥐와 인간은 약 99% 정도 유사한 유전자를 가졌으며 약 300개의 유전자만이 다르다는 연구 결과도 있다. 심지어 인간과 쥐의 유전자 지도를 대조하여 새로 발견한 사람의 유전자가 1,000개 이상이라는 자료도 있다.

뛰어난 번식력 또한 실험용으로 쓰이는 이유 중 하나이다. 쥐는 한 번 새끼를 낳을 때 적게는 5마리에서 많게는 15마리도 넘게 새끼를 낳을 수 있으며 임신 기간 또한 30일 미만으로 짧고 새끼를 낳은 후에도 바로 임신이 가능한 생물로 알려져 있다. 또한 한 세대가 2~3년으로 짧아 어떤 약물이 세대 간 미치는 영향을 빠르게 조사할 수 있다는 점 또한 실험 대상으로써 적합한 조건이다.

그렇다면 사람들은 왜 약물의 위험성을 실험할 때 동물실험을 할까? 질병의 예방법을 발견할 수 있기 때문이다. 실제로 홍역은 5세 미만 영아 사망의 원인 중 하나였으나, 동물실험을 거쳐 백신을 개발하였고, 이 백신으로 예방접종을 실시하여 홍역 발병률 및 사망률을 80% 이상 낮출 수 있었다. 또한 사람을 대상으로 실험할 경우 약물이 인체에 어떤 영향을 끼칠지 모르기 때문이다. 임상실험에 참여한 사람이 약물 부작용으로 몸이 상하기도 하고 심한 경우 사망에 이르는 사례가 꾸준히 발생하고 있다. 이와 같이 사람의 몸이 상하거나 사망에 이르는 사례를 줄이기 위해 신약 개발 시 동물실험을 거치곤 한다

_____ 동물윤리적인 관점에서 동물실험은 반갑지 않은 면이다. 신약 개발을 위한 동물실험은 꽤 오랫동안 동물보호단체들이 끊임없이 던져온 문제이며, 시민의식도 성장하면서 동물실험의 필요성에 대한 시민들의 생각 또한 달라졌다. 2021년 농림축산검역본부의 동물실험윤리위원회 운영 및 동물실험 실태조사에 따르면 동물실험에 쓰인 동물의 수는 쥐만 하더라도 연간 약 347만 마리이다. 이는 전체 동물실험의 약 71%이며, 실험에 쓰였던 다른 동물의 수까지 합치면 그 수는 결코 무시할 수 없다. 이에 농림축산검역본부는 동물실험에 대한 지침을 발표하였다. 동물실험 진행 시 규정에 따른 동물실험계획서를 먼저 제출하여 승인 후에 비로소 동물실험을 진행할 수 있도록 한 것이다. 게다가 2022년 12월 미국 FDA는 신약 개발 시 동물실험 의무조항을 폐지하기까지 하였다.

단순 동물을 향한 연민만으로 동물실험을 반대하는 사람이 있는 것은 아니다. 아무리 인간과 유사한 동물로 안정성을 검증했다 하더라도 인간과 동물은 엄연히 다른 종이므로 예상치 못한 위험요인이 도사릴 수 있다는 것이다. 실제로 1950년대 독일에서는 '탈리도마이드'라는 약물이 쥐를 통한 동물실험으로 안정성이 입증되어 약으로써 대중들에게 시판되었다. 하지만 판매 후 유통된 5년간 전 세계에서 약 12,000명의 기형아를 출산하게 된 원인으로 지목되었고 임산부 복용이 금지되는 등 매우 제한적으로 사용되고 있다. 이는 인류 역사상 손에 꼽을만한 약물 부작용 사건으로 남게 되었다.

09 다음 중 윗글의 빈칸에 들어갈 접속부사로 가장 적절한 것은?

① 예를 들면   ② 그랬더니
③ 또한   ④ 왜냐하면
⑤ 하지만

10 다음 중 윗글을 이해한 내용으로 적절하지 않은 것은?

① 실험실에서 동물실험에 쓰이는 설치류의 통칭을 '모르모트'로 부른다.
② 기니피그와 마멋은 다른 동물이다.
③ 쥐와 인류의 유전자는 300여 개의 유전자가 같을 정도로 매우 유사하다.
④ 동물실험을 거쳐 안정성을 입증한 약물도 사람에게 치명적일 수 있다.
⑤ 2022년 이전까지는 미국 FDA에서는 신약 개발 시 의무적으로 동물실험을 통해 안정성을 검증하도록 했다.

※ 다음 글을 읽고 이어지는 질문에 답하시오. [11~12]

황사로 날아오는 흙먼지 가운데 지름 $10\mu m$ 이하의 입자를 미세먼지라고 부른다. 미세먼지 중에는 사막의 흙먼지처럼 자연발생적인 것도 있지만 공장 매연, 자동차 배기가스 등 화학연료가 연소되면서 발생하는 입자도 있다. 미세먼지 가운데 $2.5\mu m$ 이하의 입자는 초미세먼지로 분류되는데, 초미세먼지는 호흡기에서 걸러낼 수 없기 때문에 폐포 속으로 침투해서 호흡기 질병과 심장질환 등을 일으킬 수 있으므로 특히 위험하다.

초미세먼지를 포함하는 황사의 심각성이 더욱 강조되는 이유는 황사가 단지 사막의 흙먼지뿐만 아니라 중국 북부의 공업지대를 지나면서 오염물질까지 함께 한반도로 실어 올 가능성이 있어서이다. 국립환경과학원 자료에 따르면 2009 ~ 2011년 28차례 발생한 황사 중 13차례(46.4%)는 중국 공업지대를 지나왔다. ＿＿＿＿＿＿＿＿＿＿＿＿＿＿ 대체로 공업지대에서 배출되는 유해물질은 황사가 빠르게 이동하는 고도 3km 이상까지 올라가기는 어렵다고 한다. 국립환경과학원 환경연구관은 "일반적으로 중국 공업지대에서 나오는 유해물질은 황사가 없을 때도 한반도로 들어온다. 1km 이하의 상공을 통해 서서히 스며드는 것이다. 황사가 발생했을 때 주요 대기오염 물질인 이산화황이나 이산화질소 수치가 다른 시기와 비슷하거나 오히려 낮은 경우도 많다."라고 말했다. 실제로 황사로 인해 미세먼지 농도가 $1,044\mu g/m^3$에 달했던 지난 2월 23일에도 초미세먼지의 농도는 오히려 평소의 10% 수준에 그쳤다.

한편 국내에서 생성된 초미세먼지의 위험성도 만만치 않다. 일부 언론에서는 황사로 인해 유입되는 중국발 초미세먼지에 초점을 맞추지만, '국내발' 초미세먼지가 더 유해할 수 있다는 것이다. 2013년 정부 관계부처 합동 '미세먼지 종합대책'에 따르면, 중국에서 발원하는 초미세먼지가 대기오염에 미치는 영향은 30 ~ 50%로 추정된다. 나머지 대기오염의 원인인 국내 초미세먼지의 비중이 50 ~ 70%이다. 지난 1월 서울시 기후환경본부가 발표한 자료에서도 서울지역 초미세먼지 가운데 51% 정도가 국내에서 생성된 것으로 나타났다.

11 다음 중 윗글의 내용으로 적절하지 않은 것은?

① 초미세먼지는 황사로 날아오는 흙먼지의 일종으로 호흡기 질병과 심장질환 등의 원인이 된다.

② 2009 ~ 2011년 사이 우리나라에서 발생한 28차례의 황사 중 40% 이상이 중국 공업지대를 지나왔다.

③ 중국 공업지대에서 발생하는 유해물질은 황사가 발생하지 않았을 경우에도 한반도로 유입된다.

④ 황사가 발생했을 때 이산화황이나 이산화질소 등 대기오염 물질의 수치가 오히려 낮은 경우도 있다.

⑤ 최근 서울시가 발표한 자료에 따르면 서울지역의 초미세먼지 가운데 51%는 중국에서 유입된 것이다.

12 다음 중 윗글의 빈칸에 들어갈 내용으로 가장 적절한 것은?

① 중국의 공업지대를 경유한 미세먼지는 많은 대기 오염 물질을 함유하고 있다.

② 황사가 운반하는 유해물질이 국내 대기 오염의 주범이다.

③ 미세먼지로 인해 국민들의 건강이 위협받고 있다.

④ 다만 공업지대를 경유한 황사라고 해서 반드시 오염물질을 함유하는 것은 아니다.

⑤ 중국 공업지대에서 들어오는 미세먼지에 대응하기 위해 관련 대책이 필요하다.

13 다음 중 띄어쓰기가 옳은 것은?

① 철수가 떠난지가 한 달이 지났다.

② 얼굴도 예쁜 데다가 마음씨까지 곱다.

③ 허공만 바라볼뿐 아무 말도 하지 않았다.

④ 회의 중에는 잡담을 하지 마시오.

⑤ 그 일을 책임지기는 커녕 모른척 하기 바쁘다.

14 다음은 보행자도로의 발전방안에 대해 설명하는 기사의 일부이다. 기사의 내용으로 적절하지 않은 것은?

> 보행자도로에서 횡단경사를 기존 1/25 이하에서 1/50 이하로 완화하면 통행 시 한쪽 쏠림현상, 휠체어 이용자 방향 조절 불편함 등을 줄여서 보행자 및 교통약자의 통행 안전을 향상할 수 있다. 또한 보행자 통행에만 이용되는 보도의 유효 폭 최소 기준도 기존 1.2m에서 1.5m로 확대하면 보행자는 더욱 넓은 공간에서 통행할 수 있게 되고, 휠체어나 유모차 이용자도 통행할 수 있는 최소한의 보도 폭을 확보하게 된다.
> 그리고 보도 포장 등에 대한 구체적인 시공과 유지관리 방법으로 보행자 안전성에 문제가 있거나 현재 사용하지 않는 포장 재료를 삭제해야 하며, 포장공법별 시공 및 품질관리 기준을 마련해 보행자도로 특성에 맞는 시공과 관리를 할 수 있도록 해야 한다.
> 다음으로 도로관리청별로 다르게 관리하던 보행자도로에 대한 관리 기준을 포장상태 서비스 수준별로 등급(A ~ E)을 마련하여 관리하는 한편, 보행자도로의 경우는 일정 수준(C등급) 이상의 관리가 필요하다.
> 마지막으로 기존 '험프형 횡단보도'를 도로교통법에서 사용하는 '고원식 횡단보도'로 용어를 변경하고, 고원식 횡단보도의 정의, 설치 위치, 형식, 구조 등을 제시하여 일관성 있는 설치를 통해 자동차 운전자와 보행자의 통행 안전성을 확보할 수 있도록 해야 할 것이다.

① 보행자도로의 보도 유효 폭을 1.5m로 확대하면 휠체어 이용자도 통행할 수 있게 된다.

② 보행자도로에서 횡단경사가 완화되면 한쪽 쏠림 현상을 줄일 수 있다.

③ 보행자도로에 대한 관리 기준을 포장상태 서비스 수준별로 등급을 마련해 관리해야 한다.

④ 넓은 공간 통행을 위해 가로수를 포함한 보도의 유효 폭 최소 기준을 확대해야 한다.

⑤ 보행자도로의 포장상태 서비스 수준은 C등급 이상이 되도록 관리되어야 한다.

15 다음 중 밑줄 친 ㉠ ~ ㉤에 대한 설명으로 적절하지 않은 것은?

사유 재산 제도와 시장 경제가 자본주의의 양대 축을 이루기 때문에 토지 또한 민간의 소유여야만 한다고 하는 이들이 많다. 토지사유제의 정당성을 그것이 자본주의의 성립 근거라는 점에서 찾고자 하는 학자도 있다. 토지에 대해서는 절대적이고 배타적인 소유권을 인정할 수 없다고 하면 이들은 신성불가침 영역에 대한 도발이라며 이에 반발한다. 토지가 일반 재화나 자본에 비해 지닌 근본적인 차이는 무시하고 말이다. 과연 자본주의 경제는 토지사유제 없이 성립할 수 없는 것일까?

싱가포르, 홍콩, 대만, 핀란드 등의 사례는 위의 물음에 직접적인 답변을 제시한다. 이들은 토지공유제를 시행하였거나 토지의 공공성을 인정했음에도 불구하고 자본주의의 경제를 모범적으로 발전시켜온 사례이다. 물론 토지사유제를 당연하게 여기는 사람들이 이런 사례들을 토지 공공성을 인정해야만 하는 당위의 근거로서 받아들이는 것은 아니다. 그들은 오히려 토지의 공공성 강조가 사회주의적 발상이라고 비판한다. 하지만 이와 같은 비판은 토지와 관련된 권리 제도에 대한 무지에 기인한다.

토지 소유권은 사용권, 처분권, 수익권의 세 가지 권리로 구성된다. 각각의 권리를 누가 갖느냐에 따라 토지 제도는 다음과 같이 분류된다. 세 권리 모두 민간이 갖는 ㉠ 토지사유제, 세 권리 모두 공공이 갖는 ㉡ 사회주의적 토지공유제, 그리고 사용권은 민간이 갖고 수익권은 공공이 갖는 ㉢ 토지가치공유제이다. 한편, 토지가치공유제는 처분권을 누가 갖느냐에 따라 두 가지 제도로 분류된다. 처분권을 완전히 민간이 갖는 ㉣ 토지가치세제와 공공이 처분권을 갖지만 사용권을 가진 자에게 한시적으로 처분권을 맡기는 ㉤ 토지공공임대제이다. 토지 소유권을 구성하는 세 가지 권리를 민간과 공공이 적당히 나누어 갖는 경우가 많으므로 실제의 토지 제도는 이 분류보다 훨씬 더 다양하다.

이 중 자본주의 경제와 결합할 수 없는 토지 제도는 사회주의적 토지공유제뿐이다. 물론 어느 토지 제도가 더 나은 경제적 성과를 보이는가는 그 이후의 문제이다. 토지사유제 옹호론에 따르면, 토지 자원의 효율적 배분이 가능하기 위해 토지에 대한 절대적, 배타적 소유권을 인정해야만 한다. 토지사유제만이 토지의 오용을 막을 수 있으며, 나아가 토지 사용의 안정성을 보장할 수 있다는 것이다. 하지만 토지 자원의 효율적 배분을 위해 토지의 사용권, 처분권, 수익권 모두를 민간이 가져야 할 필요는 없다. 토지 위 시설물에 대한 소유권을 민간이 갖고, 토지에 대해서 민간은 배타적 사용권만 가지면 충분하다.

① ㉠ : 토지 소유권을 민간이 갖는다.
② ㉡ : 자본주의 경제와 결합할 수 없다.
③ ㉢ : 처분권을 누가 갖느냐에 따라 토지공공임대제와 토지가치세제로 구분된다.
④ ㉣ : 사용권과 처분권은 민간이 갖고, 수익권은 공공이 갖는다.
⑤ ㉤ : 처분권은 민간이 갖고, 사용권과 수익권은 공공이 갖는다.

16 다음 문단을 논리적 순서대로 바르게 나열한 것은?

> (가) 닭 한 마리가 없어져서 뒷집 식구들이 모두 나서서 찾았다. 그런데 앞집 부엌에서 고기 삶는 냄새가 났다. 왜 우리 닭을 잡아먹었느냐고 따지자 주인은 아니라고 잡아뗐다. 부엌에서 나는 고기 냄새는 무어냐고 물었더니, 냄새가 날 리 없다고, 아마도 네가 오랫동안 고기 맛을 보지 못해서 환장했을 거라고 면박을 줬다. 너희 집 두엄 더미에 버려진 닭 털은 어찌된 거냐고 들이대자 오리 발을 들고 나와 그것은 네 집 닭 털이 아니라 우리 집 오리털이라고 변명했다. 네 집 닭을 훔쳐 먹은 것이 아니라 우리 집 오리를 내가 잡은 것인데, 그게 무슨 죄가 되냐고 오히려 큰소리쳤다.
>
> (나) 남의 닭을 훔쳐다 잡아먹고서 부인할 수는 있다. 그러나 뭐 뀐 놈이 성내는 것도 분수가 있지, 피해자를 가해자로 몰아 처벌하게 하는 데야 말문이 막힐 수밖에 없는 일이 아닌가. 적반하장도 유분수지, 도둑이 주인을 도둑으로 처벌해 달라고 고소하는 일은 별로 흔하지 않을 것이다.
>
> (다) 뒷집 사람은 원님에게 불려 가게 되었다. 뒷집에서 우리 닭을 훔쳐다 잡아먹었으니 처벌해 달라고 앞집 사람이 고소했던 것이다. 이번에는 증거물이 있었다. 바로 앞집 사람이 잡아먹고 남은 닭발이었는데, 그것을 뒷집 두엄 더미에 넣어 두었던 것이다. 뒷집 사람은 앞집에서는 증조부 때 이후로 닭을 기른 적이 없다고 항변했지만 그것을 입증해 줄 만한 사람은 없었다. 뒷집 사람은 어쩔 수 없이 앞집에 닭 한 마리 값을 물어 주었다.
>
> (라) '닭 잡아먹고 오리 발 내민다.'라는 속담이 있다. 제가 저지른 나쁜 일이 드러나게 되니 어떤 수단을 써서 남을 속이려 한다는 뜻이다. 남을 속임으로써 난감한 처지에서 벗어나고자 하는 약삭빠른 사람의 행위를 이렇게 비유해서 말하는 것이다.

① (라) – (가) – (나) – (다)

② (라) – (가) – (다) – (나)

③ (라) – (나) – (가) – (다)

④ (라) – (나) – (다) – (가)

⑤ (라) – (다) – (나) – (가)

※ 다음 글을 읽고 이어지는 질문에 답하시오. [17~18]

현대 물리학의 확장 과정을 고려해 볼 때 우리는 현대 물리학의 발전 과정을 산업이나 공학, 다른 자연과학, 나아가서는 현대 문화 전반에 걸친 영역에서의 발전 과정과 분리해서 생각할 수 없다. 현대 물리학은 베이컨·갈릴레이·케플러의 업적, 그리고 17 ~ 18세기에 걸쳐 이루어진 자연과학의 실제적인 응용 과정에서부터 형성된 과학 발전의 맥락을 타고 탄생된 결과이다. 또한 산업 과학의 진보, 새로운 산업계 장치의 발명과 증진은 자연에 대한 첨예한 지식을 촉구하는 결과를 낳았다. 그리고 자연에 대한 이해력의 성숙과 자연 법칙에 대한 수학적 표현의 정교함은 산업과학의 급격한 진전을 이루게 하였다.

자연과학과 산업과학의 성공적인 결합은 인간 생활의 폭을 넓히게 되는 결과를 낳았다. 교통과 통신망의 발전으로 인해 기술 문화의 확장 과정이 더욱 촉진되었고, 의심할 바 없이 지구상의 생활 조건은 근본에서부터 변화를 가져왔다. 우리들이 그 변화를 긍정적으로 보든 부정적으로 보든, 또한, 그 변화가 진정으로 인류의 행복에 기여하는 것인지 저해하는 것인지는 모르지만, 어쨌든 우리는 그 변화가 인간의 통제 능력 밖으로 자꾸 치닫고 있음을 인정할 수밖에 없는 상황에 놓여있다.

특히 핵무기와 같은 새로운 무기의 발명은 이 세계의 정치적 판도를 근본적으로 바꾸어 놓았다. 핵무기를 갖지 않은 모든 국가는 어떤 방식으로든지, 핵무기 소유국에 의존하고 있으므로 독립국가라는 의미조차도 다시 생각해 보아야 할 것이다. 또한, 핵무기를 수단으로 해서 전쟁을 일으키려는 것은 실제로 자멸의 길을 스스로 택하는 격이 된다. 그 역으로 이런 위험 때문에 전쟁은 결코 일어나지 않는다는 낙관론도 많이 있지만, 이는 자칫 잘못하면 그 낙관론 자체에만 빠질 우려가 있다.

핵무기의 발명은 과학자에게 새로운 방향으로의 문제 전환을 가져다주었다. 과학의 정치적 영향력은 제2차 세계 대전 이전보다 비약적으로 증대되어 왔다. 이로 인해 과학자, 특히 원자 물리학자들은 이중의 책임감을 떠안게 되었다. 첫 번째로 그들은 그가 속한 사회에 대하여 과학의 중요성을 인식시켜야 하는 책임감을 갖고 있다. 어떤 경우에, 그들은 대학 연구실의 굴레에서 벗어나야만 하는 일도 생긴다. 두 번째 그의 부담은 과학에 의해서 생긴 결과에 대한 책임감이다. 과학자들은 정치적인 문제에 나서기를 꺼려한다. 그리고 위정자들은 자신의 무지 때문에 과학의 소산물을 잘못 이용할 수가 있다. 그러므로 과학자는 항상 과학의 소산물이 잘못 이용될 때에 생기는 예기치 못한 위험 상황을 위정자들에게 자세히 알려 줄 의무가 있다. 또한, 과학자는 사회 참여를 자주 요청받고 있다. 특히, 세계 평화를 위한 결의안에의 참여 등이 그것이다. 동시에 과학자는 자신의 분야에 있어서 국제적인 공동 작업의 조성을 위하여 최선을 다해야만 한다. 오늘날 많은 국가의 과학자들이 모여 핵물리학에 대한 탐구를 하고 있는 것은 아주 중요한 일로 평가된다.

17 다음 중 윗글의 내용으로 볼 때, 과학자의 역할로 적절하지 않은 것은?

① 그가 속한 사회에 대해 과학의 중요성을 인식시켜야 한다.
② 과학에 의해 생긴 결과에 대해 책임을 져야 한다.
③ 위정자들의 잘못된 정치관을 바로잡아 줄 수가 있어야 한다.
④ 세계 평화를 위한 과학자의 책무를 외면해서는 안 된다.
⑤ 과학의 분야에서 국제적인 공동 작업의 조성을 위해 최선을 다해야 한다.

18 다음 중 윗글의 핵심 내용을 가장 잘 파악한 반응은?

① 현대 물리학의 발전에 공헌한 베이컨, 갈릴레이 그리고 케플러의 지대한 업적은 아무리 높게 평가해도 지나치지 않아.

② 과학의 진보에 의해 인간 생활의 폭이 넓혀졌다고 했으니, 나도 과학 연구에 매진하여 인류 문명 발전에 이바지하고 싶어.

③ 핵무기를 소유하고 있어야만 진정한 독립 국가로 대접받을 수 있다고 생각하니, 우리나라도 하루 빨리 핵무기를 개발해야 할 것 같아.

④ 과학이 가치중립적이라고들 하지만 잘못 쓰일 때는 예기치 못한 재앙을 가져올 수도 있으므로 과학자의 역할이 그 어느 때보다 중요한 것 같아.

⑤ 현대 사회의 위기는 과학의 소산물을 잘못 이용하는 위정자들에 의해 초래된 것인데, 그 책임을 과학자들에게 전가하는 것은 주객이 전도된 것 같아.

19 다음 제시된 문장 뒤에 이어질 내용을 논리적 순서대로 바르게 나열한 것은?

전 세계적으로 온난화 기체 저감을 위한 습지 건설 기술은 아직 보고된 바가 없으며 관련 특허도 없다.

(가) 동남아시아 등에서 습지를 보존하고 복원하는 데 국내 개발 기술을 활용하면
(나) 이산화탄소를 고정하고 메탄을 배출하지 않는 인공 습지를 개발하면
(다) 기존의 목적에 덧붙여 온실가스를 제거하는 새로운 녹색 성장 기술로 사용할 수 있으며
(라) 기술 이전에 따른 별도 효과도 기대할 수 있을 것이다.

① (가) – (나) – (다) – (라)
② (가) – (다) – (나) – (라)
③ (나) – (가) – (다) – (라)
④ (나) – (다) – (가) – (라)
⑤ (다) – (나) – (가) – (라)

20 다음 글을 읽고 알 수 있는 내용으로 적절하지 않은 것은?

고전주의 예술관에 따르면 진리는 예술 작품 속에 이미 완성된 형태로 존재한다. 독자는 작가가 담아 놓은 진리를 '원형 그대로' 밝혀내야 하고 작품에 대한 독자의 감상은 언제나 작가의 의도와 일치해야 한다. 결국 고전주의 예술관에서 독자는 작품의 의미를 수동적으로 받아들이는 존재일 뿐이다. 하지만 작품의 의미를 해석하고 작가의 의도를 파악하는 존재는 결국 독자이다. 특히 현대 예술에서는 독자에 따라 작품에 대한 다양한 해석이 가능하다고 여긴다. 바로 여기서 수용미학이 등장한다.

수용미학을 처음으로 제기한 사람은 야우스이다. 그는 "문학사는 작품과 독자 간의 대화의 역사로 쓰여야 한다."라고 주장했다. 이것은 작품의 의미는 작품 속에 갇혀 있는 것이 아니라 독자에 의해 재생산되는 것임을 말한 것이다. 이로부터 문학을 감상할 때 작품과 독자의 관계에서 독자의 능동성이 강조되었다.

야우스에 의해 제기된 독자의 역할을 체계적으로 정리한 사람이 이저이다. 그는 독자의 능동적 역할을 밝히기 위해 '텍스트'와 '작품'을 구별했다. 텍스트는 독자와 만나기 전의 것을, 작품은 독자가 텍스트와의 상호작용을 통해 그 의미가 재생산된 것을 가리킨다. 그런데 이저는 텍스트에는 '빈틈'이 많다고 보았다. 이 빈틈으로 인해 텍스트는 '불명료성'을 가진다. 텍스트에 빈틈이 많다는 것은 부족하다는 의미가 아니라, 독자의 개입에 의해 언제나 새롭게 해석될 수 있다는 것을 의미한다.

텍스트가 작품이 되기 위해서는 독자 스스로 빈틈을 채우는 '구체화 과정'이 필요하다. 가령, 시에 '갈색 커피잔'이 나온다면, 이 잔은 색깔만 가지고 있을 뿐 크기, 무게, 모양 등은 정해져 있지 않다. 반면 실재적 대상으로서 커피 잔은 무한한 속성을 갖고 있고 그 속성들은 모두 정해져 있다. 결국 텍스트에는 정해지지 않은 부분이 있기 마련이며, 이 빈틈은 독자가 스스로 채워 넣어야 할 부분인 것이다.

여기에서 이저의 독특한 독자관이 나온다. 이저는 텍스트 속에 독자의 역할이 들어 있다고 보았다. 그러나 독자가 어떠한 역할을 수행할지는 정해져 있지 않기 때문에 독자는 텍스트를 읽는 과정에서 텍스트의 내용과 형식에 끊임없이 반응한다. 이러한 상호작용 과정을 통해 독자는 작품을 재생산한다. 텍스트는 다양한 독자에 따라 다른 작품으로 태어날 수 있으며, 같은 독자라도 시간과 장소에 따라 다른 작품으로 생산될 수 있는 것이다. 이처럼 텍스트와 독자의 상호작용을 강조한 이저는 작품의 내재적 미학에서 탈피하여 작품에 대한 다양한 해석의 가능성을 열어주었다.

① 고전주의 예술관이 등장한 배경
② 고전주의 예술관에서 독자의 위상
③ 수용미학에서 작품과 독자의 관계
④ 수용미학과 이전 예술관의 차이점
⑤ 수용미학에서 작품의 재생산 방법

21 A ~ F 6명의 학생이 아침, 점심, 저녁을 먹는데, 메뉴는 김치찌개와 된장찌개뿐이다. 주어진 〈조건〉이 모두 참일 때, 다음 중 옳지 않은 것은?

> **조건**
> • 아침과 저녁은 다른 메뉴를 먹는다.
> • 점심과 저녁에 같은 메뉴를 먹은 사람은 4명이다.
> • 아침에 된장찌개를 먹은 사람은 3명이다.
> • 하루에 된장찌개를 한 번만 먹은 사람은 3명이다.

① 아침에 된장찌개를 먹은 사람은 모두 저녁에 김치찌개를 먹었다.
② 된장찌개는 총 9그릇이 필요하다.
③ 저녁에 된장찌개를 먹은 사람들은 모두 아침에 김치찌개를 먹었다.
④ 점심에 된장찌개를 먹은 사람은 아침이나 저녁 중 한 번은 된장찌개를 먹었다.
⑤ 김치찌개는 총 10그릇이 필요하다.

22 K공단 직원 A ~ E가 〈조건〉에 따라 상여금을 받았다고 할 때, 다음 중 옳지 않은 것은?

> **조건**
> • 지급된 상여금은 25만 원, 50만 원, 75만 원, 100만 원, 125만 원이다.
> • A, B, C, D, E는 서로 다른 상여금을 받았다.
> • A의 상여금은 다섯 사람 상여금의 평균이다.
> • B의 상여금은 C, D보다 적다.
> • C의 상여금은 어떤 직원 상여금의 두 배이다.
> • D의 상여금은 E보다 적다.

① A의 상여금은 A를 제외한 나머지 네 명의 평균과 같다.
② A의 상여금은 반드시 B보다 많다.
③ C의 상여금은 두 번째로 많거나 두 번째로 적다.
④ C의 상여금이 A보다 많다면, B의 상여금은 C의 50%일 것이다.
⑤ C의 상여금이 D보다 적다면, D의 상여금은 E의 80%일 것이다.

23 다음은 기후변화협약의 국가군과 특정의무에 대한 자료이다. 이에 대한 설명으로 옳지 않은 것은?

〈국가군과 특정의무〉

구분	부속서 I(Annex I) 국가	부속서 II(Annex II) 국가	비부속서 I(Non-Annex I) 국가
국가	협약체결 당시 OECD 24개국, EU와 동구권 국가 등 40개국	Annex I 국가에서 동구권 국가가 제외된 OECD 24개국 및 EU	우리나라 등
의무	온실가스 배출량을 1990년 수준으로 감축 노력, 강제성을 부여하지 않음	개발도상국에 재정지원 및 기술이전 의무를 가짐	국가 보고서 제출 등의 협약상 일반적 의무만 수행함
부속서 I	오스트레일리아, 오스트리아, 벨라루스, 벨기에, 불가리아, 캐나다, 크로아티아, 덴마크, 에스토니아, 핀란드, 프랑스, 독일, 그리스, 헝가리, 아이슬란드, 아일랜드, 일본, 라트비아, 리투아니아, 룩셈부르크, 네덜란드, 뉴질랜드, 노르웨이, 폴란드, 포르투갈, 루마니아, 러시아, 슬로바키아, 슬로베니아, 스페인, 스웨덴, 터키, 우크라이나, 영국, 미국, 모나코, 리히텐슈타인 등		
부속서 II	오스트레일리아, 오스트리아, 벨기에, 캐나다, 덴마크, 핀란드, 프랑스, 독일, 그리스, 아이슬란드, 아일랜드, 이탈리아, 일본, 룩셈부르크, 네덜란드, 뉴질랜드, 노르웨이, 포르투갈, 스페인, 스웨덴, 스위스, 영국, 미국 등		

① 우리나라는 비부속서 I 국가에 속해 협약상 일반적 의무만 수행하면 된다.
② 아일랜드와 노르웨이는 개발도상국에 재정지원 및 기술이전 의무가 있다.
③ 리투아니아와 모나코는 온실가스 배출량을 1990년 수준으로 감축하도록 노력해야 한다.
④ 부속서 I에 속하는 국가가 의무를 지키지 않을 시 그에 상응하는 벌금을 내야 한다.
⑤ 비부속서 I 국가가 자발적으로 온실가스 배출량을 감축할 수 있다.

※ 김대리는 사내 메신저의 보안을 위해 암호화 규칙을 만들어 동료들과 대화하기로 하였다. 이어지는 질문에 답하시오. [24~25]

〈암호화 규칙〉

• 한글 자음은 사전 순서에 따라 바로 뒤의 한글 자음으로 변환한다.
　예 ㄱ → ㄴ … ㅎ → ㄱ
• 쌍자음의 경우 자음 두 개로 풀어 표기한다.
　예 ㄲ → ㄴㄴ
• 한글 모음은 사전 순서에 따라 알파벳 a, b, c …으로 변환한다.
　예 ㅏ → a, ㅐ → b … ㅓ → t, ㅣ → u
• 겹받침의 경우 풀어 표기한다.
　예 맑다 → ㅂaㅁㄴㄹa
• 공백은 0으로 표기한다.

24 메신저를 통해 김대리가 오늘 점심 메뉴로 'ㄴuㅂㅋuㅊㅊuㄴb'를 먹자고 했을 때, 김대리가 말한 메뉴는?

① 김치김밥　　　　　　　　② 김치찌개
③ 계란말이　　　　　　　　④ 된장찌개
⑤ 부대찌개

25 김대리는 이번 주 금요일의 사내 워크숍에서 사용할 조별 구호를 '존중과 배려'로 결정하였고, 메신저를 통해 조원들에게 알리려고 한다. 다음 중 김대리가 전달할 구호를 암호화 규칙에 따라 바르게 변환한 것은?

① ㅊiㄷㅊuㅈㄴjㅅbㅁg　　　② ㅊiㄷㅊnㅈㄴjㅅbㅁg
③ ㅊiㄷㅊnㅈㄴj0ㅅbㅁg　　④ ㅊiㄷㅊnㅈㄴia0ㅅbㅁg
⑤ ㅊiㄷㅊuㅈㄴia0ㅅbㅁg

26 다음 〈조건〉을 토대로 추론했을 때, 5층에 있는 부서는?(단, 한 층에 한 부서씩 있다)

조건

- 기획조정실의 층수에서 경영지원실의 층수를 빼면 3이다.
- 보험급여실은 경영지원실 바로 위층에 있다.
- 급여관리실은 빅데이터운영실보다는 아래층에 있다.
- 빅데이터운영실과 보험급여실 사이에는 두 층이 있다.
- 경영지원실은 가장 아래층이다.

① 빅데이터운영실　　　　　　　　② 보험급여실
③ 경영지원실　　　　　　　　　　④ 기획조정실
⑤ 급여관리실

27 K은행에 근무 중인 L사원은 국내 금융 시장에 대한 보고서를 작성하면서 K은행에 대한 SWOT 분석을 진행하였다. 다음 중 L사원이 작성한 SWOT 분석의 위협 요인에 들어갈 내용으로 적절하지 않은 것은?

S(강점)	W(약점)
• 지속적 혁신에 대한 경영자의 긍정적 마인드 • 고객만족도 1위의 높은 고객 충성도 • 다양한 투자 상품 개발	• 해외 투자 경험 부족으로 취약한 글로벌 경쟁력 • 소매 금융에 비해 부족한 기업 금융
O(기회)	T(위협)
• 국내 유동자금의 증가 • 해외 금융시장 진출 확대 • 정부의 규제 완화 정책	

① 정부의 정책 노선 혼란 등으로 인한 시장의 불확실성 증가
② 경기 침체 장기화
③ 부족한 리스크 관리 능력
④ 금융업의 경계 파괴에 따른 경쟁 심화
⑤ 글로벌 금융사의 국내 시장 진출

28 최씨 남매와 김씨 남매, 박씨 남매 6명은 야구 경기를 관람하기 위해 함께 야구장에 갔다. 다음 〈조건〉을 참고할 때, 항상 옳은 것은?

조건
- 양 끝자리는 같은 성별이 앉지 않는다.
- 박씨 여성은 왼쪽에서 세 번째 자리에 앉는다.
- 김씨 남매는 서로 인접하여 앉지 않는다.
- 박씨와 김씨는 인접하여 앉지 않는다.
- 김씨 남성은 맨 오른쪽 끝자리에 앉는다.

[야구장 관람석]

① 최씨 남매는 왼쪽에서 첫 번째 자리에 앉을 수 없다.
② 최씨 남매는 서로 인접하여 앉는다.
③ 박씨 남매는 서로 인접하여 앉지 않는다.
④ 최씨 남성은 박씨 여성과 인접하여 앉는다.
⑤ 김씨 여성은 최씨 여성과 인접하여 앉지 않는다.

29 K공단은 공단 내 미세먼지 정화설비 A ~ F 중 일부를 도입하고자 한다. 설비들의 호환성에 따른 도입규칙이 다음과 같을 때, 공단에서 도입할 설비를 모두 고르면?

〈호환성에 따른 도입규칙〉

규칙1. A는 반드시 도입한다.
규칙2. B를 도입하지 않으면 D를 도입한다.
규칙3. E를 도입하면 A를 도입하지 않는다.
규칙4. B, E, F 중 적어도 두 개는 반드시 도입한다.
규칙5. E를 도입하지 않고, F를 도입하면 C는 도입하지 않는다.
규칙6. 최대한 많은 설비를 도입한다.

① A, C, E
② A, B, C, E
③ A, B, C, F
④ A, B, D, F
⑤ A, C, D, E, F

30

다음은 자동차 등록번호 부여방법과 K사 직원들의 자동차 등록번호이다. 〈보기〉 중 자동차 등록번호가 잘못 부여된 것은 모두 몇 개인가?(단, K사 직원들의 자동차는 모두 비사업용 승용차이다)

〈자동차 등록번호 부여방법〉

- 차량종류 – 차량용도 – 일련번호 순으로 부여한다.
- 차량종류별 등록번호

승용차	승합차	화물차	특수차	긴급차
100 ~ 699	700 ~ 799	800 ~ 979	980 ~ 997	998 ~ 999

- 차량용도별 등록번호

구분	문자열
비사업용 (32개)	가, 나, 다, 라, 마 거, 너, 더, 러, 머, 버, 서, 어, 저 고, 노, 도, 로, 모, 보, 소, 오, 조 구, 누, 두, 루, 무, 부, 수, 우, 주
운수사업용	바, 사, 아, 자
택배사업용	배
렌터카	하, 허, 호

- 일련번호
  1000 ~ 9999 숫자 중 임의 발급

보기

- 680 더 3412
- 521 버 2124
- 431 사 3019
- 531 서 9898
- 501 라 4395
- 421 저 2031
- 241 가 0291
- 670 로 3502
- 702 나 2838
- 431 구 3050
- 600 루 1920
- 912 라 2034
- 321 우 3841
- 214 하 1800
- 450 무 8402
- 531 고 7123

① 3개   ② 4개
③ 5개   ④ 6개
⑤ 7개

31 K공단의 D과장은 우리나라 사람들의 해외취업을 돕기 위해 박람회를 열고자 한다. 〈조건〉이 다음과 같을 때, D과장이 박람회 장소로 선택할 나라는?

조건

1. K공단의 해외 EPS센터가 있는 나라여야 한다.
   - 해외 EPS센터(15개국) : 필리핀, 태국, 인도네시아, 베트남, 스리랑카, 몽골, 우즈베키스탄, 파키스탄, 캄보디아, 중국, 방글라데시, 키르기스스탄, 네팔, 미얀마, 동티모르
2. 100개 이상의 한국 기업이 진출해 있어야 한다.

〈국가별 상황〉

국가	경쟁력	비고
인도네시아	한국 기업이 100개 이상 진출해 있으며, 안정적인 정치 및 경제 구조를 가지고 있다.	두 번의 박람회를 열었으나 실제 취업까지 연결되는 성과가 미미하였다.
아랍에미리트	UAE 자유무역지역에 다양한 다국적 기업이 진출해 있다.	석유가스산업, 금융산업에는 외국 기업의 진출이 불가하다.
중국	한국 기업이 170개 이상 진출해 있으며, 현지 기업의 80% 이상이 우리나라 사람의 고용을 원한다.	중국 청년의 실업률이 높아 사회문제가 되고 있다.
미얀마	2021년 기준 약 2,500명의 한인이 거주 중이며, 한류 열풍이 거세게 불고 있다.	내전으로 우리나라 사람들의 치안이 보장되지 않는다.
베트남	여성의 사회진출이 높고 정치, 경제, 사회 각 분야에서 많은 여성이 활약 중이다.	한국 기업 진출을 위한 인프라 구축이 잘 되어 있다.

① 인도네시아
② 아랍에미리트
③ 중국
④ 미얀마
⑤ 베트남

32 다음 〈조건〉을 토대로 할 때, A ~ C 세 명이 가지고 있는 동전에 대한 설명으로 항상 옳은 것은?

> **조건**
> • 세 명의 동전은 모두 20개이다.
> • A는 가장 많은 개수의 동전을 가지고 있으며, 가장 많은 개수의 동전을 가진 사람은 두 명 이상 있을 수 있다.
> • C의 동전을 모두 모으면 600원이다.
> • 두 명은 같은 개수의 동전을 가지고 있다.
> • 동전은 10원, 50원, 100원, 500원 중 하나이다.

① A에게 모든 종류의 동전이 있다면 A는 최소 690원을 가지고 있다.

② A는 최대 8,500원을 가지고 있다.

③ B와 C가 같은 개수의 동전을 가진다면 각각 4개 이상의 동전을 가진다.

④ B는 반드시 100원짜리를 가지고 있다.

⑤ A, B, C의 돈을 모두 모으면 최소 740원이다.

33 K공단에 근무 중인 A ~ D는 이번 인사발령을 통해 용인, 인천, 안양, 과천의 4개 지점에서 각각 근무하게 되었다. 다음 〈조건〉을 참고할 때, 항상 참인 것은?

> **조건**
> • 이미 근무했던 지점에서는 다시 근무할 수 없다.
> • A와 B는 용인 지점에서 근무한 적이 있다.
> • C와 D는 인천 지점에서 근무한 적이 있다.
> • A는 이번 인사발령을 통해 과천 지점에서 근무하게 되었다.

① A는 안양 지점에서 근무한 적이 있다.

② B는 과천 지점에서 근무한 적이 있다.

③ B는 인천 지점에서 근무하게 되었다.

④ C는 용인 지점에서 근무하게 되었다.

⑤ D는 안양 지점에서 근무하게 되었다.

34 다음은 K공단의 국내 자율주행자동차 산업에 대한 SWOT 분석 결과이다. 이를 토대로 경영 전략을 세웠을 때, 〈보기〉에서 적절하지 않은 것을 모두 고르면?

〈국내 자율주행자동차 산업에 대한 SWOT 분석 결과〉

구분	분석 결과
강점(Strength)	• 민간 자율주행기술 R&D지원을 위한 대규모 예산 확보 • 국내외에서 우수한 평가를 받는 국내 자동차기업 존재
약점(Weakness)	• 국내 민간기업의 자율주행기술 투자 미비 • 기술적 안전성 확보 미비
기회(Opportunity)	• 국가의 지속적 자율주행자동차 R&D 지원법안 본회의 통과 • 완성도 있는 자율주행기술을 갖춘 외국 기업들의 등장
위협(Threat)	• 자율주행자동차에 대한 국민들의 심리적 거부감 • 자율주행자동차에 대한 국가의 과도한 규제

〈SWOT 분석에 의한 경영 전략〉

• SO전략 : 기회를 이용해 강점을 활용하는 전략
• ST전략 : 강점을 활용하여 위협을 최소화하거나 극복하는 전략
• WO전략 : 기회를 활용하여 약점을 보완하는 전략
• WT전략 : 약점을 최소화하고 위협을 회피하는 전략

보기

ㄱ. 자율주행기술 수준이 우수한 외국 기업과의 기술이전협약을 통해 국내 우수 자동차기업들의 자율주행기술 연구 및 상용화 수준을 향상시키려는 전략은 SO전략에 해당한다.
ㄴ. 민간의 자율주행기술 R&D를 적극 지원하여 자율주행기술의 안전성을 높이려는 전략은 ST전략에 해당한다.
ㄷ. 자율주행자동차 R&D를 지원하는 법률을 토대로 국내 기업의 기술개발을 적극 지원하여 안전성을 확보하려는 전략은 WO전략에 해당한다.
ㄹ. 자율주행기술개발에 대한 국내기업의 투자가 부족하므로 국가기관이 주도하여 기술개발을 추진하는 전략은 WT전략에 해당한다.

① ㄱ, ㄴ
② ㄱ, ㄷ
③ ㄴ, ㄷ
④ ㄴ, ㄹ
⑤ ㄱ, ㄴ, ㄷ

35 다음은 정부기관의 운영방식을 나타낸 자료이다. 이에 대한 설명으로 옳은 것을 〈보기〉에서 모두 고르면?
(단, 책임운영기관인 A는 중앙행정기관인 B의 소속이다)

〈정부기관의 운영방식〉

구분	책임운영기관	중앙행정기관
설치근거	• 행정자치부장관이 소속 중앙행정기관의 장과 기획예산처장관의 의견을 들어 설치 • 소속 중앙행정기관의 장이 행정자치부장관과 협의하여 설치 가능	• 소속 중앙행정기관의 설치와 직무범위는 법률(정부조직법)로 규정
기관장 임용	• 소속 중앙행정기관장이 공모(계약직, 5년 범위 내 2년 임기 보장)	• 국무총리가 제청, 대통령이 임명
직원 임명권자	• 부(副)기관장은 소속 중앙행정기관장 • 그 밖에는 소속 책임운영기관장	• 3급 이상은 대통령 • 4급 이하는 소속 중앙행정기관장
직제 제·개정	• 소속 중앙행정기관장의 승인을 얻어 행정자치부와 협의하여 기본운영규정에 규정	• 소속 중앙행정기관의 장이 행정자치부장관에게 제출 • 소속 중앙행정기관의 장은 필요한 경우 직제시행규칙을 제·개정
정원관리	• 총정원만 대통령령으로 규정 • 직급별 정원은 소속 중앙행정기관장의 승인을 얻어 기본운영규정에 규정	• 직급별 정원을 대통령령으로 규정
초과수입금	• 직접·간접비용에 사용 가능	• 사용 불가

보기

ㄱ. A기관의 5급 사무관 정원은 B기관장의 승인을 받아 대통령령으로 규정되었다.
ㄴ. A기관은 국제협력실 신설을 위한 직제 개정을 하고자 B기관장의 승인을 얻었다.
ㄷ. B기관의 김사무관은 중점사업 실적에 의한 초과수입금을 하반기의 중점사업을 위하여 재투자하였다.
ㄹ. A기관 총무과 소속의 6급 박주사는 A기관장의 임명을 받았다.

① ㄱ, ㄴ
② ㄱ, ㄷ
③ ㄴ, ㄷ
④ ㄴ, ㄹ
⑤ ㄷ, ㄹ

36 남성 정장 제조 전문회사에서 20대를 위한 캐주얼 SPA 브랜드에 신규 진출하려고 한다. K사원은 3C 분석 방법을 취하여 다양한 자료를 조사했으며, 다음과 같은 분석내용을 도출하였다. 자사에서 추진하려는 신규 사업 계획의 타당성에 대한 설명으로 옳은 것은?

3C	상황분석
고객(Customer)	• 40대 중년 남성을 대상으로 한 정장 시장은 정체 및 감소 추세 • 20대 캐주얼 및 SPA 시장은 매년 급성장
경쟁사(Competitor)	• 20대 캐주얼 SPA 시장에 진출할 경우, 경쟁사는 글로벌 및 토종 SPA 기업, 캐주얼 전문 기업 외에도 비즈니스 캐주얼, 아웃도어 의류 기업도 포함 • 경쟁사들은 브랜드 인지도, 유통망, 생산 등에서 차별화된 경쟁력을 가짐 • 경쟁사 중 상위업체는 하위업체와의 격차 확대를 위해 파격적 가격 정책과 20대 지향 디지털마케팅 전략을 구사
자사(Company)	• 신규 시장 진출 시 막대한 마케팅 비용 발생 • 낮은 브랜드 인지도 • 기존 신사 정장 이미지 고착 • 유통과 생산 노하우 부족 • 디지털마케팅 역량 미흡

① 20대 SPA 시장이 급성장하고 경쟁이 치열해지고 있지만, 자사의 유통 및 생산 노하우로 가격경쟁력을 확보할 수 있으므로 신규 사업을 추진하는 것이 적절하다.

② 40대 중년 정장 시장은 감소 추세에 있으므로 새로운 수요발굴이 필요하며, 기존의 신사 정장 이미지를 벗어나 20대 지향 디지털마케팅 전략을 구사하면 신규 시장의 진입이 가능하므로 신규 사업을 진행하는 것이 적절하다.

③ 20대 SPA 시장이 급성장하고 있지만, 하위업체의 파격적인 가격정책을 이겨 내기에 막대한 비용이 발생하므로 신규 사업 진출은 적절하지 않다.

④ 20대 SPA 시장은 계속해서 성장하고 매력적이지만, 경쟁이 치열하고 경쟁자의 전략이 막강하다. 이에 비해 자사의 자원과 역량이 부족하여 신규 사업 진출은 적절하지 않다.

⑤ 브랜드 경쟁력을 유지하기 위해서는 20대 SPA 시장 진출이 필요하며, 파격적 가격정책을 도입하면 자사의 높은 브랜드 인지도와 시너지 효과를 낼 수 있기에 신규 사업을 진행하는 것이 적절하다.

37 김대리는 회의 참석자의 역할을 고려해 A ~ F 총 6명이 앉을 원탁 자리를 세팅 중이다. 다음 〈조건〉을 모두 만족하도록 세팅했을 때, 이웃하여 앉게 되는 두 사람은?

> **조건**
> • 원탁 둘레로 6개의 의자를 같은 간격으로 세팅한다.
> • A가 C와 F 중 한 사람의 바로 옆자리에 앉도록 세팅한다.
> • D의 바로 옆자리에 C나 E가 앉지 않도록 세팅한다.
> • A가 좌우 어느 쪽을 봐도 B와의 사이에 2명이 앉도록 세팅하고, B의 바로 왼쪽 자리에 F가 앉도록 세팅한다.

① A, D   ② A, E
③ B, C   ④ B, D
⑤ C, F

38 A는 서점에서 소설, 에세이, 만화, 잡지, 수험서를 구매했다. 다음 〈조건〉이 모두 참일 때, A가 세 번째로 구매한 책은?

> **조건**
> • 만화와 소설보다 잡지를 먼저 구매했다.
> • 수험서를 가장 먼저 구매하지 않았다.
> • 에세이와 만화를 연달아 구매하지 않았다.
> • 수험서를 구매한 다음 곧바로 에세이를 구매했다.
> • 에세이나 소설을 마지막에 구매하지 않았다.

① 소설   ② 에세이
③ 만화   ④ 잡지
⑤ 수험서

39 게임 동호회 회장인 K씨는 주말에 진행되는 게임 행사에 동호회 회원인 A ~ E의 행사 참여 여부를 조사하려고 한다. 다음 〈조건〉을 토대로 할 때, E가 행사에 참여하지 않을 경우 행사에 참여하는 사람은 모두 몇 명인가?

> **조건**
> • A가 행사에 참여하지 않으면, B가 행사에 참여한다.
> • A가 행사에 참여하면, C는 행사에 참여하지 않는다.
> • B가 행사에 참여하면, D는 행사에 참여하지 않는다.
> • D가 행사에 참여하지 않으면, E가 행사에 참여한다.

① 1명 ② 2명
③ 3명 ④ 4명
⑤ 5명

40 철수는 장미에게 '43 41 54'의 문자를 전송하였다. 장미는 문자가 16진법으로 표현된 것을 발견하였고, 아스키 코드표를 이용하여 해독을 진행하려고 한다. 다음 중 철수가 장미에게 보낸 문자의 의미로 옳은 것은?

문자	아스키	문자	아스키	문자	아스키	문자	아스키
A	65	H	72	O	79	V	86
B	66	I	73	P	80	W	87
C	67	J	74	Q	81	X	88
D	68	K	75	R	82	Y	89
E	69	L	76	S	83	Z	90
F	70	M	77	T	84	–	–
G	71	N	78	U	85	–	–

① CAT ② SIX
③ BEE ④ CUP
⑤ SUN

41 K사는 사원들의 복지 증진을 위해 안마의자를 구매할 계획이다. K사의 평가기준이 아래와 같을 때, 〈보기〉 중 어떤 안마의자를 구매하겠는가?

〈K사의 안마의자 구입 시 평가기준〉

• 사원들이 자주 사용할 것으로 생각되니 A/S 기간이 2년 이상이어야 한다.
• 사무실 인테리어를 고려하여 안마의자의 컬러는 레드보다는 블랙이 더 적절하다.
• 겨울철에도 이용할 경우를 위해 안마의자에 온열기능이 있어야 한다.
• 안마의자의 구입 예산은 최대 2,500만 원까지며, 가격이 예산 안에만 해당하면 모두 구매 가능하다.
• 안마의자의 프로그램 개수는 최소 10개 이상은 되어야 하며, 많으면 많을수록 좋다.

보기

구분	가격	컬러	A/S 기간	프로그램	옵션
A안마의자	2,200만 원	블랙	2년	12개	온열기능
B안마의자	2,100만 원	레드	2년	13개	온열기능
C안마의자	2,600만 원	블랙	3년	15개	온열기능
D안마의자	2,400만 원	블랙	2년	13개	온열기능
E안마의자	2,500만 원	블랙	2년	14개	–

① A안마의자　　　　　　　　　② B안마의자
③ C안마의자　　　　　　　　　④ D안마의자
⑤ E안마의자

42 K구에서는 주택을 소유하고 해당 주택에 거주하는 가구를 대상으로 주택 노후도 평가를 시행하여 그 결과에 따라 주택보수비용을 지원하고 있다. 주택보수비용 지원 내용과 지원율, 상황을 토대로 판단할 때, K구에 사는 C씨가 지원받을 수 있는 주택보수비용의 최대 액수는?

<주택보수비용 지원 내용>

구분	경보수	중보수	대보수
보수항목	도배 혹은 장판	수도시설 혹은 난방시설	지붕 혹은 기둥
주택당 보수비용 지원한도액	350만 원	650만 원	950만 원

<소득인정액별 주택보수비용 지원율>

구분	중위소득 25% 미만	중위소득 25% 이상 35% 미만	중위소득 35% 이상 43% 미만
지원율	100%	90%	80%

※ 소득인정액에 따라 위 보수비용 지원한도액의 80 ~ 100%를 차등 지원함

<상황>

C씨는 현재 거주하고 있는 A주택의 소유자이며, 소득인정액이 중위소득 40%에 해당한다. A주택의 노후도 평가 결과, 지붕의 수선이 필요한 주택보수비용 지원 대상에 선정되었다.

① 520만 원
② 650만 원
③ 760만 원
④ 855만 원
⑤ 950만 원

43 다음은 이번 달 H사원의 초과 근무 기록이다. H사원의 연봉은 3,600만 원이고, 시급 산정 시 월평균 근무시간은 200시간이다. H사원이 받는 야근·특근 근무 수당은 얼마인가?(단, 소득세는 고려하지 않는다)

〈이번 달 초과 근무 기록〉

일요일	월요일	화요일	수요일	목요일	금요일	토요일
			1	2 18:00~19:00	3	4
5 09:00~11:00	6	7 19:00~21:00	8	9	10	11
12	13	14	15 18:00~22:00	16	17	18 13:00~16:00
19	20 19:00~20:00	21	22	23	24	25
26	27	28	29 19:00~23:00	30 18:00~21:00	31	

〈초과 근무 수당 규정〉

- 평일 야근 수당은 시급에 1.2배를 한다.
- 주말 특근 수당은 시급에 1.5배를 한다.
- 식대는 10,000원을 지급하며(야근·특근 수당에 포함되지 않는다), 평일 야근 시 20시 이상 근무할 경우에 지급한다(주말 특근에는 지급하지 않는다).
- 야근시간은 오후 7~10시이다(초과시간 수당 미지급).

① 265,500원

② 285,500원

③ 300,000원

④ 310,500원

⑤ 330,500원

44 다음은 외부 강의 사례금 상한선에 대한 규정이다. 이를 토대로 강의자들에게 지불해야 되는 외부 강의 사례금액의 상한액은 총 얼마인가?

〈외부 강의 금액 상한선〉

- 공무원과 그 밖에 다른 법률에 따라 그 자격·임용·교육훈련·복무·보수·신분보장 등에 있어서 공무원으로 인정된 사람 등의 공직자는 40만 원이 상한이다.
- 각급 학교 및 사립학교법에 따른 학교법인 각급 학교의 장과 교직원 및 학교 법인의 임직원은 100만 원이 상한이다.
- 언론중재 및 피해구제 등에 대한 법률에 따른 언론사 대표자와 그 임직원은 100만 원이 상한이다.
- 국립대학의 교수와 강사는 20만 원이 상한이다.
- 공공기관과 공직유관단체 및 그 기관의 장과 임직원은 40만 원이 상한이다.
- 강의의 상한액은 1시간당 기준으로 하고, 1시간을 초과하여 강의 등을 하는 경우에는 강의 시간에 관계없이 1시간 초과분에 대하여 시간당 상한액의 1.5배에 해당하는 금액을 추가 지급한다.
- 외부강의 상한액은 원고료, 출연료, 강의료 등 명목에 관계없이 일체의 사례금을 포함한다.

강의자	강의시간	기타
A국립대 M교수	1시간	−
B언론사 H기자	2시간	−
C병원 E병원장	2시간	−
D사립대 J강사	1시간	원고료 10만 원 추가 요청

※ C병원은 공직유관단체임

---

① 380만 원
② 410만 원
③ 430만 원
④ 450만 원
⑤ 470만 원

45 다음은 K공단의 새로운 성과급 지급 제도이다. 최대리에 대한 정보가 다음과 같을 때, 최대리가 2024년도 성과급으로 지급받을 금액으로 옳은 것은?

〈성과급 지급 제도〉

- 성과급 지급액수는 다음 기준에 따라 결정한다.
  (성과급 지급액)＝(성과급 지급연도 기본급)×(성과급 지급비율)×(근무 점수)
- 성과급은 개인별로 최대 800만 원까지 지급된다.
- 직급별 기본급
  직급별로 1년 차에 다음의 기본급을 지급한다.

(단위 : 만 원)

직급	사원	주임	대리	과장	차장	팀장	부장
기본급	1,900	2,200	2,800	3,550	3,940	4,400	5,000

※ 연차가 1년씩 경과될 때마다 동일직급 내에서 기본급은 직전연차 대비 5% 상승함

- 성과급 지급비율
  전년도 기관 경영평가 등급에 따라 기본급에 다음의 지급비율을 곱한 값을 성과급으로 지급한다.

경영평가 등급	A	B	C	D	E 이하
성과급 지급비율	20%	15%	10%	5%	미지급

- 근무 점수
  근무 점수는 최소 0.1점, 최대 1.0점으로 부여하며, 전년도 한 해 동안의 주의 및 경고 등 조치 횟수에 따라 다음과 같이 결정된다.

(단위 : 점)

주의 및 경고 등 조치 횟수	0회	1회	2회	3회 이상
근무 점수	1.0	0.8	0.5	0.1

〈정보〉

- 최대리는 2024년 K공단에서 3년 차 대리로 근무 중이다.
- K공단은 2022년도 경영평가에서 A등급을, 2023년도 경영평가에서는 B등급을 받았다.
- 최대리는 2023년 겨울에 반차를 사용하며, 반차사용으로 인한 퇴근시간보다 일찍 퇴근하여 주의 조치를 1회 받았다.

① 325만 3,300원
② 370만 4,400원
③ 395만 5,600원
④ 405만 2,000원
⑤ 452만 7,500원

46 다음은 어느 회사의 승진 규정 및 승진후보자 정보이다. 이를 토대로 2025년 4월에 직급이 대리인 사람은?

〈승진 규정〉

- 2024년까지 근속연수가 3년 이상인 자를 대상으로 한다.
- 출산 휴가 및 병가 기간은 근속 연수에서 제외한다.
- 인사평가 점수가 80점 이상인 자를 대상으로 한다.
- 인사평가 점수는 2024년 업무평가 점수에서 벌점을 차감한 점수이다.
- 벌점은 결근 1회당 −10점, 지각 1회당 −5점이다.
- 승진을 비롯한 정기인사는 매년 1월 시행한다.

〈승진후보자 정보〉

구분	근무기간	2024년 업무평가(점)	근태현황(회)		기타
			지각	결근	
A사원	1년 4개월	79	1	−	−
B주임	3년 1개월	86	−	1	출산휴가 35일
C대리	7년 1개월	89	1	1	병가 10일
D과장	10년 3개월	82	−	−	−
E차장	12년 7개월	81	2	−	−

① A
② B
③ C
④ D
⑤ E

47 수인이는 베트남 여행을 위해 인천국제공항에서 환전하기로 하였다. 다음은 K환전소의 당일 환율 및 수수료를 나타낸 자료이다. 수인이가 한국 돈으로 베트남 현금 1,670만 동을 환전한다고 할 때, 수수료까지 포함하여 필요한 돈은 얼마인가?(단, 모든 계산과정에서 구한 값은 일의 자리에서 버림한다)

〈K환전소 환율 및 수수료〉

- 베트남 환율 : 483원/만 동
- 수수료 : 0.5%
- 우대사항 : 50만 원 이상 환전 시 70만 원까지 수수료 0.4%로 인하 적용
  100만 원 이상 환전 시 총금액 수수료 0.4%로 인하 적용

① 808,840원
② 808,940원
③ 809,840원
④ 809,940원
⑤ 810,040원

48 K공단의 해외사업부는 7월 중에 2박 3일로 워크숍을 떠나려고 한다. 다음 자료와 〈조건〉을 고려했을 때, 워크숍 일정으로 가장 적절한 날짜는?

〈미세먼지 PM10 등급〉

구간	좋음	보통	약간 나쁨	나쁨	매우 나쁨
예측농도($\mu g/m^3 \cdot$일)	0 ~ 30	31 ~ 80	81 ~ 120	121 ~ 200	201 이상

〈7월 미세먼지 예보〉

(단위 : $\mu g/m^3$)

일	월	화	수	목	금	토
	1 204	2 125	3 123	4 25	5 132	6 70
7 10	8 115	9 30	10 200	11 116	12 121	13 62
14 56	15 150	16 140	17 135	18 122	19 98	20 205
21 77	22 17	23 174	24 155	25 110	26 80	27 181
28 125	29 70	30 85	31 125			

조건

- 첫째 날과 둘째 날은 예측농도가 '좋음 ~ 약간 나쁨' 사이여야 한다.
- 워크숍 일정은 평일로 하되, 불가피할 시 토요일을 워크숍 마지막 날로 정할 수 있다.
- 매달 둘째, 넷째 주 수요일은 기획회의가 있다.
- 셋째 주 금요일 저녁에는 우수성과팀 시상식이 있다.
- 7월 29 ~ 31일은 중국 현지에서 열리는 컨퍼런스에 참여해야 한다.

① 1 ~ 3일　　　　　　　② 8 ~ 10일
③ 17 ~ 19일　　　　　　④ 25 ~ 27일
⑤ 29 ~ 31일

49 다음은 국민연금법의 국민연금 가입기간에 대한 내용이다. 국민연금 가입자 A ~ E의 가입기간을 계산했을 때, 가입기간이 가장 긴 사람은?

국민연금 가입기간의 계산(제17조)

① 국민연금 가입기간(이하 "가입기간"이라 한다)은 월 단위로 계산하되, 가입자의 자격을 취득한 날이 속하는 달의 다음 달부터 자격을 상실한 날의 전날이 속하는 달까지로 한다. 다만, 다음 각 호의 어느 하나에 해당하는 경우 자격을 취득한 날이 속하는 달은 가입기간에 산입하되, 가입자가 그 자격을 상실한 날의 전날이 속하는 달에 자격을 다시 취득하면 다시 취득한 달을 중복하여 가입기간에 산입하지 아니한다.

  1. 가입자가 자격을 취득한 날이 그 속하는 달의 초일인 경우(자격 취득일이 속하는 달에 다시 그 자격을 상실하는 경우는 제외한다)

  2. 임의계속가입자의 자격을 취득한 경우

  3. 가입자가 희망하는 경우

② 가입기간을 계산할 때 연금보험료를 내지 아니한 기간은 가입기간에 산입하지 아니한다. 다만, 사용자가 근로자의 임금에서 기여금을 공제하고 연금보험료를 내지 아니한 경우에는 그 내지 아니한 기간의 2분의 1에 해당하는 기간을 근로자의 가입기간으로 산입한다. 이 경우 1개월 미만의 기간은 1개월로 한다.

③ 국민건강보험법 제13조에 따른 국민건강보험공단(이하 "건강보험공단"이라 한다)이 보건복지부령으로 정하는 바에 따라 근로자에게 그 사업장의 체납 사실을 통지한 경우에는 제2항 단서에도 불구하고 통지된 체납월(滯納月)의 다음 달부터 체납 기간은 가입기간에 산입하지 아니한다. 이 경우 그 근로자는 제90조 제1항에도 불구하고 대통령령으로 정하는 바에 따라 기여금을 건강보험공단에 낼 수 있다.

④ 제77조에 따라 지급받은 반환일시금이 제57조 제1항에 따라 환수할 급여에 해당하는 경우 이를 반납하지 아니하는 때에는 그에 상응하는 기간을 가입기간에 산입하지 아니한다.

	구분	가입형태	자격 취득일	자격 상실일	비고
①	A	지역	2018. 03. 23.	2019. 03. 23.	가입기간 중 보험료 3개월간 미납
②	B	지역	2017. 10. 03.	2018. 08. 24.	–
③	C	직장	2018. 05. 01.	2019. 02. 16.	–
④	D	직장	2017. 03. 05.	2017. 05. 06.	2017. 05. 28. 재취득 2018. 02. 11. 자격 상실
⑤	E	직장	2017. 12. 03.	2019. 01. 01.	–

50 K기업의 1～3년 차 근무를 마친 사원들은 인사이동 시기를 맞아 근무지를 이동해야 한다. 근무지 이동 규정과 각 사원들이 근무지 이동을 신청한 내용이 다음과 같을 때, 이에 대한 설명으로 옳지 않은 것은?

〈근무지 이동 규정〉

• 수도권 지역은 여의도, 종로, 영등포이고, 지방 지역은 광주, 제주, 대구이다.
• 2번 이상 같은 지역을 신청할 수 없다(예 여의도 → 여의도 ✕).
• 3년 연속 같은 수도권 지역이나 지방 지역을 신청할 수 없다.
• 2, 3년 차보다 1년 차 신입 및 1년 차 근무를 마친 직원이 신청한 내용이 우선시된다.
• 1년 차 신입은 전년도 평가 점수를 100점으로 한다.
• 직원 A～E는 서로 다른 곳에 배치된다.
• 같은 지역으로의 이동을 신청한 경우 전년도 평가 점수가 더 높은 사람이 우선하여 이동한다.
• 규정에 부합하지 않게 이동 신청을 한 경우, 신청한 곳에 배정받을 수 없다.

〈근무지 이동 신청〉

직원	1년 차 근무지	2년 차 근무지	3년 차 근무지	신청지	전년도 평가(점)
A	대구	－	－	종로	－
B	여의도	광주	－	영등포	92
C	종로	대구	여의도	미정	88
D	영등포	종로	－	여의도	91
E	광주	영등포	제주	영등포	89

① B는 영등포로 이동하게 될 것이다.
② C는 지방 지역으로 이동하고, E는 여의도로 이동하게 될 것이다.
③ A는 대구를 1년 차 근무지로 신청하였을 것이다.
④ D는 자신의 신청지로 이동하게 될 것이다.
⑤ C가 제주로 이동한다면, D는 광주나 대구로 이동하게 된다.

※ K사는 A ~ E의 5개 팀으로 나누어 각각 다른 발전소로 견학을 가고자 한다. 5대 발전소별 견학 운영 조건이 다음과 같을 때 이어지는 질문에 답하시오. [51~52]

<5대 발전소 견학 운영 조건>

구분	견학 시간	제한 인원	견학 장소
고리 발전소	90분	50명	홍보관
새울 발전소	120분	40명	발전시설, 에너지체험관
한울 발전소	90분	50명	발전소 전체
월성 발전소	90분	40명	홍보관, 에너지체험관
한빛 발전소	120분	50명	발전소 전체

※ 발전소 전체는 홍보관, 발전시설, 에너지체험관을 모두 포함함

51 다음 〈조건〉에 따라 A ~ E팀이 견학할 발전소를 정할 때, 팀과 견학 장소를 바르게 연결한 것은?

조건
- 한 발전소에 두 팀 이상 견학을 갈 수 없다.
- A, C팀의 견학 희망 인원은 각각 45명이고, B, D, E팀의 견학 희망 인원은 각각 35명이다.
- A, D팀의 견학 희망 장소는 발전소 전체이다.
- C팀의 견학 희망 장소는 홍보관이며, B팀은 발전시설 견학을 희망하지 않는다.
- A, E팀의 견학 희망 시간은 최소 100분이다.
- 그 외 희망 사항이 없는 팀은 발전소 견학 운영 조건을 따르는 것으로 한다.

① A – 새울 발전소
② B – 고리 발전소
③ C – 월성 발전소
④ D – 한울 발전소
⑤ E – 한빛 발전소

52 다음 〈조건〉에 따라 발전소의 견학 순서를 정할 때, 항상 두 번째로 견학을 가게 되는 발전소는?

조건
- 한빛 발전소보다 고리 발전소와 월성 발전소에 먼저 견학을 간다.
- 한울 발전소는 새울 발전소보다 먼저 견학한다.
- 월성 발전소와 새울 발전소 사이에 발전소 한 곳에 견학을 간다.
- 새울 발전소는 첫 번째로 견학 장소가 될 수 없다.
- 한울 발전소는 반드시 짝수 번째로 견학한다.

① 고리 발전소
② 새울 발전소
③ 한울 발전소
④ 월성 발전소
⑤ 한빛 발전소

※ 다음은 호텔별 연회장 대여 현황에 대한 자료이다. 이어지는 질문에 답하시오. [53~54]

<표 제목>〈호텔별 연회장 대여 현황〉

건물	연회장	대여료	수용 가능 인원	회사로부터 거리	비고
A호텔	연꽃실	140만 원	200명	6km	2시간 이상 대여 시 추가비용 40만 원
B호텔	백합실	150만 원	300명	2.5km	1시간 초과 대여 불가능
C호텔	매화실	150만 원	200명	4km	이동수단 제공
C호텔	튤립실	180만 원	300명	4km	이동수단 제공
D호텔	장미실	150만 원	250명	4km	-

53 총무팀에 근무하고 있는 이대리는 김부장에게 다음과 같은 지시를 받았다. 이대리가 연회장 예약을 위해 지불해야 하는 예약금은 얼마인가?

> 다음 주에 있을 회사창립 20주년 기념행사를 위해 준비해야 할 것들 알려줄게요. 먼저 다음 주 금요일 오후 6시부터 8시까지 사용 가능한 연회장 리스트를 뽑아서 행사에 적합한 연회장을 예약해 주세요. 연회장 대여를 위한 예산은 160만 원이고, 회사에서의 거리가 가까워야 임직원들이 이동하기에 좋을 것 같아요. 행사 참석 인원은 240명이고, 이동수단을 제공해 준다면 우선적으로 고려하도록 하세요. 예약금은 대여료의 10% 라고 하니 예약 완료하고 지불하도록 하세요.

① 14만 원
② 15만 원
③ 16만 원
④ 17만 원
⑤ 18만 원

54 회사창립 20주년 기념행사의 연회장 대여 예산이 200만 원으로 증액된다면, 이대리는 어떤 연회장을 예약하겠는가?

① A호텔 연꽃실
② B호텔 백합실
③ C호텔 매화실
④ C호텔 튤립실
⑤ D호텔 장미실

55 다음은 K국 갑~무 공무원의 국외 출장 현황과 출장 국가별 여비 기준을 나타낸 자료이다. 이와 〈조건〉을 토대로 출장 여비를 지급받을 때, 출장 여비를 가장 많이 지급받는 출장자부터 순서대로 나열한 것은?

〈K국 갑~무 공무원 국외 출장 현황〉

출장자	출장 국가	출장 기간	숙박비 지급 유형	1박 실지출 비용	출장 시 개인 마일리지 사용 여부
갑	A	3박 4일	실비 지급	$145	미사용
을	A	3박 4일	정액 지급	$130	사용
병	B	3박 5일	실비 지급	$110	사용
정	C	4박 6일	정액 지급	$75	미사용
무	D	5박 6일	실비 지급	$75	사용

※ 각 출장자의 출장 기간 중 매박 실지출 비용은 변동 없음

〈출장 국가별 1인당 여비 지급 기준액〉

구분	1일 숙박비 상한액	1일 식비
A	$170	$72
B	$140	$60
C	$100	$45
D	$85	$35

조건
- (출장 여비)=(숙박비)+(식비)
- 숙박비는 숙박 실지출 비용을 지급하는 실비 지급 유형과 출장 국가 숙박비 상한액의 80%를 지급하는 정액 지급 유형으로 구분
    - (실비 지급 숙박비)=(1박 실지출 비용)×(숙박일수)
    - (정액 지급 숙박비)=(출장 국가 1일 숙박비 상한액)×(숙박일수)×0.8
- 식비는 출장 시 개인 마일리지 사용 여부에 따라 출장 중 식비의 20% 추가 지급
    - (개인 마일리지 미사용 시 지급 식비)=(출장 국가 1일 식비)×(출장일수)
    - (개인 마일리지 사용 시 지급 식비)=(출장 국가 1일 식비)×(출장일수)×1.2

① 갑 – 을 – 병 – 정 – 무
② 갑 – 을 – 병 – 무 – 정
③ 을 – 갑 – 병 – 무 – 정
④ 을 – 갑 – 정 – 병 – 무
⑤ 을 – 갑 – 무 – 병 – 정

56 K공단의 사원 월급과 사원 수를 알아보기 위해 다음과 같은 정보를 얻었다. 이를 참고할 때, K공단의 사원 수와 사원 월급 총액을 순서대로 바르게 나열한 것은?(단, 월급 총액은 K공단이 사원 모두에게 주는 한 달 월급의 합을 말한다)

〈정보〉

- 사원은 모두 동일한 월급을 받는다.
- 사원이 10명 더 늘어나면, 기존 월급보다 100만 원 적어지고, 월급 총액은 기존의 80%이다.
- 사원이 20명 줄어들면, 월급은 기존과 동일하고, 월급 총액은 기존의 60%가 된다.

	사원 수	월급 총액
①	45명	1억 원
②	45명	1억 2천만 원
③	50명	1억 2천만 원
④	50명	1억 5천만 원
⑤	55명	1억 5천만 원

57 해외영업부 A대리는 B부장과 함께 샌프란시스코에 출장을 가게 되었다. 샌프란시스코의 시각은 한국보다 16시간 느리고, 비행시간은 10시간 25분일 때 샌프란시스코 현지 시각으로 11월 17일 오전 10시 35분에 도착하는 비행기를 타려면 한국 시각으로 인천공항에 몇 시까지 도착해야 하는가?

구분	날짜	출발 시각	비행 시간	날짜	도착 시각
인천 → 샌프란시스코	11월 17일		10시간 25분	11월 17일	10:35
샌프란시스코 → 인천	11월 21일	17:30	12시간 55분	11월 22일	22:25

※ 비행기 출발 한 시간 전에 공항에 도착해 티켓팅을 해야 함

① 12:10　　　　　　　　　　　② 13:10
③ 14:10　　　　　　　　　　　④ 15:10
⑤ 16:10

58 K대리는 세미나에 참석하기 위해 10월 21일부터 23일까지 대전으로 출장을 갈 예정이다. 다음 〈조건〉에 따라 출장 기간에 이용할 숙소를 예약하고자 할 때, K대리가 예약 가능한 숙소를 바르게 나열한 것은?

〈호텔 예약정보〉

호텔명	가격 (원/1박)	숙박 기준인원	세미나실 대여비용 (원/1일)	비고
글래드 대전	78,000	1명	4인실(25,000) 8인실(48,000)	숙박 기준인원 초과 시 초과인원 1인당 10,000원 추가지급
호텔 아뜰리에	81,000	2명	4인실(40,000) 10인실(70,000)	보수공사로 인해 10인 세미나실 이용불가 (9월 30일부터 11월 23일까지)
스카이뷰 호텔	80,000	2명	6인실(50,000)	연박 시 1박당 10% 할인
대전 베일리쉬	92,000	1명	4인실(32,000)	10주년 기념 1박당 8% 할인 (10월 22일부터 11월 2일까지)
이데아 호텔	85,000	1명	6인실(30,000) 8인실(45,000)	출장목적 투숙객 1박당 5% 할인
대전 하운드	80,000	2명	10인실(80,000)	세미나실 대여 시 대여료 40% 할인 (2박 이상 투숙객 대상)

조건
- K대리가 숙소 예약 및 세미나실 대여에 사용 가능한 총경비는 200,000원이다.
- 10월 22일에는 A팀장과 B주임, C주임, D책임연구원이 방문하여 K대리로부터 중간보고를 받을 예정이므로 세미나실이 필요하다.
- K대리의 숙소는 K대리 혼자 이용한다.
- 숙소 예약과 세미나실 대여는 동일한 호텔에서 한다.

① 글래드 대전, 호텔 아뜰리에
② 글래드 대전, 스카이뷰 호텔
③ 스카이뷰 호텔, 이데아 호텔
④ 대전 베일리쉬, 대전 하운드
⑤ 이데아 호텔, 대전 하운드

59 K도시로 여행을 계획 중인 L씨는 공유자전거를 12일간 사용하려고 한다. 공유자전거 이용 계획과 이용권 종류별 요금을 참고했을 때, 가장 저렴하게 이용하는 방법은?

〈공유자전거 이용 계획〉

일	월	화	수	목	금	토
1 70분	2 50분	3 –	4 100분	5 30분	6 200분	7 300분
8 40분	9 –	10 20분	11 150분	12 10분	13 200분	14 100분

〈이용권 종류별 요금〉

구분	기본시간	기본요금	10분당 추가요금	비고
1일 이용권 A	1시간	1,000원	100원	–
1일 이용권 B	2시간	1,500원	100원	–
1주 이용권	1주	3,000원	100원	1일 2시간 초과사용 시 추가요금 부과
1달 이용권	1달	5,000원	100원	1일 1시간 초과사용 시 추가요금 부과

① 3일, 9일을 제외하고, 매일 1일 이용권 A를 구매한다.
② 3일, 9일을 제외하고, 매일 1일 이용권 B를 구매한다.
③ 첫째 주는 1일 이용권 B를 구매하고 둘째 주는 1주 이용권을 구매한다.
④ 1주 이용권을 1주마다 구매한다.
⑤ 1달 이용권을 구매한다.

60 독일인 A씨는 베를린에서 한국을 경유하여 일본으로 가는 비행기표를 구매하였다. A씨의 일정이 다음과 같을 때, A씨가 인천공항에 도착하는 한국시각과 A씨가 참여했을 환승투어를 순서대로 바르게 나열한 것은?(단, 제시된 조건 외에 고려하지 않는다)

〈A씨의 일정〉

한국행 출발시각 (독일시각 기준)	비행시간	인천공항 도착시각	일본행 출발시각 (한국시각 기준)
11월 2일 19:30	12시간 20분		11월 3일 19:30

※ 독일은 한국보다 8시간 느림
※ 비행 출발 1시간 전에는 공항에 도착해야 함

〈환승투어 코스 안내〉

구분	코스	소요 시간
엔터테인먼트	• 인천공항 → 파라다이스시티 아트테인먼트 → 인천공항	2시간
인천시티	• 인천공항 → 송도한옥마을 → 센트럴파크 → 인천공항 • 인천공항 → 송도한옥마을 → 트리플 스트리트 → 인천공항	2시간
산업	• 인천공항 → 광명동굴 → 인천공항	4시간
전통	• 인천공항 → 경복궁 → 인사동 → 인천공항	5시간
해안관광	• 인천공항 → 을왕리해변 또는 마시안해변 → 인천공항	1시간

	도착시각	환승투어
①	11월 2일 23:50	산업
②	11월 2일 15:50	엔터테인먼트
③	11월 3일 23:50	전통
④	11월 3일 15:50	인천시티
⑤	11월 3일 14:50	해안관광

61 다음은 국가별 이산화탄소 배출량에 대한 자료이다. 〈조건〉에 따라 빈칸 ㉠ ~ ㉣에 해당하는 국가명을 순서대로 나열한 것은?

〈국가별 이산화탄소 배출량〉

(단위 : 백만 CO_2톤)

구분	1995년	2005년	2015년	2020년	2024년
일본	1,041	1,141	1,112	1,230	1,189
미국	4,803	5,642	5,347	5,103	5,176
㉠	232	432	551	572	568
㉡	171	312	498	535	556
㉢	151	235	419	471	507
독일	940	812	759	764	723
인도	530	890	1,594	1,853	2,020
㉣	420	516	526	550	555
중국	2,076	3,086	7,707	8,980	9,087
러시아	2,163	1,474	1,529	1,535	1,468

조건

• 한국과 캐나다는 제시된 5개 연도의 이산화탄소 배출량 순위에서 8위를 두 번 했다.
• 사우디아라비아의 2020년 대비 2024년의 이산화탄소 배출량 증가율은 5% 이상이다.
• 이란과 한국의 이산화탄소 배출량의 합은 2015년부터 이란과 캐나다의 배출량의 합보다 많아진다.

① 캐나다, 이란, 사우디아라비아, 한국
② 한국, 사우디아라비아, 이란, 캐나다
③ 한국, 이란, 캐나다, 사우디아라비아
④ 이란, 한국, 사우디아라비아, 캐나다
⑤ 한국, 이란, 사우디아라비아, 캐나다

62 다음은 폐기물협회에서 제공하는 전국 폐기물 발생 현황 자료이다. 빈칸 (ㄱ), (ㄴ)에 해당하는 값으로 옳은 것은?(단, 소수점 둘째 자리에서 반올림한다)

〈전국 폐기물 발생 현황〉

(단위 : 톤, %)

구분		2019년	2020년	2021년	2022년	2023년	2024년
총계	발생량	359,296	357,861	365,154	373,312	382,009	382,081
	증감율	6.6	-0.4	2.0	2.2	2.3	0.02
의료 폐기물	발생량	52,072	50,906	49,159	48,934	48,990	48,728
	증감율	3.4	-2.2	-3.4	(ㄱ)	0.1	-0.5
사업장 배출시설계 폐기물	발생량	130,777	123,604	137,875	137,961	146,390	149,815
	증감율	13.9	(ㄴ)	11.5	0.1	6.1	2.3
건설 폐기물	발생량	176,447	183,351	178,120	186,417	186,629	183,538
	증감율	2.6	3.9	-2.9	4.7	0.1	-1.7

	(ㄱ)	(ㄴ)
①	-0.5	-5.5
②	-0.5	-4.5
③	-0.6	-5.5
④	-0.6	-4.5
⑤	-0.7	-5.5

63 다음은 A ~ D사의 남녀 직원 비율을 나타낸 자료이다. 이에 대한 설명으로 옳지 않은 것은?

〈회사별 남녀 직원 비율〉

(단위 : %)

구분	A사	B사	C사	D사
남	54	48	42	40
여	46	52	58	60

① A사의 남직원이 B사의 여직원보다 많다.

② B, C, D사의 여직원 수의 합은 남직원 수의 합보다 크다.

③ 여직원 대비 남직원 비율이 가장 높은 회사는 A사이며, 가장 낮은 회사는 D사이다.

④ A, B, C사의 전체 직원 수가 같다면 A, C사 여직원 수의 합은 B사 여직원 수의 2배이다.

⑤ A, B사의 전체 직원 중 남직원이 차지하는 비율이 52%라면 A사의 전체 직원 수는 B사 전체 직원 수의 2배이다.

64 K브랜드 공기청정기는 공기가 한 번 통과될 때마다 공기 속에 들어 있는 미세먼지를 30%씩 걸러낸다고 한다. 미세먼지 10g이 포함된 공기를 이 공기청정기에 6번 통과시킬 때, 걸러지는 미세먼지의 양은 모두 몇 g인가?(단, $0.7^6 ≒ 0.118$로 계산한다)

① 8.80g

② 8.82g

③ 8.84g

④ 8.86g

⑤ 8.88g

65 S씨는 뒷산에 등산하러 갔다. 오르막길은 1.5km/h로 이동하였고, 내리막길은 4km/h로 이동하였다. 산을 올라가 정상에서 쉬고, 내려오는 데 총 6시간 30분이 걸렸고, 정상에서 30분 동안 휴식을 하였다. 오르막길과 내리막길을 합쳐서 총 14km일 때, 오르막길의 거리는?

① 2km ② 4km

③ 6km ④ 8km

⑤ 10km

66 다음은 2019년부터 2024년까지 신규자영업자의 사업자금 규모를 조사한 자료이다. 빈칸 (가)에 들어갈 수치로 옳은 것은?

〈신규자영업자의 사업자금 규모〉

(단위 : %)

자금규모 연도	5백만 원 미만	5백만 원 이상 2천만 원 미만	2천만 원 이상 5천만 원 미만	5천만 원 이상 1억 원 미만	1억 원 이상 3억 원 미만	3억 원 이상
2019년	31.2	20.2	22.6	17.0	7.0	2.0
2020년	34.5	22.0	23.3	12.8	4.4	3.0
2021년	32.2	22.7	19.8	19.1	5.2	1.0
2022년	26.7	18.4	24.0	20.0	6.2	4.7
2023년	29.2	13.2	21.2	17.2	(가)	5.0
2024년	32.2	22.2	23.1	16.2	5.3	1.0

① 12.2 ② 14.2

③ 16.2 ④ 19.2

⑤ 24.2

67 A사원은 K공단의 인사관리 부서에서 근무 중이다. 오늘 회의시간에 생산부서의 인사평가 자료를 취합하여 보고해야 하는데 자료 취합 중 파일에 오류가 생겨 일부 자료가 훼손되었다. 다음 중 빈칸 (가) ~ (라)에 들어갈 점수가 바르게 연결된 것은?(단, 각 평가는 100점 만점이고, 종합순위는 각 평가지표 점수의 총합으로 결정한다)

〈인사평가 점수 현황〉

(단위 : 점)

구분	역량	실적	자기계발	성실성	종합순위
A사원	70	(가)	80	70	5
B사원	80	85	(나)	70	1
C대리	(다)	85	70	75	3
D과장	80	80	60	70	4
E부장	85	85	70	(라)	2

※ 점수는 5점 단위로 부여함

	(가)	(나)	(다)	(라)
①	60	70	55	60
②	65	70	65	60
③	65	65	65	65
④	75	65	55	65
⑤	75	65	65	55

68 K공단 영업부는 야유회에서 34개의 팀으로 나누어서 철봉에 오래 매달리기 시합을 하였다. 팀별 기록에 대한 정보가 다음과 같을 때, 빈칸에 들어갈 기록의 평균은 얼마인가?

〈팀별 철봉 오래 매달리기 기록〉

(단위 : 초)

구분	1번 선수	2번 선수	3번 선수	4번 선수	5번 선수
A팀	32	46	42	( )	42
B팀	48	( )	36	53	55
C팀	51	30	46	45	53
D팀	36	50	40	52	42

〈정보〉

• C팀의 평균은 A팀보다 3초 길다.
• D팀의 평균은 B팀보다 2초 짧다.

① 39초 ② 40초
③ 41초 ④ 42초
⑤ 43초

69 다음은 2024년 국가별 재외동포 인원 현황에 대한 자료이다. 이에 대한 설명으로 옳은 것은?(단, 소수점 둘째 자리에서 반올림한다)

〈2024년 재외동포 현황〉

(단위 : 명)

구분	시민권자	영주권자	일반 체류자
중국	2,160,712	342	300,332
홍콩	6,949	342	11,678
인도	22	0	11,251
이란	3	1	243
일본	736,326	543	88,108
라오스	8	0	3,042
몽골	32	0	2,132
미얀마	18	0	3,842
네팔	3	0	769
싱가포르	2,781	312	18,313
대만	773	331	4,406
태국	205	0	19,995
터키	0	0	2,951
베트남	0	0	172,684
캐나다	187,390	1,324	53,036
덴마크	8,747	324	710
프랑스	8,961	6,541	13,665
루마니아	61	1	305
러시아	163,560	351	6,022
스위스	2,082	341	1,513

※ (재외동포 수)=(시민권자)+(영주권자)+(일반 체류자)

① 영주권자가 없는 국가의 일반 체류자 수의 합은 중국의 일반 체류자의 수보다 크다.

② 일본의 일반 체류자 대비 시민권자 비율은 800%가 넘지 않는다.

③ 영주권자가 시민권자의 절반보다 많은 국가는 재외동포의 수가 3만 명 이상이다.

④ 재외동포 수가 가장 많은 국가는 시민권자, 영주권자, 일반 체류자의 인원도 각각 1순위이다.

⑤ 일반 체류자보다 시민권자가 많은 국가의 영주권자 수는 국가마다 300명 이상이다.

70 다음은 어린이집의 교직원 현황에 대한 자료이다. 2021년 대비 2024년 직장 어린이집의 교직원 증가율은 얼마인가?

<어린이집 교직원 현황>

(단위 : 명)

연도	국·공립 어린이집	법인 어린이집	민간 어린이집	가정 어린이집	부모협동 어린이집	직장 어린이집
2021년	17,853	16,572	97,964	55,169	331	3,214
2022년	19,397	17,042	103,656	62,863	348	3,606
2023년	20,980	17,368	112,239	73,895	398	4,204
2024년	22,229	17,491	120,503	82,911	485	5,016

① 약 47% ② 약 51%
③ 약 56% ④ 약 61%
⑤ 약 66%

71 다음 중 권리의 작용(효력)에 따른 분류에 속하지 않는 것은?

① 항변권   ② 인격권

③ 형성권   ④ 청구권

⑤ 지배권

72 다음 중 현행 헌법에 규정되어 있는 내용이 아닌 것은?

① 국정감사권   ② 국민소환권

③ 헌법소원   ④ 긴급명령권

⑤ 탄핵소추

73 다음 〈보기〉 중 근대민법의 기본원리에 해당하는 것을 모두 고르면?

> **보기**
> ㉠ 소유권 절대의 원칙   ㉡ 계약 공정의 원칙
> ㉢ 계약 자유의 원칙   ㉣ 과실 책임의 원칙
> ㉤ 권리남용금지의 원칙

① ㉠, ㉡, ㉢   ② ㉠, ㉢, ㉣

③ ㉠, ㉣, ㉤   ④ ㉡, ㉢, ㉣

⑤ ㉡, ㉣, ㉤

74 고소인 또는 고발인이 검사의 불기소처분에 대하여 이의가 있을 때, 다음 중 어느 방법에 의하여 소송을 법원에 제기할 수 있는가?

① 재심   ② 비상상고

③ 재정신청   ④ 재항고

⑤ 특별항고

75 다음 중 노동법에 대한 설명으로 옳지 않은 것은?

① 노동기본권은 단결권, 단체교섭권, 단체행동권의 노동 3권을 말한다.

② 집단적 노사관계법에는 노동조합 및 노동관계조정법 등이 있다.

③ 단결권은 근로자가 사용자와 대등한 교섭력을 갖기 위하여 단결해서 집단을 형성할 수 있는 권리이다.

④ 근로자가 할 수 있는 쟁의행위에 직장폐쇄는 포함되지 않는다.

⑤ 근로자의 실질적 평등과 자유를 보장함으로써 자본주의의 모순을 수정하기 위해서 생겨난 것이다.

76 다음 중 준법률행위 행정행위에 해당하는 것은?

① 하명   ② 특허

③ 승인   ④ 공증

⑤ 면제

77 다음 중 행정법상 행정작용에 대한 설명으로 옳지 않은 것은?

① 기속행위는 행정주체에 대하여 재량의 여지를 주지 않고 그 법규를 집행하도록 하는 행정행위를 말한다.

② 특정인에게 새로운 권리나 포괄적 법률관계를 설정해주는 특허는 형성적 행정행위이다.

③ 의사표시 이외의 정신작용 등의 표시를 요소로 하는 행위는 준법률행위적 행정행위이다.

④ 개인에게 일정한 작위의무를 부과하는 하명은 형성적 행정행위이다.

⑤ 특정한 사실 또는 법률관계의 존재를 공적으로 증명하는 공증은 준법률행위적 행정행위이다.

78 다음 중 ㉠, ㉡이 의미하는 행정구제제도의 명칭이 바르게 연결된 것은?

> ㉠ 지방자치단체가 건설한 교량이 시공자의 흠으로 붕괴되어 지역주민들에게 상해를 입혔을 때, 지방자치단체가 상해를 입은 주민들의 피해를 구제해 주었다.
> ㉡ 도로확장사업으로 인하여 토지를 수용당한 주민들의 피해를 국가가 변상하여 주었다.

	㉠	㉡
①	손실보상	행정소송
②	손해배상	행정심판
③	행정소송	손실보상
④	손해배상	손실보상
⑤	행정소송	손해배상

79 다음 중 시험이 특정한 직위의 의무와 책임에 직결되는 요소들을 어느 정도 측정할 수 있느냐에 대한 타당성의 개념은?

① 내용타당성
② 구성타당성
③ 개념타당성
④ 예측적 기준타당성
⑤ 동시적 기준타당성

80 다음 중 예산제도에 대한 설명으로 옳은 것을 〈보기〉에서 모두 고르면?

> **보기**
>
> ㄱ. 품목별 예산제도(LIBS) – 지출의 세부적인 사항에만 중점을 두므로 정부활동의 전체적인 상황을 알 수 없다.
> ㄴ. 성과주의 예산제도(PBS) – 예산배정 과정에서 필요사업량이 제시되지 않아서 사업계획과 예산을 연계할 수 없다.
> ㄷ. 기획 예산제도(PPBS) – 모든 사업이 목표달성을 위해 유기적으로 연계되어 있어 부처 간의 경계를 뛰어넘는 자원배분의 합리화를 가져올 수 있다.
> ㄹ. 영기준 예산제도(ZBB) – 모든 사업이나 대안을 총체적으로 분석하므로 시간이 많이 걸리고 노력이 과중할 뿐만 아니라 과도한 문서자료가 요구된다.
> ㅁ. 목표관리제도(MBO) – 예산결정 과정에 관리자의 참여가 어렵다는 점에서 집권적인 경향이 있다.

① ㄱ, ㄷ, ㄹ
② ㄱ, ㄷ, ㅁ
③ ㄴ, ㄷ, ㄹ
④ ㄱ, ㄴ, ㄹ, ㅁ
⑤ ㄴ, ㄷ, ㄹ, ㅁ

81 다음 중 공무원 정원에 대한 설명으로 옳은 것은?

① 공무원 숫자가 지속적으로 늘어나는 현상과 관련해 사이먼(Simon)은 '공무원 팽창의 법칙'을 주장하였다.
② 김영삼 – 김대중 – 노무현 – 이명박 정부를 거치면서 우리나라 공무원 정원은 매번 일관되게 증가해왔다.
③ 행정기구의 팽창과 더불어 공무원 숫자가 증가하는 현상은 우리나라에만 해당하는 독특한 것이다.
④ 정부 규모 팽창과 관련하여 '부하배증의 법칙'과 '업무배증의 법칙'은 각각 별개로 작용하며 서로 영향을 주지는 않는다.
⑤ '부하배증의 법칙'은 A라는 공무원이 과중한 업무에 허덕이게 될 때 자기의 동료 B를 보충받기보다는 자기를 보조해줄 부하 C를 보충받기를 원한다는 것이다.

82 다음 〈보기〉 중 조직이론에 대한 설명으로 옳은 것을 모두 고르면?

> **보기**
>
> ㄱ. 베버(M. Weber)의 관료제론에 따르면, 규칙에 의한 규제는 조직에 계속성과 안정성을 제공한다.
> ㄴ. 행정관리론에서는 효율적 조직관리를 위한 원리들을 강조한다.
> ㄷ. 호손(Hawthorne)실험을 통하여 조직 내 비공식집단의 중요성이 부각되었다.
> ㄹ. 조직군 생태이론(Population Ecology Theory)에서는 조직과 환경의 관계를 분석함에 있어 조직의 주도적·능동적 선택과 행동을 강조한다.

① ㄱ, ㄴ   ② ㄱ, ㄴ, ㄷ
③ ㄱ, ㄴ, ㄹ   ④ ㄱ, ㄷ, ㄹ
⑤ ㄴ, ㄷ, ㄹ

83 다음 GE 매트릭스에서 시장 지위를 유지하며 집중 투자를 고려해야 하는 위치는?

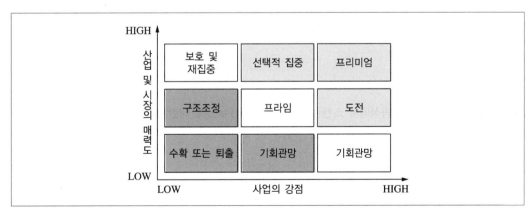

① 보호 및 재집중   ② 구조조정
③ 선택적 집중   ④ 수확 또는 퇴출
⑤ 프리미엄

84 다음 중 기업의 경쟁력 강화와 비전달성을 목표로 미래 사업구조를 근본적으로 구체화하는 기업혁신방안은?

① 벤치마킹(Benchmarking)
② 학습조직(Learning Organization)
③ 리엔지니어링(Re-Engineering)
④ 리스트럭처링(Restructuring)
⑤ 기업 아이덴티티(企業 Identity)

85 다음 중 앤소프의 의사결정에 대한 설명으로 옳지 않은 것은?

① 전략적, 운영적, 관리적 의사결정으로 분류된다.
② 단계별 접근법을 따라 체계적인 분석이 가능하다.
③ 단계별로 피드백이 이루어진다.
④ 분석결과에 따라 초기 기업 목적과 시작 단계에서의 평가수정이 불가능하다.
⑤ 단계별 의사결정과정은 기업의 위상과 목표 간의 차이를 줄이는 과정이다.

86 다음 중 보너스 산정방식에서 스캔런 플랜(Scanlon Plan)에 대한 설명으로 옳은 것은?

① 보너스 산정 비율은 생산액에 있어서 재료 및 에너지 등을 포함하여 계산한다.
② 노동비용을 판매액에서 재료 및 에너지, 간접비용을 제외한 부가가치로 나누어 계산한다.
③ 종업원의 참여는 거의 고려되지 않고 산업공학기법을 이용한 공식을 활용하여 계산한다.
④ 성과측정의 기준으로서 노동비용이나 생산비용, 생산 이외에도 품질향상, 소비자 만족 등 각 기업이 중요성을 부여하는 부분에 초점을 둔 새로운 지표를 사용하여 계산한다.
⑤ 생산단위당 표준노동시간을 기준으로 노동생산성 및 비용 등 산정 조직의 효율성을 보다 직접적으로 측정하여 계산한다.

87 다음 중 고전적 경영이론에 대한 설명으로 옳지 않은 것은?

① 고전적 경영이론은 인간의 행동이 합리적이고 경제적인 동기에 의해 이루어진다고 가정한다.

② 차별 성과급제, 기능식 직장제도는 테일러의 과학적 관리법을 기본이론으로 한다.

③ 포드의 컨베이어 벨트 시스템은 표준화를 통한 대량생산방식을 설명한다.

④ 베버는 조직을 합리적이고 법적인 권한으로 운영하는 관료제 조직을 가장 합리적이라고 주장한다.

⑤ 페이욜은 기업활동을 기술활동, 영업활동, 재무활동, 회계활동 4가지 분야로 구분하였다.

88 다음 중 채찍효과의 발생 원인으로 옳지 않은 것은?

① 공급망의 단계별로 이루어지는 수요예측

② 일정기간 예상되는 물량에 대한 일괄주문방식

③ 전자 자료 교환(EDI)의 시행

④ 공급을 초과하는 수요에 따른 구매자 간 힘겨루기

⑤ 판매 촉진 행사 등으로 인한 가격 변동

89 다음 중 IS - LM 모형에서 유동성함정에 빠져 있을 때 통화량 공급 증가와 재정지출 확대에 따른 각각의 정책 효과에 대한 설명으로 옳은 것은?

① 통화량 공급 증가는 이자율을 낮추고, 재정지출 확대는 소득을 증가시킨다.

② 통화량 공급 증가는 소득을 증가시키고, 재정지출 확대는 이자율을 낮춘다.

③ 통화량 공급 증가와 재정지출 확대는 모두 소득을 증가시킨다.

④ 통화량 공급 증가와 재정지출 확대는 모두 이자율 변동에 영향을 미치지 않는다.

⑤ 통화량 공급 증가는 소득을 증가시키고, 재정지출 확대는 이자율 변동에 영향을 주지 않는다.

90 다음 〈보기〉 중 환경오염대책인 교정적 조세(피구조세)와 오염배출권거래제도에 대한 설명으로 옳은 것을 모두 고르면?

> **보기**
>
> 가. 오염배출권거래제도를 이용하면 최초에 오염배출권이 기업들에게 어떻게 배분되는가와 관계없이 오염배출량은 효율적인 수준이 된다.
> 나. 교정적 조세는 시장에서 거래될 수 있는 오염배출권이라는 희소자원을 창조한다.
> 다. 교정적 조세를 이용하든 오염배출권제도를 이용하든 오염배출량은 항상 동일한 수준에서 결정된다.
> 라. 교정적 조세를 부과할 때에 오염배출권의 공급은 가격에 대해 완전비탄력적이다.
> 마. 시장에서 자유롭게 거래될 수 있는 오염배출권거래제도는 오염배출권만 있으면 오염물질을 방출할 수 있으므로 환경문제를 심화시킨다.

① 가, 라   ② 가, 마
③ 나, 다   ④ 나, 라
⑤ 다, 마

91 다음 중 무차별곡선에 대한 설명으로 옳지 않은 것은?

① 무차별곡선은 동일한 효용 수준을 제공하는 상품묶음들의 궤적이다.
② 무차별곡선의 기울기는 한계대체율이며 두 재화의 교환비율이다.
③ 무차별곡선이 원점에 대해 오목하면 한계대체율은 체감한다.
④ 완전대체재관계인 두 재화에 대한 무차별곡선은 직선의 형태이다.
⑤ 모서리해를 제외하면 무차별곡선과 예산선이 접하는 점이 소비자의 최적점이다.

92 다음 대화에서 밑줄 친 부분에 해당하는 사례로 옳은 것은?

> 선생님 : 실업에는 어떤 종류가 있는지 한 번 말해볼까?
> 학생   : 네, 선생님. 실업은 발생하는 원인에 따라 경기적 실업과 계절적 실업, 그리고 구조적 실업과 마찰적 실업으로 분류할 수 있습니다.

① 총수요의 부족으로 발생하는 실업이 발생했다.
② 더 나은 직업을 탐색하기 위해 기존에 다니던 직장을 그만두었다.
③ 남해바다 해수욕장의 수영 강사들이 겨울에 일자리가 없어서 쉬고 있다.
④ 산업구조가 제조업에서 바이오기술산업으로 재편되면서 대량실업이 발생하였다.
⑤ 디지털 카메라의 대중화로 필름회사 직원들이 일자리를 잃었다.

93 다음 중 독점적 경쟁시장에 대한 설명으로 옳지 않은 것은?

① 독점적 경쟁시장은 완전경쟁시장과 독점시장의 중간 형태이다.

② 대체성이 높은 제품의 공급자가 시장에 다수 존재한다.

③ 시장진입과 퇴출이 자유롭다.

④ 독점적 경쟁기업의 수요곡선은 우하향하는 형태를 나타낸다.

⑤ 비가격경쟁보다 가격경쟁이 활발히 진행된다.

94 다음 중 여러 학파의 통화정책에 대한 설명으로 옳지 않은 것은?

① 통화주의학파는 통화정책의 시차가 길고 가변적이므로 준칙에 입각한 정책실시를 주장한다.

② 새고전학파는 경제주체의 기대가 합리적이면 통화정책의 효과가 줄어든다고 주장한다.

③ 실물경기변동학파는 통화공급의 내생성을 이유로 재량적인 통화정책을 반대한다.

④ 케인스학파는 유동성함정이 있는 경우에 통화정책의 효과가 없다고 주장한다.

⑤ 새케인스학파는 상품시장의 불완전한 정보 때문에 통화정책의 효과가 크지 않다고 주장한다.

95 다음 중 빈칸 ㉠, ㉡에 들어갈 단어를 순서대로 바르게 나열한 것은?

> 사회복지의 효율성을 논할 때 ___㉠___ 효율과 ___㉡___ 효율이 있다. 전자는 더 이상 어떠한 개선이 불가능한 최적의 자원배분 상태를 의미하며, 후자는 특정한 목표를 달성하는 데 가능한 한 적은 자원을 투입하여 최대한의 산출을 얻는 것을 의미한다.

	㉠	㉡
①	자원적	수단적
②	파레토	비용적
③	목표적	자원적
④	자원적	비용적
⑤	파레토	수단적

96 다음 글에서 나타나는 관료제 환경 속 사회복지서비스 기관의 병폐로 옳은 것은?

> 서비스 기관들이 성과관리 평가제 등의 영향을 과도하게 받게 되면서 나타내기 쉬운 현상들 중 하나이다. 기관들은 서비스 접근성 메커니즘을 조정해서 가급적이면 유순하고 저비용 – 고성과 클라이언트를 선호하는 반면, 비협조적이고 고비용 – 저성과 클라이언트들을 배척하려는 경향을 보인다. 문제는 배척하려는 클라이언트들이 보다 절실하게 사회적 도움을 필요로 하는 사람들이기 쉽다는 점이다.

① 크리밍(Creaming) 현상　　　　　　② 아웃리치(Outreach)
③ 후광효과(Halo Effect)　　　　　　④ 점증주의(Incrementalism)
⑤ 기저효과(Base Effect)

97 다음 중 국민기초생활보장법상 제공하는 급여로 옳지 않은 것은?

① 주거급여　　　　　　　　　　　　② 해산급여
③ 의료급여　　　　　　　　　　　　④ 장애급여
⑤ 자활급여

98 다음 중 에스핑 – 안데르센(Esping – Andersen)의 복지국가 유형에 대한 설명으로 옳지 않은 것은?

① 사회민주적(Social Democratic) 복지국가 유형에서는 보편주의 원칙과 사회권을 통한 탈상품화 효과가 가장 크다.
② 자유주의적(Liberal) 복지국가 유형에서는 복지와 재분배적 기능을 강조하며 시장의 영향력을 최소화하려 노력한다.
③ 조합(보수)주의적(Conservative Corporatist) 복지국가 유형에서는 사회적 지위의 차이 유지를 목표로 한다.
④ 복지국가 유형은 탈상품화 정도와 사회계층화, 그리고 국가 – 시장 – 가족의 역할분담의 차이로 분류된다.
⑤ 스웨덴은 사회민주적 복지국가, 미국은 자유주의적 복지국가, 독일은 조합주의적 복지국가의 대표적인 사례이다.

99 다음 〈보기〉 중 사회복지 정책결정의 이론적 모형에 대한 설명으로 옳지 않은 것을 모두 고르면?

> **보기**
>
> ㄱ. 기존의 정책과 유사한 정책대안에 대한 검토와 보완을 거치는 모형은 점증모형이다.
> ㄴ. 모든 대안을 합리적으로 검토하여 최선의 정책 대안을 찾을 수 있다고 가정하는 것은 만족모형이다.
> ㄷ. 합리모형과 점증모형의 절충적 성격을 갖는 모형은 혼합모형이다.
> ㄹ. 제한된 합리성을 토대로 접근이 용이한 일부 대안에 대해 만족할 만한 수준을 추구하는 것은 합리모형이다.

① ㄱ, ㄴ   ② ㄱ, ㄷ

③ ㄴ, ㄷ   ④ ㄴ, ㄹ

⑤ ㄷ, ㄹ

100 다음 중 사회복지조사에서 측정의 신뢰도를 높이는 방법으로 옳지 않은 것은?

① 표준화된 측정도구를 사용한다.
② 응답자가 무관심하거나 잘 모르는 내용은 측정하지 않는 것이 좋다.
③ 측정항목(하위변수) 수를 줄이고 항목의 선택범위(값)는 좁히는 것이 좋다.
④ 측정항목의 모호성을 줄이고 되도록 구체화하여 일관된 측정이 가능하게 한다.
⑤ 여러 관찰자를 활용하여 자료 수집의 오류나 비일관성을 줄이기 위해 다각화한다.

www.sdedu.co.kr

3일 차
기출응용 모의고사

〈모의고사 안내〉

평가영역	문항 수	시험시간	모바일 OMR 답안채점/성적분석 서비스
[NCS] 의사소통능력＋문제해결능력＋자원관리능력＋ 수리능력 [전공] 법학＋행정학＋경영학＋경제학＋사회복지학	100문항	110분	

3일 차 기출응용 모의고사

문항 수 : 100문항
시험시간 : 110분

| 01 | 직업기초능력

01 다음 글을 읽고 알 수 있는 내용으로 적절하지 않은 것은?

> 인간의 사유는 특정한 기준을 바탕으로 다른 것과의 차이를 인식하는 것이라 할 수 있다. 이때의 기준을 이루는 근간(根幹)은 당연히 현실 세계의 경험과 인식이다. 하지만 인간은 현실적 경험으로 인식되지 않는 대상을 사유하기도 하는데, 그중 하나가 신화적 사유이며, 이는 상상력의 산물이다.
>
> 상상력은 통념(通念)상 현실과 대립되는 위치에 속한다. 또한, 현대 문명에서 상상력은 과학적 · 합리적 사고와 반대되는 사유 체계로 간주되기도 한다. 그러나 신화적 사유를 떠받치고 있는 상상력은 '현실적 – 비현실적', '논리적 – 비논리적', '합리적 – 비합리적' 등과 같은 단순한 양항 체계 속으로 환원될 수 없다.
>
> 초기 인류학에서는 근대 문명과 대비시켜 신화적 사유를 미개한 존재들의 미숙한 단계의 사고로 간주(看做)했었다. 이러한 입장을 대표하는 레비브륄에 따르면 미개인은 논리 이전의 사고방식과 비현실적 감각을 가진 존재이다. 그러나 신화 연구에 적지 않은 영향을 끼쳤고 오늘날에도 여전히 유효한 레비스트로스의 논의에 따르면 미개인과 문명인의 사고방식은 사물을 분류하는 방식과 주된 관심 영역 등이 다를 뿐, 어느 것이 더 합리적이거나 논리적이라고 할 수는 없다. 또한, 그것은 세계를 이해하는 두 가지의 서로 다른 방식 혹은 태도일 뿐이다. 신화적 사유를 비롯한 이른바 미개인의 사고방식을 가리키는 레비스트로스가 말하는 '야생의 사고'는 이러한 사고방식이 근대인 혹은 문명인 못지않게 질서와 체계에 민감하고 그 나름의 현실적, 논리적, 합리적 기반을 갖추고 있음을 함축하는 개념이다.
>
> 레비스트로스의 '야생의 사고'는 신화시대와 신화적 사유를 근대적 문명에 입각한 발전론적 시각이 아닌 상대주의적 시각으로 바라보았다는 점에서 의미가 크다. 그러나 그가 신화 자체의 사유 방식이나 특성을 특정 시대의 것으로 한정(限定)하는 오류를 범하고 있다는 점에 유의해야 한다. 과거 신화시대에 생겨난 신화적 사유는 신화가 재현되고 재생되는 한 여전히 시간과 공간을 뛰어넘어 현재화되고 있기 때문이다.
>
> 따라서 신화적 사유는 현실적 · 경험적 차원의 '진실'이나 '비진실'로 구분될 수 없다. 신화는 허구적이거나 진실한 것 모두를 '재료'로 사용할 수 있으며, 이러한 재료들은 신화적 사유 고유의 규칙과 체계에 따라 배열된다. 그러므로 신화 텍스트에서 이러한 재료들의 구성 원리를 밝히는 것은 그 신화에 반영된 신화적 사유 체계를 밝히는 것이라 할 수 있다. 또한, 이는 신화를 공유하고 전승(傳承)해 왔던 집단의 원형적 사유 체계에 접근하는 작업이라고도 할 수 있다.

① 신화적 사유는 그 고유의 규칙과 체계를 갖고 있다.
② 신화적 사유는 상상력의 산물이라 할 수 있다.
③ 신화적 사유는 특정 시대의 사유 특성에 한정된다.
④ 신화적 상상력은 상상력에 대한 통념적 인식과 차이가 있다.
⑤ 신화적 사유에 대한 레비스트로스의 논의는 의의와 한계가 있다.

02 다음 중 〈보기〉의 문장이 들어갈 위치로 가장 적절한 곳은?

밥상에 오르는 곡물이나 채소가 국내산이라고 하면 보통 그 종자도 우리나라의 것으로 생각하기 쉽다. (가) 하지만 실상은 벼, 보리, 배추 등을 제외한 많은 작물의 종자를 수입하고 있어 그 자급률이 매우 낮다고 한다. (나) 또한 청양고추 종자는 우리나라에서 개발했음에도 현재는 외국 기업이 그 소유권을 가지고 있다. (다) 국내 채소 종자 시장의 경우 종자 매출액의 50%가량을 외국 기업이 차지하고 있다는 조사 결과도 있다. (라) 이런 상황이 지속될 경우, 우리 종자를 심고 키우기 어려워질 것이고 종자를 수입하거나 로열티를 지급하는 데 지금보다 훨씬 많은 비용이 들어가는 상황도 발생할 수 있다. (마) 또한 전문가들은 세계 인구의 지속적인 증가와 기상 이변 등으로 곡물 수급이 불안정하고, 국제 곡물 가격이 상승하는 상황을 고려할 때, 결국에는 종자 문제가 식량 안보에 위협 요인으로 작용할 수 있다고 지적한다.

보기

양파, 토마토, 배 등의 종자 자급률은 약 16%, 포도는 약 1%에 불과할 정도다.

① (가) ② (나)
③ (다) ④ (라)
⑤ (마)

03 다음 문장을 논리적 순서대로 바르게 나열한 것은?

ⓛ 또한 사전에 아무런 정보도 없이 판매자의 일방적인 설명만 듣고 물건을 구입하면 후회할 수도 있다.
ⓛ 따라서 소비를 하기 전에 많은 정보를 수집하여 구입하려는 재화로부터 예상되는 편익을 정확하게 조사하여야 한다.
ⓒ 그러나 일상적으로 사용하는 일부 재화를 제외하고는, 그 재화를 사용해 보기 전까지 효용을 제대로 알 수 없다.
ⓔ 예를 들면, 처음 가는 음식점에서 주문한 음식을 실제로 먹어 보기 전까지는 음식 맛이 어떤지 알 수 없다.
ⓜ 우리가 어떤 재화를 구입하는 이유는 그 재화를 사용함으로써 효용을 얻기 위함이다.

① ㉠-㉡-㉣-㉢-㉤ ② ㉠-㉤-㉡-㉢-㉣
③ ㉤-㉡-㉠-㉣-㉢ ④ ㉤-㉡-㉣-㉢-㉠
⑤ ㉤-㉢-㉣-㉠-㉡

04 다음 중 통합환경 관리제도에 대한 내용으로 가장 적절한 것은?

> ### 효율적으로 환경오염을 막는 방법
>
> 올해 1월부터 시행 중인 '통합환경 관리제도'는 최신 과학기술에 기반을 둔 스마트한 대책으로 평가받고 있다. 대기, 수질, 토양 등 개별적으로 이루어지던 관리방식을 하나로 통합해, 환경오염물질이 다른 분야로 전이되는 것을 막는 것이다. 유럽연합을 비롯해 세계 각국에서 운영하는 효율적인 환경수단을 우리나라의 현실과 특성에 맞게 설계한 점도 특징이다.
>
> 관리방식의 통합이 가져온 변화는 크다. 먼저 대기배출시설, 수질오염배출시설 등 총 10종에 이르는 인허가는 통합허가 1종으로 줄었고, 관련 서류도 통합환경 허가시스템(ieps.nier.go.kr)을 통해 온라인으로 간편하게 제출할 수 있다. 사업별로 지역 맞춤형 허가기준을 부여해 5 ~ 8년마다 주기적으로 검토하며 단속과 적발 위주였던 사후관리가 정밀점검과 기술 진단 방식으로 전환됐다. 또한 통합환경관리 운영을 위한 참고문서인 최적가용기법(BREF)을 보급해 사업장이 자발적으로 환경관리와 관련 허가에 사용할 수 있도록 돕는다. K공단은 환경전문심사원으로 지정돼 통합환경 계획서 검토, 통합관리사업장 현장 확인 및 오염물질 배출 여부 확인 등 제도가 원활하게 시행되도록 지원할 계획이다. 통합환경 관리제도와 통합환경 허가시스템에 대한 문의가 있다면 통합허가 지원센터에서 상담받을 수 있다. 환경을 종합적으로 관리하면서 환경개선 효과 및 자원을 효율적으로 이용할 수 있는 통합환경 관리제도에 많은 기업이 자발적으로 참여함으로써 환경과 산업의 상생이 실현되고 있다.

① 사업장에 최적가용기법을 보급해 사업장이 공공기관을 통해 환경관리 교육을 받을 수 있도록 한다.

② 관리방식의 통합은 총 10종에 이르는 인허가를 3종으로 줄였다.

③ 통합허가 관련 서류는 온라인으로도 제출할 수 있다.

④ 사업장별로 업종 맞춤형 허가기준을 부여해 10년마다 주기적으로 검토한다.

⑤ 통합환경 관리제도는 개별적으로 이루어지던 관리 방식을 대기, 수질, 토양으로 분리해 환경오염물질이 다른 분야로 전이되는 것을 막기 위해 만들어졌다.

05 다음 글의 내용으로 적절하지 않은 것은?

화학에너지를 전기에너지로 변화시키는 것을 방전(放電)이라 하며, 또 다른 전원으로부터 전기에너지를 공급하여 화학에너지로 변화·축적하는 것을 충전(充電)이라 한다. 이와 같이 충전과 방전이 반복되는 전지를 축전지 또는 2차전지라고 한다. 우리가 알고 있는 건전지는 충전과 방전이 반복되지 않는 것이며, 이것은 1차전지의 하나이다. 축전지로는 1859년 프랑스의 플랑테가 발명한 납축전지가 가장 널리 사용되고 있으며, 그밖에 알칼리축전지가 있다.

납축전지는 양극에 과산화납(PbO_2), 음극에 해면상의 납(Pb)을 사용하고 비중이 1.2 ~ 1.3인 황산(H_2SO_4)에 넣은 것이다. 실제로는 극판면적의 증가를 위하여 많은 양극과 음극의 극판이 병렬로 연결되어 있으며, 또한 각 극판 사이에는 절연물(絕緣物)로 만든 격리판이 들어 있다. 충전된 상태에서 양극은 이산화납, 음극은 납이지만 방전을 계속하면 양극과 음극은 다 같이 황산납으로 되며, 동시에 물이 생기게 되므로 전해액의 비중이 저하한다. 또한 충전된 상태에서 양극은 다갈색, 음극은 납색으로, 방전을 계속하면 양극이 모두 회백색이 된다. 납축전지의 기전력은 약 2V이지만, 방전하는 사이에 서서히 저하하여 1.8V 정도까지 저하하면 다시 충전을 시켜야 한다.

납축전지는 크기와 관계없이 기전력은 같으나, 극판면적을 증가하여 전지의 조(槽)를 크게 하면 용량이 증가해서 많은 전류를 흐르게 할 수 있다. 충전은 전지의 양 단자에 전원의 양 단자를 연결하고 규정의 전류 값을 유지하면서 계속한다. 충전이 진행됨에 따라 양극판은 다갈색으로, 음극판은 납색으로 변화하며, 충전전류를 흐리는 상태에서 전압이 2.7 ~ 2.8V로 높아진다. 그리고 전해액의 비중이 서서히 증가하여 1.26 정도로 되면 충전종료로 보아도 된다.

납축전지의 충·방전의 반복횟수는 많은 것에서는 1,000회 이상이 되며, 내용연수가 긴 것은 몇 년이나 된다. 납축전지의 효율은 충·방전할 때의 암페어시(Ah) 또는 와트시(Wh)의 비를 취하여, 각각 암페어시 효율, 와트시 효율이라고 한다. 전자는 대개 90%, 후자는 일반적으로 75%이다. 납축전지의 기전력은 주위온도가 변화해도 거의 변화하지 않는다고 볼 수 있으나, −30℃ 정도의 저온에서는 성능이 저하한다. 용도는 가솔린 자동차의 점화용 전원, 전기기관차·전동차·잠수함의 동력, 교통신호, 열차 내 전등용, 직류전원 등에 사용된다.

알칼리축전지는 2가지를 볼 수 있는데, 양극에 수산화니켈, 음극에 카드뮴, 전해액으로는 알칼리 용액을 사용한 것을 융너(Jungner)식 알칼리축전지라 하며, 음극에 철을 사용하고 다른 것은 융너식과 같은 것을 에디슨(Edison)식 알칼리축전지라 한다. 일반적으로 융너식 알칼리축전지가 널리 사용되고 있다.

알칼리축전지의 기전력은 약 1.2V인데, 방전 종료 시에는 1.1V로 된다. 암페어시 효율은 약 85%, 와트시 효율은 약 80%이다. 알칼리축전지는 진동에 견디며, 자기 방전이 적고 평균수명이 길어 7 ~ 25년 사용할 수 있으며, 또한 −20 ~ 45℃의 넓은 온도범위에서 사용할 수 있다. 알칼리축전지 중에서 극판에 니켈·카드뮴을 사용한 것은 극판의 제법에 소결법(고체의 가루를 적당한 형상으로 단단하게 만든 다음, 그 물질의 녹는 점에 가까운 온도로 가열하여 결합시키는 것)을 사용한 것이 있다.

① 융너식 알칼리축전지는 양극에 수산화니켈, 음극에 카드뮴을 사용한다.
② 납축전지는 방전을 계속하면 양극이 모두 회백색이 된다.
③ 납축전지는 1V 정도까지 저하하면 다시 충전을 시켜야 한다.
④ 납축전지의 효율은 암페어시 또는 와트시의 비를 취한다.
⑤ 납축전지는 −30℃ 정도의 저온에서는 성능이 저하한다.

06 다음 제시된 문단 뒤에 이어질 문단을 논리적 순서대로 바르게 나열한 것은?

> 청바지는 모든 사람이 쉽게 애용할 수 있는 옷이다. 말 그대로 캐주얼의 대명사인 청바지는 내구력과 범용성 면에서 다른 옷에 비해 뛰어나고, 패션적으로도 무난하다는 점에서 옷의 혁명이라 일컬을만하다. 그러나 청바지의 시초는 그렇지 않았다.

(가) 청바지의 시초는 광부들의 옷으로 알려졌다. 정확히 말하자면 텐트용으로 주문받은 천을 실수로 푸른색으로 염색한 바람에 텐트납품계약이 무산되자, 재고가 되어 버린 질긴 천을 광부용 옷으로 변용해보자는 아이디어에 의한 것이다.

(나) 청바지의 패션 아이템화는 한국에서도 크게 다르지 않다. 나팔바지, 부츠컷, 배기 팬츠 등 다양한 변용이 있으나, 세대 차라는 말이 무색할 만큼 과거의 사진이나 현재의 사진이나 많은 사람이 청바지를 캐주얼한 패션 아이템으로 활용하는 것을 볼 수 있다.

(다) 비록 시작은 그리하였지만, 청바지는 이후 패션 아이템으로 선풍적인 인기를 끌었다. 과거 유명한 서구 남성 배우들의 아이템에는 꼭 청바지가 있었다고 해도 과언이 아니며, 그 예로는 제임스 딘이 있다.

(라) 다만 청바지는 주재료인 데님의 성질로 활동성을 보장하기 어려웠던 부분을 단점으로 들 수 있겠으나, 2000년대 들어 스판덱스가 첨가된 청바지가 사용되기 시작하면서 그러한 문제도 해결되어, 전천후 의류로 기능하고 있다.

① (가) – (다) – (나) – (라)
② (가) – (다) – (라) – (나)
③ (다) – (가) – (나) – (라)
④ (다) – (가) – (라) – (나)
⑤ (라) – (다) – (가) – (나)

07 다음 글의 내용으로 적절하지 않은 것은?

저작권이란 저작물을 보호하기 위해 저작자에게 부여된 독점적 권리를 말한다. 저작권은 소유한 물건을 자기 마음대로 이용하거나 처분할 수 있는 권리인 소유권과는 구별된다. 소설책을 구매한 사람은 책에 대한 소유권은 획득했지만, 그렇다고 소설에 대한 저작권을 획득한 것은 아니다. 따라서 구매자는 다른 사람에게 책을 빌려줄 수는 있으나, 저작자의 허락 없이 그 소설을 상업적 목적으로 변형하거나 가공하여 유통할 수는 없다. 이는 책에 대해서는 물건에 대한 소유권인 물권법이, 소설에 대해서는 저작권법이 각각 적용되기 때문이다. 저작권법에서 보호하는 저작물은 남의 것을 베낀 것이 아니라 저작자 자신의 것이어야 한다. 그리고 저작물의 수준이 높아야 할 필요는 없지만, 저작권법에 의한 보호를 받을 가치가 있는 정도로 최소한의 창작성을 지니고 있어야 한다.

저작자란 사실상의 저작 행위를 하여 저작물을 생산해 낸 사람을 가리킨다. 직업적인 문인뿐만 아니라 저작 행위를 하면 누구든지 저작자가 될 수 있다. 자연인으로서의 개인뿐만 아니라 법인도 저작자가 될 수 있다. 그리고 저작물에는 1차적 저작물뿐만 아니라 2차적 저작물도 포함되므로 2차적 저작물의 작성자도 저작자가 될 수 있다. 그러나 저작을 하는 동안 옆에서 도와주었거나 자료를 제공한 사람 등은 저작자가 될 수 없다. 저작자에게 저작권이라는 권리를 부여하여 보호하는 이유는 저작물이 곧 문화 발전의 원동력이 되기 때문이다. 저작물이 많이 나와야 그 사회가 문화적으로 풍요로워질 수 있다. 또 다른 이유는 저작자의 창작 노력에 대해 적절한 보상을 해 줌으로써 창작 행위를 계속할 수 있는 동기를 제공하는 데 있다.

① 저작권은 저작자에게 부여된 독점적 권리로 소유권과 구별된다.

② 남의 것을 베끼더라도 최소한의 창작성을 지닌 저작물이라면 저작권법에 의해 보호받을 수 있다.

③ 소설책을 구매한 사람이 다른 사람에게 책을 빌려줄 수 있는 이유는 책에 대해 물권법이 적용되기 때문이다.

④ 2차적 저작물의 작성자도 저작자가 될 수 있지만, 저작의 과정에서 자료를 제공한 사람은 저작자가 될 수 없다.

⑤ 저작자에게 권리를 부여함으로써 저작자의 지속적인 창작 동기를 유발하고, 사회의 문화 발전에 기여하도록 한다.

08 다음 글의 빈칸에 들어갈 내용으로 가장 적절한 것은?

태양은 지구의 생명체가 살아가는 데 필요한 빛과 열을 공급해 준다. 태양은 이런 막대한 에너지를 어떻게 계속 내놓을 수 있을까?

16세기 이전까지는 태양을 포함한 별들이 지구상의 물질을 이루는 네 가지 원소와 다른, 불변의 '제5원소'로 이루어졌다고 생각했다. 하지만 밝기가 변하는 신성(新星)이 별 가운데 하나라는 사실이 알려지면서 별이 불변이라는 통념은 무너지게 되었다. 또한, 태양의 흑점 활동이 관측되면서 태양 역시 불덩어리일지도 모른다고 생각하기 시작했다. 그 후 섭씨 5,500℃로 가열된 물체에서 노랗게 보이는 빛이 나오는 것을 알게 되면서 유사한 빛을 내는 태양의 온도도 비슷할 것이라고 추측하게 되었다.

19세기에는 에너지 보존 법칙이 확립되면서 새로운 에너지 공급이 없다면 태양의 온도가 점차 낮아져야 한다는 결론을 내렸다. 그렇다면 과거에는 태양의 온도가 훨씬 높았어야 했고, 지구의 바다가 펄펄 끓어야 했을 것이다. 하지만 실제로는 그렇지 않았고, 사람들은 태양의 온도를 일정하게 유지해 주는 에너지원이 무엇인지에 대해 생각하게 되었다.

20세기 초 방사능이 발견되면서 사람들은 방사능 물질의 붕괴에서 나오는 핵분열 에너지를 태양의 에너지원으로 생각하였다. 그러나 태양빛의 스펙트럼을 분석한 결과 태양에는 우라늄 등의 방사능 물질 대신 수소와 헬륨이 있다는 것을 알게 되었다. 즉, 방사능 물질의 붕괴에서 나오는 핵분열 에너지가 태양의 에너지원이 아니었던 것이다.

현재 태양의 에너지원은 수소 원자핵 네 개가 헬륨 원자핵 하나로 융합하는 과정의 질량 결손으로 인해 생기는 핵융합 에너지로 알려져 있다. 태양은 엄청난 양의 수소 기체가 중력에 의해 뭉쳐진 것으로, 그 중심으로 갈수록 밀도와 압력, 온도가 증가한다. 태양에서의 핵융합은 천만℃ 이상의 온도를 유지하는 중심부에서만 일어난다. 원자핵들은 높은 온도와 에너지를 가지게 되며, 그 결과로 원자핵들 사이의 반발력을 극복하고 융합되기에 충분히 가까운 거리로 근접할 수 있기 때문이다. 태양빛이 핵융합을 통해 나온다는 사실은 태양으로부터 온 중성미자가 관측됨으로써 더 확실해졌다.

중심부의 온도가 올라가 핵융합 에너지가 늘어나면 그 에너지로 인한 압력으로 수소를 밖으로 밀어내어 중심부의 밀도와 온도를 낮추게 된다. 이렇게 온도가 낮아지면 방출되는 핵융합 에너지가 줄어들며, 그 결과 압력이 낮아져서 수소가 중심부로 들어오게 되어 중심부의 밀도와 온도를 다시 높인다. 이렇듯 태양 내부에서 중력과 핵융합 반응의 평형상태가 유지되기 때문에 _____ 태양은 이미 50억 년간 빛을 냈고, 앞으로도 50억 년 이상 더 빛날 것이다.

① 태양의 핵융합 에너지가 폭발적으로 증가할 수 있게 된다.
② 태양 외부의 밝기가 내부 상태에 따라 변할 수 있게 된다.
③ 태양이 오랫동안 안정적으로 빛을 낼 수 있게 된다.
④ 태양이 일정한 크기를 유지할 수 있었다.
⑤ 과거와 달리 태양이 일정한 온도를 유지할 수 있게 된다.

09 다음 글에 대한 반론으로 가장 적절한 것은?

세계경제포럼의 일자리 미래 보고서는 기술이 발전함에 따라 향후 5년 간 500만 개 이상의 일자리가 사라질 것으로 경고했다. 실업률이 증가하면 사회적으로 경제적 취약 계층인 저소득층도 늘어나게 되는데, 지금까지는 '최저소득보장제'가 저소득층을 보호하는 역할을 담당해 왔다.

최저소득보장제는 경제적 취약 계층에게 일정 생계비를 보장해 주는 제도로, 이를 실시할 경우 국가는 가구별 총소득에 따라 지원 가구를 선정하고 동일한 최저생계비를 보장해 준다. 가령 최저생계비를 80만 원까지 보장해 주는 국가라면, 총소득이 50만 원인 가구는 국가로부터 30만 원을 지원받아 80만 원을 보장받는 것이다. 국가에서는 이러한 최저생계비의 재원을 마련하기 위해 일정 소득을 넘어선 어느 지점부터 총소득에 대한 세금을 부과하게 된다. 이때 세금이 부과되는 기준 소득을 '면세점'이라 하는데, 총소득이 면세점을 넘는 경우 총소득 전체에 대해 세금이 부과되어 순소득이 총소득보다 줄어들게 된다.

① 저소득층은 실업률과 양의 상관관계를 보인다.

② 소득이 면세점을 넘게 되면 세금으로 인해 순소득이 기존의 소득보다 줄어들 수 있다.

③ 저소득층은 최저소득보장제를 통해 생계유지가 가능하다.

④ 면세점을 기준으로 소득에 대한 세금이 부과된다.

⑤ 국가에서 최저생계비를 보장할 경우 저소득층은 소득을 올리는 것보다 최저생계비를 보장 받는 것이 더 유리하다고 판단할 수 있다.

10 다음 중 빈칸 ㉠, ㉡에 들어갈 접속 부사를 순서대로 바르게 나열한 것은?

도덕적 명분관은 인간의 모든 행위에 대해 인간의 본성에 근거하는 도덕적 정당성의 기준을 제시함으로써 개인의 정의감이나 용기를 뒷받침한다. 즉, 불의에 대한 비판 의식이라든가 타협을 거부하는 선비의 강직한 정신 같은 것이 바로 그것인데, 이는 우리 사회를 도덕적으로 건전하게 이끌어 오는 데 기여하였다. 또한 사회적 행위에 적용되는 도덕적 명분은 공동체의 정당성을 확고하게 하여 사회를 통합하는 데 기여해 왔다. ___㉠___ 자신의 정당성에 대한 신념이 지나친 나머지 경직된 비판 의식을 발휘하게 되면 사회적 긴장과 분열을 초래할 수도 있다. ___㉡___ 조선 후기의 당쟁(黨爭)은 경직된 명분론의 대립으로 말미암아 심화한 측면이 있는 것이다.

① 게다가, 예컨대   ② 그리고, 왜냐하면

③ 하지만, 그리고   ④ 그러나, 예컨대

⑤ 또한, 반면에

※ 다음은 북극항로 개척에 대한 찬반토론의 모습이다. 이어지는 질문에 답하시오. [11~12]

사회자 : 안녕하세요. 이번 시간에는 지구온난화로 인해 빙하가 녹으면서 생긴 북극의 뱃길, 북극항로의 개발에 대해 찬반토론을 진행해 보도록 하겠습니다. 우선 찬성 측 입론해 주시기 바랍니다.

찬성 측 : 저희는 북극항로 개발에 찬성합니다. 그 이유로는 첫째, 북극항로가 아시아와 유럽을 잇는 최단거리 항로로서 작용할 수 있기 때문입니다. 현재 네덜란드의 로테르담에서 우리나라의 부산까지는 뱃길로 약 2만 2천 킬로미터를 가야 합니다. 하지만 북극항로가 개발된다면 부산과 로테르담 간의 항로가 약 1만 5천 킬로미터로 줄어들게 됩니다. 이는 화물 운송비의 30%가 절감되는 효과를 가져올 수 있을 것입니다.
둘째, 북극항로 주변에는 엄청난 양의 자원들이 매장되어 있어서 경제성이 높습니다. 미국지질조사국에 따르면 북극항로에는 석유 약 900억 배럴과 천연가스 약 1,600조 세제곱피트가 있다고 추정되고 있습니다. 석유 1배럴당 한화로 약 10만 원, 천연가스는 1세제곱피트당 한화로 약 1만 4천 원임을 감안한다면 이는 경제적으로 매우 놀라운 수치가 아닐 수 없습니다.
셋째, 최근 침체되고 있는 국내 조선업계가 성장할 수 있는 기반이 되기 때문입니다. 북극항로 개발이 추진되면서 항로 개척을 위한 쇄빙선과 해상 구조물 등의 발주 그리고 한국 조선업체들의 수주가 늘어나고 있습니다. 기계 시설을 짓는 플랜트 사업과 운송업, 조선업, 철강업 등에 이미 한국의 여러 기업이 뛰어들어 총력을 기울이는 중입니다. 게다가 한국해양수산개발원 전문가의 의견에 따르면 북극 개발과 관련해 해저 구조물인 해양플랫폼 시장이 2013년부터 2018년 사이에 무려 68억 달러, 한화로 약 7조 7천억 원 정도로 추정되는 만큼 북극항로 개발은 국내의 관련 업계에 동력을 불어넣을 것으로 예상됩니다.

사회자 : 다음으로 반대 측 입론해 주시기 바랍니다.

반대 측 : 저희는 북극항로 개발에 반대합니다. 우선 첫째, 너무 많은 비용이 들기 때문입니다. 여러분도 아시겠지만 북극 지역은 살기 힘든 극한 기후에 속합니다. 이러한 북극에 자원을 개발하기 위해 구조물과 운송설비, 특수해양장비를 마련한다면 얼마나 많은 비용이 들까요? 미국의 한 석유화학기업은 유빙을 피하기 위해서 1억 달러의 쇄빙선 2척을 준비했는데, 하루 운용비가 무려 5만 달러에 육박한다고 합니다. 또한 네덜란드의 한 정유회사는 북극해에 시추 하나를 위해 무려 45억 달러를 지출했다고 합니다. 해외의 많은 기업이 이러한 높은 비용의 장벽에 막혀 북극항로 개발을 포기하는 상황입니다.
둘째, 북극항로 개발로 얻는 소득이 적기 때문입니다. 현재 북극항로는 3 ~ 4개월 남짓한 짧은 해빙기에만 이용할 수 있으며 수심이 12m 밖에 되지 않아 대형 선박의 이용이 불가능합니다. 게다가 기후가 나빠 화물이 자칫 변질될 위험이 크기 때문에 북극항로 개발을 통한 소득은 매우 제한적이라고 볼 수 있습니다.
셋째, 환경 파괴를 가속화시킬 수 있기 때문입니다. 북극항로 개발은 북극의 생물 종을 감소시키고 어업 환경을 변화시킬 것입니다. 나아가 해수면 상승으로 이어져 저지대가 침몰되는 사태가 초래될 수도 있습니다. 이미 캐나다의 순록 수가 상당히 감소했으며, 물고기의 개체수가 적어졌습니다. 게다가 멕시코와 런던의 해안지대, 몰디브 등은 침수 위기에 놓여 있으며, 러시아 북부 일부 원주민들은 목초지가 침수되어 주거지를 이동하기도 했습니다. 이러한 위험이 예상되고 있는데도 불구하고 북극항로를 개발해야 할까요?

11 다음 중 토론에서 나타나는 서술상 특징으로 적절하지 않은 것은?

① 찬성 측은 전문가의 의견을 인용하여 주장을 뒷받침하고 있다.

② 반대 측은 설의법을 통해 자신의 주장을 강조하고 있다.

③ 찬성 측은 구체적인 수치를 제시하여 주장을 뒷받침하고 있다.

④ 반대 측은 자신의 경험을 토대로 주장을 뒷받침하고 있다.

⑤ 양 측 모두 주장에 대한 구체적인 근거를 제시하고 있다.

12 다음 중 윗글의 대화를 읽고 이해한 내용으로 가장 적절한 것은?

① 북극항로는 1년 내내 이용할 수 있다.

② 북극항로 개발에 한국의 여러 기업이 뛰어들 예정이다.

③ 북극항로는 매장된 자원들을 볼 때 경제성이 매우 높다.

④ 해외의 많은 기업이 높은 개발 비용에도 불구하고 북극항로 개발에 적극 나서고 있다.

⑤ 북극항로 개발은 저지대를 넓히는 계기가 될 수 있다.

13 다음 글의 내용으로 적절하지 않은 것은?

뇌 안에서 어떤 일이 일어나고 있는지를 어떻게 알 수 있을까? 뇌를 연구하는 과학자들조차 뇌 안에서 일어나고 있는 활동을 육안으로 볼 수는 없다. 성능 좋은 현미경으로도 볼 수 없는 살아있는 인간의 뇌 활동을 들여다보는 기술이 바로 뇌 영상 기술이다. 1970년대에 개발된 CT를 시초로 하여 PET, MRI, fMRI 등 다양한 뇌 영상 기술이 연달아 등장하였다.

CT(컴퓨터 단층 촬영)는 인체 내부 장기마다 X선을 투과하는 양이 다르다는 성질을 이용하여 인체 내부 단면을 촬영하는 장치이다. CT는 X선 발생 장치가 설치된 도넛형의 기계가 돌아가면서 X-ray를 여러 번 찍은 후 그 영상들을 조합하여 컴퓨터상에 인체의 횡단면에 해당하는 하나의 영상을 만들어 낸다. 15초 정도면 영상 자료를 얻을 수 있기 때문에 응급 환자의 진단을 위해 주로 활용한다. 또한 X선을 통해 혈액 등을 구별할 수 있기 때문에 뇌출혈 등의 진단에도 활용할 수 있다. 하지만 뇌가 어떻게 작용하고 있는지는 볼 수 없다.

CT 이후 방사성 의약품을 이용해 인체의 생화학적 상태를 3차원 영상으로 나타낼 수 있는 PET(양전자 단층 촬영술)가 등장하였다. 방사성 포도당은 특수 카메라나 스캐너로 볼 수 있는 양전자를 방사하기 때문에 소량의 방사성 포도당을 환자의 몸에 주입한 후 뇌의 뉴런들이 포도당을 이용하는 상황을 PET로 찍는다. 이 기술은 우리 뇌가 포도당과 산소를 원료로 이용한다는 것을 고려한 것으로, 뇌 활동이 활발한 곳은 붉은색으로, 별로 활발하지 않은 곳은 파란색으로 나타난다. PET는 신체의 생화학적 변화를 탐지할 수 있기 때문에 뇌종양, 뇌 신경계 질환 등의 조기 진단에 활용되고, 암세포가 정상 세포보다 포도당을 많이 흡수하는 성질을 이용하여 방사성 포도당이 많이 모인 곳을 찾음으로써 암의 위치를 발견하는 데도 쓰인다.

CT와 PET가 방사선을 이용한 기술이라는 점과 달리 MRI(자기공명 영상 장치)는 고주파에 의해 몸속의 특정 원소인 수소 원자핵을 공명시켜 각 조직에서 나오는 신호를 디지털 정보로 변환하여 영상을 구현하는 장치이다. MRI는 엄청난 자력을 이용하여 환자의 몸 주변에 자기장을 만들고, 전자파를 환자에게 발사한다. 작은 자석처럼 활동하는 몸의 원자들이 MRI 전자파에 부딪혀 자체의 파동을 생성하면 MRI는 그 파동을 측정하고 컴퓨터를 통해 이를 사진으로 변환한다. 이 장치는 좁은 터널에 들어가야 하므로 폐소공포증이 있는 환자에게는 사용할 수 없지만, 해상도가 뛰어나기 때문에 뇌 신경계 질환을 진단하기에 효율적이다.

MRI는 CT와 달리 횡단면, 종단면, 측면, 사면 등 3차원 영상을 제공한다. 하지만 자기장을 사용하는 기술이므로 심장 박동기나 치아 보철물 등 자기장을 형성할 수 있는 인공 장치가 있는 사람은 이용할 수가 없다. 기능성 MRI인 fMRI는 뇌가 활동이 많은 부위일수록 많은 산소가 필요하다는 것을 활용하여 뇌 혈류 속의 산소 수준을 반복 측정하여 뇌의 기능적 활성화 부위를 표시하는 방식으로 뇌 영상을 구현한다. 환자에게 어떤 이미지를 제시한 후 인지 과제를 수행할 때의 뇌 활성과 그렇지 않을 때의 뇌 활성을 비교함으로써 특정한 행위나 의식과 연관된 뇌 부위를 찾아 이를 뇌 단면의 해부 구조를 나타내는 영상 위에 색채로 표시해 주는 방식이다.

지난 20여 년 동안 급격히 발전해 온 뇌 영상 기술은 인간에게 뇌에 대한 풍부한 정보를 제공해주었을 뿐만 아니라 뇌출혈, 뇌경색, 뇌종양 등 그간 속수무책이었던 질병을 치료할 수 있게 해주었다. 또한 인지과학이나 심리학의 영역에서는 최근의 뇌 영상 기술이 전통적인 방법보다 인간의 마음과 행동을 이해하는 좀 더 정확한 방법으로 인정되고 있다. 법학 분야에서는 뇌 영상 자료가 법정에서 증거 능력이 있는 것으로 여겨져야 한다는 주장이 활발하게 제기되고 있다. 기존의 거짓말 탐지기보다 훨씬 정확한 결과를 보증하기 때문이다.

① 뇌 영상 기술은 환자의 상태에 따라 선택적으로 활용한다.
② 뇌 영상 기술은 CT를 시초로 하여 여러 종류의 기술이 등장하였다.
③ 뇌 영상 기술의 급격한 발전으로 뇌에 대한 풍부한 정보를 얻게 되었다.
④ 뇌 영상 기술은 뇌 질환을 치료하기 위해 X선이나 전자파 등을 사용한다.
⑤ 뇌 영상 기술은 인지과학이나 심리학 영역의 발전에 영향을 미칠 수 있다.

14 다음 글을 토대로 판단할 때, 〈보기〉에서 적절한 것을 모두 고르면?

하와이 원주민들이 사용하던 토속어는 1898년 하와이가 미국에 병합된 후 미국이 하와이 학생들에게 사용을 금지하면서 급격히 소멸되었다. 그러나 하와이 원주민들이 소멸한 토속어를 부활시키기 위해 1983년 '아하 푸나나 레오'라는 기구를 설립하여 취학 전 아동부터 중학생까지의 원주민들을 대상으로 집중적으로 토속어를 교육한 결과 언어 복원에 성공했다.

한편, 언어의 다양성을 지키려는 노력뿐만 아니라 언어의 통일성을 추구하려는 노력도 있었다. 안과의사였던 자멘호프는 유태인, 폴란드인, 독일인, 러시아인들이 서로 다른 언어를 사용함으로써 갈등과 불화가 생긴다고 판단하고 예외와 불규칙이 없는 문법과 알기 쉬운 어휘에 기초해 국제공통어 에스페란토를 만들어 1887년 발표했다. 그의 구상은 '1민족 2언어주의'에 입각하여 같은 민족끼리는 모국어를, 다른 민족과는 중립적이고 배우기 쉬운 에스페란토를 사용하자는 것이었다.

에스페란토의 문자는 영어 알파벳 26개 문자에서 Q, X, W, Y의 4개 문자를 빼고 영어 알파벳에는 없는 Ĉ, Ĝ, Ĥ, Ĵ, Ŝ, Ŭ의 6개 문자를 추가하여 만들어졌다. 문법의 경우 가급적 불규칙 변화를 없애고 각 어간에 품사 고유의 어미를 붙여 명사는 −o, 형용사는 −a, 부사는 −e, 동사원형은 −i로 끝낸다. 예를 들어 '사랑'은 amo, '사랑의'는 ama, '사랑으로'는 ame, '사랑하다'는 ami이다. 시제의 경우 어간에 과거형은 −is, 현재형은 −as, 미래형은 −os를 붙여 표현한다.

또한, 1자 1음의 원칙에 따라 하나의 문자는 하나의 소리만을 내고, 소리 나지 않는 문자도 없으며, 단어의 강세는 항상 뒤에서 두 번째 모음에 있기 때문에 사전 없이도 쉽게 읽을 수 있다. 특정한 의미를 갖는 접두사와 접미사를 활용하여 많은 단어를 파생시켜 사용하므로 단어 암기를 위한 노력이 크게 줄어드는 것도 중요한 특징이다. 아버지는 patro, 어머니는 patrino, 장인은 bopatro, 장모는 bopatrino인 것이 그 예이다.

※ 에스페란토에서 모음은 A, E, I, O, U이며 반모음은 Ŭ이다.

> **보기**
>
> ㄱ. 에스페란토의 문자는 모두 28개로 만들어졌다.
> ㄴ. 미래형인 '사랑할 것이다.'는 에스페란토로 amios이다.
> ㄷ. '어머니'와 '장모'를 에스페란토로 말할 때 강세가 있는 모음은 같다.
> ㄹ. 자멘호프의 구상에 따르면 동일한 언어를 사용하는 하와이 원주민끼리도 에스페란토만을 써야 한다.

① ㄱ, ㄷ
② ㄱ, ㄹ
③ ㄴ, ㄹ
④ ㄱ, ㄴ, ㄷ
⑤ ㄴ, ㄷ, ㄹ

변혁적 리더십은 리더가 조직 구성원의 사기를 고양하기 위해 미래의 비전과 공동체적 사명감을 강조하고, 이를 통해 조직의 장기적 목표를 달성하는 것을 핵심으로 한다. 거래적 리더십이 협상과 교환을 통해 구성원의 동기를 부여한다면, 변혁적 리더십은 구성원의 변화를 통해 동기를 부여하고자 한다. 또한 거래적 리더십은 합리적 사고와 이성에 호소하는 반면, 변혁적 리더십은 감정과 정서에 호소하는 측면이 크다.

이러한 변혁적 리더십은 조직의 합병을 주도하고 신규 부서를 만들어 내며, 조직문화를 창출해 내는 등 조직 변혁을 주도하고 관리한다. 따라서 오늘날 급변하는 환경과 조직의 실정에 적합한 리더십 유형으로 주목받고 있다. 변혁적 리더는 주어진 목적의 중요성과 의미에 대한 구성원의 인식 수준을 제고시키고, 개인적 이익을 넘어서 구성원 자신과 조직 전체의 이익을 위해 일하도록 만든다. 그리고 구성원의 욕구 수준을 상위 수준으로 끌어올림으로써 구성원을 근본적으로 변혁시킨다. 즉, 거래적 리더십을 발휘하는 리더는 구성원에게서 기대되었던 성과만을 얻어내지만, 변혁적 리더는 ＿＿＿＿＿＿＿＿＿＿＿＿

변혁적 리더가 변화를 이끌어내는 전문적 방법의 하나는 카리스마와 긍정적인 행동 양식을 보여주는 것이다. 이를 통해 리더는 구성원들의 신뢰와 충성심을 얻을 수 있다. 조직의 비전을 구체화하여 알려주고 어떻게 목표를 달성할 것인지를 설명해 주거나 높은 윤리적 기준으로 모범이 되는 것도 좋은 방법이 된다.

지속적으로 구성원의 동기를 부여하는 것도 매우 중요하다. 팀워크를 장려하고, 조직의 비전을 구체화하여 개인의 일상 업무에도 의미를 부여할 수 있도록 해야 한다. 변혁적 리더는 구성원이 조직의 중요한 부분이 될 수 있도록 노력하게 만드는 데에 초점을 둔다. 따라서 높지만 달성 가능한 목표를 세워 구성원의 생산력을 향상시키고, 구성원에게는 성취 경험을 제공하여 그들이 계속 성장할 수 있도록 만들어야 한다.

현재 상황에 대한 의문은 새로운 변화를 일어나게 한다. 변혁적 리더는 구성원들의 지적 자극을 불러일으켜 조직의 이슈에 대해 적극적으로 관심을 갖도록 만들며, 이를 통해서 참신한 아이디어와 긍정적인 변화가 일어날 수 있도록 한다.

변혁적 리더는 개개인의 관점을 소홀히 생각하지 않는다. 각각의 구성원들을 독특한 재능, 기술 등을 보유한 독립된 개인으로 인지한다. 리더가 구성원들을 개개인으로 인지하게 되면 그들의 능력에 적합한 역할을 부여할 수 있으며, 구성원들 역시 개인적인 목표를 용이하게 달성할 수 있게 된다. 따라서 리더는 각 구성원의 소리에 귀 기울이고, 구성원 개개인에게 관심을 표현해야 한다.

15 다음 중 윗글의 빈칸에 들어갈 내용으로 가장 적절한 것은?

① 개개인의 성과를 얻어낼 수 있다.

② 구체적인 성과를 얻어낼 수 있다.

③ 기대 이상의 성과를 얻어낼 수 있다.

④ 참신한 아이디어도 함께 얻어낼 수 있다.

⑤ 구성원들의 신뢰도 함께 얻어낼 수 있다.

16 다음 중 윗글의 내용으로 적절하지 않은 것은?

① 변혁적 리더는 구성원의 합리적 사고와 이성에 호소한다.

② 변혁적 리더는 구성원의 변화를 통해 동기를 부여하고자 한다.

③ 변혁적 리더는 구성원이 자신과 조직 전체의 이익을 위해 일하도록 한다.

④ 변혁적 리더는 구성원에게 카리스마와 긍정적 행동 양식을 보여준다.

⑤ 변혁적 리더는 구성원 개개인에게 관심을 표현한다.

17 다음 중 띄어쓰기가 옳지 않은 것은?

① 나는 책을 읽어도 보고 했으나 머릿속에 들어오지 않았다.

② "어디, 나한테 덤벼들어 봐라!"

③ 신발이 그만 물에 떠내려가 버렸다.

④ 하늘을 보니 비가 올듯도 하다.

⑤ 넌 오늘 쉬는 게 좋을 것 같다.

18 다음 글을 통해 추론할 수 없는 것은?

> 공유와 경제가 합쳐진 공유경제는 다양한 맥락에서 정의되는 용어이지만, 공유경제라는 개념은 '소유권 (Ownership)'보다는 '접근권(Accessibility)'에 기반을 둔 경제모델을 의미한다. 전통경제에서는 생산을 담당하는 기업들이 상품이나 서비스를 생산하기 위해서 원료, 부품, 장비 등을 사거나 인력을 고용했던 것과 달리, 공유경제에서는 기업뿐만 아니라 개인들도 자산이나 제품이 제공하는 서비스에 대한 접근권의 거래를 통해서 자원을 효율적으로 활용하여 가치를 창출할 수 있다. 소유권의 거래에 기반한 기존 자본주의 시장경제와는 다른 새로운 게임의 법칙이 대두한 것이다.
> 공유경제에서는 온라인 플랫폼이라는 조직화된 가상공간을 통해서 접근권의 거래가 이루어진다. 온라인 플랫폼은 인터넷의 연결성을 기반으로 유휴자산(遊休資産)을 보유하거나 필요로 하는 수많은 소비자와 공급자가 모여서 소통할 수 있는 기반이 된다. 다양한 선호를 가진 이용자들이 거래 상대를 찾는 작업을 사람이 일일이 처리하는 것은 불가능한 일인데, 공유경제 기업들은 고도의 알고리즘을 이용하여 검색, 매칭, 모니터링 등의 거래 과정을 자동화하여 처리한다.
> 공유경제에서 거래되는 유휴자산의 종류는 자동차나 주택에 국한되지 않는다. 개인이나 기업들이 소유한 물적 · 금전적 · 지적 자산에 대한 접근권을 온라인 플랫폼을 통해서 거래할 수만 있다면 거의 모든 자산의 거래가 공유경제의 일환이 될 수 있다. 가구, 가전 등의 내구재, 사무실, 공연장, 운동장 등의 물리적 공간, 전문가나 기술자의 지식, 개인들의 여유 시간이나 여유 자금 등이 모두 접근권 거래의 대상이 될 수 있다.

① 기존의 시장경제는 접근권(Accessibility)보다 소유권(Ownership)에 기반을 두었다.

② 공유경제의 등장에는 인터넷의 발달이 중요한 역할을 하였다.

③ 인터넷 등장 이전에는 이용자와 그에 맞는 거래 상대를 찾는 작업을 일일이 처리할 수 없었다.

④ 공유경제에서는 온라인 플랫폼을 통해 거의 모든 자산에 대한 접근권(Accessibility)을 거래할 수 있다.

⑤ 온라인 플랫폼을 통해 자신이 타던 자동차를 판매하여 소유권을 이전하는 것도 공유경제의 일환이 될 수 있다.

※ 다음 글을 읽고 이어지는 질문에 답하시오. [19~20]

채권은 사업에 필요한 자금을 조달하기 위해 발행하는 유가 증권으로, 국채나 회사채 등 발행 주체에 따라 그 종류가 다양하다. 채권의 액면금액, 액면이자율, 만기일 등의 지급 조건은 채권 발행 시 정해지며, 채권 소유자는 매입 후에 정기적으로 이자액을 받고, 만기일에는 마지막 이자액과 액면금액을 지급 받는다. 이때 이자액은 액면이자율을 액면 가액에 곱한 것으로 대개 연 단위로 지급된다. 채권은 만기일 전에 거래되기도 하는데, 이때 채권 가격은 현재가치, 만기, 지급 불능 위험 등 여러 요인에 따라 결정된다.

채권 투자자는 정기적으로 받게 될 이자액과 액면금액을 각각 현재 시점에서 평가한 값들의 합계인 채권의 현재가치 에서 채권의 매입가격을 뺀 순수익의 크기를 따진다. 채권 보유로 미래에 받을 수 있는 금액을 현재가치로 환산하여 평가할 때는 금리를 반영한다. 가령 금리가 연 10%이고, 내년에 지급받게 될 금액이 110원이라면, 110원의 현재가 치는 100원이다. 즉 금리는 현재가치에 반대 방향으로 영향을 준다. _____ 금리가 상승하면 채권의 현재가치가 하락하게 되고 이에 따라 채권의 가격도 하락하게 되는 결과로 이어진다. 이처럼 수시로 변동되는 시중 금리는 현재 가치의 평가 구조상 채권 가격의 변동에 영향을 주는 요인이 된다.

채권의 매입 시점부터 만기일까지의 기간인 만기도 채권의 가격에 영향을 준다. 일반적으로 다른 지급 조건이 동일 하다면 만기가 긴 채권일수록 가격은 금리 변화에 더 민감하므로 가격 변동의 위험이 크다. 채권은 발행된 이후에는 만기가 짧아지므로 만기일이 다가올수록 채권 가격은 금리 변화에 덜 민감해진다. 따라서 투자자들은 만기가 긴 채 권일수록 높은 순수익을 기대하므로 액면이자율이 더 높은 채권을 선호한다.

또 액면금액과 이자액을 약정된 일자에 지급할 수 없는 지급 불능 위험도 채권 가격에 영향을 준다. 예를 들어 채권 을 발행한 기업의 경영 환경이 악화될 경우, 그 기업은 지급 능력이 떨어질 수 있다. 이런 채권에 투자하는 사람들은 위험을 감수해야 하므로 이에 대한 보상을 요구하게 되고, 이에 따라 채권 가격은 상대적으로 낮게 형성된다.

한편 채권은 서로 대체가 가능한 금융 자산의 하나이기 때문에, 다른 자산 시장의 상황에 따라 가격에 영향을 받기도 한다. 가령 주식 시장이 호황이어서 주식 투자를 통한 수익이 커지면 상대적으로 채권에 대한 수요가 줄어 채권 가격 이 하락할 수도 있다.

19 다음 중 채권 가격이 높아지는 조건으로 적절하지 않은 것은?

① 시중금리가 낮아진다.
② 주식 시장이 불황을 겪는다.
③ 채권을 발행한 기업의 경영 환경이 악화된다.
④ 주식 투자를 통한 수익이 작아진다.
⑤ 채권의 현재 가치가 높아진다.

20 다음 중 윗글의 빈칸에 들어갈 접속 부사로 가장 적절한 것은?

① 따라서   ② 하지만
③ 또한   ④ 게다가
⑤ 그러나

※ 유통업체인 K사는 유통대상의 정보에 따라 12자리로 구성된 분류코드를 부여하여 관리하고 있다. 이어지는 질문에 답하시오. [21~22]

〈분류코드 생성 방법〉

- 분류코드는 한 개 상품당 하나가 부과된다.
- 분류코드는 '발송코드 – 배송코드 – 보관코드 – 운송코드 – 서비스코드' 순서대로 연속된 12자리 숫자로 구성되어 있다.
- 발송지역

발송지역	발송코드	발송지역	발송코드	발송지역	발송코드
수도권	a1	강원	a2	경상	b1
전라	b2	충청	c4	제주	t1
기타	k9	–	–	–	–

※ 수도권은 서울, 경기, 인천 지역임

- 배송지역

배송지역	배송코드	배송지역	배송코드	배송지역	배송코드
서울	011	인천	012	강원	021
경기	103	충남	022	충북	203
경남	240	경북	304	전남	350
전북	038	제주	040	광주	042
대구	051	부산	053	울산	062
대전	071	세종	708	기타	009

- 보관구분

보관품목	보관코드	보관품목	보관코드	보관품목	보관코드
냉동	FZ	냉장	RF	파손주의	FG
고가품	HP	일반	GN	–	–

- 운송수단

운송수단	운송코드	운송수단	운송코드	운송수단	운송코드
5톤 트럭	105	15톤 트럭	115	30톤 트럭	130
항공 운송	247	열차 수송	383	기타	473

- 서비스 종류

배송서비스	서비스코드	배송서비스	서비스코드	배송서비스	서비스코드
당일 배송	01	지정일 배송	02	일반 배송	10

21 다음 분류코드에서 확인할 수 있는 정보로 적절하지 않은 것은?

c4304HP11501

① 해당 제품은 충청지역에서 발송되어 경북지역으로 배송되는 제품이다.
② 냉장보관이 필요한 제품이다.
③ 15톤 트럭에 의해 배송될 제품이다.
④ 당일 배송 서비스가 적용된 제품이다.
⑤ 해당 제품은 고가품이다.

22 다음 정보를 근거로 할 때, 제품 A에 적용될 분류코드로 가장 적절한 것은?

〈정보〉
• 제품 A는 K사가 7월 5일에 경기도에서 울산지역에 위치한 구매자에게 발송한 제품이다.
• 수산품인 만큼 냉동보관이 필요하며, 발송자는 택배 도착일을 7월 7일로 지정하였다.
• 제품 A는 5톤 트럭을 이용해 배송된다.

① k9062RF10510
② a1062FZ10502
③ a1062FZ11502
④ a1103FZ10501
⑤ a1102FZ10502

23 우주인 선발에 지원한 A ~ G 7명 중에서 2명이 선발되었다. 누가 선발되었는가에 대하여 5명이 다음과 같이 진술하였고 이 중 3명의 진술만 옳을 때, 반드시 선발된 사람은?

• A, B, G는 모두 탈락하였다.
• E, F, G는 모두 탈락하였다.
• C와 G 중에서 1명만 선발되었다.
• A, B, C, D 중에서 1명만 선발되었다.
• B, C, D 중에서 1명만 선발되었고, D, E, F 중에서 1명만 선발되었다.

① A
② B
③ D
④ E
⑤ G

24 경제학과, 물리학과, 통계학과, 지리학과 학생인 A ~ D는 검은색, 빨간색, 흰색의 세 가지 색 중 적어도 한 가지 이상의 색을 좋아한다. 다음 〈조건〉에 따라 항상 참인 것은?

- 경제학과 학생은 검은색과 빨간색만 좋아한다.
- 경제학과 학생과 물리학과 학생은 좋아하는 색이 서로 다르다.
- 통계학과 학생은 빨간색만 좋아한다.
- 지리학과 학생은 물리학과 학생과 통계학과 학생이 좋아하는 색만 좋아한다.
- C는 검은색을 좋아하고, B는 빨간색을 좋아하지 않는다.

① A는 통계학과이다.
② B는 물리학과이다.
③ C는 지리학과이다.
④ D는 경제학과이다.
⑤ B와 C는 빨간색을 좋아한다.

25 다음은 K도서관의 도서 대여건수에 대하여 일정기간 동안 작성한 자료이다. 이에 대한 설명으로 옳지 않은 것은?

〈도서 대여건수〉

(단위 : 건)

구분	비소설		소설	
	남자	여자	남자	여자
40세 미만	520	380	450	600
40세 이상	320	400	240	460

① 소설의 전체 대여건수가 비소설의 전체 대여건수보다 많다.
② 40세 미만보다 40세 이상이 대여건수가 더 적다.
③ 소설을 대여한 남자의 수가 소설을 대여한 여자의 수의 70% 이상이다.
④ 전체 40세 미만 대여 수에서 비소설 대여 수가 차지하는 비율은 40% 이상이다.
⑤ 전체 40세 이상 대여 수에서 소설 대여 수가 차지하는 비율은 50% 미만이다.

26 다음은 분식점에 대한 SWOT 분석 결과이다. 이에 대한 대응 방안으로 옳은 것은?

S(강점)	W(약점)
• 좋은 품질의 재료만 사용함 • 청결하고 차별화된 이미지	• 타 분식점에 비해 한정된 메뉴 • 배달서비스를 제공하지 않음
O(기회)	T(위협)
• 분식점 앞에 곧 학교가 들어설 예정임 • 최근 TV프로그램 섭외 요청을 받음	• 프랜차이즈 분식점들로 포화상태임 • 저렴한 길거리 음식으로 취급하는 경향이 있음

① ST전략 : 비싼 재료들을 사용하여 가격을 올려 저렴한 길거리 음식이라는 인식을 바꾼다.

② WT전략 : 다른 분식점들과 차별화된 전략을 유지하기 위해 배달서비스를 시작한다.

③ SO전략 : TV프로그램에 출연해 좋은 품질의 재료만 사용한다는 점을 부각시킨다.

④ WO전략 : TV프로그램 출연용으로 다양한 메뉴를 일시적으로 개발한다.

⑤ WT전략 : 포화상태의 시장에서 살아남기 위해 다른 가게보다 저렴한 가격으로 판매한다.

27 윗마을에 사는 남자는 진실만 말하고 여자는 거짓말만 한다. 반대로 아랫마을에 사는 남자는 거짓말만 하고 여자는 진실만 말한다. 윗마을 사람 두 명과 아랫마을 사람 두 명이 다음과 같이 대화하고 있을 때, 반드시 참인 것은?

> 갑 : 나는 아랫마을에 살아.
> 을 : 나는 아랫마을에 살아. 갑은 남자야.
> 병 : 을은 아랫마을에 살아. 을은 남자야.
> 정 : 을은 윗마을에 살아. 병은 윗마을에 살아.

① 갑은 윗마을에 산다.

② 갑과 을은 같은 마을에 산다.

③ 을과 병은 다른 마을에 산다.

④ 을, 병, 정 가운데 둘은 아랫마을에 산다.

⑤ 이 대화에 참여하고 있는 이들은 모두 여자이다.

28 국내 금융그룹의 SWOT 분석 결과가 다음과 같을 때, 이에 대응하는 전략과 그 내용을 바르게 연결한 것은?

S(강점)	W(약점)
• 탄탄한 국내 시장 지배력 • 뛰어난 위기관리 역량 • 우수한 자산건전성 지표 • 수준 높은 금융 서비스	• 은행과 이자수익에 편중된 수익구조 • 취약한 해외 비즈니스와 글로벌 경쟁력 • 낙하산식 경영진 교체와 관치금융 우려 • 외화 자금 조달 리스크
O(기회)	T(위협)
• 해외 금융시장 진출 확대 • 기술 발달에 따른 핀테크의 등장 • IT 인프라를 활용한 새로운 수익 창출 • 계열사 간 협업을 통한 금융 서비스	• 새로운 금융 서비스의 등장 • 은행의 영향력 약화 가속화 • 글로벌 금융사와의 경쟁 심화 • 비용 합리화에 따른 고객 신뢰 저하

① SO전략 : 해외 비즈니스TF팀 신설로 상반기 해외 금융시장 진출 대비
② ST전략 : 금융 서비스를 다방면으로 확대해 글로벌 경쟁사와의 경쟁에서 우위 차지
③ WO전략 : 국내의 탄탄한 시장점유율을 기반으로 핀테크 사업 진출
④ WT전략 : 국내금융사의 우수한 자산건전성 지표를 홍보하여 고객 신뢰 회복
⑤ WT전략 : 해외 금융시장 진출을 확대하여 안정적인 외화 자금 조달을 통한 위기관리

29 환경부의 인사실무 담당자는 환경정책과 관련된 특별위원회를 구성하는 과정에서 외부 환경전문가를 위촉하려 한다. 현재 거론되고 있는 외부 환경전문가는 A ~ F 6명으로, 인사실무 담당자는 다음 〈조건〉에 따라 외부 환경전문가를 위촉해야 한다. 만약 B가 위촉되지 않는다면, 총 몇 명의 환경전문가가 위촉되는가?

> **조건**
> • A가 위촉되면, B와 C도 위촉되어야 한다.
> • A가 위촉되지 않는다면, D가 위촉되어야 한다.
> • B가 위촉되지 않는다면, C나 E가 위촉되어야 한다.
> • C와 E가 위촉되면, D는 위촉되지 않는다.
> • D나 E가 위촉되면, F도 위촉되어야 한다.

① 1명
② 2명
③ 3명
④ 4명
⑤ 5명

30 K회사는 창립 10주년을 맞이하여 전 직원 단합대회를 준비하고 있다. 이를 위해 사장 P는 여행상품 중 한 가지를 직원 투표 결과를 통해 결정하려고 한다. 직원 투표 결과와 여행지별 1인당 경비가 다음과 같고 행사를 위한 부서별 고려사항을 참고하여 선택할 때, 〈보기〉에서 옳은 것을 모두 고르면?

〈직원 투표 결과〉

상품내용		투표 결과(표)					
상품명	1인당 비용(원)	총무팀	영업팀	개발팀	홍보팀	공장1	공장2
A	500,000	2	1	2	0	15	6
B	750,000	1	2	1	1	20	5
C	600,000	3	1	0	1	10	4
D	1,000,000	3	4	2	1	30	10
E	850,000	1	2	0	2	5	5

〈여행 상품별 혜택 정리〉

상품명	날짜	장소	식사제공	차량지원	편의시설	체험시설
A	5/10 ~ 5/11	해변	○	○	×	×
B	5/10 ~ 5/11	해변	○	○	○	×
C	6/7 ~ 6/8	호수	○	○	○	×
D	6/15 ~ 6/17	도심	○	×	○	○
E	7/10 ~ 7/13	해변	○	○	○	×

〈부서별 고려사항〉

- 총무팀 : 행사 시 차량 지원 가능함
- 영업팀 : 6월 초순에 해외 바이어와 가격 협상 회의 일정 있음
- 공장1 : 3일 연속 공장 비가동 시 품질 저하 예상됨
- 공장2 : 7월 중순 공장 이전 계획 있음

> **보기**
>
> ㄱ. 필요한 여행 상품 비용은 총 1억 500만 원이 필요하다.
> ㄴ. 투표 결과, 가장 인기가 좋은 여행 상품은 B이다.
> ㄷ. 공장1의 A, B 투표 결과가 바뀐다면 여행 상품 선택은 변경된다.

① ㄱ
② ㄱ, ㄴ
③ ㄱ, ㄷ
④ ㄴ, ㄷ
⑤ ㄱ, ㄴ, ㄷ

31 다음 SWOT 분석 결과를 참고하여 섬유 산업이 발전할 수 있는 방안으로 적절한 것을 〈보기〉에서 모두 고르면?

강점(Strength)	약점(Weakness)
• 빠른 제품 개발 시스템	• 기능 인력 부족 심화 • 인건비 상승
기회(Opportunity)	위협(Threat)
• 한류의 영향으로 한국 제품 선호 • 국내 기업의 첨단 소재 개발 성공	• 외국산 저가 제품 공세 강화 • 선진국의 기술 보호주의

> **보기**
>
> ㄱ. 한류 배우를 모델로 브랜드 홍보 전략을 추진한다.
> ㄴ. 단순 노동 집약적인 소품종 대량 생산 체제를 갖춘다.
> ㄷ. 소비자 기호를 빠르게 분석하여 제품 생산에 반영한다.
> ㄹ. 선진국의 원천 기술을 이용한 기능성 섬유를 생산한다.

① ㄱ, ㄴ
② ㄱ, ㄷ
③ ㄴ, ㄷ
④ ㄴ, ㄹ
⑤ ㄷ, ㄹ

32 A ~ F 6명이 동시에 가위바위보를 해서 아이스크림 내기를 했는데 결과가 다음과 같았다. 다음 중 내기에서 이긴 사람을 모두 고르면?(단, 비긴 경우는 없었다)

> • 6명이 낸 것이 모두 같거나, 가위 · 바위 · 보 3가지가 모두 포함되는 경우 비긴 것으로 한다.
> • A는 가위를 내지 않았다.
> • B는 바위를 내지 않았다.
> • C는 A와 같은 것을 냈다.
> • D는 E에게 졌다.
> • F는 A에게 이겼다.
> • B는 E에게 졌다.

① A, C
② B, D
③ E, F
④ A, B, C
⑤ B, D, F

33 K고등학교는 부정행위 방지를 위해 1 ~ 3학년이 한 교실에서 같이 시험을 본다. 다음 〈조건〉을 참고할 때, 항상 거짓인 것은?

> **조건**
> • 교실에는 책상이 여섯 줄로 되어있다.
> • 같은 학년은 바로 옆줄에 앉지 못한다.
> • 첫 번째 줄과 다섯 번째 줄에는 3학년이 앉는다.
> • 3학년이 앉은 줄의 수는 1학년과 2학년이 앉은 줄의 합과 같다.

① 2학년은 네 번째 줄에 앉는다.

② 첫 번째 줄과 세 번째 줄의 책상 수는 같다.

③ 3학년의 학생 수가 1학년의 학생 수보다 많다.

④ 여섯 번째 줄에는 1학년이 앉는다.

⑤ 1학년이 두 번째 줄에 앉으면 2학년은 세 번째 줄에 앉는다.

34 K사는 6층 건물의 모든 층을 사용하고 있으며, 건물에는 기획부, 인사·교육부, 서비스개선부, 연구·개발부, 해외사업부, 디자인부가 층별로 위치하고 있다. 다음 〈조건〉을 참고할 때 항상 옳은 것은?(단, 6개의 부서는 서로 다른 층에 위치하며, 3층 이하에 위치한 부서의 직원은 출근 시 반드시 계단을 이용해야 한다)

> **조건**
> • 기획부의 문대리는 해외사업부의 이주임보다 높은 층에 근무한다.
> • 인사·교육부는 서비스개선부와 해외사업부 사이에 위치한다.
> • 디자인부의 김대리는 오늘 아침 엘리베이터에서 서비스개선부의 조대리를 만났다.
> • 6개의 부서 중 건물의 옥상과 가장 가까이에 위치한 부서는 연구·개발부이다.
> • 연구·개발부의 오사원이 인사·교육부 박차장에게 휴가 신청서를 제출하기 위해서는 4개의 층을 내려와야 한다.
> • 건물 1층에는 회사에서 운영하는 카페가 함께 있다.

① 출근 시 엘리베이터를 탄 디자인부의 김대리는 5층에서 내린다.

② 디자인부의 김대리가 서비스개선부의 조대리보다 먼저 엘리베이터에서 내린다.

③ 인사·교육부와 카페는 같은 층에 위치한다.

④ 기획부의 문대리는 출근 시 반드시 계단을 이용해야 한다.

⑤ 인사·교육부의 박차장은 출근 시 연구·개발부의 오사원을 계단에서 만날 수 없다.

35 K공단에 근무하는 A사원은 국내 원자력 산업에 대한 SWOT 분석 결과 자료를 토대로 SWOT 분석에 의한 경영 전략에 맞춰서 〈보기〉와 같이 분석하였다. 〈보기〉 중 SWOT 분석에 의한 경영 전략으로 적절하지 않은 것을 모두 고르면?

〈국내 원자력 산업에 대한 SWOT 분석 결과〉

구분	분석 결과
강점(Strength)	• 우수한 원전 운영 기술력 • 축적된 풍부한 수주 실적
약점(Weakness)	• 낮은 원전해체 기술 수준 • 안전에 대한 우려
기회(Opportunity)	• 해외 원전수출 시장의 지속적 확대 • 폭염으로 인한 원전 효율성 및 필요성 부각
위협(Threat)	• 발전 효율 감소를 야기하는 이상 고온 등의 기후 위기

〈SWOT 분석에 의한 경영 전략〉

• SO전략 : 강점을 살려 기회를 포착하는 전략
• ST전략 : 강점을 살려 위협을 회피하는 전략
• WO전략 : 약점을 보완하여 기회를 포착하는 전략
• WT전략 : 약점을 보완하여 위협을 회피하는 전략

보기

㉠ 뛰어난 원전 기술력을 토대로 동유럽 원전수출 시장에서 우위를 점하는 것은 SO전략으로 적절하다.
㉡ 안전성을 제고하여 원전 운영 기술력을 향상시키는 것은 WO전략으로 적절하다.
㉢ 우수한 기술력과 수주 실적을 바탕으로 국내 원전 사업을 확장하는 것은 ST전략으로 적절하다.
㉣ 안전에 대한 우려가 있는 만큼 안전점검을 강화하는 것은 WT전략으로 적절하다.

① ㉠
② ㉠, ㉢
③ ㉡, ㉢
④ ㉡, ㉢, ㉣
⑤ ㉠, ㉢, ㉣

36 다음은 의류 생산공장의 생산 코드 부여 방식에 대한 자료이다. 이를 참고할 때 〈보기〉에 해당하지 않는 생산 코드는 무엇인가?

〈의류 생산 코드〉

- 생산 코드 부여 방식
  [종류] − [색상] − [제조일] − [공장지역] − [수량] 순으로 16자리이다.
- 종류

티셔츠	스커트	청바지	원피스
OT	OH	OJ	OP

- 색상

검정색	붉은색	푸른색	노란색	흰색	회색
BK	RD	BL	YL	WH	GR

- 제조일

해당연도	월	일
마지막 두 자리 숫자 예 2025 → 25	01 ~ 12	01 ~ 31

- 공장지역

서울	수원	전주	창원
475	869	935	753

- 수량

100벌 이상 150벌 미만	150장 이상 200벌 미만	200장 이상 250벌 미만	250장 이상	50벌 추가 생산
aaa	aab	aba	baa	ccc

〈예시〉

- 2024년 5월 16일에 수원 공장에서 검정 청바지 170벌을 생산하였다.
- 청바지 생산 코드 : OJBK − 240516 − 869aab

보기

㉠ 2021년 12월 4일에 붉은색 스커트를 창원 공장에서 120벌 생산했다.
㉡ 회색 티셔츠를 추가로 50벌을 서울 공장에서 2022년 1월 24일에 생산했다.
㉢ 생산날짜가 2022년 7월 5일인 푸른색 원피스는 창원 공장에서 227벌 생산되었다.
㉣ 전주 공장에서 흰색 청바지 265벌을 납품일(2022년 7월 23일) 전날에 생산했다.
㉤ 티셔츠와 스커트를 노란색으로 178벌씩 수원 공장에서 2022년 4월 30일에 생산했다.

① OPGR − 220124 − 475ccc
② OJWH − 220722 − 935baa
③ OHRD − 211204 − 753aaa
④ OHYL − 220430 − 869aab
⑤ OPBL − 220705 − 753aba

37 K공단에서는 직원들의 복리후생을 위해 이번 주말에 무료 요가강의를 제공할 계획이다. 자원관리과에는 A사원, B사원, C주임, D대리, E대리, F과장 6명이 있다. 요가강의에 참여할 직원들에 대한 정보가 다음과 같을 때, 이번 주말에 열리는 무료 요가강의에 참석할 자원관리과 직원들의 최대 인원은?

〈정보〉

• C주임과 D대리 중 한 명만 참석한다.
• B사원이 참석하면 D대리는 참석하지 않는다.
• C주임이 참석하면 A사원도 참석한다.
• D대리가 참석하면 E대리는 참석하지 않는다.
• E대리는 반드시 참석한다.

---

① 2명　　　　　　　　　　　　　② 3명
③ 4명　　　　　　　　　　　　　④ 5명
⑤ 6명

38 A, B 두 여행팀은 다음 정보에 따라 자신의 효용을 극대화하는 방향으로 관광지 이동을 결정한다고 한다. 이때, 각 여행팀이 내릴 결정과 두 여행팀의 총효용은 얼마인가?

〈여행팀의 효용정보〉

• A여행팀과 B여행팀이 동시에 오면 각각 10, 15의 효용을 얻는다.
• A여행팀은 왔으나, B여행팀이 안 온다면 각각 15, 10의 효용을 얻는다.
• A여행팀은 안 오고, B여행팀만 왔을 때는 각각 25, 20의 효용을 얻는다.
• A, B여행팀이 모두 오지 않았을 때는 각각 35, 15의 효용을 얻는다.

〈결정방법〉

A, B여행팀 모두 결정할 때 효용의 총합은 신경 쓰지 않는다. 상대방이 어떤 선택을 했는지는 알 수 없고 서로 상의하지 않는다. 각 팀은 자신의 선택에 따른 다른 팀의 효용이 얼마인지는 알 수 있다. 이때 다른 팀의 선택을 예상해서 자신의 효용을 극대화하는 선택을 한다.

	A여행팀	B여행팀	총효용
①	관광지에 간다	관광지에 간다	25
②	관광지에 가지 않는다	관광지에 간다	45
③	관광지에 간다	관광지에 가지 않는다	25
④	관광지에 가지 않는다	관광지에 가지 않는다	50
⑤	관광지에 간다	관광지에 간다	50

39 A씨는 가족들과 레스토랑에서 외식을 계획 중이며, 레스토랑에서 보다 할인된 가격 혜택을 받기 위해서 통신사별 멤버십 혜택을 다음과 같이 정리하였다. 이때 가장 비용이 저렴한 경우는?

<표>

구분	A통신사	B통신사	C통신사
A레스토랑	1,000원당 100원 할인	15% 할인	–
B레스토랑	15% 할인	20% 할인	15% 할인
C레스토랑	20% 할인 (VIP의 경우 30% 할인)	1,000원당 200원 할인	30% 할인
D레스토랑	–	10% 할인 (VIP의 경우 20% 할인)	1,000원당 100원 할인
E레스토랑	15% 할인	–	20% 할인

〈통신사별 멤버십 혜택〉

① A레스토랑에서 14만 3천 원의 금액을 사용하고, B통신사의 할인을 받는다.
② B레스토랑에서 16만 5천 원의 금액을 사용하고, B통신사의 할인을 받는다.
③ C레스토랑에서 16만 4천 원의 금액을 사용하고, A통신사의 VIP 할인을 받는다.
④ D레스토랑에서 15만 4천 원의 금액을 사용하고, B통신사의 VIP 할인을 받는다.
⑤ E레스토랑에서 16만 2천 원의 금액을 사용하고, C통신사의 할인을 받는다.

40 K사는 신제품의 품번을 다음과 같은 규칙에 따라 정한다. 제품에 설정된 임의의 영단어가 'INTELLECTUAL' 이라면 이 제품의 품번으로 옳은 것은?

〈규칙〉

• 1단계 : 알파벳 A ~ Z를 숫자 1, 2, 3, …으로 변환하여 계산한다.
• 2단계 : 제품에 설정된 임의의 영단어를 숫자로 변환한 값의 합을 구한다.
• 3단계 : 임의의 영단어 속 자음의 합에서 모음의 합을 뺀 값의 절댓값을 구한다.
• 4단계 : 2단계와 3단계의 값을 더한 다음 4로 나누어 2단계의 값에 더한다.
• 5단계 : 4단계의 값이 정수가 아닐 경우에는 소수점 첫째 자리에서 버림한다.

① 120   ② 140
③ 160   ④ 180
⑤ 200

41 K공단은 도로관리장비 정비 업체를 새로 선정하려고 한다. 입찰 업체 5곳에 대한 정보는 다음과 같다. 업체별 계약금 및 품질개선효과와 품질개선점수 산출방식에 따라 품질개선점수가 가장 큰 업체 1곳을 선정한다고 할 때, 선정될 업체는?

〈업체별 계약금 및 품질개선효과〉

구분	1년 계약금 (만 원)	정비 1회당 품질개선효과(점)	
		에너지효율 개선	수리 및 하자보수
A업체	1,680	22	29
B업체	1,920	26	25
C업체	1,780	21	24
D업체	1,825	28	28
E업체	2,005	31	22

〈품질개선점수 산출방식〉

- (품질개선점수)=(정비 1회당 품질개선효과)×(1년 정비횟수)
- (1회당 품질개선효과)=(에너지효율 개선)+(수리 및 하자보수)
- (1년 정비비)=3,800만 원−(1년 계약금)
- (1년 정비횟수)=$\dfrac{(1년\ 정비비)}{5}$

① A업체　　　　　　　　　　　　② B업체
③ C업체　　　　　　　　　　　　④ D업체
⑤ E업체

42 A팀장은 4월 11일부터 4월 14일까지 대전에서 열리는 포럼에 참석할 예정이다. 포럼의 모든 프로그램에 참여하기 위해서는 포럼 개최기간 동안 차량으로 이동해야 한다. A팀장이 〈조건〉에 따라 아래 렌탈업체 중 한 곳을 통해 차량을 렌트하고자 할 때, 다음 중 A팀장이 이용할 렌탈업체와 포럼 개최기간 동안 총 렌트비용을 순서대로 바르게 나열한 것은?

<예약사이트별 예약 정보>

렌탈업체	가격(원/1일)	할인행사
부릉이렌탈	35,000	할인기간 동안 렌트 시, 1일당 10% 할인 (할인기간 : 4월 7일 ~ 4월 12일)
편한여행	39,000	3일 이상 이용 시 10% 할인 쿠폰 1개 제공
렌트여기	36,000	멤버십 가입 시 1일당 20% 할인 (멤버십 가입비 15,000원)
싸다렌탈	40,500	2일 이상 렌트 시 10,000원 할인

조건
- A팀장은 포럼의 모든 프로그램에 참여하고자 한다.
- A팀장은 포럼 첫날부터 마지막 날까지 차량을 렌트하여야 한다.
- A팀장은 총 렌트비용을 최소화하고자 한다.
- 한 업체에서만 렌트할 수 있다.

	렌탈업체	총 렌트비용
①	부릉이렌탈	130,000원
②	편한여행	140,400원
③	렌트여기	130,200원
④	렌트여기	140,400원
⑤	싸다렌탈	152,000원

43 K공단의 기술전략처는 다음 주 주중 오전에 올해 4분기 상생협력사업관련 회의를 진행하고자 한다. 회의 조건 및 회의 참석대상자의 다음 주 일정을 참고할 때, 회의가 진행될 요일로 가장 적절한 것은?(단, 다음 주 월요일은 9월 24일이다)

〈회의 조건〉

- 회의 참석대상자는 기술전략처장, 사업계획부장, 현장관리과장, 환경조사과장, 원자력정책팀장이다.
- 회의에는 참석대상자 전원이 참석하여야 한다.
- 회의는 참석대상자의 일정을 고려하여 가능한 날짜 중 가장 빠른 날짜에 진행한다.

〈회의 참석대상자의 다음 주 일정〉

참석대상자	다음 주 일정
기술전략처장	– 9월 27일 : 자녀 결혼식에 따른 휴가
사업계획부장	– 매주 수요일 : 계획현안회의(오전) – 9월 18 ~ 24일 : 병가
현장관리과장	– 9월 26 ~ 27일 : 서부권역 건설현장 방문(종일) – 9월 28일 : 무주양수발전소 협력 회의(오후)
환경조사과장	– 9월 28일 : 한강2본부 근무(오후) – 매주 월요일 : 추진사업 조사결과 보고(오전)
원자력정책팀장	– 9월 25일 : 한강수력본부 출장(오후)

① 월요일　　　　　　　　② 화요일
③ 수요일　　　　　　　　④ 목요일
⑤ 금요일

44 A는 여행을 가기 위해 B자동차를 대여하려 한다. 〈조건〉이 다음과 같을 때 A가 B자동차를 대여할 수 있는 첫 날의 요일로 옳지 않은 것은?

〈2월 달력〉

일	월	화	수	목	금	토
	1	2	3	4	5	6
7	8	9	10	11 설 연휴	12 설 연휴	13 설 연휴
14	15	16	17	18	19	20
21	22	23	24	25	26	27
28						

조건

- 2월에 주말을 포함하여 3일 동안 연속으로 대여한다.
- 설 연휴에는 대여하지 않는다.
- 설 연휴가 끝난 다음 주 월요일과 화요일에 출장이 있다(단, 출장 중에 대여하지 않는다).
- B자동차는 첫째 주 짝수 날에는 점검이 있어 대여할 수 없다.
- C는 24일부터 3일간 B자동차를 대여한다.
- 설 연휴가 있는 주의 화요일과 수요일은 업무를 마쳐야 하므로 대여하지 않는다.

① 수요일   ② 목요일
③ 금요일   ④ 토요일
⑤ 일요일

45 다음은 K공단 사원들의 주말 당직 일정표이다. 오전 9시부터 오후 4시까지 반드시 한 명 이상이 사무실에 당직을 서야 하며, 토요일과 일요일 연속하여 당직을 설 수는 없다. 또한 월 2회 이상, 최대 10시간 미만으로 당직을 서야 한다. 이때 당직 일정을 수정해야 하는 사람은 누구인가?(단, 점심시간 12 ~ 13시는 당직시간에서 제외한다)

<주말당직 일정표>

당직일	당직자	당직일	당직자
첫째 주 토요일	유지선 9시 ~ 14시 이윤미 12시 ~ 16시	첫째 주 일요일	임유리 9시 ~ 16시 정지수 13시 ~ 16시 이준혁 10시 ~ 14시
둘째 주 토요일	정지수 9시 ~ 13시 이윤미 12시 ~ 16시 길민성 12시 ~ 15시	둘째 주 일요일	이선옥 9시 ~ 12시 최기태 10시 ~ 16시 김재욱 13시 ~ 16시
셋째 주 토요일	최기태 9시 ~ 12시 김재욱 13시 ~ 16시	셋째 주 일요일	유지선 9시 ~ 12시 이준혁 10시 ~ 16시
넷째 주 토요일	이윤미 9시 ~ 13시 임유리 10시 ~ 16시 서유진 9시 ~ 16시	넷째 주 일요일	이선옥 9시 ~ 12시 길민성 9시 ~ 14시 서유진 14시 ~ 16시

① 유지선
② 이준혁
③ 임유리
④ 서유진
⑤ 길민성

46 A팀장은 6월부터 10월까지 매월 부산에서 열리는 세미나에 참석하기 위해 숙소를 예약해야 한다. A팀장이 다음 조건에 따라 예약사이트 중 한 곳을 통해 숙소를 예약하고자 할 때, A팀장이 이용할 예약사이트와 6월부터 10월까지의 총 숙박비용을 순서대로 바르게 나열한 것은?

〈예약사이트별 예약 정보〉

예약사이트	가격(원/1박)	할인행사
M투어	120,500	3박 이용 시(연박 아니어도 3박 기록 있으면 유효) 다음 달에 30% 할인 쿠폰 1매 제공
H트립	111,000	6월부터 8월 사이 1박 이상 숙박 이용내역이 있을 시 10% 할인
S닷컴	105,500	2박 이상 연박 시 10,000원 할인
T호텔스	105,000	멤버십 가입 시 1박당 10% 할인(멤버십 가입비 20,000원)

조건

- 세미나를 위해 6월부터 10월까지 매월 1박 2일로 숙소를 예약한다.
- 숙소는 항상 □□호텔을 이용한다.
- A팀장은 6월부터 10월까지 총 5번의 숙박비용의 합을 최소화하고자 한다.

	예약사이트	총 숙박비용
①	M투어	566,350원
②	H트립	492,500원
③	H트립	532,800원
④	S닷컴	527,500원
⑤	T호텔스	492,500원

47 다음은 임직원 출장여비 지급규정과 T차장의 출장비 지출 내역이다. T차장이 받을 수 있는 여비는 얼마인가?

〈임직원 출장여비 지급규정〉

• 출장여비는 일비, 숙박비, 식비, 교통비로 구성된다.
• 일비는 출장일수에 따라 매일 10만 원씩 지급한다.
• 숙박비는 숙박일수에 따라 실비 지급한다. 다만, 항공 또는 선박 여행 시 항공기 내 또는 선박 내에서의 숙박은 숙박비를 지급하지 않는다.
• 식비는 일수에 따라 식사 여부에 상관없이 1일 3식으로 지급하며, 끼니당 1만 원씩 지급한다. 단, 항공 또는 선박 여행 시에는 기내식이 포함되지 않을 경우만 지급하며, 출장 마지막 날 저녁은 지급하지 않는다.
• 교통비는 교통편의 운임 혹은 유류비 산출액을 실비 지급한다.

〈T차장의 2박 3일 출장비 지출 내역〉

3월 8일	3월 9일	3월 10일

• 인천 – 일본 항공편 84,000원
  (아침 기내식 포함 ×)
• 점심 식사 7,500원
• 일본 J공항 – B호텔 택시비 10,000원
• 저녁 식사 12,000원
• B호텔 숙박비 250,000원
	• 아침 식사 8,300원
	• 호텔 – 거래처 택시비 16,300원
	• 점심 식사 10,000원
	• 거래처 – 호텔 택시비 17,000원
	• B호텔 숙박비 250,000원
		• 아침 식사 5,000원
		• 일본 – 인천 항공편 89,000원
		  (점심 기내식 포함)

① 880,000원
② 1,053,000원
③ 1,059,100원
④ 1,086,300원
⑤ 1,106,300원

48 올해 정규직으로 전환된 신입사원들에게 명함을 배부하였다. 명함은 1인당 국문 130장, 영문 70장씩 지급되었다. 국문 명함 중 50장은 고급종이로 제작되었고, 나머지는 모두 일반종이로 제작되었다. 명함을 만드는 데 들어간 총비용이 808,000원이라면, 신입사원은 총 몇 명인가?

〈제작비용〉

• 국문 명함 : 50장당 10,000원 / 10장 단위 추가 시 2,500원
• 영문 명함 : 50장당 15,000원 / 10장 단위 추가 시 3,500원
※ 고급종이로 만들 경우 정가의 10% 가격이 추가됨

① 14명
② 16명
③ 18명
④ 20명
⑤ 24명

49 K업체는 서울 시내에 5개의 매장을 가지고 있다. 1년 동안 업무 실적이 다음과 같을 때, 실적이 가장 좋은 매장은 어디인가?

〈매장별 실적〉

구분	시설투자비(만 원)	월유지비(만 원)	판매실적(만 원)	고용인력 수(명)
A매장	2,000	200	11,000	3
B매장	7,000	500	15,000	5
C매장	5,000	300	10,000	4
D매장	3,000	200	17,000	2
E매장	6,000	300	18,000	4

※ 인력 1명당 인건비는 월 150만 원임

① A매장   ② B매장
③ C매장   ④ D매장
⑤ E매장

50 다음 글의 내용이 참일 때, K공단의 신입사원으로 채용될 수 있는 지원자들의 최대 인원은 몇 명인가?

금년도 신입사원 채용에서 K공단이 요구하는 자질은 이해능력, 의사소통능력, 대인관계능력, 실행능력이다. K공단은 이 4가지 자질 중 적어도 3가지 자질을 지닌 사람을 채용하고자 한다. 지원자는 갑, 을, 병, 정 4명이며, 이들이 지닌 자질을 평가한 결과 다음과 같은 정보가 주어졌다.
㉠ 갑이 지닌 자질과 정이 지닌 자질 중 적어도 2가지는 일치한다.
㉡ 대인관계능력은 병만 가진 자질이다.
㉢ 만약 지원자가 의사소통능력을 지녔다면 그는 대인관계능력의 자질도 지닌다.
㉣ 의사소통능력의 자질을 지닌 지원자는 1명뿐이다.
㉤ 갑, 병, 정은 이해능력의 자질을 지니고 있다.

① 1명   ② 2명
③ 3명   ④ 4명
⑤ 없음

51 K제약회사는 상반기 신입사원 공개채용을 시행했다. 1차 서류전형과 인적성, 면접전형이 모두 끝나고 최종 면접자들의 점수를 확인하여 합격 점수 산출법에 따라 합격자를 선정하려고 한다. 총점이 80점 이상인 지원자가 합격한다고 할 때, 다음 중 합격자끼리 바르게 짝지어진 것은?

〈최종 면접 점수〉

(단위 : 점)

구분	A	B	C	D	E
수리능력	75	65	60	68	90
의사소통능력	52	70	55	45	80
문제해결능력	44	55	50	50	49

〈합격 점수 산출법〉

• (수리능력)×0.6   • (의사소통능력)×0.3   • (문제해결능력)×0.4   • 총점 : 80점 이상

※ 과락 점수(미만) : 수리능력 60점, 의사소통능력 50점, 문제해결능력 45점

① A, C
② A, D
③ B, E
④ C, E
⑤ D, E

52 K기업은 창고업체를 통해 아래 세 제품군을 보관하고 있다. 다음 자료와 〈조건〉에 따라 K기업이 보관료로 지급해야 할 총금액은 얼마인가?

구분	매출액(억 원)	용량	
		용적(CUBIC)	무게(톤)
A제품군	300	3,000	200
B제품군	200	2,000	300
C제품군	100	5,000	500

조건

• A제품군은 매출액의 1%를 보관료로 지급한다.
• B제품군은 1CUBIC당 20,000원의 보관료를 지급한다.
• C제품군은 1톤당 80,000원의 보관료를 지급한다.

① 3억 2천만 원
② 3억 4천만 원
③ 3억 6천만 원
④ 3억 8천만 원
⑤ 4억 원

53 어느 버스회사에서 (가)시에서 (나)시를 연결하는 버스 노선을 개통하기 위해 새로운 버스를 구매하려고 한다. 〈조건〉과 같이 노선을 운행하려고 할 때, 최소 몇 대의 버스를 구매해야 하며 이때 필요한 운전사는 최소 몇 명인가?

> **조건**
> - 새 노선의 왕복 시간 평균은 2시간이다(승하차 시간을 포함).
> - 배차시간은 15분 간격이다.
> - 운전사의 휴식시간은 매 왕복 후 30분씩이다.
> - 첫차는 05시 정각에, 막차는 23시에 (가)시를 출발한다.
> - 모든 차는 (가)시에 도착하자마자 (나)시로 곧바로 출발하는 것을 원칙으로 한다.
>   즉, (가)시에 도착하는 시간이 바로 (나)시로 출발하는 시간이다.
> - 모든 차는 (가)시에서 출발해서 (가)시로 복귀한다.

	버스	운전사
①	6대	8명
②	8대	10명
③	10대	12명
④	12대	14명
⑤	14대	16명

54 청원경찰은 6층 회사건물을 층마다 모두 순찰한 후에 퇴근한다. 다음 〈조건〉에 따라 1층에서 출발하여 순찰을 완료하고 1층으로 돌아오기까지 소요되는 최소 시간은?(단, 다른 요인은 고려하지 않는다)

> **조건**
> - 층간 이동은 엘리베이터로만 해야 하며 엘리베이터가 한 개 층을 이동하는 데는 1분이 소요된다.
> - 엘리베이터는 한 번에 최대 세 개 층을 이동할 수 있다(예 1층 → 4층).
> - 엘리베이터는 한 번 위로 올라갔으면, 그 다음에는 아래 방향으로 내려오고, 그 다음에는 다시 위 방향으로 올라가야 한다.
> - 하나의 층을 순찰하는 데는 10분이 소요된다.

① 1시간
② 1시간 10분
③ 1시간 16분
④ 1시간 22분
⑤ 1시간 28분

55 A고객은 K기업의 A/S 서비스를 이용했다. 제품 A/S 안내문과 서비스 이용내역이 다음과 같을 때, A고객이 지불한 A/S 서비스 비용은 얼마인가?

〈제품 A/S 안내문〉

1. 제품의 품질보증기간은 구입일로부터 1년입니다. 품질보증기간 중 A/S 서비스를 받는 경우 무료 A/S를 제공합니다. 품질보증기간 경과 후 A/S 서비스 비용은 소비자가 부담해야 합니다.
2. A/S 서비스 제공 시 수리비가 발생합니다(수리비 : 2만 원).
3. 부품 교체 시에는 수리비 외에도 부품비가 추가 발생합니다.
4. A/S 센터는 주중 오전 9시부터 오후 6시까지 운영하며, 토요일에는 오전 9시부터 오후 1시까지 운영합니다. 일요일 및 공휴일에는 A/S 서비스를 제공하지 않습니다.
5. 출장 A/S 서비스를 이용하는 경우 출장비가 별도로 발생합니다. A/S 센터 운영시간 내 출장 시 출장비 2만 원, 운영시간 외 출장 시 출장비 3만 원을 별도로 부과합니다.

〈A/S 서비스 이용내역〉

- 고객명 : A
- 제품명 : P기기
- 제품 구입일자 : 2024년 4월 2일 화요일
- A/S 서비스 제공 일시 : 2025년 4월 5일 토요일 오후 3시
- 서비스 내용 : P기기 전면부 파손으로 부품 일부 교체(부품비 : 5만 원), 출장 서비스 이용

---

① 무료
② 5만 원
③ 10만 원
④ 15만 원
⑤ 20만 원

56 K기업 부사장이 해외출장에서 귀국하는 날짜가 정해져 8월 5일 이후에 워크숍 날짜를 다시 정하기로 하였다. 〈조건〉에 따라 날짜를 정한다고 할 때, 다음 중 가장 적절한 기간은 언제인가?

〈8월 일정표〉

월	화	수	목	금	토	일
						1
2 부사장 귀국	3 차장 이상 오후 회의	4	5 부사장 외부 일정	6 부사장 외부 일정	7 부사장 외부 일정	8
9	10 B부서 과장 연차	11	12	13	14	15
16	17 B부서 부장 연차	18	19	20 A, C부서 전체 회식	21	22
23	24	25	26 C부서 차장 외부 출장	27 A부서 차장 외부 출장	28	29
30	31 부사장 외부 일정					

※ 일정에 제시되지 않은 임직원은 워크숍에 참석할 수 있음

조건

• 워크숍에 참석하는 부서는 A, B, C부서이다.
• A부서는 과장 2명과 차장 1명, B부서와 C부서는 각각 과장 1명, 차장 1명, 부장 1명이 있다.
• 회사 일정이 있는 날과 회식 전날에는 워크숍 진행이 불가능하다.
• 워크숍은 1박 2일 일정이며, 일요일은 제외한다.
• 부사장과 부장이 모두 참석할 수 있는 날짜로 정한다.
• B부서와 C부서의 과장은 워크숍에 참여하지 않는다.

① 6 ~ 7일
② 9 ~ 10일
③ 14 ~ 15일
④ 18 ~ 19일
⑤ 30 ~ 31일

57 K회사에서는 냉방 효율을 위하여 층별 에어컨 수와 종류를 조정하기 위해 판매하는 구형 에어컨과 구입하는 신형 에어컨의 수를 최소화하려고 한다. 에어컨을 사고팔 때 드는 비용은 얼마인가?

〈냉방 효율 조정 방안〉

구분	조건	미충족 시 조정 방안
1	층별 전기료 월 75만 원 미만	구형 에어컨을 판매해 조건 충족
2	층별 구형 에어컨 대비 신형 에어컨 비율 $\frac{1}{2}$ 이상 유지	신형 에어컨을 구입해 조건 충족

※ 구형 에어컨 1대 전기료는 월 5만 원이고, 신형 에어컨 1대 전기료는 월 3만 원임
※ 구형 에어컨 1대 중고 판매가는 10만 원이고, 신형 에어컨 1대 가격은 50만 원임
※ 조건과 조정방안은 1번부터 적용함

〈층별 냉방시설 현황〉

(단위 : 대)

구분	1층	2층	3층	4층	5층
구형	10	13	15	11	12
신형	4	5	7	6	5

① 50만 원
② 55만 원
③ 60만 원
④ 70만 원
⑤ 75만 원

58 갑은 개인사유로 인해 5년간 재직했던 회사를 그만두게 되었다. 갑에게 지급된 퇴직금이 1,900만 원일 때, 갑의 평균연봉을 바르게 계산한 것은?(단, 평균연봉은 1일 평균임금으로 계산하며 평균 임금 계산 시 천의 자리에서 반올림한다)

〈퇴직금 산정방법〉

▶ 고용주는 퇴직하는 근로자에게 계속근로기간 1년에 대해 30일분 이상의 평균임금을 퇴직금으로 지급한다.
  – '평균임금'이란 이를 산정해야 할 사유가 발생한 날 이전 3개월 동안에 해당 근로자에게 지급된 임금의 총액을 그 기간의 총 일수로 나눈 금액을 말한다.
  – 평균임금이 근로자의 통상임금보다 적으면 그 통상임금을 평균임금으로 한다.
▶ 퇴직금 산정공식
  (퇴직금)=[(1일 평균임금)×30일×(총 계속근로기간)]÷365

---

① 4,110만 원 ② 4,452만 원
③ 4,650만 원 ④ 4,745만 원
⑤ 4,800만 원

59 다음은 총무업무를 담당하는 A대리의 통화내역이다. 국내통화가 1분당 15원, 국제통화가 1분당 40원이라면 A대리가 사용한 통화요금은 총 얼마인가?

일시	통화내용	시간
11/5(화) 10:00	신규직원 명함 제작 관련 인쇄소 통화	10분
11/6(수) 14:00	임직원 진급선물 선정 관련 거래업체 통화	30분
11/7(목) 09:00	예산편성 관련 해외 출장소 현지 담당자 통화	60분
11/8(금) 15:00	본사 청소용역 관리 관련 제휴업체 통화	30분

① 1,550원 ② 1,800원
③ 2,650원 ④ 3,450원
⑤ 3,550원

60 K은행 대전의 S지점에 근무하는 A계장은 내일 오전 10시에 목포로 출장을 갈 예정이다. 출장 당일 오후 1시에 미팅이 예정되어 있어 늦지 않게 도착하고자 한다. 주어진 교통편을 고려하였을 때, 다음 중 A계장이 선택할 경로로 가장 적절한 것은?(단, 1인당 출장지원 교통비 한도는 5만 원이며, 도보이동에 따른 소요시간은 고려하지 않는다)

• S지점에서 대전역까지 비용

구분	소요시간	비용
버스	30분	2,000원
택시	15분	6,000원

• 대전역에서 목포역까지 교통수단별 이용정보

구분	열차	출발시각	소요시간	비용	비고
직통	새마을호	10:00 / 10:50	2시간 10분	28,000원	–
직통	무궁화	10:20 / 10:40 10:50 / 11:00	2시간 40분	16,000원	–
환승	KTX	10:10 / 10:50	20분	6,000원	환승 10분 소요
	KTX	–	1시간 20분	34,000원	
환승	KTX	10:00 / 10:30	1시간	20,000원	환승 10분 소요
	새마을호	–	1시간	14,000원	

• 목포역에서 미팅장소까지 비용

구분	소요시간	비용
버스	40분	2,000원
택시	20분	9,000원

① 버스 – 새마을호(직통) – 버스
② 택시 – 무궁화(직통) – 택시
③ 버스 – KTX / KTX(환승) – 택시
④ 택시 – KTX / 새마을호(환승) – 택시
⑤ 택시 – KTX / KTX(환승) – 택시

61 다음과 같이 일정한 규칙으로 수를 나열할 때, $\dfrac{b}{a}$ 를 구하면?

a	6	3	7	5	10	9	19	17	b

① 18   ② 20

③ 21   ④ 23

⑤ 25

62 농도가 5%인 설탕물 500g을 가열하였다. 1분 동안 가열하면 50g의 물이 증발할 때, 5분 동안 가열하면 설탕물의 농도는 얼마인가?(단, 설탕물을 가열했을 때 시간에 따라 증발하는 물의 양은 일정하다)

① 6%   ② 7%

③ 8%   ④ 10%

⑤ 11%

다음 중 빈칸 (가), (나)에 들어갈 값을 바르게 연결한 것은?

〈팀별 인원수 및 평균점수〉

(단위 : 명, 점)

구분	A	B	C
인원수	( )	( )	( )
평균 점수	40.0	60.0	90.0

※ 각 참가자는 A, B, C팀 중 하나의 팀에만 속하고, 개인별로 점수를 획득함

※ (팀 평균점수)$=\dfrac{\text{(해당 팀 참가자 개인별 점수의 합)}}{\text{(해당 팀 참가자 인원수)}}$

〈팀 연합 인원수 및 평균점수〉

(단위 : 명, 점)

구분	A+B	B+C	C+A
인원수	80	120	(가)
평균 점수	52.5	77.5	(나)

※ A+B는 A팀과 B팀, B+C는 B팀과 C팀, C+A는 C팀과 A팀의 인원을 합친 팀 연합임

※ (팀 연합 평균점수)$=\dfrac{\text{(해당 팀 연합 참가자 개인별 점수의 합)}}{\text{(해당 팀 연합 참가자 인원수)}}$

	(가)	(나)
①	90	72.5
②	90	75.0
③	100	72.5
④	100	75.0
⑤	120	72.5

64 다음은 2022 ~ 2024년의 행정구역별 경제활동 인구에 대한 자료이다. 전년 대비 2024년의 대구 지역의 경제활동 인구 증가율을 구하면?(단, 소수점 둘째 자리에서 반올림한다)

<행정구역별 경제활동 인구>

(단위 : 천 명)

구분	2022년	2023년	2024년
서울	4,194	4,190	4,189
부산	1,423	1,438	1,451
대구	971	982	994
인천	1,136	1,154	1,171
광주	573	580	586
대전	592	597	606
울산	442	452	455
세종	63	82	94
경기	4,787	4,885	5,003
강원	674	685	692
충북	656	670	681
충남	871	886	902
전북	775	783	790
전남	824	834	843
경북	1,154	1,170	1,181
경남	1,344	1,367	1,386
제주	247	257	267
전국	20,726	21,012	21,291

① 1.1%
② 1.2%
③ 1.3%
④ 1.4%
⑤ 1.5%

65 다음은 자영업자들이 일을 그만두려는 이유에 대한 설문조사 자료이다. 빈칸 ㉠에 들어갈 수치로 옳은 것은?

〈연도별 자영업자들이 일을 그만두려는 이유〉

(단위 : %)

구분	더 나은 업종으로의 전환	보다 적성에 맞는 다른 일을 위해	임금근로로 취업을 위해	전망이 없거나, 사업부진	개인적인 사유	기타
2018년	14.9	6.7	4.8	44.9	24.3	4.4
2019년	10.5	㉠	3.6	47.3	23.9	6.5
2020년	14.4	7.1	2.3	48.5	26.6	1.1
2021년	14.1	6.3	4.8	38.3	35.8	0.7
2022년	8.3	7.5	6.0	38.5	34.5	5.2
2023년	8.2	6.7	5.6	41.8	31.4	6.3
2024년	12.0	7.9	9.0	51.6	16.0	3.5

① 8.2

② 8.9

③ 9.2

④ 9.4

⑤ 9.8

66 주머니 속에 빨간 구슬, 흰 구슬이 섞여 15개 들어 있다. 이 주머니에서 2개를 꺼내보고 다시 넣는 일을 여러 번 반복하였더니, 5회에 1번 꼴로 2개 모두 빨간 구슬이었다. 이 주머니에서 구슬을 하나 꺼낼 때 빨간 구슬일 확률은?

① $\frac{1}{15}$

② $\frac{4}{15}$

③ $\frac{7}{15}$

④ $\frac{11}{15}$

⑤ $\frac{13}{15}$

67. 다음 중 2020년부터 2024년까지 전년 대비 가장 크게 증가한 범죄의 발생 건수 비율과 체포 건수 비율의 증가량의 차이로 옳은 것은?

〈범죄유형별 발생 건수 비율〉

(단위 : %)

구분	2020년	2021년	2022년	2023년	2024년
흉악범죄	1.9	2.2	1.7	0.8	1.0
조폭범죄	3.4	2.6	1.6	1.4	1.3
절도죄	66.9	57.3	76.0	81.7	88.0
지능범죄	5.9	9.7	2.9	7.8	3.4
기타	21.9	28.2	17.8	8.3	6.3

〈범죄유형별 체포 건수 비율〉

(단위 : %)

구분	2020년	2021년	2022년	2023년	2024년
흉악범죄	3.7	3.1	3.3	3.5	4.7
조폭범죄	5.3	3.6	3.5	4.6	5.7
절도죄	55.6	49.4	56.3	56.4	57.5
지능범죄	4.7	7.4	3.1	8.3	5.9
기타	30.7	36.5	33.8	27.2	26.2

① 11.7%p
② 11.8%p
③ 12.9%p
④ 13.0%p
⑤ 14.2%p

68 다음은 올해 K시 5개 구 주민의 돼지고기 소비량에 대한 자료이다. 〈조건〉을 참고할 때, 변동계수가 3번째로 큰 구는?

〈5개 구 주민의 돼지고기 소비량 통계〉

(단위 : kg)

구분	평균(1인당 소비량)	표준편차
A구	( )	5.0
B구	( )	4.0
C구	30.0	6.0
D구	12.0	4.0
E구	( )	8.0

※ (변동계수)$= \dfrac{(표준편차)}{(평균)} \times 100$

조건
- A구의 1인당 소비량과 B구의 1인당 소비량을 합하면 C구의 1인당 소비량과 같다.
- A구의 1인당 소비량과 D구의 1인당 소비량을 합하면 E구 1인당 소비량의 2배와 같다.
- E구의 1인당 소비량은 B구의 1인당 소비량보다 6.0kg 더 많다.

① A구
② B구
③ C구
④ D구
⑤ E구

69 다음은 K헬스장의 2024년 4분기 프로그램 회원 수와 2025년 1월 예상 회원 수에 대한 자료이다. 〈조건〉을 토대로 방정식 $2a+b=c+d$가 성립할 때, b에 해당하는 회원 수는 몇 명인가?

〈K헬스장 운동 프로그램 회원 현황〉

(단위 : 명)

구분	2024년 10월	2024년 11월	2024년 12월	2025년 1월
요가	50	a	b	
G.X	90	98	c	
필라테스	106	110	126	d

조건

• 2024년 11월 요가 회원은 전월 대비 20% 증가했다.
• 2024년 4분기 필라테스 총 회원 수는 G.X 총 회원 수보다 37명이 더 많다.
• 2025년 1월 필라테스의 예상 회원 수는 2024년 4분기 필라테스의 월 평균 회원 수일 것이다.

① 110명
② 111명
③ 112명
④ 113명
⑤ 114명

70 다음은 도로별 일평균 교통량에 대한 자료이다. 이에 대한 설명으로 옳지 않은 것은?

〈고속국도 일평균 교통량〉

(단위 : 대)

구분	2020년	2021년	2022년	2023년	2024년
승용차	28,864	31,640	32,593	33,605	35,312
버스	1,683	1,687	1,586	1,594	1,575
화물차	13,142	11,909	12,224	13,306	13,211
합계	43,689	45,236	46,403	48,505	50,098

〈일반국도 일평균 교통량〉

(단위 : 대)

구분	2020년	2021년	2022년	2023년	2024년
승용차	7,951	8,470	8,660	8,988	9,366
버스	280	278	270	264	256
화물차	2,945	2,723	2,657	2,739	2,757
합계	11,176	11,471	11,587	11,991	12,379

〈국가지원지방도 일평균 교통량〉

(단위 : 대)

구분	2020년	2021년	2022년	2023년	2024년
승용차	5,169	5,225	5,214	5,421	5,803
버스	230	219	226	231	240
화물차	2,054	2,126	2,059	2,176	2,306
합계	7,453	7,570	7,499	7,828	8,349

① 조사기간 중 고속국도와 일반국도 평균 버스 교통량의 증감 추이는 같다.

② 전년 대비 일반국도 평균 화물차 교통량은 2022년까지 감소하다가 2023년부터 다시 증가하고 있다.

③ 2021 ~ 2024년 중 국가지원지방도 평균 버스 교통량 중 전년 대비 증가율이 가장 큰 해는 2024년이다.

④ 조사기간 중 고속국도 일평균 승용차 교통량은 일반국도와 국가지원지방도 평균 승용차 교통량의 합보다 항상 많았다.

⑤ 2024년 고속국도 평균 화물차 교통량은 2024년 일반국도와 국가지원지방도 평균 화물차 교통량의 합의 2.5배 이상이다.

71 다음 중 법단계로 옳은 것은?

① 헌법 → 법률 → 명령 → 조례 → 규칙
② 헌법 → 법률 → 명령 → 규칙 → 조례
③ 조례 → 규칙 → 명령 → 법률 → 헌법
④ 법률 → 헌법 → 명령 → 규칙 → 조례
⑤ 법률 → 명령 → 헌법 → 규칙 → 조례

72 다음 중 헌법재판에 대한 설명으로 옳은 것은?

① 헌법은 헌법재판소장의 임기를 5년으로 규정한다.
② 헌법재판의 전심절차로서 행정심판을 거쳐야 한다.
③ 헌법재판소는 지방자치단체 상호간의 권한쟁의심판을 관장한다.
④ 탄핵 인용결정을 할 때에는 재판관 5인 이상의 찬성이 있어야 한다.
⑤ 헌법재판소 재판관은 연임할 수 없다.

73 다음 중 권리의 주체에 대한 설명으로 옳지 않은 것은?

① 행위능력은 모든 자연인에게 인정되고 있다.
② 자연인은 생존한 동안 권리와 의무의 주체가 된다.
③ 실종선고를 받은 자는 실종기간이 만료하면 사망한 것으로 본다.
④ 민법은 원칙적으로 권리능력자로서 자연인과 법인만을 인정하고 있다.
⑤ 권리의 주체가 될 수 있는 지위 또는 자격을 가리켜 권리능력 또는 인격이라 한다.

74 다음 중 사회법에 속하는 것은?

① 상법
② 수표법
③ 산업재해보상보험법
④ 가등기담보 등에 관한 법률
⑤ 특정범죄 가중처벌 등에 관한 법률

75 다음 중 행정기관이 그 소관 사무의 범위에서 일정한 행정목적을 실현하기 위하여 특정인에게 일정한 행위를 하거나 하지 아니하도록 지도, 권고, 조언 등을 하는 행정작용은?

① 행정예고
② 행정계획
③ 행정지도
④ 의견제출
⑤ 행정소송

76 다음 중 근로기준법상 근로조건에 대한 설명으로 옳지 않은 것은?

① 근로자와 사용자는 각자가 단체협약, 취업규칙과 근로계약을 지키고 성실하게 이행할 의무가 있다.
② 근로조건은 근로자와 사용자가 동등한 지위에서 자유의사에 의하여 결정하여야 한다.
③ 사용자가 경영상 이유에 의하여 근로자를 해고하고자 하는 경우에는 긴박한 경영상의 필요가 있어야 한다. 경영악화를 방지하기 위한 사업의 양도·인수·합병은 긴박한 경영상의 필요에 해당하지 않는다.
④ 근로기준법에서 정한 기준에 미치지 못하는 근로조건을 정한 근로계약은 그 부분에 한하여 무효로 하며, 무효로 된 부분은 근로기준법에 정한 기준에 의한다.
⑤ 근로기준법에서 정하는 근로조건은 최저기준이므로 근로 관계 당사자는 이 기준을 이유로 근로조건을 저하시킬 수 없다.

77 다음 중 공공부문 성과연봉제 보수체계 설계 시 성과급 비중을 설정하는 데 적용할 수 있는 동기 부여 이론은?

① 애덤스(Adams)의 형평성이론
② 매슬로(Maslow)의 욕구 5단계론
③ 허즈버그(Herzberg)의 욕구충족 이원론
④ 앨더퍼(Alderfer)의 ERG(존재, 관계, 성장)이론
⑤ 해크만(Hackman)과 올드햄(Oldham)의 직무특성이론

78 다음 중 정책의제 설정에 대한 설명으로 옳지 않은 것은?

① 일반적으로 정책의제는 정치성, 주관성, 동태성 등의 성격을 가진다.
② 정책의제의 설정은 목표설정기능 및 적절한 정책수단을 선택하는 기능을 하고 있다.
③ 킹던(Kingdon)의 정책의 창 모형은 정책문제의 흐름, 정책대안의 흐름, 정치의 흐름이 어떤 계기로 서로 결합함으로써 새로운 정책의제로 형성되는 것을 말한다.
④ 콥(R.W. Cobb)과 엘더(C.D. Elder)의 이론에 의하면 정책의제 설정과정은 사회문제 - 사회적 이슈 - 체제의제 - 제도의제의 순서로 정책의제로 선택됨을 설명하고 있다.
⑤ 정책대안이 아무리 훌륭하더라도 정책문제를 잘못 인지하고 채택하여 정책문제가 여전히 해결되지 않은 상태로 남아있는 현상을 제2종 오류라 한다.

79 다음 지방재정과 관련된 지표 중에서 재정자주도에 대한 설명으로 옳은 것은?

① 지방정부의 전체 재원에 대한 자주재원의 비율이다.

② 통합재정수지상 자주재원의 비율이다.

③ 기준재정수요액 대비 기준재정수입액의 비율이다.

④ 지방정부 일반회계 세입에서 자주재원과 지방교부세를 합한 일반재원의 비중이다.

⑤ 지방채를 자체재원에 포함시켜 계산한 지방재정자립도이다.

80 다음 중 행정책임과 행정통제에 대한 설명으로 옳지 않은 것은?

① 행정통제의 중심과제는 궁극적으로 민주주의와 관료제 간의 조화 문제로 귀결된다.

② 행정책임은 국가적 차원에서 국민에 대한 국가 역할의 정당성을 확인하는 것이다.

③ 행정책임은 행정관료가 도덕적·법률적 규범에 따라 행동해야 하는 국민에 대한 의무이다.

④ 행정통제란 어떤 측면에서는 관료로부터 재량권을 빼앗는 것이다.

⑤ 행정통제는 설정된 행정목표와 기준에 따라 성과를 측정하는 데 초점을 맞추면 별도의 시정 노력은 요구되지 않는 특징이 있다.

81 정부는 공공서비스를 효율적으로 공급하기 위한 방법의 하나로서 민간위탁 방식을 사용하기도 하는데, 다음 중 민간위탁 방식에 해당하지 않는 것은?

① 면허 방식
② 이용권(바우처) 방식
③ 보조금 방식
④ 책임경영 방식
⑤ 자조활동 방식

82 다음 〈보기〉 중 행정가치에 대한 설명으로 옳은 것은 모두 몇 개인가?

> **보기**
> ㄱ. 실체설은 공익을 사익의 총합이라고 파악하며, 사익을 초월한 별도의 공익이란 존재하지 않는다고 본다.
> ㄴ. 롤스(Rawls)의 사회정의의 원리에 의하면 정의의 제1원리는 기본적 자유의 평등원리이며, 제2원리는 차등조정의 원리이다. 제2원리 내에서 충돌이 생길 때에는 차등원리가 기회균등의 원리에 우선되어야 한다.
> ㄷ. 과정설은 공익을 사익을 초월한 실체적, 규범적, 도덕적 개념으로 파악하며, 공익과 사익과의 갈등이란 있을 수 없다고 본다.
> ㄹ. 베를린(Berlin)은 자유의 의미를 두 가지로 구분하면서, 간섭과 제약이 없는 상태를 적극적 자유라고 하고, 무엇을 할 수 있는 자유를 소극적 자유라고 하였다.

① 없음
② 1개
③ 2개
④ 3개
⑤ 4개

83 다음 중 포드 시스템(Ford System)에 대한 설명으로 옳지 않은 것은?

① 동시 관리　　　　　　　　　　　　② 차별적 성과급제

③ 이동조립시스템　　　　　　　　　　④ 저가격 고임금

⑤ 연속생산공정

84 다음 중 터크만(Tuckman)의 집단 발달의 5단계 모형에서 집단구성원들 간에 집단의 목표와 수단에 대해 합의가 이루어지고 응집력이 높아지며 구성원들의 역할과 권한 관계가 정해지는 단계는?

① 형성기(Forming)　　　　　　　　　② 격동기(Storming)

③ 규범기(Norming)　　　　　　　　　④ 성과달성기(Performing)

⑤ 해체기(Adjourning)

85 다음 중 허즈버그(F. Hertzberg)가 제시한 2요인이론(Two – Factor Theory)을 적용하고자 하는 경영자가 종업원들의 동기를 유발시키기 위한 방안으로 옳지 않은 것은?

① 좋은 성과를 낸 종업원을 표창한다.

② 종업원이 하고 있는 업무가 매우 중요함을 강조한다.

③ 좋은 성과를 낸 종업원에게 더 많은 급여를 지급한다.

④ 좋은 성과를 낸 종업원을 승진시킨다.

⑤ 좋은 성과를 낸 종업원에게 자기 계발의 기회를 제공한다.

86 다음 중 유통업자의 판매촉진에 해당하지 않는 것은?

① 판매량에 대한 콘테스트 실시

② 구매시점광고(Point-of-Purchase Advertising)의 지원

③ 자사 제품을 소비자에게 잘 보이는 곳에 배치했을 때 제공하는 진열보조금

④ 소비자에게 특정 제품을 소량으로 포장하여 무료로 제공하는 샘플

⑤ 소매업자의 광고비용을 보상해주는 광고공제

87 다음은 통계적 품질관리(SQC)에 대한 대화 내용이다. 옳은 말을 한 사람은 총 몇 명인가?

> 진영 : 원자재 불량, 공구 마모, 작업자의 부주의 등 특별한 원인에 의하여 발생하는 변동을 우연변동이라고
> 한다.
> 준호 : 우연변동은 통계적 공정관리에서는 제거의 대상으로 여기지 않지만, 이상변동은 반드시 그 원인을
> 찾아서 제거해야 하는 대상이다.
> 민영 : 관리한계선의 폭을 좁게 할수록 1종 오류가 커지고 폭을 넓게 할수록 2종 오류가 커진다.
> 아현 : 관리도의 독립성에서 데이터들 사이는 서로 부분집단적이어야 한다.

① 1명   ② 2명
③ 3명   ④ 4명
⑤ 없음

88 다음 중 GT(Group Technology)에 대한 설명으로 옳은 것은?

① 기업전체의 경영자원을 최적으로 활용하기 위하여 업무 기능의 효율화를 추구한다.
② 설계와 관련된 엔지니어링 지식을 병렬적으로 통합한다.
③ 제품설계, 공정설계, 생산을 완전히 통합한다.
④ 원가절감과 기능개선을 목적으로 가치를 향상시킨다.
⑤ 다품종 소량생산에서 유사한 가공물들을 집약·가공할 수 있도록 부품설계, 작업표준, 가공 등을 계통화시켜 생산효율을 높인다.

89 다음 〈보기〉 중 실제GDP가 잠재GDP 수준보다 낮은 상태의 경제에 대한 설명으로 옳은 것을 모두 고르면?

> **보기**
> 가. 디플레이션 갭(불황 갭)이 존재한다.
> 나. 실업률이 자연실업률보다 높다.
> 다. 노동시장에서 임금의 하락 압력이 발생한다.
> 라. 인플레이션 압력이 발생한다.
> 마. 단기총공급곡선이 점차 오른쪽으로 이동하게 된다.

① 가, 나, 다   ② 가, 다, 마
③ 나, 라, 마   ④ 가, 나, 다, 마
⑤ 나, 다, 라, 마

90 기업 甲의 생산함수는 $Q = 2L^{0.5}$이며, 가격은 4, L의 가격은 0.25이다. 이윤을 극대화하는 甲의 노동투입량(ㄱ)과 균형산출량(ㄴ)을 바르게 짝지은 것은?(단, L은 노동, Q는 산출물이며, 산출물시장과 노동시장은 완전경쟁적이다)

	ㄱ	ㄴ
①	64	2
②	64	4
③	128	4
④	128	16
⑤	256	32

91 다음 〈보기〉 중 솔로우(R. Solow) 경제성장모형에서 균제상태(Steady State)의 1인당 산출량을 증가시키는 요인으로 옳은 것을 모두 고르면?(단, 다른 조건이 일정하다고 가정한다)

보기

ㄱ. 저축률의 증가
ㄴ. 인구증가율의 증가
ㄷ. 감가상각률의 하락

① ㄱ   ② ㄱ, ㄴ
③ ㄱ, ㄷ   ④ ㄴ, ㄷ
⑤ ㄱ, ㄴ, ㄷ

92 다음 중 거시경제의 총수요와 총공급에 대한 설명으로 옳은 것은?
① 명목임금 경직성하에서 물가수준이 하락하면 기업이윤이 줄어들어서 기업들의 재화와 서비스 공급이 감소하므로 단기총공급곡선은 왼쪽으로 이동한다.
② 폐쇄경제에서 확장적 재정정책의 구축효과는 변동환율제도에서 동일한 정책의 구축효과보다 더 크게 나타날 수 있다.
③ 케인스의 유동성선호이론에 의하면 경제가 유동성함정에 빠지는 경우 추가적 화폐공급이 투자적 화폐 수요로 모두 흡수된다.
④ 장기균형 상태에 있던 경제에 원유가격이 일시적으로 상승하면 장기적으로 물가는 상승하고 국민소득은 감소한다.
⑤ 단기 경기변동에서 소비와 투자가 모두 경기순응적이며, 소비의 변동성은 투자의 변동성보다 크다.

93 다음 상황을 의미하는 경제용어로 옳은 것은?

> 일본의 장기 불황과 미국의 금융위기 사례에서와 같이 금리를 충분히 낮추는 확장적 통화정책을 실시해도 가계와 기업이 시중에 돈을 풀어놓지 않는 상황을 말한다. 특히 일본의 경우 1990년대 제로금리를 고수했음에도 불구하고 소위 '잃어버린 10년'이라고 불리는 장기 불황을 겪었다. 불황 탈출을 위해 확장적 통화정책을 실시했지만 경제성장률은 계속 낮았다. 이후 경기 비관론이 팽배해지고 디플레이션이 심화되면서 모든 경제주체가 투자보다는 현금을 보유하려는 유동성 선호경향이 강해졌다.

① 유동성 함정(Liquidity Trap) ② 공개시장조작
③ 용의자의 딜레마 ④ 동태적 비일관성
⑤ 구축효과(Crowding-out Effect)

94 다음 글의 의미를 설명한 내용으로 옳은 것은?

> 조세 부과로 인해 발생하는 조세의 비효율성인 자중손실의 크기는 수요 및 공급의 가격탄력성에 의존한다.

① 수요자 및 공급자가 가격의 변화에 민감하게 반응할수록 시장 왜곡이 더 커진다.
② 수요자 및 공급자가 가격의 변화에 적절히 반응하지 않을수록 시장 왜곡이 더 커진다.
③ 수요곡선 및 공급곡선의 이동이 클수록 시장 균형이 더 크게 영향을 받는다.
④ 수요곡선 및 공급곡선의 이동이 적절히 발생하지 않을수록 시장 균형이 더 크게 영향을 받는다.
⑤ 수요곡선 및 공급곡선의 이동이 작을수록 시장 균형이 더 크게 영향을 받는다.

95 다음 중 사회복지 재원의 특징에 대한 설명으로 옳지 않은 것은?

① 일반조세를 재원으로 하는 사회복지정책은 안정성과 지속성을 갖는다.
② 모금은 사회복지공동모금회법을 근거로 공동모금제도를 실시하고 있다.
③ 사회보험료는 피보험자의 강제가입에 의해 납부되는 것이 원칙이다.
④ 수익자 부담은 저소득층의 자기존중감을 높여 서비스가 남용된다.
⑤ 민간재원조달은 책임성 문제가 종종 발생되며, 안정적인 조달이 어렵다는 한계가 있다.

96 다음 설명에 해당하는 길버트(Gilbert)와 스펙트(Specht)의 사회복지급여 유형은?

> • 물품과 자원에 대한 통제력을 재분배하는 것과 연관된다.
> • 클라이언트 및 다른 사회적 약자 집단의 대표자들을 사회복지 관련 기관의 이사로 선임하는 정책 등을 통하여 추구된다.

① 기회　　　　　　　　　　　② 신용
③ 권력　　　　　　　　　　　④ 서비스
⑤ 현물

97 다음 중 안토니 기든스(A. Giddens)가 이론적으로 체계화한 소위 '제3의 길'이 추구하는 전략 개념으로 옳지 않은 것은?

① 직접 급여의 제공보다는 인적 자원에 투자
② 복지다원주의의 추구
③ 국가에 대한 경제적 의존을 줄여 위험은 공동 부담하는 의식 전환의 강조
④ 중앙정부의 역할 강화
⑤ 시장의 효율성과 사회연대의 조화

98 다음 중 사회적 경제조직에 대한 설명으로 옳지 않은 것은?

① 협동조합은 재화 또는 용역의 구매·생산·판매 등을 협동으로 영위하여 조합원의 권익을 향상한다.
② 사회적 경제조직에는 사회적 기업, 협동조합 등이 있다.
③ 사회적 기업이란 정부, 지방자치단체가 출자한 조직이 사회적 기업 인증을 받아 운영하는 공기업이다.
④ 서구에서는 오래전부터 일을 통한 복지(Workfare)라는 차원에서 관심이 증가하고 있다.
⑤ 사회적 경제조직은 사회문제를 해결한다는 사회적 측면과 자생력을 가져야 한다는 경제적 측면이 동시에 고려되어야 한다.

99 다음은 고소공포증이 있는 클라이언트에게 적용한 치료기법이다. 이에 대한 모델과 기법을 바르게 연결한 것은?

맨 아래에 있는 가장 덜 위협적인 장면에서부터 더 큰 불안을 야기하는 장면인 위쪽으로 점차 나아가면서 단계별로 상상하거나 경험하도록 한다.
- 초고층 빌딩의 건설에 대한 기사 읽기
- 4층 건물에서 창문 밖을 내려다보기
- 4층 건물의 발코니 난간에서 아래를 내려다보기
- 12층 건물에서 창문 밖을 내려다보기
- 63빌딩 꼭대기 층에서 걸어보기
- 63빌딩 꼭대기에서 아래를 내려다보기

① 정신역동모델 – 반동형성
② 인지행동모델 – 시연
③ 인지행동모델 – 체계적 둔감화
④ 정신역동모델 – 투사
⑤ 인지행동모델 – 내면화

100 다음 사회복지서비스 중 보편적 서비스에 해당하는 것은?

① 우울증 청소년에 대한 상담
② 학대 아동에 대한 미술 치료
③ 중학생을 대상으로 한 인터넷·약물중독 예방 교육
④ 시각장애인을 위한 직업재활서비스
⑤ 흡연자에 대한 금연지원서비스

www.sdedu.co.kr

4일 차
기출응용 모의고사

〈모의고사 안내〉

평가영역	문항 수	시험시간	모바일 OMR 답안채점/성적분석 서비스
[NCS] 의사소통능력＋문제해결능력＋자원관리능력＋ 수리능력 [전공] 법학＋행정학＋경영학＋경제학＋사회복지학	100문항	110분	

4일 차 기출응용 모의고사

문항 수	: 100문항
시험시간	: 110분

| 01 | 직업기초능력

※ 다음 글을 읽고 이어지는 질문에 답하시오. [1~2]

눈의 건조가 시력 저하를 부른다?

세상을 보는 창인 눈은 사계절 중 특히 봄에 건강을 위협받기 쉽다. 건조한 날씨와 더불어 꽃가루, 황사 먼지 등이 우리 눈에 악영향을 끼치기 때문이다. 그 예로 들 수 있는 것이 눈의 건조증이다. 눈이 건조해지면 눈이 쉽게 피로하고 충혈되는 증상이 나타난다. 그리고 여기에 더해 시력이 떨어지는 일이 일어나기도 한다.

우리는 가까운 사물을 볼 때 눈을 잘 깜빡거리지 않는 경향이 있다. 이런 경향은 TV화면, 컴퓨터, 스마트폰 등에 집중할 때 더 심해진다. 이 경우 눈의 건조는 더욱 심해질 수밖에 없다. 그렇다면 어떻게 해야 할까? 수시로 수분을 섭취하고 눈을 자주 깜빡이면서 눈의 건조를 막으려는 노력을 해야 한다. 또한 1시간에 한 번 2 ~ 3분씩 눈을 감은 상태에서 눈동자를 굴리는 것도 눈 근육 발달에 도움을 주어 시력 저하를 막을 수 있다. 가벼운 온찜질로 눈의 피로를 풀어주는 것도 좋은 방법이다.

컴퓨터 화면 증후군 예방법

미국 안과의사협회와 코넬 대학은 컴퓨터 화면 증후군을 '컴퓨터 가까이에서 일하거나 컴퓨터를 사용하는 동안 올바른 작업 환경에서 일하지 못해서 눈과 시력에 생기는 여러 가지 증상'이라고 정의한다. 최근 컴퓨터 화면 증후군이 점점 더 많아지고 있는 가운데 미국 안과의사협회에서는 컴퓨터 화면 증후군 예방법을 내놓았다. 가장 필요한 것은 눈에 휴식을 주는 것이다. 1시간에 5 ~ 10분 정도 눈을 쉬어 주는 것이 눈 건강에 도움이 된다고 한다. 또한 시력은 평생 변하므로 시력이 좋은 사람이라도 정기적인 안과 검사를 통해 시력 교정을 해주어야 하며, 노안이 시작되는 사람은 컴퓨터 사용을 위한 작업용 안경을 맞추는 것이 좋다. 또한 업무 시간 내 연속적인 컴퓨터 작업을 피해 전화 걸기, 고객 접대처럼 눈에 무리가 가지 않는 일을 하는 것이 좋으며 야간작업을 할 때는 실내 전체 조명은 어둡게 하고 부분 조명을 사용하면 서로 다른 빛 방향으로 시력이 증진된다고 전했다. 컴퓨터를 자주 사용하는 사람은 보호 필터를 설치하고 모니터의 글씨를 크게 하여 눈이 뚫어지게 집중하는 것을 피하는 것이 좋다.

눈 건강을 위한 영양소

칼슘은 뼈와 치아뿐 아니라 인체 조직의 회복을 돕는 데에도 작용한다. 특히 눈을 깜빡이는 근육의 힘이나 염증을 치료하는 데 탁월한 효과를 보인다. 눈과 관련된 영양소 중 가장 많이 알려진 것은 바로 비타민 A다. 야맹증과 안구 건조증, 결막염에 효과가 좋으며 비타민 A와 관련된 복합체 중 하나인 카로티노이드는 망막과 황반의 구성 성분으로 노안으로 시력이 감퇴되는 것을 막아 준다. 비타민 C는 피로 회복에 도움을 주고 백내장 발병률을 떨어뜨리며, 루틴은 눈 건강을 위한 항염 작용에 도움이 된다. 특히 혈행을 개선해 주는 효과가 탁월한 오메가 3는 망막의 구성 성분으로 나이가 들수록 퇴화하는 망막 세포의 손상을 막아 주고, 비타민 B는 눈 신경 세포의 물질 대사를 활발하게 만들어 시신경을 튼튼하고 건강하게 해준다.

01 다음 중 눈 건강을 위한 행동으로 가장 적절한 것은?

① 가까운 사물을 볼 때 눈을 잘 깜빡거리지 않는다.

② 시력이 1.5 이상이면 2년에 한 번 안과 검진을 받는다.

③ 비타민 A와 C는 다량 섭취하면 눈 건강에 좋지 않으니 소량만 섭취한다.

④ 야간작업 시 실내 전체 조명은 어둡게 하고 부분 조명을 사용한다.

⑤ 컴퓨터를 자주 사용할 때는 모니터의 글씨 크기를 작게 하여 동공의 확장을 유도한다.

02 다음 중 눈 건강을 위한 영양소와 효능이 바르게 짝지어지지 않은 것은?

① 칼슘 – 눈 근육의 힘, 염증 치료

② 비타민 A – 야맹증, 안구건조증, 결막염

③ 카로티노이드 – 시력 감퇴 예방

④ 루틴 – 망막 세포의 손상 예방

⑤ 비타민 C – 피로 회복, 백내장 발병률 저하

공유경제는 한번 생산된 제품을 여럿이 공유해 쓰는 협력소비를 기본으로 한 경제 방식을 말한다. 이는 유형과 무형을 모두 포함하며, 거래 형태에 따라 크게 쉐어링, 물물교환, 협력적 커뮤니티로 분류할 수 있다. 쉐어링은 사용자들이 제품 혹은 서비스를 소유하지 않고 사용할 수 있는 방식으로 카쉐어링이 대표적이다. 물물교환은 필요하지 않은 제품을 필요한 사람에게 재분배하는 방식으로 주로 중고매매를 말한다. 마지막으로 협력적 커뮤니티는 특정한 커뮤니티 내부의 사용자 사이의 협력을 통한 방식으로 유형과 무형의 자원 전부를 다룬다. 자신의 공간을 여행자에게 제공하는 에어비앤비(AirBnB)나 지식 공유 플랫폼 등이 널리 알려져 있는 협력적 커뮤니티 공유경제이다.

공유경제는 _____ 예를 들어, 기존 기업은 제품 판매를 통해 벌어들인 수익과 사회 환원을 별개로 생각한다면, 공유경제에서는 거래 당사자들이 이익을 취할 뿐만 아니라 거래 자체가 자원의 절약과 환경문제 해소로 이어져 사회 전체에 기여한다. 그러나 공유경제가 다 좋다고 말하기에는 다소 이른 감이 있다. 아직까지는 제도적 기반이 취약하여 실제 거래에 있어 불이익이 발생한다 하더라도 법적 보호를 받기 어렵기 때문이다. 이러한 점들을 면밀히 살피고 개선해 나갈 때 공유경제가 바꿔 놓을 미래의 삶도 기대할 수 있을 것이다.

03 다음 중 공유경제의 사례로 보기 어려운 것은?

① 승객과 자동차를 운행하는 일반인을 매칭시켜 주는 자동차 공유플랫폼

② 집의 남는 방을 여행객에게 제공하는 단기 숙박 서비스

③ 서로 필요한 유아용품이나 아이의 옷을 교환하는 서비스

④ 소규모 회사를 위한 사무공간을 공유하는 공유 오피스 서비스

⑤ 자신의 일상 사진을 업로드하고 일상을 공유하는 소셜네트워크 서비스

04 다음 중 윗글의 빈칸에 들어갈 내용으로 가장 적절한 것은?

① 세계 경제 위기 속에서 과소비를 줄이고, 합리적인 소비생활을 하도록 돕는다.

② 인터넷 중심의 IT기술과 모바일 산업의 발전을 통해 활성화되었다.

③ 소유자들이 많이 이용하지 않는 물건으로부터 더 많은 수익을 창출할 수 있다.

④ 이용자와 중개자, 사회 전체 모두에게 이익이 되는 윈윈(Win-win) 구조를 지향하고 있다.

⑤ 대량생산·대량소비를 지향하는 자본주의 경제와 달리 거래 판매자가 많은 이익을 얻을 수 없다.

카셰어링이란 차를 빌려 쓰는 방법의 하나로, 기존의 방식과는 다르게 시간 또는 분 단위로 필요한 만큼만 자동차를 빌려 사용할 수 있다. 이러한 카셰어링은 비용 절감 효과와 더불어 환경적·사회적 측면에서 현재 세계적으로 주목받고 있는 사업 모델이다.

호주 멜버른시의 조사 자료에 따르면, 카셰어링 차 한 대당 도로상의 개인 소유 차량 9대를 줄이는 효과가 있으며, 실제 카셰어링을 이용하는 사람은 해당 서비스 가입 이후 자동차 사용을 50%까지 줄였다고 한다. 또한 자동차 이용량이 줄어들면 주차 문제를 해결할 수 있으며, 카셰어링 업체에서 제공하는 친환경 차량을 통해 온실가스의 배출을 감소시키는 효과도 기대할 수 있다. 호주 카셰어링 업체 차량의 60% 정도는 경차 또는 하이브리드 차량인 것으로 조사되었다.

호주의 카셰어링 시장규모는 8,360만 호주 달러로 지난 5년간 연평균 21.7%의 급격한 성장률을 보이고 있다. 전문가들은 호주 카셰어링 시장이 앞으로도 가파르게 성장해 5년 후에는 현재보다 약 2.5배 증가한 2억 1,920만 호주 달러에 이를 것이며, 이용자 수도 10년 안에 150만 명까지 폭발적으로 늘어날 것이라고 예측한다.

이처럼 호주에서 카셰어링 서비스가 많은 회원을 확보하며 급격한 성장세를 나타내는 데는 비용 측면의 이유가 가장 크다고 볼 수 있다. 호주에서 차량을 소유할 경우 주유비, 서비스비, 보험료, 주차비 등의 부담이 크기 때문이다. 발표 자료에 의하면 차량 2대를 소유한 가족이 차량 구매 금액을 비롯하여 차량 유지비에만 쓰는 비용은 연간 12,000호주 달러에서 18,000호주 달러에 이른다고 한다.

호주 자동차 산업에서 경제적·환경적·사회적인 변화에 따라 호주 카셰어링 시장이 폭발적인 성장세를 보이는 것에 주목할 필요가 있다. 전문가들은 카셰어링으로 인해 자동차 산업에 나타나는 변화의 정도를 '위험한 속도'로까지 비유하기도 한다. 카셰어링 차량의 주차공간을 마련하기 위해서 정부의 역할이 매우 중요한 만큼 호주는 정부 차원에서도 카셰어링 서비스를 지원하는 데 적극적으로 움직이고 있다. 호주는 카셰어링 서비스가 발달한 미국, 캐나다, 유럽 대도시에 비하면 아직 뒤처져 있지만, 성장 가능성이 높아 국내기업에서도 차별화된 서비스와 플랫폼을 개발한다면 진출을 시도해 볼 수 있다.

05 다음 중 윗글의 제목으로 가장 적절한 것은?

① 호주의 카셰어링 성장배경과 전망
② 호주 카셰어링 서비스의 장단점
③ 카셰어링 사업의 세계적 성장 가능성
④ 카셰어링 사업의 성공을 위한 호주 정부의 노력
⑤ 호주에서 카셰어링 서비스가 성공하기 어려운 이유

06 다음 중 윗글의 내용으로 적절하지 않은 것은?

① 호주에서 카셰어링 서비스를 이용하는 사람의 경우 가입 이후 자동차 사용률이 50% 감소하였다.
② 호주의 카셰어링 업체가 소유한 차량의 약 60%는 경차 또는 하이브리드 자동차이다.
③ 호주의 카셰어링 시장은 지난 5년간 급격하게 성장하여 현재 8,360만 호주 달러의 규모를 이루고 있다.
④ 호주의 한 가족이 1년간 카셰어링 서비스를 이용할 경우 최대 18,000호주 달러가 사용된다.
⑤ 미국, 캐나다, 유럽 대도시에는 이미 카셰어링 서비스가 발달해 있다.

※ 다음 글을 읽고 이어지는 질문에 답하시오. [7~8]

(가) 사실 19세기 중엽은 전화 발명으로 무르익은 시기였고, 전화 발명에 많은 사람이 도전했다고 볼 수 있다. 한 개인이 전화를 발명했다기보다 여러 사람이 전화 탄생에 기여했다는 이야기로 이어질 수 있다. 하지만 결국 최초의 공식 특허를 받은 사람은 벨이며, 벨이 만들어낸 전화 시스템은 지금도 세계 통신망에 단단히 뿌리를 내리고 있다.

(나) 그러나 벨의 특허와 관련된 수많은 소송은 무치의 죽음, 벨의 특허권 만료와 함께 종료되었다. 그레이와 벨의 특허 소송에서도 벨은 모두 무혐의 처분을 받았고, 1887년 재판에서 전화의 최초 발명자는 벨이라는 판결이 났다. 그레이가 전화의 가능성을 처음 인지한 것은 사실이지만, 전화를 완성하기 위한 후속 조치를 취하지 않았다는 것이었다.

(다) 하지만 벨이 특허를 받은 이후 누가 먼저 전화를 발명했는지에 대해 치열한 소송전이 이어졌다. 여기에는 그레이를 비롯하여 안토니오 무치 등 많은 사람이 관련돼 있었다. 특히 무치는 1871년 전화에 대한 임시 특허를 신청하였지만, 돈이 없어 정식 특허로 신청하지 못했다. 2002년 미국 하원 의회에서는 무치가 10달러의 돈만 있었다면 벨에게 특허가 부여되지 않았을 것이라며 무치의 업적을 인정하기도 했다.

(라) 알렉산더 그레이엄 벨은 전화를 처음 발명한 사람으로 알려져 있다. 1876년 2월 14일 벨은 설계도와 설명서를 바탕으로 전화에 대한 특허를 신청했고, 같은 날 그레이도 전화에 대한 특허 신청서를 제출했다. 1876년 3월 7일 미국 특허청은 벨에게 전화에 대한 특허를 부여했다.

07 다음 중 윗글의 문단을 논리적 순서대로 바르게 나열한 것은?

① (가) - (다) - (라) - (나)

② (가) - (라) - (다) - (나)

③ (라) - (가) - (다) - (나)

④ (라) - (나) - (가) - (다)

⑤ (라) - (다) - (나) - (가)

08 다음 중 윗글의 내용으로 가장 적절한 것은?

① 법적으로 전화를 처음으로 발명한 사람은 벨이다.

② 그레이는 벨보다 먼저 특허 신청서를 제출했다.

③ 무치는 1871년 전화에 대한 정식 특허를 신청하였다.

④ 현재 세계 통신망에는 그레이의 전화 시스템이 사용되고 있다.

⑤ 그레이는 전화의 가능성을 인지하지 못하였다.

다음 글의 빈칸에 들어갈 내용으로 가장 적절한 것은?

무엇보다도 전통은 문화적 개념이다. 문화는 복합 생성을 그 본질로 한다. 그 복합은 질적으로 유사한 것끼리는 짧은 시간에 무리 없이 융합되지만, 이질적일수록 그 혼융의 역사적 기간과 길항이 오래 걸리는 것은 사실이다. 그러나 이질적인 전통이 그 주류에 있어서 교체가 더디다 해서 전통 자체를 단절된 것으로 볼 수는 없다. 오늘날 이미 하나의 문화적 전통을 이룬 서구의 전통도 희랍·로마 이래 장구한 역사로써 헬레니즘과 히브리즘의 이질적 전통이 융합된 것임은 이미 다 아는 상식 아닌가.

지금은 끊어졌다는 우리의 고대 이래의 전통도 알고 보면 샤머니즘에, 선교에, 불교에, 도교에, 유교에 실학파를 통해 받아들인 천주교적 전통까지 혼합된 것이고, 그것들 사이에는 유사한 것도 있었지만 상당히 이질적인 것이 교차하여 걷고튼 끝에 이루어진 전통이며, 그것은 어느 것이나 우리화시켜 받아들임으로써 우리의 전통이 되었던 것이다. 이런 의미에서 보자면 오늘날 일시적 전통의 혼미를 전통의 단절로 속단하고 이를 전통 부정의 논거로 삼는 것은 허망된 논리이다. ＿＿＿＿＿＿＿＿＿＿＿＿＿＿＿＿＿ 그러므로 전통의 혼미란 곧 주체 의식의 혼미란 뜻에 지나지 않는다. 전통 탐구의 현대적 의의는 바로 문화의 기본적 주체 의식의 각성과 시대적 가치관의 검토, 이 양자의 관계에 대한 탐구의 요구이다.

① 끊어지고 바뀌고 붙고 녹는 것을 계속하면서도 그것을 일관하는 것이 전통이다.
② 전통은 물론 과거로부터 이어 온 것을 말한다.
③ 전통은 대체로 그 사회 및 사회의 구성원인 개인의 몸에 배어 있는 것이다.
④ 우리 민족 문화의 전통은 부단한 창조 활동 속에서 이어 온 것이다.
⑤ 전통은 우리의 현실에 작용하는 경우가 있다.

10 다음 문단을 논리적 순서대로 바르게 나열한 것은?

(가) 그런데 '의사, 변호사, 사장' 등은 그 직업이나 직책에 있는 모든 사람을 가리키는 것이어야 함에도 불구하고, 실제로는 남성을 가리키는 데 주로 사용되고, 여성을 가리킬 때는 '여의사, 여변호사, 여사장' 등이 따로 사용되고 있다. 즉, 여성을 예외적인 경우로 취급함으로써 남녀차별의 가치관을 이 말들에 반영하고 있는 것이다.

(나) 언어에는 사회상의 다양한 측면이 반영되어 있다. 그렇기 때문에 남성과 여성의 차이도 언어에 반영되어 있다. 한편 우리 사회는 꾸준히 양성평등을 향해서 변화하고 있지만, 언어의 변화 속도는 사회의 변화 속도를 따라가지 못한다. 따라서 국어에는 남녀차별의 사회상을 알게 해 주는 증거들이 있다.

(다) 오늘날 남녀의 사회적 위치가 과거와 다르고 지금 이 순간에도 계속 변하고 있다. 여성의 사회적 지위 향상의 결과가 앞으로 언어에 반영되겠지만, 현재 언어에 남아 있는 과거의 흔적은 우리 스스로의 노력으로 지워감으로써 남녀의 '차이'가 더 이상 '차별'이 되지 않도록 노력을 기울여야 하겠다.

(라) 우리말에는 그 자체에 성별을 구분해 주는 문법적 요소가 없다. 따라서 남성을 지칭하는 말과 여성을 지칭하는 말, 통틀어 지칭하는 말이 따로 존재해야 하지만, 국어에는 그런 경우도 있고 그렇지 않은 경우도 있다. 예를 들어 '아버지'와 '어머니'는 서로 대등하게 사용되고, '어린이'도 남녀를 구별하지 않고 가리킬 때 쓰인다.

① (나) – (가) – (라) – (다)
② (나) – (라) – (가) – (다)
③ (다) – (가) – (라) – (나)
④ (다) – (나) – (라) – (가)
⑤ (다) – (라) – (나) – (가)

11 다음 글의 빈칸에 들어갈 단어로 가장 적절한 것은?

죄가 언론 보도의 주요 소재가 되고 있다. 그 이유는 언론이 범죄를 취잿감으로 찾아내기가 쉽고 편의에 따라 기사화할 수 있을 뿐만 아니라, 범죄 보도를 통하여 시청자의 관심을 끌 수 있기 때문이다. 이러한 보도는 범죄에 대한 국민의 알 권리를 충족시키는 공적 기능을 수행하기 때문에 사회적으로 용인되는 경향이 있다. 그러나 지나친 범죄 보도는 범죄자나 범죄 피의자의 초상권을 침해하여 법적 · 윤리적 문제를 일으키기도 한다.

일반적으로 초상권은 얼굴 및 기타 사회 통념상 특정인임을 식별할 수 있는 신체적 특징을 타인이 함부로 촬영하여 공표할 수 없다는 인격권과 이를 광고 등에 영리적으로 이용할 수 없다는 재산권을 포괄한다. 언론에 의한 초상권 침해의 유형으로는 본인의 동의를 구하지 않은 무단 촬영 · 보도, 승낙의 범위를 벗어난 촬영 · 보도, 몰래 카메라를 동원한 촬영 · 보도 등을 들 수 있다.

법원의 판결로 이어진 대표적인 사례로는 교내에서 불법으로 개인 지도를 하던 대학 교수를 현행범으로 체포하려는 현장을 방송 기자가 경찰과 동행하여 취재하던 중 초상권을 침해한 경우를 들 수 있다. 법원은 '원고의 동의를 구하지 않고, 연습실을 무단으로 출입하여 취재한 것은 원고의 사생활과 초상권을 침해하는 행위'라고 판시했다. 더불어 취재의 자유를 포함하는 언론의 자유는 다른 법익을 침해하지 않는 범위 내에서 인정되며, 비록 취재 당시 원고가 현행범으로 체포되는 상황이라 하더라도, 원고의 연습실과 같은 사적인 장소는 수사 관계자의 동의 없이는 출입이 금지되고, 이를 무시한 취재는 원칙적으로 불법이라고 판결했다.

이 사례는 법원이 언론의 자유와 초상권 침해의 갈등을 어떤 기준으로 판단하는지 보여 주고 있다. 또한 이 판결은 사적 공간에서의 취재 활동이 어디까지 허용되는가에 대한 법적 근거를 제시하고 있다. 언론 보도에 노출된 범죄 피의자는 경제적 · 직업적 · 가정적 불이익을 당할 뿐만 아니라, 인격이 심하게 훼손되거나 심지어는 생명을 버리기까지도 한다. 따라서 사회적 공기(公器)인 언론은 개인의 초상권을 존중하고 언론 윤리에 부합하는 범죄 보도가 될 수 있도록 신중을 기해야 한다. 범죄 보도가 초래하는 법적 · 윤리적 논란은 언론계 전체의 신뢰도에 치명적인 손상을 가져올 수도 있다. 이는 범죄가 언론에는 매혹적인 보도 소재이지만, 자칫 _____이/가 될 수도 있음을 의미한다.

① 시금석
② 부메랑
③ 아킬레스건
④ 악어의 눈물
⑤ 뜨거운 감자

12 다음 글에 대한 반론으로 가장 적절한 것은?

법과 정의의 관계는 법학의 고전적인 과제 가운데 하나이다. 때와 장소에 관계없이 누구에게나 보편적으로 받아들여질 수 있는 정의롭고 도덕적인 법을 떠올리게 되는 것은 자연스러운 일이다. 전통적으로 이런 법을 '자연법'이라 부르며 논의해 왔다. 자연법은 인위적으로 제정되는 것이 아니라 인간의 경험에 앞서 존재하는 본질적인 것으로서 신의 법칙이나 우주의 질서, 또는 인간 본성에 근원을 둔다. 특히 인간의 본성에 깃든 이성, 다시 말해 참과 거짓, 선과 악을 분별할 수 있는 인간만의 자질은 자연법을 발견해 낼 수 있는 수단이 된다.

서구 중세의 신학에서는 자연법을 인간 이성에 새겨진 신의 법이라고 이해하여 종교적 권위를 중시하였다. 이후 근대의 자연법 사상에서는 신학의 의존으로부터 독립하여 자연법을 오직 이성으로써 확인할 수 있다고 보았다. 이런 경향을 열었다고 할 수 있는 그로티우스(1583~1645)는 중세의 전통을 수용하면서도 인간 이성에 따른 자연법의 기초를 확고히 하였다. 그는 이성을 통해 확인되고 인간 본성에 합치하는 법 규범은 자연법이자 신의 의지라고 말하면서, 이 자연법은 신도 변경할 수 없는 본질적인 것이라고 주장하였다. 이성의 올바른 인도를 통해 다다르게 되는 자연법은 국가와 실정법을 초월하는 규범이라고 보았다.

① 자연법은 누구에게나 받아들여질 수 있어야 한다.
② 자연법은 명확히 확정하기 어렵기 때문에 현실적으로 효력을 갖춘 실정법만을 법으로 인정해야 한다.
③ 보통 인간만이 가지고 있는 자질이 자연법이 된다.
④ 근대부터 자연법을 신학으로부터 독립적으로 취급했다.
⑤ 그로티우스는 실정법과 자연법을 구별하여 다뤘다.

※ 다음 글을 읽고 이어지는 질문에 답하시오. [13~15]

기업은 상품의 사회적 마모를 촉진시키는 주체이다. 생산과 소비가 지속되어야 이윤을 남길 수 있기 때문에, 하나의 상품을 생산해서 그 상품의 물리적 마모가 끝날 때까지를 기다렸다가는 기업이 망하기 십상이다. 이러한 상황에서 늘 수요에 비해서 과잉 생산을 하는 기업이 살아남을 수 있는 길은 상품의 사회적 마모를 짧게 해서 사람들로 하여금 계속 소비하게 만드는 것이다.

그래서 ㉠ 기업들은 더 많은 이익을 내기 위해서는 상품의 성능을 향상시키기보다는 디자인을 변화시키는 것이 더 바람직하다고 생각한다. 산업이 발달하여 ㉡ 상품의 성능이나 기능, 내구성이 이전보다 더욱 향상되었는데도 불구하고 상품의 생명이 이전보다 더 짧아지는 것은 어떻게 생각하면 자본주의 상품이 지닌 모순이라고 할 수 있다. 섬유의 질은 점점 좋아지지만 그 옷을 입는 기간은 이에 비해서 점점 짧아지게 되는 것이 바로 자본주의 상품이 지니고 있는 모순이다. 상품의 질은 향상되고 내가 버는 돈은 늘어가는 것 같은데 늘 무엇인가 부족한 듯한 느낌이 드는 것도 이것과 관련이 있다.

13 다음 중 윗글을 읽고 추론한 내용으로 적절하지 않은 것은?

① 기업은 물리적 마모가 짧을수록 유리하기 때문에 제품의 성능에 신경 쓰지 않는다.

② 사회적 마모 기간이 짧아지면 생산과 소비는 지속된다.

③ 기업은 이익을 위해 상품의 디자인 변화가 이윤추구에 더 바람직하다고 생각한다.

④ 자본주의 시대를 사는 사람들은 제품의 품질이 좋아져도 오래 사용하지 않는다.

⑤ 사회적 마모 기간이 짧아지는 것을 자본주의의 모순으로 볼 수도 있다.

14 다음 중 윗글의 밑줄 친 ㉠에 대해 제기할 수 있는 반론으로 가장 적절한 것은?

① 상품의 성능은 그대로 두어도 향상될 수 있는가?

② 디자인에 관한 소비자들의 취향이 바뀌는 것을 막을 방안은 있는가?

③ 상품의 성능 향상을 등한시하며 디자인만 바꾼다고 소비가 증가할 것인가?

④ 사회적 마모 기간이 점차 짧아지면 디자인을 개발하는 것이 기업에 도움이 되겠는가?

⑤ 소비 성향에 맞춰 디자인을 다양화할 수 있는가?

15 다음 중 윗글의 밑줄 친 ㉡이 가장 잘 나타난 사례로 볼 수 있는 것은?

① 같은 가격이라면 남들이 많이 가지고 있는 것을 산다.

② 자신에게 필요가 없게 된 물건은 싼값에 남에게 판다.

③ 옷을 살 때는 디자인이나 기능보다는 가격을 더 고려한다.

④ 휴대전화를 가지고 있으면서도 새로운 모델의 휴대전화를 사기 위해 돈을 모은다.

⑤ 기능을 고려하여 가장 비싼 노트북을 산다.

16 다음 글을 이해한 내용으로 가장 적절한 것은?

> 2009년 미국의 설탕, 옥수수 시럽, 기타 천연당의 1인당 연평균 소비량은 140파운드로 독일, 프랑스보다 50%가 많았고, 중국보다는 9배가 많았다. 그런데 설탕이 비만을 야기하고 당뇨병 환자의 건강에 해롭다는 인식이 확산되면서 사카린과 같은 인공감미료의 수요가 증가하였다.
>
> 세계 최초의 인공감미료인 사카린은 1879년 미국 존스홉킨스대학에서 화학물질의 산화반응을 연구하다가 우연히 발견됐다. 당도가 설탕보다 약 500배 정도 높은 사카린은 대표적인 인공감미료로 체내에서 대사되지 않고 그대로 배출된다는 특징이 있다. 그런데 1977년 캐나다에서 쥐를 대상으로 한 사카린 실험 이후 유해성 논란이 촉발되었다. 사카린을 섭취한 쥐가 방광암에 걸렸기 때문이다. 그러나 사카린의 무해성을 입증한 다양한 연구결과로 인해 2001년 미국 FDA는 사카린을 다시 안전한 식품첨가물로 공식 인정하였고, 현재도 설탕의 대체재로 사용되고 있다.
>
> 아스파탐은 1965년 위궤양 치료제를 개발하던 중 우연히 발견된 인공감미료로 당도가 설탕보다 약 200배 높다. 그러나 아스파탐도 발암성 논란이 끊이지 않았다. 미국암협회가 안전하다고 발표했지만 이탈리아의 한 과학자가 쥐를 대상으로 한 실험에서 아스파탐이 암을 유발한다고 결론 내렸기 때문이다.

① 사카린과 아스파탐은 설탕보다 당도가 높고, 사카린은 아스파탐보다 당도가 높다.

② 사카린과 아스파탐은 모두 설탕을 대체하기 위해 거액을 투자해 개발한 인공감미료이다.

③ 사카린은 유해성 논란으로 현재 미국에서는 더는 식품첨가물로 사용되지 않고 있다.

④ 2009년 기준 중국의 설탕, 옥수수 시럽, 기타 천연당의 1인당 연평균 소비량은 20파운드 이상이었을 것이다.

⑤ 아스파탐은 암 유발 논란에 휩싸였지만, 2001년 미국 FDA로부터 안전한 식품첨가물로 처음 공식 인정받았다.

17 다음 글에 이어질 내용으로 가장 적절한 것은?

테레민이라는 악기는 손을 대지 않고 연주하는 악기이다. 이 악기를 연주하기 위해 연주자는 허리 높이쯤에 위치한 상자 앞에 선다. 오른손은 상자에 수직으로 세워진 안테나 주위에서 움직인다. 오른손의 엄지와 집게 손가락으로 고리를 만들고 손을 흔들면서 나머지 손가락을 하나씩 펴면 안테나에 손이 닿지 않고서도 음이 들린다. 이때 들리는 음은 피아노 건반을 눌렀을 때 나는 것처럼 정해진 음이 아니고 현악기를 연주하는 것과 같은 연속음이며, 소리는 손과 손가락의 움직임에 따라 변한다. 왼손은 손가락을 펼친 채로 상자에서 수평으로 뻗은 안테나 위에서 서서히 오르내리면서 소리를 조절한다.

오른손으로는 수직 안테나와의 거리에 따라 음고(音高)를 조절하고 왼손으로는 수평 안테나와의 거리에 따라 음량을 조절한다. 따라서 오른손과 수직 안테나는 음고를 조절하는 회로에 속하고 왼손과 수평 안테나는 음량을 조절하는 또 다른 회로에 속한다. 이 두 회로가 하나로 합쳐지면서 두 손의 움직임에 따라 음고와 음량을 변화시킬 수 있다.

어떻게 테레민에서 다른 음고의 음이 발생되는지 알아보자. 음고를 조절하는 회로는 가청주파수 범위 바깥의 주파수를 갖는 서로 다른 두 개의 음파를 발생시킨다. 이 두 개의 음파 사이에 존재하는 주파수의 차이 값에 의해 가청주파수를 갖는 새로운 진동이 발생하는데 그것으로 소리를 만든다. 가청주파수 범위 바깥의 주파수 중 하나는 고정된 주파수를 갖고 다른 하나는 연주자의 손 움직임에 따라 주파수가 바뀐다. 이렇게 발생한 주파수의 변화에 의해 진동이 발생되고 이 진동의 주파수는 가청주파수 범위 내에 있기 때문에 그 진동을 증폭시켜 스피커로 보내면 소리가 들린다.

① 수직 안테나에 손이 닿으면 소리가 발생하는 원리
② 왼손의 손가락 모양에 따라 음고가 바뀌는 원리
③ 수평 안테나와 왼손 사이의 거리에 따라 음량이 조절되는 원리
④ 음고를 조절하는 회로에서 가청주파수의 진동이 발생하는 원리
⑤ 오른손 손가락으로 가상의 피아노 건반을 눌러 음량을 변경하는 원리

18 다음 글의 내용으로 적절한 것을 〈보기〉에서 모두 고르면?

지역 주민들로 이루어진 작은 집단에 국한된 고대 종교에서는 성찬을 계기로 신자들이 함께 모일 수 있었다. 그중에서도 특히 고대 셈족에게 성찬은 신의 식탁에 공동으로 참석해서 형제의 관계를 맺음을 의미했다. 실제로는 자신의 몫만을 배타적으로 먹고 마심에도 불구하고, 같은 것을 먹고 마신다는 생각을 통해서 공동의 피와 살을 만든다는 원시적인 표상이 만들어졌다. 빵을 예수의 몸과 동일시한 기독교의 성찬식에 이르러서 신화의 토대 위에 비로소 '공동 식사'라는 것의 새로운 의미가 형성되고 이를 통해서 참가자들 사이에 고유한 연결 방식이 창출되었다. 이러한 공동 식사 중에는 모든 참가자가 각기 자기만의 부분을 차지하는 것이 아니라, 전체를 분할하지 않고 누구나 함께 공유한다는 생각을 함으로써 식사 자체의 이기주의적 배타성이 극복된다.

공동 식사는 흔히 행해지는 원초적 행위를 사회적 상호 작용의 영역과 초개인적 의미의 영역으로 고양시킨다는 이유 때문에 과거 여러 시기에서 막대한 사회적 가치를 획득했다. 식탁 공동체의 금지 조항들이 이를 명백히 보여 준다. 이를테면 11세기의 케임브리지 길드는 길드 구성원을 살해한 자와 함께 먹고 마시는 사람에게 무거운 형벌을 가했다. 또한 강한 반유대적 성향 때문에 1267년의 비엔나 공의회는 기독교인들은 유대인들과 같이 식사를 할 수 없다고 규정했다. 그리고 인도에서는 낮은 카스트에 속하는 사람과 함께 식사를 함으로써 자신과 자신의 카스트를 더럽히는 사람은 때로 죽임을 당하기까지 했다. 서구 중세의 모든 길드에서는 공동으로 먹고 마시는 일이 오늘날 우리가 상상할 수 없을 정도로 중요했다. 아마도 중세 사람들은 존재의 불확실성 가운데서 유일하게 눈에 보이는 확고함을 같이 모여서 먹고 마시는 데서 찾았을 것이다. 당시의 공동 식사는 중세 사람들이 언제나 공동체에 소속되어 있다는 확신을 얻을 수 있는 상징이었던 것이다.

보기

ㄱ. 개별 집단에서 각기 이루어지는 공동 식사는 집단 간의 배타적인 경계를 강화시켜 주는 역할을 한다.
ㄴ. 일반적으로 공동 식사는 성스러운 음식을 공유함으로써 새로운 종교가 창출되는 계기로 작용했다.
ㄷ. 공동 식사는 식사가 본질적으로 이타적인 행위임을 잘 보여 주는 사례이다.

① ㄱ   ② ㄷ
③ ㄱ, ㄴ   ④ ㄴ, ㄷ
⑤ ㄱ, ㄴ, ㄷ

19 다음 글의 서론과 결론을 읽고 본론에 해당하는 문장을 논리적 순서대로 바르게 나열한 것은?

세상에서는 흔히 학문밖에 모르는 상아탑 속의 연구 생활을 현실을 도피한 짓이라고 비난하기 일쑤지만, 상아탑의 덕택이 큰 것임을 알아야 한다. 모든 점에서 편리해진 생활을 향락하고 있는 현대인이 있기 전에 그런 것이 가능하기 위해서도 오히려 그런 향락과는 담을 쌓고 진리 탐구에 몰두한 학자들의 상아탑 속에서의 노고가 앞서 있었던 것이다. 그렇다고 남의 향락을 위하여 스스로는 고난의 길을 일부러 걷는 것이 학자는 아니다.

(가) 상아탑이 나쁜 것이 아니라, 진리를 탐구해야 할 상아탑이 제구실을 옳게 다하지 못하는 것이 탈이다.

(나) 학자는 그저 진리를 탐구하기 위하여 학문을 하는 것뿐이다.

(다) 학문에 진리 탐구 이외의 다른 목적이 섣불리 앞장을 설 때, 그 학문은 자유를 잃고 왜곡될 염려조차 있다.

(라) 진리 이외의 것을 목적으로 할 때, 그 학문은 한때의 신기루와도 같아 우선은 찬연함을 자랑할 수 있을지 모르나, 과연 학문이라고 할 수 있을까부터가 문제다.

(마) 학문을 악용하기 때문에 오히려 좋지 못한 일을 하는 경우가 얼마나 많은가?

진리의 탐구가 학문의 유일한 목적일 때, 그리고 그 길로 매진할 때, 그 무엇에도 속박됨이 없는 숭고한 학적인 정신이 만난을 극복하는 기백을 길러 줄 것이요, 또 그것대로 우리의 인격 완성의 길로 통하게도 되는 것이다.

① (가) – (나) – (다) – (라) – (마) ② (가) – (다) – (나) – (마) – (라)
③ (나) – (가) – (다) – (마) – (라) ④ (나) – (마) – (가) – (다) – (라)
⑤ (나) – (마) – (다) – (가) – (라)

20 다음 글을 읽고 알 수 있는 내용으로 가장 적절한 것은?

> 김치는 자연 발효에 의해 익어가기 때문에 미생물의 작용에 따라 맛이 달라진다. 김치가 발효되기 위해서는 효모와 세균 등 여러 미생물의 증식이 일어나야 하는데, 이를 위해 김치를 담글 때 찹쌀가루나 밀가루로 풀을 쑤어 넣어 준다. 이는 풀에 들어있는 전분을 비롯한 여러 가지 물질이 김칫소에 있는 미생물을 쉽게 자랄 수 있도록 해주는 영양분의 역할을 하기 때문이다. 김치는 배추나 무에 있는 효소뿐만 아니라 그 사이에 들어가는 김칫소에 포함된 효소의 작용에 의해서도 발효가 일어날 수 있다.
>
> 김치의 발효 과정에 관여하는 미생물에는 여러 종류의 효모, 호기성 세균 그리고 유산균을 포함한 혐기성 세균이 있다. 갓 담근 김치의 발효가 시작될 때 호기성 세균과 혐기성 세균의 수가 두드러지게 증가하지만, 김치가 익어갈수록 호기성 세균의 수는 점점 줄어들어 나중에는 그 수가 완만하게 증가하는 효모의 수와 거의 비슷해진다. 그러나 혐기성 세균의 수는 김치가 익어갈수록 증가하며 결국 많이 익어서 시큼한 맛이 나는 김치에 있는 미생물 중 대부분을 차지한다. 김치를 익히는 데 관여하는 균과 매우 높은 산성의 환경에서도 잘 살 수 있는 유산균이 그 예이다.
>
> 김치를 익히는 데 관여하는 세균과 유산균뿐만 아니라 김치의 발효 초기에 증식하는 호기성 세균도 독특한 김치맛을 내는 데 도움을 준다. 김치에 들어 있는 효모는 세균보다 그 수가 훨씬 적지만 여러 종류의 효소를 가지고 있어서 김치 안에 있는 여러 종류의 탄수화물을 분해할 수 있다. 또한 김치를 발효시키는 유산균은 당을 분해해서 시큼한 맛이 나는 젖산을 생산하는데, 김치가 익어가면서 김치 국물의 맛이 시큼해지는 것은 바로 이런 이유 때문이다.
>
> 김치가 익는 정도는 재료나 온도 등의 조건에 따라 달라지는데 이는 유산균의 발효 정도가 달라지기 때문이다. 특히 이 미생물들이 만들어 내는 여러 종류의 향미 성분이 더해지면서 특색 있는 김치 맛이 만들어진다. 김치가 익는 기간에 따라 여러 가지 맛을 내는 것도 모두 유산균의 발효 정도가 다른 데서 비롯된다.

① 김치를 담글 때 넣는 풀은 효모에 의해 효소로 바뀐다.
② 강한 산성 조건에서도 생존할 수 있는 혐기성 세균이 있다.
③ 김치 국물의 시큼한 맛은 호기성 세균의 작용에 의한 것이다.
④ 특색 있는 김치 맛을 만드는 것은 효모가 만든 향미 성분 때문이다.
⑤ 시큼한 맛이 나는 김치에 있는 효모의 수는 호기성 세균이나 혐기성 세균보다 훨씬 많다.

21 A고객은 3일 후 떠날 3주간의 제주도 여행에 대비하여 가족 모두 여행자 보험에 가입하고자 K은행에 방문하였다. 이에 P사원이 A고객에게 여행자 보험 상품을 추천하고자 할 때, P사원의 설명으로 옳지 않은 것은?(단, A고객 가족의 나이는 만 14세, 17세, 45세, 51세, 75세이다)

〈K은행 여행자 보험〉

- 가입연령 : 만 1 ~ 79세(인터넷 가입 만 19 ~ 70세)
- 납입방법 : 일시납
- 납입기간 : 일시납
- 보험기간 : 2일 ~ 최대 1개월
- 보장내용

보장의 종류	보험금 지급사유	지급금액
상해사망 및 후유장해	– 여행 중 사고로 상해를 입고 그 직접적인 결과로 사망하거나 후유장해상태가 되었을 때	– 사망 시 가입금액 전액 지급 – 후유장해 시 장해정도에 따라 가입금액의 30 ~ 100% 지급
질병사망	– 여행 중 발생한 질병으로 사망 또는 장해지급률 80% 이상의 후유장해가 남았을 경우	– 가입금액 전액 지급
휴대품 손해	– 여행 중 우연한 사고로 휴대품이 도난 또는 파손되어 손해를 입은 경우	– 가입금액 한도 내에서 보상하되, 휴대품 1개 또는 1쌍에 대하여 20만 원 한도로 보상(단, 자기부담금 1만 원 공제)

- 유의사항
  - 보험계약 체결일 기준 만 15세 미만자의 경우 사망은 보장하지 않음
  - 보장금액과 상해, 질병 의료실비에 대한 보장내용은 홈페이지 참조

---

① 고객님, 가족 모두 가입하시려면 반드시 은행에 방문해 주셔야 합니다.
② 고객님, 만 14세 자녀의 경우 본 상품에 가입하셔도 사망보험금은 지급되지 않습니다.
③ 고객님, 여행 도중 귀중품을 분실하셨을 경우 분실물의 수량과 관계없이 최대 20만 원까지 보상해 드립니다.
④ 고객님, 후유장해 시 보험금은 장해정도에 따라 차등지급됩니다.
⑤ 고객님, 보험가입 시 보험금은 한 번만 납입하시면 됩니다.

22 K중학교 백일장에 참여한 갑 ~ 무 학생에게 다음 〈조건〉에 따라 점수를 부여할 때, 점수가 가장 높은 학생은?

〈K중학교 백일장 채점표〉

학생	오탈자(건)	글자 수(자)	주제의 적합성	글의 통일성	가독성
갑	33	654	A	A	C
을	7	476	B	B	B
병	28	332	B	B	C
정	25	572	A	A	A
무	12	786	C	B	A

조건

- 기본 점수는 80점이다.
- 오탈자가 10건 이상일 때 1점을 감점하고, 5건이 추가될 때마다 1점을 추가로 감점한다.
- 전체 글자 수가 350자 미만일 때 10점을 감점하고, 600자 이상일 때 1점을 부여하며, 25자가 추가될 때마다 1점을 추가로 부여한다.
- 주제의 적합성, 글의 통일성, 가독성을 A, B, C등급으로 나누며 등급 개수에 따라 추가점수를 부여한다.
  - A등급 3개 : 25점
  - A등급 2개, B등급 1개 : 20점
  - A등급 2개, C등급 1개 : 5점
  - A등급 1개, B등급 2개 또는 A등급, B등급, C등급 1개 : 10점
  - B등급 3개 : 5점

예 오탈자 46건, 전체 글자 수 626자, 주제의 적합성, 글의 통일성, 가독성이 각각 A, B, A일 때 점수는 80−8+2+20=94점이다.

① 갑
② 을
③ 병
④ 정
⑤ 무

23 K사원은 점심식사 중 식당에 있는 TV에서 정부의 정책에 대한 뉴스가 나오는 것을 보았다. 함께 점심을 먹는 동료들과 뉴스를 보고 나눈 대화의 내용으로 적절하지 않은 것은?

〈뉴스〉

앵커 : 저소득층에게 법률서비스를 제공하는 정책을 구상 중입니다. 정부는 무료로 법률자문을 하겠다고 자원하는 변호사를 활용하는 자원봉사제도, 정부에서 법률 구조공단 등의 기관을 신설하고 변호사를 유급으로 고용하여 법률서비스를 제공하는 유급법률구조제도, 정부가 법률서비스의 비용을 대신 지불하는 법률보호제도 등의 세 가지 정책대안 중 하나를 선택할 계획입니다.

이 정책대안을 비교하는 데 고려해야 할 정책목표는 비용저렴성, 접근용이성, 정치적 실현가능성, 법률서비스의 전문성입니다. 정책대안과 정책목표의 관계는 화면으로 보여드립니다. 각 대안이 정책목표를 달성하는 데 유리한 경우는 (+)로, 불리한 경우는 (−)로 표시하였으며, 유·불리 정도는 같습니다. 정책목표에 대한 가중치의 경우, '0'은 해당 정책목표를 무시하는 것을, '1'은 해당 정책목표를 고려하는 것을 의미합니다.

〈정책대안과 정책목표의 상관관계〉

정책목표	가중치		정책대안		
	A안	B안	자원봉사제도	유급법률구조제도	법률보호제도
비용저렴성	0	0	+	−	−
접근용이성	1	0	−	+	−
정치적 실현가능성	0	0	+	−	+
전문성	1	1	−	+	−

① 아마도 전문성 면에서는 유급법률구조제도가 자원봉사제도보다 더 좋은 정책 대안으로 평가받게 되겠군.
② A안에 가중치를 적용할 경우 유급법률구조제도가 가장 적절한 정책대안으로 평가받게 되지 않을까?
③ 반대로 B안에 가중치를 적용할 경우 자원봉사제도가 가장 적절한 정책대안으로 평가받게 될 것 같아.
④ A안과 B안 중 어떤 것을 적용하더라도 정책대안 비교의 결과는 달라지지 않을 것으로 보여.
⑤ 비용저렴성을 달성하기에 가장 유리한 정책대안은 자원봉사제도로군.

24 K공장에서 제조하는 볼트의 일련번호는 다음과 같이 구성된다. 일련번호는 형태 – 허용압력 – 직경 – 재질 – 용도 순으로 표시할 때, 직경이 14mm이고, 자동차에 쓰이는 스테인리스 볼트의 일련번호로 옳은 것은?

형태	나사형	육각	팔각	별
	SC	HX	OT	ST
허용압력(kg/cm²)	10 ~ 20	21 ~ 40	41~60	61 이상
	L	M	H	P
직경(mm)	8	10	12	14
	008	010	012	014
재질	플라스틱	크롬 도금	스테인리스	티타늄
	P	CP	SS	Ti
용도	항공기	선박	자동차	일반
	A001	S010	M110	E100

① SCP014TiE100
② OTH014SSS010
③ STM012CPM110
④ HXL014SSM110
⑤ SCM012TiM110

25 자선 축구대회에 한국, 일본, 중국, 미국 대표팀이 초청되었다. 각 팀은 다음 〈조건〉에 따라 월요일부터 금요일까지 서울, 수원, 인천, 대전 경기장을 돌아가며 사용한다고 할 때, 옳지 않은 것은?

> **조건**
> • 각 경기장에는 한 팀씩 연습하며 연습을 쉬는 팀은 없다.
> • 모든 팀은 모든 구장에서 적어도 한 번 이상 연습을 해야 한다.
> • 외국에서 온 팀의 첫 훈련은 공항에서 가까운 수도권 지역에 배정한다.
> • 이동거리 최소화를 위해 각 팀은 한 번씩 경기장 한 곳을 두 번 연속해서 사용해야 한다.
> • 미국은 월요일, 화요일에 수원에서 연습을 한다.
> • 목요일에 인천에서는 아시아 팀이 연습을 할 수 없다.
> • 금요일에 중국은 서울에서, 미국은 대전에서 연습을 한다.
> • 한국은 인천에서 연속으로 연습을 한다.

① 목요일, 금요일에 연속으로 같은 지역에서 연습하는 팀은 없다.
② 수요일에 대전에서는 일본이 연습을 한다.
③ 대전에서는 한국, 중국, 일본, 미국의 순서로 연습을 한다.
④ 한국은 화요일, 수요일에 같은 지역에서 연습을 한다.
⑤ 미국과 일본은 한 곳을 연속해서 사용하는 날이 같다.

26 조선시대에는 12시진(정시법)과 '초(初)', '정(正)', '한시진(2시간)' 등의 표현을 통해 시간을 나타내었다. 다음 중 조선시대의 시간과 현대의 시간에 대한 비교로 옳지 않은 것은?

〈12시진〉

조선시대 시간		현대 시간	조선시대 시간		현대 시간
자(子)시	초(初)	23시 1분~60분	오(午)시	초(初)	11시 1분~60분
	정(正)	24시 1분~60분		정(正)	12시 1분~60분
축(丑)시	초(初)	1시 1분~60분	미(未)시	초(初)	13시 1분~60분
	정(正)	2시 1분~60분		정(正)	14시 1분~60분
인(寅)시	초(初)	3시 1분~60분	신(申)시	초(初)	15시 1분~60분
	정(正)	4시 1분~60분		정(正)	16시 1분~60분
묘(卯)시	초(初)	5시 1분~60분	유(酉)시	초(初)	17시 1분~60분
	정(正)	6시 1분~60분		정(正)	18시 1분~60분
진(辰)시	초(初)	7시 1분~60분	술(戌)시	초(初)	19시 1분~60분
	정(正)	8시 1분~60분		정(正)	20시 1분~60분
사(巳)시	초(初)	9시 1분~60분	해(亥)시	초(初)	21시 1분~60분
	정(正)	10시 1분~60분		정(正)	22시 1분~60분

① 한 초등학교의 점심 시간이 오후 1시부터 2시까지라면, 조선시대 시간으로 미(未)시에 해당한다.

② 조선시대에 어떤 사건이 인(寅)시에 발생하였다면, 현대 시간으로는 오전 3시와 5시 사이에 발생한 것이다.

③ 현대인이 오후 2시부터 4시 30분까지 운동을 하였다면, 조선시대 시간으로 미(未)시부터 유(酉)시까지 운동을 한 것이다.

④ 축구 경기가 연장 없이 각각 45분의 전반전과 후반전으로 진행되었다면, 조선시대 시간으로 한시진이 채 되지 않은 것이다.

⑤ 현대인이 오후 8시 30분에 저녁을 먹었다면, 조선시대 시간으로 술(戌)시 정(正)에 저녁을 먹은 것이다.

27 A~D 4명이 다음 〈조건〉에 따라 구두를 샀다고 할 때, A는 주황색 구두를 포함하여 어떤 색의 구두를 샀는가?(단, 빨간색 – 초록색, 주황색 – 파란색, 노란색 – 남색은 보색 관계이다)

> **조건**
>
> - 세일하는 품목은 빨간색, 주황색, 노란색, 초록색, 파란색, 남색, 보라색으로 각 한 켤레씩 남았다.
> - A는 주황색을 포함하여 두 켤레를 샀다.
> - C는 빨간색 구두를 샀다.
> - B, D는 파란색을 사지 않았다.
> - C, D는 같은 수의 구두를 샀다.
> - B는 C가 산 구두와 보색 관계인 구두를 샀다.
> - D는 B가 산 구두와 보색 관계인 구두를 샀다.
> - 모두 한 켤레 이상씩 샀으며, 네 사람은 세일품목을 모두 샀다.

① 노란색   ② 초록색
③ 파란색   ④ 남색
⑤ 보라색

28 갑은 효율적인 월급 관리를 위해 펀드에 가입하고자 한다. A ~ D펀드 중 하나를 골라 가입하려고 하는데, 안정적이고 우수한 펀드에 가입하기 위해 〈조건〉에 따라 비교하여 다음과 같은 결과를 얻었다. 〈보기〉에서 옳은 것을 모두 고르면?

> **조건**
>
> - 둘을 비교하여 우열을 가릴 수 있으면 우수한 쪽에는 5점, 아닌 쪽에는 2점을 부여한다.
> - 둘을 비교하여 어느 한 쪽이 우수하다고 말할 수 없는 경우에는 둘 다 0점을 부여한다.
> - 각 펀드는 다른 펀드 중 두 개를 골라 총 4번의 비교를 했다.
> - 총합의 점수로는 우열을 가릴 수 없으며 각 펀드와의 비교를 통해서만 우열을 가릴 수 있다.

〈결과〉

A펀드	B펀드	C펀드	D펀드
7점	7점	4점	10점

> **보기**
>
> ㄱ. D펀드는 C펀드보다 우수하다.
> ㄴ. B펀드가 D펀드보다 우수하다고 말할 수 없다.
> ㄷ. A펀드와 B펀드의 우열을 가릴 수 있으면 A ~ D까지의 우열순위를 매길 수 있다.

① ㄱ   ② ㄱ, ㄴ
③ ㄱ, ㄷ   ④ ㄴ, ㄷ
⑤ ㄱ, ㄴ, ㄷ

29 다음은 SWOT 분석에 대한 설명과 유전자 관련 업무를 수행 중인 K사의 SWOT 분석 자료이다. 〈보기〉 중 빈칸 (가), (나)에 들어갈 내용으로 가장 적절한 것은?

SWOT 분석은 기업의 내부환경과 외부환경을 분석하여 강점(Strength), 약점(Weakness), 기회(Opportunity), 위협(Threat) 요인을 규정하고 이를 토대로 경영 전략을 수립하는 기법으로, 미국의 경영컨설턴트인 앨버트 험프리(Albert Humphrey)에 의해 고안되었다.

- 강점(Strength) : 내부환경(자사 경영자원)의 강점
- 약점(Weakness) : 내부환경(자사 경영자원)의 약점
- 기회(Opportunity) : 외부환경(경쟁, 고객, 거시적 환경)에서 비롯된 기회
- 위협(Threat) : 외부환경(경쟁, 고객, 거시적 환경)에서 비롯된 위협

〈K사 SWOT 분석 결과〉

강점(Strength)	약점(Weakness)
• 유전자 분야에 뛰어난 전문가로 구성 • _____(가)_____	• 유전자 실험의 장기화
기회(Opportunity)	위협(Threat)
• 유전자 관련 업체 수가 적음 • _____(나)_____	• 고객들의 실험 부작용에 대한 두려움 인식

보기

㉠ 투자 유치의 어려움
㉡ 특허를 통한 기술 독점 가능
㉢ 점점 증가하는 유전자 의뢰
㉣ 높은 실험 비용

	(가)	(나)		(가)	(나)
①	㉠	㉡	②	㉠	㉢
③	㉡	㉠	④	㉡	㉢
⑤	㉢	㉣			

30 K공단은 사무실 리모델링을 하면서 기획조정 1 ~ 3팀과 미래전략 1 ~ 2팀, 홍보팀, 보안팀, 인사팀의 사무실 위치를 변경하였다. 다음 〈조건〉과 같이 적용되었을 때, 변경된 사무실 위치에 대한 설명으로 옳은 것은?

1실	2실	3실	4실
복도			
5실	6실	7실	8실

조건
- 기획조정 1팀과 미래전략 2팀은 홀수실이며, 복도를 사이에 두고 마주보고 있다.
- 홍보팀은 5실이다.
- 미래전략 2팀과 인사팀은 나란히 있다.
- 보안팀은 홀수실이며, 맞은편 대각선으로 가장 먼 곳에는 인사팀이 있다.
- 기획조정 3팀과 2팀은 한 실을 건너 나란히 있고 2팀이 3팀보다 실 번호가 높다.

① 인사팀은 6실에 위치한다.
② 미래전략 2팀과 기획조정 3팀은 같은 라인에 위치한다.
③ 기획조정 1팀은 기획조정 2팀과 3팀 사이에 위치한다.
④ 미래전략 1팀은 7실에 위치한다.
⑤ 홍보팀이 있는 라인에서 가장 높은 번호의 사무실에 위치한 팀은 보안팀이다.

31 A ~ E 5명이 다음 〈조건〉에 따라 5층 건물에 층당 한 명씩 살고 있다고 할 때, 바르게 추론한 것은?

조건
- C와 D는 서로 인접한 층에 산다.
- A는 2층에 산다.
- B는 A보다 높은 층에 산다.

① D는 가장 높은 층에 산다.
② A는 E보다 높은 층에 산다.
③ C는 3층에 산다.
④ E는 D보다 높은 층에 산다.
⑤ B는 3층에 살 수 없다.

32 다음은 K구청의 민원사무처리규정 일부이다. 이를 참고하여 A ~ C씨가 요청한 민원이 처리·완료되는 시점을 각각 바르게 구한 것은?

■ 민원사무처리기본표(일부)

소관별	민원명	처리기간(일)	수수료(원)
공통	진정, 단순질의, 건의	7	없음
	법정질의	14	없음
주민복지	가족, 종중, 법인묘지설치허가	7 ~ 30	없음
	개인묘지설치(변경)신고	5	없음
	납골시설(납골묘, 납골탑)설치신고	7 ~ 21	없음
종합민원실	토지(임야)대장등본	즉시	500
	지적(임야)도등본	즉시	700
	토지이용계획확인서	1	1,000
	등록사항 정정	3	없음
	토지거래계약허가	15	없음
	부동산중개사무소 등록	7	개인 : 20,000 / 법인 : 3,000
	토지(임야)분할측량	7	별도

■ 민원사무처리기간 산정방식(단, 1일 근무시간은 8시간으로 한다)
- 민원사무처리기간을 '즉시'로 정한 경우
  - 정당한 사유가 없으면 접수 후 3근무시간 내에 처리하여야 한다.
- 민원사무처리기간을 '5일' 이하로 정한 경우
  - 민원 접수 시각부터 '시간' 단위로 계산한다.
  - 토요일과 공휴일은 산입하지 않는다.
- 민원사무처리기간을 '6일' 이상으로 정한 경우
  - 초일을 산입하여 '일' 단위로 계산한다.
  - 토요일은 산입하되, 공휴일은 산입하지 않는다.
- 신청서의 보완이 필요한 기간은 처리기간에 포함되지 않는다.

[4월 29일(금) 민원실 민원접수 현황]
01. 오전 10시 / A씨 / 부동산중개사무소 개점으로 인한 등록신청서 제출
02. 오후 12시 / B씨 / 토지의 소유권을 이전하는 계약을 체결하고자 허가서 제출
03. 오후 14시 / C씨 / 토지대장에서 잘못된 부분이 있어 정정요청서 제출
※ 공휴일 : 5/5 어린이날, 5/6 임시공휴일, 5/14 석가탄신일

	A씨	B씨	C씨
①	5/9(월)	5/19(목)	5/4(수) 10시
②	5/9(월)	5/19(목)	5/4(수) 14시
③	5/9(월)	5/23(월)	5/10(월) 14시
④	5/10(화)	5/19(목)	5/3(화) 14시
⑤	5/10(화)	5/23(월)	5/4(수) 14시

33 K공단은 워크숍에서 팀을 나눠 배드민턴 게임을 하기로 했다. 배드민턴 규칙은 실제 복식 경기방식을 따르기로 하고, 전략팀 직원 A, B와 총무팀 직원 C, D가 먼저 대결을 한다고 할 때, 다음과 같은 경기상황에 이어질 서브 방향 및 선수 위치로 가능한 것은?

〈배드민턴 복식 경기방식〉

• 점수를 획득한 팀이 서브권을 갖는다. 다만, 서브권이 상대팀으로 넘어가기 전까지는 팀 내에서 같은 선수가 연속해서 서브권을 갖는다.
• 서브하는 팀은 자신의 팀 점수가 0이거나 짝수인 경우는 우측에서, 점수가 홀수인 경우는 좌측에서 서브한다.
• 서브하는 선수로부터 코트의 대각선 위치에 선 선수가 서브를 받는다.
• 서브를 받는 팀은 자신의 팀으로 서브권이 넘어오기 전까지는 팀 내에서 선수끼리 서로 코트 위치를 바꾸지 않는다.

※ 좌측, 우측은 각 팀이 네트를 바라보고 인식하는 좌, 우임

〈경기상황〉

• 전략팀(A·B), 총무팀(C·D) 간 복식 경기 진행
• 3 : 3 동점 상황에서 A가 C에 서브하고 전략팀(A·B)이 1점 득점

점수	서브 방향 및 선수 위치	득점한 팀
3 : 3	 D C A B	전략팀

①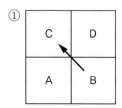

②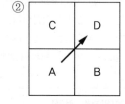

③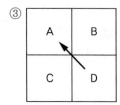

④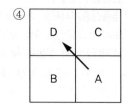

⑤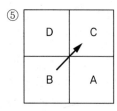

34 다음은 농민·농촌을 사업 근거로 하는 특수은행인 K은행의 SWOT 분석 결과를 정리한 자료이다. 밑줄 친 ㉠~㉤ 중 적절하지 않은 것은?

〈SWOT 분석 결과〉

강점 (Strength)	• 공적 기능을 수행하는 농민·농촌의 은행이라는 위상은 대체 불가능함 • 전국에 걸친 국내 최대의 영업망을 기반으로 안정적인 사업 기반 및 수도권 이외의 지역에서 우수한 사업 지위를 확보함 • 지자체 시금고 예치금 등 공공금고 예수금은 안정적인 수신 기반으로 작용함 • ㉠ 은행권 최초로 보이스피싱 차단을 위해 24시간 '대포통장 의심 계좌 모니터링' 도입 • BIS자기자본비율, 고정이하여신비율, 고정이하여신 대비 충당금커버리지비율 등 자산 건전성 지표가 우수함 • 디지털 전환(DT)을 위한 중장기 전략을 이행 중이며, 메타버스·인공지능(AI)을 활용한 개인 맞춤형 상품 등 혁신 서비스 도입 추진
약점 (Weakness)	• ㉡ 수수료 수익 등 비이자 이익의 감소 및 이자 이익에 편중된 수익 구조 • K중앙회에 매년 지급하는 농업지원 사업비와 상존하는 대손 부담으로 인해 시중은행보다 수익성이 낮음 • ㉢ 인터넷전문은행의 활성화 및 빅테크의 금융업 진출 확대 추세 • 금리 상승, 인플레이션, 경기 둔화 등의 영향으로 차주의 상환 부담이 높아짐에 따라 일정 수준의 부실여신비율 상승이 불가피할 것으로 예상
기회 (Opportunity)	• ㉣ 마이데이터(Mydata)로 제공할 수 있는 정보 범위의 확대 및 암호화폐 시장의 성장 • 2024년 홍콩, 중국, 호주, 인도에서 최종 인가를 획득하는 등 해외 영업망 확충 • 금융 당국의 유동성 지원 정책과 정책자금 대출을 기반으로 유동성 관리가 우수함 • 법률에 의거해 농업금융채권의 원리금 상환을 국가가 전액 보증하는 등 유사시 정부의 지원 가능성이 높음 • 귀농·귀촌 인구의 증가 및 농촌에 대한 소비자의 인식 변화로 새로운 사업 발굴 가능
위협 (Threat)	• 자산관리 시장에서의 경쟁 심화 • 사이버 위협에 대응해 개인정보 보안 대책 및 시스템 마련 시급 • ㉤ 이자 이익 의존도가 높은 은행의 수익 구조에 대한 비판 여론 • 금리 및 물가 상승 영향에 따른 자산 건전성 저하 가능성 존재 • 주택 시장 침체, 고금리 지속 등으로 가계여신 수요 감소 전망 • 경기 침체, 투자 심리 위축으로 기업여신 대출 수요 감소 전망 • 보험사, 증권사, 카드사 등의 은행업(지급 결제, 예금·대출) 진입 가능성 • 은행에 있던 예금·적금을 인출해 주식·채권으로 이동하는 머니무브의 본격화 조짐

① ㉠　　　　　　　　　　　　　　② ㉡

③ ㉢　　　　　　　　　　　　　　④ ㉣

⑤ ㉤

35 K공단 기획팀은 신입사원 입사로 인해 자리 배치를 바꾸려고 한다. 다음 자리 배치표와 〈조건〉을 참고하여 자리를 배치하였을 때, 배치된 자리와 직원의 연결로 옳은 것은?

〈자리 배치표〉

출입문				
1 – 신입사원	2	3	4	5
6	7	8 – A사원	9	10

- 기획팀 팀원 : A사원, B부장, C대리, D과장, E차장, F대리, G과장

조건
- B부장은 출입문과 가장 먼 자리에 앉는다.
- C대리와 D과장은 마주보고 앉는다.
- E차장은 B부장과 마주보거나 B부장의 옆자리에 앉는다.
- C대리는 A사원 옆자리에 앉는다.
- E차장 옆자리에는 아무도 앉지 않는다.
- F대리와 마주보는 자리에는 아무도 앉지 않는다.
- D과장과 G과장은 옆자리 또는 마주보고 앉지 않는다.
- 빈자리는 2자리이며 옆자리 또는 마주보는 자리이다.

① 2 – G과장
② 3 – B부장
③ 5 – E차장
④ 6 – F대리
⑤ 9 – C대리

36 다음은 K공단이 공개한 부패공직자 사건 및 징계 현황이다. 이에 대한 설명으로 옳지 않은 것을 〈보기〉에서 모두 고르면?

〈부패공직자 사건 및 징계 현황〉

구분	부패행위 유형	부패금액	징계종류	처분일	고발 여부
1	이권개입 및 직위의 사적사용	23만 원	감봉 1월	2019.06.19.	미고발
2	직무관련자로부터 금품 및 향응 수수	75만 원	해임	2020.05.20.	미고발
3	직무관련자로푸터 향응 수수	6만 원	견책	2021.12.22.	미고발
4	직무관련자로부터 금품 및 향응 수수	11만 원	감봉 1개월	2022.02.04.	미고발
5	직무관련자로부터 금품 수수	40만 원	경고 (무혐의 처분, 징계시효 말소)	2023.03.06.	미고발
6	직권남용(직위의 사적 이용)	–	해임	2023.05.24.	고발
7	직무관련자로부터 금품 수수	526만 원	해임	2023.09.17.	고발
8	직무관련자로부터 금품 수수 등	300만 원	해임	2024.05.18.	고발

보기

ㄱ. K공단에서 해당 사건의 부패금액이 일정 수준 이상인 경우에만 고발한 것으로 해석할 수 있다.
ㄴ. 해임당한 공직자들은 모두 고발되었다.
ㄷ. 직무관련자로부터 금품을 수수한 사건은 총 5건 있었다.
ㄹ. 동일한 부패행위 유형에 해당하더라도 다른 징계처분을 받을 수 있다.

① ㄱ, ㄴ
② ㄱ, ㄷ
③ ㄴ, ㄷ
④ ㄴ, ㄹ
⑤ ㄷ, ㄹ

※ K회사에서는 다음과 같이 농촌인력중개센터를 운영하고 있다. 이어지는 질문에 답하시오. [37~39]

K회사 농촌인력중개센터는 농촌에 유·무상 인력을 종합하여 중개합니다. 일자리 참여자와 자원봉사자에게는 맞춤형 일자리를 공급하고 농업인(구인농가)에게는 꼭 필요한 일손을 찾아드립니다.
- 자원봉사자의 경우 구인농가에서 원하는 보수와 상관없이 중개할 수 있습니다.
- 농촌인력 중개 후 K회사에서는 구인농가에는 현장실습교육비를 지원하고, 일자리 참여자(자원봉사자 제외)에게는 교통비와 숙박비를 제공합니다. 현장실습교육비를 작업 기간 중 최대 3일간 인력 1인당 2만 원씩 지급하고, 교통비는 작업 기간 중 일당 5천 원, 숙박비는 작업 기간 일수에서 하루를 제외하고 일당 2만 원씩 제공합니다.
- 한 사람당 농가 한 곳만 배정받는다.

〈구인농가별 세부사항〉

농가	작업	필요인력(명)	작업 기간	지역	보수
A	고추 수확 작업	1	2024.08.28. ~ 2024.09.02.	경기	일당 10만 원
B	감자 파종 작업	2	2024.03.20. ~ 2024.03.21.	강원	일당 10만 원
C	모내기 작업	2	2024.05.27. ~ 2024.05.28.	경기	일당 20만 원
D	양파 파종 작업	1	2024.08.25.	전북	일당 8만 원
E	고구마 수확 작업	1	2024.10.03. ~ 2024.10.08.	충남	일당 15만 원

〈농촌 신청 인력〉

1. 일자리 참여자

성명	연령	희망 작업	작업 가능 기간	희망 지역	희망 보수
김정현	만 35세	파종 작업	2024년 8월	없음	일당 8만 원 이상
박소리	만 29세	없음	2024년 5월	경기	일당 10만 원 이상
이진수	만 38세	없음	2024년 7~9월	없음	일당 5만 원 이상
김동혁	만 31세	수확 작업	2024년 10월	충남	일당 10만 원 이상
한성훈	만 25세	파종 작업	2024년 3~4월	없음	일당 8만 원 이상

2. 자원봉사자

성명	연령	희망 작업	봉사 가능 기간	희망 지역
서수민	만 23세	수확 작업	2024년 3월	경기
최영재	만 28세	모내기 작업	2024년 4~6월	없음

37 다음 중 원하는 인력을 모두 공급받기 어려운 농가는 어디인가?

① A농가   ② B농가
③ C농가   ④ D농가
⑤ E농가

38 다음 중 농촌인력 중개 후 가장 많은 보수를 지급해야 하는 농가는 어디인가?(단, 원하는 인력을 모두 공급받지 못했더라도 공급받은 인력에게는 보수를 지급한다)

① A농가   ② B농가
③ C농가   ④ D농가
⑤ E농가

39 다음 중 농촌인력 중개 후 K회사에서 구인농가와 일자리 참여자에게 지원할 금액은 총 얼마인가?(단, 원하는 인력을 모두 공급받지 못했더라도 공급받은 인력만큼의 금액을 지원한다)

① 21.5만 원   ② 25.4만 원
③ 48.4만 원   ④ 58.5만 원
⑤ 61.5만 원

40 K공단에서는 지역가입자의 생활수준 및 연간 자동차세액 점수표를 기준으로 지역보험료를 산정한다. 지역가입자 A ~ E의 조건을 보고 보험료를 바르게 계산한 것은?(단, 원 단위 이하는 절사한다)

〈생활수준 및 경제활동 점수표〉

구분		1구간	2구간	3구간	4구간	5구간	6구간	7구간
가입자 성별 및 연령	남성	20세 미만 / 65세 이상	60세 이상 65세 미만	20세 이상 30세 미만 / 50세 이상 60세 미만	30세 이상 50세 미만	–	–	–
	점수	1.4점	4.8점	5.7점	6.6점			
	여성	20세 미만 / 65세 이상	60세 이상 65세 미만	25세 이상 30세 미만 / 50세 이상 60세 미만	20세 이상 25세 미만 / 30세 이상 50세 미만	–	–	–
	점수	1.4점	3점	4.3점	5.2점			
재산정도 (만 원)		450 이하	450 초과 900 이하	900 초과 1,500 이하	1,500 초과 3,000 이하	3,000 초과 7,500 이하	7,500 초과 15,000 이하	15,000 초과
점수		1.8점	3.6점	5.4점	7.2점	9점	10.9점	12.7점
연간 자동차세액 (만 원)		6.4 이하	6.4 초과 10 이하	10 초과 22.4 이하	22.4 초과 40 이하	40 초과 55 이하	55 초과 66 이하	66 초과
점수		3점	6.1점	9.1점	12.2점	15.2점	18.3점	21.3점

※ (지역보험료)=[(생활수준 및 경제활동 점수)+(재산등급별 점수)+(자동차등급별 점수)]×(부과점수당 금액)
※ 모든 사람의 재산등급별 점수는 200점, 자동차등급별 점수는 100점으로 가정함
※ 부과점수당 금액은 183원임

		성별	연령	재산정도	연간 자동차세액	지역보험료
①	A	남성	32세	2,500만 원	12.5만 원	57,030원
②	B	여성	56세	5,700만 원	35만 원	59,560원
③	C	남성	55세	20,000만 원	43만 원	60,010원
④	D	여성	23세	1,400만 원	6만 원	58,400원
⑤	E	남성	47세	13,000만 원	37만 원	59,350원

41 K회사에서 체육대회를 개최한다. 지점별로 출전선수를 선발하는데, Y지점 직원들(A ~ J)은 각자 2종목씩 필수로 출전해야 한다. 다음 중 계주에 꼭 출전해야 하는 직원을 모두 고르면?

〈지점별 참가인원〉

(단위 : 명)

홀라후프	계주	줄넘기	줄다리기	2인 3각
1	4	5	8	2

〈직원별 참가 가능 종목〉

구분	홀라후프	계주	줄넘기	줄다리기	2인 3각
A직원	X	X	O	O	O
B직원	X	O	O	O	X
C직원	O	O	O	X	X
D직원	O	X	X	O	X
E직원	X	O	X	O	X
F직원	X	X	O	O	X
G직원	X	X	X	O	O
H직원	O	O	O	O	X
I직원	X	O	O	O	X
J직원	X	O	O	X	X

① B, C, J

② C, E, J

③ C, G, I

④ D, E, H

⑤ E, I, J

42 K문구제조업체는 연필 생산 공장을 신설하고자 한다. 다음 자료를 토대로 총 운송비를 최소화할 수 있는 공장입지 부지는 어디인가?

〈생산조건〉

• 완제품인 연필을 생산하기 위해서는 나무와 흑연이 모두 필요하다.

구분	나무	흑연
완제품 1톤 생산에 필요한 양(톤)	3	2

〈운송조건〉

• 원재료 운송비는 산지에서 공장으로 공급하는 운송비만을 고려한다.
• 완제품인 연필의 운송비는 공장에서 시장으로 공급하는 운송비만 고려한다.

구분	나무	흑연	연필
km·톤당 운송비(만 원/km·톤)	20	50	20

※ (총 운송비)=(원재료 운송비)+(완제품 운송비)

〈공장입지 후보지 간 거리〉

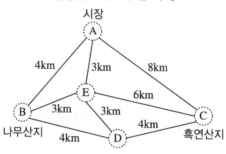

① A

② B

③ C

④ D

⑤ E

43 김대리는 이번 분기의 판매동향에 대한 성과발표회 기획을 맡아 성과발표회를 준비하는 과정에서 수행해야 될 업무를 모두 나열한 뒤 업무의 선후관계도를 만들었다. 다음 〈보기〉 중 옳은 것을 모두 고르면?

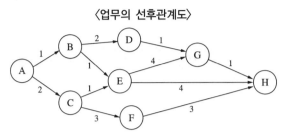

〈업무의 선후관계도〉

※ 화살표는 단위업무를 나타냄
※ 화살표 위의 숫자는 그 업무를 수행하는 데 소요되는 일수를 나타냄
※ 화살표 좌우의 알파벳은 각각 단위업무의 시작과 끝을 나타냄
※ 선행하는 화살표가 나타내는 업무는 후속하는 화살표가 나타내는 업무보다 먼저 수행되어야 함

보기

㉠ 성과발표 준비에는 최소 5일이 소요된다.
㉡ 단위작업 E~H를 3일로 단축하면 전체 준비기간이 짧아진다.
㉢ 단위작업 A~C를 1일로 단축하는 것은 전체 준비기간에 영향을 준다.
㉣ 단위작업 E~G에 소요되는 시간을 3일로 단축하면 전체 준비기간이 짧아진다.
㉤ 성과발표 준비에는 적어도 8일이 소요된다.

① ㉠, ㉡   ② ㉡, ㉤
③ ㉢, ㉤   ④ ㉠, ㉢, ㉣
⑤ ㉠, ㉣, ㉤

44 K하수처리장은 오수 1탱크를 정수로 정화하는 데 A ~ E 5가지 공정을 거친다고 한다. 공정당 소요 시간이 다음과 같을 때 30탱크 분량의 오수를 정화하는 데 걸린 최소 시간은?(단, 공정별 걸린 시간에는 정비시간이 포함되어 있다)

〈K하수처리장 공정별 소요시간〉

공정	A	B	C	D	E
걸린 시간	4시간	6시간	5시간	4시간	6시간

① 181시간

② 187시간

③ 193시간

④ 199시간

⑤ 205시간

45 K공단은 C형 폐수의 정화에 대한 연구를 하고자 한다. 폐수에 대한 정화공정 및 실험 내용에 대한 정보를 토대로 할 때, 다음의 실험을 거친 폐수에 포함된 P균과 Q균의 양을 순서대로 바르게 나열한 것은?(단, 소수점 둘째 자리에서 반올림한다)

〈C형 폐수에 대한 정보〉

• C형 폐수 1L당 P균이 400mL, Q균이 200mL 포함되어 있다.

• 각 정화공정에 따른 P균과 Q균의 세균수 변화는 다음과 같다.

구분	P균	Q균
공정 1(150℃ 이상의 온도로 가열)	40% 감소	30% 증식
공정 2(3단 여과기로 물리적 여과)	2/5로 감소	1/3로 감소
공정 3(A형 정화제 투입)	20% 감소	50% 감소

〈실험 내용〉

• 3L의 폐수를 준비하여 다음의 순서로 정화공정을 거친다.
  공정 1 → 공정 2 → 공정 3 → 공정 2

	P균	Q균
①	30.7mL	14.4mL
②	92.2mL	43.3mL
③	92.2mL	130mL
④	230.4mL	43.3mL
⑤	230.4mL	130mL

※ D사원은 해외에서 열리는 세미나 참석을 위해 호텔을 예약하였다. 다음 상황을 보고 이어지는 질문에 답하시오.
[46~47]

- 출장일 : 2025년 4월 16일(수) ~ 20일(일)

〈호텔 숙박가격〉

구분	평일(일 ~ 목)	주말(금 ~ 토)
가격	USD 120	USD 150

〈유의사항〉

- 호텔 숙박을 원하실 경우 총 숙박비의 20%에 해당하는 금액을 예치금으로 지불하셔야 합니다.
- 개인사정으로 호텔 예약을 취소 또는 변경하실 때는 숙박 예정일 4일 전까지는 전액 환불이 가능하지만, 그 이후로는 하루에 20%씩 취소 수수료가 부과됩니다. 노쇼(No-Show)의 경우와 체크인 당일 취소를 하실 경우에는 환불이 불가하오니, 이점 유의해 주시기 바랍니다.

46 D사원이 호텔에 지불한 예치금은 얼마인가?

① USD 105
② USD 108
③ USD 110
④ USD 120
⑤ USD 132

47 D사원은 회사 사정으로 다른 곳으로 급하게 출장을 가게 되어 D사원은 예약해두었던 호텔을 취소하게 됐다. 이때, D사원이 호텔 규정에 따라 받을 수 있는 환불금액은?(단, D사원의 출장 출발일은 호텔 체크인 당일이었다)

① USD 108
② USD 222
③ USD 330
④ USD 432
⑤ 환불 불가능

48 다음 자료를 참고하여 A대리가 일정을 소화하는 데 드는 교통수단별 교통비를 바르게 계산한 것은?(단, 하루 종일 같은 교통수단을 이용하고, 추가요금은 100m마다 발생한다)

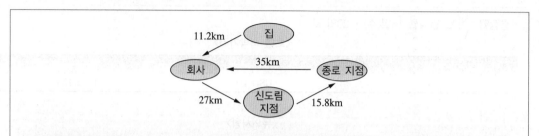

구분	택시	버스	자가용
기본요금	2,800원(5km까지)	1,000원	없음
추가요금	500원/km	없음	1,000원/km

〈A대리의 일정〉

• 회사에 출근하여 브리핑 서류를 작성해야 한다.
• 오전 중 신도림 지점을 방문한 후, 신도림 지점장과 함께 점심식사를 한다.
• 오후에는 종로 지점을 방문하여 영업실적을 확인하고 다시 회사로 돌아와 보고서를 작성해야 한다.

① 택시 46,750원
② 택시 45,700원
③ 버스 5,000원
④ 자가용 88,100원
⑤ 자가용 89,100원

49 K공단은 부서별 프린터 배분을 위해 월평균 사용량을 조사하였고, 다음은 소유하고 있는 프린터 종류에 따른 기능을 정리한 자료이다. 이를 토대로 부서별 3개월간 사용량을 계산하여 프린터를 나눠준다고 할 때, 부서별로 사용할 프린터가 잘못 연결된 것은?

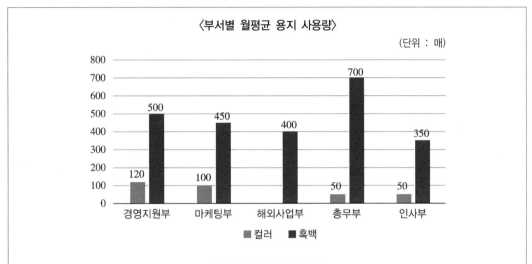

〈부서별 월평균 용지 사용량〉

(단위 : 매)

〈프린터 종류별 세부사항〉

(단위 : 매)

프린터	용지매수		기타 기능
	컬러	흑백	
A	–	1,500	없음
B	500	2,000	팩스 · 복사 · 스캔
C	400	2,500	복사 · 스캔
D	360	1,700	스캔

〈상황〉

• 총무부와 인사부는 팩스 기능이 반드시 필요하다.
• 경영지원부와 마케팅부는 스캔 기능이 반드시 필요하다.
• 프린터 한 대당 2개의 부서까지 같이 사용할 수 있다.
• 하나의 부서만 2대의 프린터를 사용하고, 잉크가 떨어지면 프린터는 사용할 수 없다.

① 경영지원부 – D프린터
② 마케팅부 – C프린터
③ 해외사업부 – A프린터
④ 총무부 – C프린터
⑤ 인사부 – D프린터

50 예산을 직접비용과 간접비용으로 구분한다고 할 때, 다음 〈보기〉에서 직접비용과 간접비용에 해당하는 것을 바르게 구분한 것을 모두 고르면?

보기

㉠ 재료비	㉡ 원료와 장비 구입비
㉢ 광고비	㉣ 보험료
㉤ 인건비	㉥ 출장비

	직접비용	간접비용
①	㉠, ㉡, ㉤	㉢, ㉣, ㉥
②	㉠, ㉡, ㉥	㉢, ㉣, ㉤
③	㉠, ㉡, ㉢, ㉣	㉤, ㉥
④	㉠, ㉡, ㉣, ㉥	㉢, ㉤
⑤	㉠, ㉡, ㉤, ㉥	㉢, ㉣

51 다음과 같은 상황에서 K기업이 얻을 수 있는 효과로 적절하지 않은 것은?

> K기업은 전자가격표시기(ESL; Electronic Shelf Label)를 점포별로 확대 설치한다고 밝혔다. 전자가격표시기는 과거 종이에 표시했던 상품의 가격 등을 전자 종이와 같은 디지털 장치를 활용해 표시하는 방식으로, 중앙 서버에서 상품정보를 변경하면 무선 통신을 통해 매장 내 전자가격표시기에 자동 반영된다. 기존 시스템의 경우 매주 평균 3,700여 개의 종이 가격표를 교체하는 데 평균 31시간이 걸렸으나, 전자가격표시 도입 이후 관련 업무에 투입되는 시간은 기존의 1/10 수준인 3.8시간으로 단축됐다.
> 현장에서 근무하는 직원들은 세일 행사 직전에는 30분 ~ 1시간 정도 일찍 출근하거나 전날 늦게 퇴근해 가격을 점검해야 했다. 그러나 전자가격표시기를 도입한 이후 업무가 간소화되면서 정시 출퇴근도 수월해졌다는 반응이다. K기업은 전자가격표시기 운영 데이터를 바탕으로 업그레이드 버전을 확대 적용할 방안이다.

① 생산성 향상
② 가격 인상
③ 위험 감소
④ 시장 점유율 증가
⑤ 고용 인력 증가

52 다음은 K학교의 성과급 기준표이다. 표에 제시된 기준들을 적용해 K학교 교사들의 성과급 배점을 계산하고자 할 때, 〈보기〉의 A ~ E교사 중 가장 높은 배점을 받을 교사는?

〈성과급 기준표〉

항목	평가 사항	배점 기준		배점
수업지도	주당 수업시간	24시간 이하	14점	20점
		25시간	16점	
		26시간	18점	
		27시간 이상	20점	
	수업 공개 유무	교사 수업 공개	10점	10점
		학부모 수업 공개	5점	
생활지도	담임 유무	담임교사	10점	10점
		비담임교사	5점	
담당업무	업무 곤란도	보직교사	30점	30점
		비보직교사	20점	
경력	호봉	10호봉 이하	5점	30점
		11 ~ 15호봉	10점	
		16 ~ 20호봉	15점	
		21 ~ 25호봉	20점	
		26 ~ 30호봉	25점	
		31호봉 이상	30점	

※ 수업지도 항목에서 교사 수업 공개, 학부모 수업 공개를 모두 진행했을 경우 10점으로 배점하며, 수업 공개를 하지 않았을 경우 배점은 없음

보기

구분	주당 수업시간	수업 공개 유무	담임 유무	업무 곤란도	호봉
A교사	20시간	–	담임교사	비보직교사	32호봉
B교사	29시간	–	비담임교사	비보직교사	35호봉
C교사	26시간	학부모 수업 공개	비담임교사	보직교사	22호봉
D교사	22시간	교사 수업 공개	담임교사	보직교사	17호봉
E교사	25시간	교사 수업 공개, 학부모 수업 공개	비담임교사	비보직교사	30호봉

① A교사
② B교사
③ C교사
④ D교사
⑤ E교사

53 다음 자료를 토대로 판단할 때, 연구모임 A~E 중 두 번째로 많은 지원금을 받는 모임은?

〈지원계획〉

• 지원을 받기 위해서는 한 모임당 6명 이상 9명 미만으로 구성되어야 한다.
• 기본지원금은 모임당 1,500천 원을 기본으로 지원한다. 단, 상품개발을 위한 모임의 경우는 2,000천 원을 지원한다.
• 추가지원금

등급	상	중	하
추가지원금(천 원/명)	120	100	70

※ 추가지원금은 연구 계획 사전평가결과에 따라 달라짐
• 협업 장려를 위해 협업이 인정되는 모임에는 위의 두 지원금을 합한 금액의 30%를 별도로 지원한다.

〈연구모임 현황 및 평가결과〉

모임	상품개발 여부	구성원 수	연구 계획 사전평가결과	협업 인정 여부
A	○	5명	상	○
B	×	6명	중	×
C	×	8명	상	○
D	○	7명	중	×
E	×	9명	하	×

① A모임
② B모임
③ C모임
④ D모임
⑤ E모임

54 다음은 K공장의 제품 생산과 관련된 3가지 A ~ C공정에 대한 내용이다. 7월 24일(월)을 기준으로 제품 500개를 생산할 경우 제품 생산이 가장 빨리 완료되는 날은?

〈A ~ C공정 제품 생산〉

- A공정 제품 100개 만드는 데 2일, 7월 25일(화)부터 생산 가능
- B공정 제품 150개 만드는 데 3일, 7월 27일(목)부터 생산 가능
- C공정 제품 200개 만드는 데 2일, 7월 28일(금)부터 생산 가능
- 주말은 쉬므로, 공정은 주말을 제외하고 이어서 진행한다.
- 공정은 A → B → C 순서대로 작업되며, 공정별 동일한 제품이 생산된다.
- 같은 날 다른 공정을 동시에 진행할 수 있다.

① 7월 28일
② 7월 29일
③ 7월 30일
④ 7월 31일
⑤ 8월 1일

55 K회사에서는 영업용 차량을 구매하고자 한다. 영업용 차량의 연평균 주행거리는 30,000km이고, 향후 5년간 사용할 계획이다. 현재 고려하고 있는 차량은 A ~ E자동차이다. 다음 중 경비가 가장 적게 들어가는 자동차는 무엇인가?

〈자동차 리스트〉

구분	사용연료	연비(km/L)	연료탱크 용량(L)	신차구매가(만 원)
A자동차	휘발유	12	60	2,000
B자동차	LPG	8	60	2,200
C자동차	경유	15	50	2,700
D자동차	경유	20	60	3,300
E자동차	휘발유	15	80	2,600

〈연료 종류별 가격〉

종류	리터당 가격(원/L)
휘발유	1,400
LPG	900
경유	1,150

※ (경비)=(신차구매가)+(연료비)
※ 신차구매 결제는 일시불로 함
※ 향후 5년간 연료 가격은 변동이 없는 것으로 가정함

① A자동차
② B자동차
③ C자동차
④ D자동차
⑤ E자동차

56 같은 상품을 각기 다른 공장에서 생산하고 있다. 이 상품을 가게에 들여오려고 하는데 이때 선택할 수 있는 공장과 운송요금이 다음과 같을 때 1,000kg 상품을 구매하는 경우와 2,000kg 상품을 구매하는 경우 각각 가장 저렴한 서비스는?(단, 전체 요금은 기본요금과 무게당 요금, 세금, 거리당 요금을 합산한 것이다)

구분	기본요금	1kg당 요금	세금	거리	1km당 요금
A	3,000원	200원	1,000원	2,500km	450원
B	2,000원	150원	1,500원	3,500km	350원
C	2,500원	150원	1,500원	5,000km	250원
D	1,000원	200원	2,500원	3,000km	400원
E	0원	200원	2,000원	6,000km	200원

	1,000kg	2,000kg
①	A	B
②	A	A
③	E	A
④	E	B
⑤	E	C

57 다음 교통수단별 특징을 고려할 때, 오전 9시에 회사에서 출발해 전주역까지 가장 먼저 도착하는 방법은 무엇인가?(단, 도보는 고려하지 않는다)

〈회사 · 서울역 간 교통 현황〉

구분	소요시간	출발 시간
A버스	24분	매시 20분, 40분
B버스	40분	매시 정각, 20분, 40분
지하철	20분	매시 30분

〈서울역 · 전주역 간 교통 현황〉

구분	소요시간	출발 시간
새마을호	3시간	매시 정각부터 5분 간격
KTX	1시간 32분	9시 정각부터 45분 간격

① A버스 – 새마을호 ② B버스 – KTX
③ 지하철 – KTX ④ B버스 – 새마을호
⑤ 지하철 – 새마을호

58 K사에 근무하는 임직원은 7월 19일부터 7월 21일까지 2박 3일간 워크숍을 가려고 한다. 워크숍 장소 예약을 담당하게 된 S대리는 〈조건〉에 따라 호텔을 예약하려고 한다. 다음 중 S대리가 예약할 호텔로 가장 적절한 것은?

〈워크숍 장소 현황〉

(단위 : 실, 명, 개)

구분	총 객실 수	객실 예약완료 현황			세미나룸 현황			
		7월 19일	7월 20일	7월 21일	최대 수용인원	빔 프로젝터	4인용 테이블	의자
A호텔	88	20	26	38	70	○	26	74
B호텔	70	11	27	32	70	×	22	92
C호텔	76	10	18	49	100	○	30	86
D호텔	68	12	21	22	90	×	18	100
E호텔	84	18	23	19	90	○	15	70

※ 4인용 테이블 2개를 사용하면 8명이 앉을 수 있음

〈K은행 임직원 현황〉

(단위 : 명)

구분	신사업기획처	신사업추진처	기술기획처	ICT융합기획처
처장	1	1	1	1
부장	3	4	2	3
과장	5	6	4	3
대리	6	6	5	4
주임	2	2	3	6
사원	3	4	3	2

조건
- 워크숍은 한 호텔에서 실시하며, 워크숍에 참여하는 모든 직원은 해당 호텔에서 숙박한다.
- 부장급 이상은 1인 1실을 이용하며, 나머지 임직원은 2인 1실을 이용한다.
- 워크숍에서는 빔프로젝터가 있어야 하며, 8인용 테이블과 의자는 참여하는 인원수만큼 필요하다.

① A호텔
② B호텔
③ C호텔
④ D호텔
⑤ E호텔

59 A는 인천에서 런던을 가고자 한다. 다음은 인천과 런던을 잇는 항공 노선과 그에 대한 정보들이다. A는 노선지수가 낮은 노선을 선호한다고 할 때, 다음 중 A가 선택할 노선으로 옳은 것은?(단, 노선지수는 인천에서 런던까지의 각 요소의 총량의 합을 기준으로 계산한다)

〈노선 목록〉

노선	거리	시간	요금	마일리지	기타사항
인천 – 베이징	937km	1시간	50만 원	104	잠정 폐쇄
인천 – 하노이	2,717km	5시간	30만 원	302	–
인천 – 방콕	3,700km	5시간	50만 원	411	–
인천 – 델리	4,666km	6시간	55만 원	518	–
인천 – 두바이	6,769km	8시간	65만 원	752	–
인천 – 카이로	8,479km	8시간	70만 원	942	–
인천 – 상하이	843km	1시간	45만 원	94	–
베이징 – 런던	8,147km	9시간	100만 원	905	–
하노이 – 런던	9,244km	10시간	90만 원	1,027	–
방콕 – 런던	9,542km	11시간	55만 원	1,060	잠정 폐쇄
델리 – 런던	6,718km	7시간	55만 원	746	–
두바이 – 런던	5,479km	6시간	50만 원	609	–
카이로 – 런던	3,514km	4시간	55만 원	390	–
상하이 – 런던	9,208km	10시간	90만 원	1,023	–

※ (노선지수)=[(총거리 순위)×0.8]+[(총시간 순위)×0.7]+[(총요금 순위)×0.2]
※ 마일리지를 제외한 모든 요소는 값이 작을수록 순위가 높음
※ 폐쇄노선은 현재 사용이 불가능함

① 인천 – 상하이 – 런던 ② 인천 – 델리 – 런던
③ 인천 – 카이로 – 런던 ④ 인천 – 하노이 – 런던
⑤ 인천 – 두바이 – 런던

60 A과장은 월요일에 사천연수원에서 진행될 세미나에 참석해야 한다. 세미나는 월요일 낮 12시부터 시작이며, 수요일 오후 6시까지 진행된다. 갈 때는 세미나에 늦지 않게만 도착하면 되지만, 올 때는 목요일 회의 준비를 위해 최대한 일찍 서울로 올라와야 한다. 가능한 적은 비용으로 세미나 참석을 원할 때, 교통비는 얼마가 들겠는가?

〈KTX〉

구분	월요일		수요일		가격
서울 – 사천	08:00 ~ 11:00	09:00 ~ 12:00	08:00 ~ 11:00	09:00 ~ 12:00	65,200원
사천 – 서울	16:00 ~ 19:00	20:00 ~ 23:00	16:00 ~ 19:00	20:00 ~ 23:00	66,200원 (10% 할인 가능)

※ 사천역에서 사천연수원까지 택시비는 22,200원이며, 30분이 걸림(사천연수원에서 사천역까지의 비용과 시간도 동일함)

〈비행기〉

구분	월요일		수요일		가격
서울 – 사천	08:00 ~ 09:00	09:00 ~ 10:00	08:00 ~ 09:00	09:00 ~ 10:00	105,200원
사천 – 서울	19:00 ~ 20:00	20:00 ~ 21:00	19:00 ~ 20:00	20:00 ~ 21:00	93,200원 (10% 할인 가능)

※ 사천공항에서 사천연수원까지 택시비는 21,500원이며, 30분이 걸림(사천연수원에서 사천공항까지의 비용과 시간도 동일함)

① 168,280원
② 178,580원
③ 192,780원
④ 215,380원
⑤ 232,080원

61 너비는 같고 지름이 10cm인 A롤러와 3cm인 B롤러로 각각 벽을 칠하고 있다. 두 롤러가 처음으로 같은 면적을 칠했을 때 A롤러와 B롤러 각각의 회전수의 합은?(단, 롤러는 한 번 칠할 때 1회전씩 하며, 회전 중간에 멈추는 일은 없다)

① 11바퀴
② 12바퀴
③ 13바퀴
④ 14바퀴
⑤ 15바퀴

62 다음은 K전자 주식에 8월 2일에 100,000원을 투자한 후 매일 주가 증감률을 정리한 자료이다. 주식을 모두 매도했을 때에 대한 설명으로 옳은 것은?

〈전일 대비 주가 증감률〉

구분	8월 3일	8월 4일	8월 5일	8월 6일	8월 7일
증감률	10% 상승	20% 상승	10% 하락	20% 하락	10% 상승

※ 증감률 : 전일 대비 주식 가격에 대한 비율임

① 8월 5일에 매도할 경우 5,320원 이익이다.
② 8월 6일에 매도할 경우 이익률은 −6.9%이다.
③ 8월 4일은 매도할 경우 이익률은 30%이다.
④ 8월 6일에 매도할 경우 4,450원 손실이다.
⑤ 8월 7일에 매도할 경우 주식 가격은 104,544원이다.

63 다음 자료는 A레스토랑의 신메뉴인 콥샐러드를 만들기 위해 필요한 재료의 단가와 B지점의 재료 주문량이다. B지점의 재료 구입 비용의 총합은 얼마인가?

〈A레스토랑의 콥샐러드 재료 단가〉

재료명	단위	단위당 단가	구입처
올리브 통조림	1캔(3kg)	5,200원	A유통
메추리알	1봉지(1kg)	4,400원	B상사
방울토마토	1박스(5kg)	21,800원	C농산
옥수수 통조림	1캔(3kg)	6,300원	A유통
베이비 채소	1박스(500g)	8,000원	C농산

〈B지점의 재료 주문량〉

재료명	올리브 통조림	메추리알	방울토마토	옥수수 통조림	베이비 채소
주문량	15kg	7kg	25kg	18kg	4kg

① 264,600원 　　　　　② 265,600원

③ 266,600원 　　　　　④ 267,600원

⑤ 268,600원

64 다음은 경기도 지역별 초등학생 사교육 참여율에 대한 자료이다. 빈칸 ㉠, ㉡에 들어갈 수치가 바르게 연결된 것은?(단, 각 수치는 매년 일정한 규칙으로 변화한다)

〈지역별 초등학생 사교육 참여율〉

(단위 : %)

구분	2018년	2019년	2020년	2021년	2022년	2023년	2024년
성남시	53.2	58.4	60.2	60.1	64.0	63.7	65.0
수원시	47.2	45.6	48.2	50.9	57.6	58.6	58.4
안양시	52.1	51.7	49.6	50.8	52.3	55.6	57.1
고양시	24.5	29.5	27.6	30.1	31.5	34.2	35.2
안산시	21.3	24.1	23.5	26.4	25.7	26.6	25.9
안성시	㉠	35.7	37.2	38.7	40.2	41.7	43.2
파주시	18.5	19.6	19.7	18.5	18.6	20.7	22.9
평택시	17.5	18.5	17.7	16.4	18.5	19.3	20.9
시흥시	40.9	42.7	44.5	46.3	㉡	49.9	51.7
군포시	46.2	46.8	45.2	48.9	47.2	49.6	50.1

	㉠	㉡		㉠	㉡
①	34.2	48.1	②	34.2	48.3
③	34.2	48.5	④	35.2	47.1
⑤	35.2	48.1			

65 다음은 K공단에서 서울 및 수도권 지역의 가구를 대상으로 난방방식 및 난방연료 사용현황을 조사한 자료이다. 이에 대한 설명으로 옳은 것은?

〈난방방식 사용현황〉

(단위 : %)

종류	서울	인천	경기남부	경기북부	전국 평균
중앙난방	22.3	13.5	6.3	11.8	14.4
개별난방	64.3	78.7	26.2	60.8	58.2
지역난방	13.4	7.8	67.5	27.4	27.4

〈난방연료 사용현황〉

(단위 : %)

종류	서울	인천	경기남부	경기북부	전국 평균
도시가스	84.5	91.8	33.5	66.1	69.5
LPG	0.1	0.1	0.4	3.2	1.4
등유	2.4	0.4	0.8	3.0	2.2
열병합	12.6	7.4	64.3	27.1	26.6
기타	0.4	0.3	1.0	0.6	0.3

① 경기북부지역의 경우 도시가스를 사용하는 가구 수가 등유를 사용하는 가구 수의 30배 이상이다.

② 서울과 인천지역에서는 등유를 사용하는 비율이 가장 낮다.

③ 지역난방을 사용하는 가구 수는 서울이 인천의 약 1.7배이다.

④ 경기지역은 남부가 북부보다 지역난방을 사용하는 비율이 낮다.

⑤ 경기남부의 가구 수가 경기북부의 가구 수의 2배라면, 경기지역에서 개별난방을 사용하는 가구 수의 비율은 약 37.7%이다.

66 일정한 규칙으로 수를 나열할 때 B−A의 값을 구하면?

| A | 15 | 10 | 13 | 20 | 15 | 18 | 25 | B |

① 8

② 10

③ 12

④ 13

⑤ 15

67 다음은 A도시와 다른 도시들 간의 인구 이동량과 거리를 나타낸 자료이다. 인구가 많은 도시부터 순서대로 바르게 나열한 것은?

〈도시 간 인구 이동량과 거리〉

(단위 : 천 명, km)

도시 간	인구 이동량	거리
A↔B	60	2
A↔C	30	4.5
A↔D	20	7.5
A↔E	55	4

※ (두 도시 간 인구 이동량)$=k\times\dfrac{(두\ 도시의\ 인구의\ 곱)}{(두\ 도시\ 간의\ 거리)}$ (단, k는 양의 상수)

① B − C − D − E

② D − C − E − B

③ D − E − C − B

④ E − D − B − C

⑤ E − D − C − B

68 다음은 K대학교의 적성고사 평가 방법을 안내한 자료이다. K대학교 적성고사를 본 A ~ E의 틀린 문항 개수를 토대로 A ~ E의 평균 점수로 옳은 것은?

〈K대학교 적성고사 평가 방법〉

계열	산출 공식
인문계열	(국어 20문항×4점)+(수학 20문항×3점)+(영어 10문항×3점)+기본점수 230점=400점
자연계열	(국어 20문항×3점)+(수학 20문항×4점)+(영어 10문항×3점)+기본점수 230점=400점

〈학생별 적성고사 틀린 문항 개수〉

구분	계열	국어	수학	영어
A	인문계열	2개	3개	5개
B	자연계열	3개	7개	2개
C	인문계열	8개	6개	4개
D	인문계열	3개	9개	7개
E	자연계열	1개	2개	4개

① 354점
② 356점
③ 358점
④ 360점
⑤ 372점

69 다음 그림과 같이 한 대각선의 길이가 6으로 같은 마름모 2개가 겹쳐져 있다. 다른 대각선 길이가 각각 4, 9일 때 두 마름모의 넓이의 차는?

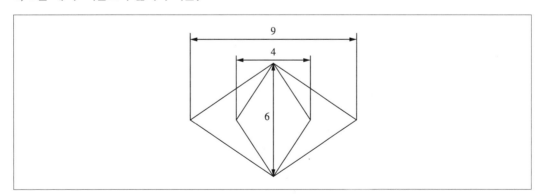

① 9
② 12
③ 15
④ 24
⑤ 30

70 다음은 K기업의 매출액과 분기별 매출액의 영업팀 구성비를 나타낸 자료이다. 연간 영업팀의 매출 순위와 1위 팀이 기록한 연 매출액을 순서대로 나열한 것은?

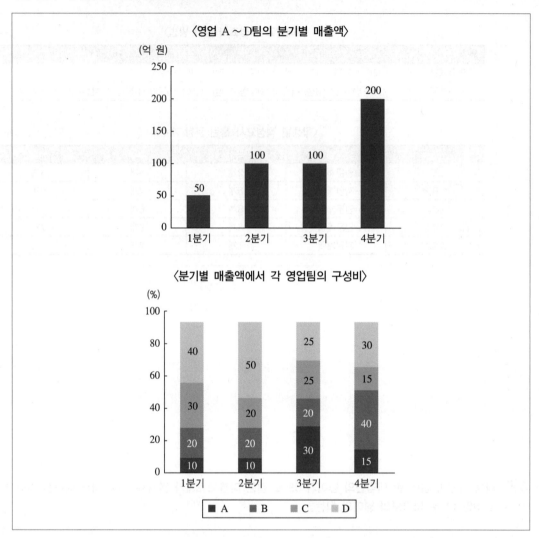

	매출 순위	연 매출액		매출 순위	연 매출액
①	A-B-C-D	120억 원	②	B-A-C-D	120억 원
③	B-A-D-C	155억 원	④	D-B-A-C	155억 원
⑤	D-B-C-A	155억 원			

71 다음 중 법의 해석에 대한 설명으로 옳지 않은 것은?

① 법해석의 방법은 해석의 구속력 여부에 따라 유권해석과 학리해석으로 나눌 수 있다.

② 법해석의 목표는 법적 안정성을 저해하지 않는 범위 내에서 구체적 타당성을 찾는 데 두어야 한다.

③ 법의 해석에 있어 법률의 입법취지도 고려의 대상이 된다.

④ 민법, 형법, 행정법에서는 유추해석이 원칙적으로 허용된다.

⑤ 법에 내재해 있는 법의 이념과 목적, 그리고 사회적인 가치합리성에 기초한 입법의 정신 등을 객관화해야 한다.

72 다음 중 헌법상 통치구조에 대한 설명으로 옳지 않은 것은?

① 법원의 재판에 이의가 있는 자는 헌법재판소에 헌법소원심판을 청구할 수 있다.

② 헌법재판소는 지방자치단체 상호 간의 권한의 범위에 대한 분쟁에 대하여 심판한다.

③ 행정법원은 행정소송사건을 담당하기 위하여 설치된 것으로서 3심제로 운영된다.

④ 법원의 재판에서 판결선고는 항상 공개하여야 하지만 심리는 공개하지 않을 수 있다.

⑤ 헌법재판소는 국회의 탄핵소추에 따라 해당 공무원을 탄핵할 것인지 아닌지를 재판할 수 있다.

73 다음 중 고용보험법에서 사용하는 용어의 뜻으로 옳은 것은?

① 피보험자 : 근로기준법상 근로자와 사업주를 말한다.

② 이직 : 근로계약이 당사자의 합의에 의해 해지되는 것을 말하며, 정년퇴직은 포함되지 아니한다.

③ 실업 : 근로의 의사와 능력이 있음에도 불구하고 취업하지 못한 상태에 있는 것을 말한다.

④ 보수 : 사용자로부터 받는 일체의 금품을 말한다.

⑤ 일용근로자 : 3개월 미만 동안 고용된 자를 말한다.

74 다음 중 사회법에 대한 설명으로 옳지 않은 것은?

① 공법 영역에 사법적 요소를 가미하는 제3의 법영역이다.

② 노동법, 경제법, 사회보장법은 사회법에 속한다.

③ 자본주의의 부분적 모순을 수정하기 위한 법이다.

④ 사회적·경제적 약자의 이익 보호를 목적으로 한다.

⑤ 사회주의, 단체주의, 적극국가, 실질적 평등을 원리로 한다.

75 다음 중 죄형법정주의의 내용으로 옳지 않은 것은?

① 소급효 금지의 원칙
② 관습형법 금지의 원칙
③ 유추해석 금지의 원칙
④ 상대적 부정기형 금지의 원칙
⑤ 명확성의 원칙

76 다음 중 상법상 보험계약자의 의무가 아닌 것은?

① 보험료지급의무
② 보험증권교부의무
③ 위험변경증가 통지의무
④ 중요사항에 대한 고지의무
⑤ 위험유지의무

77 다음 중 현행 행정규제기본법에서 규정하고 있는 내용으로 옳지 않은 것은?

① 규제는 법률에 근거를 두어야 한다.
② 규제를 정하는 경우에도 그 본질적 내용을 침해하지 않도록 하여야 한다.
③ 규제의 존속기한은 원칙적으로 5년을 초과할 수 없다.
④ 규제개혁위원회는 위원장 1명을 포함한 20명 이상 25명 이하의 위원으로 구성된다.
⑤ 심사기간의 연장이 불가피한 경우 규제개혁위원회의 결정으로 15일을 넘지 않는 범위에서 한 차례만 연장할 수 있다.

78 다음 중 예산원칙에 대한 설명으로 옳지 않은 것을 〈보기〉에서 모두 고르면?

보기

ㄱ. 예산총계주의 원칙이란, 회계연도의 모든 수입은 세입으로 하고, 모든 지출은 세출로 하며, 세입과 세출은 예외 없이 모두 예산에 편입되어야 한다는 것을 의미한다.
ㄴ. 예산사전결의 원칙이란, 예산은 예정적 계획이기 때문에 회계연도가 개시되기 전에 지방의회의 의결을 거쳐야 한다는 것을 의미한다.
ㄷ. 회계연도 독립의 원칙은 지방재정법에서 규정하고 있으며, 예외사항으로 계속비만을 규정한다.
ㄹ. 예산의 목적 외 사용금지 원칙의 예외사항으로는 예산의 이용·전용·이체 등이 있다.

① ㄱ, ㄴ
② ㄱ, ㄷ
③ ㄴ, ㄷ
④ ㄴ, ㄹ
⑤ ㄷ, ㄹ

79 다음 중 우리나라의 지방재정조정제도에 대한 설명으로 옳지 않은 것은?

① 지방교부세의 재원은 내국세의 19.24%에 해당하는 금액과 종합부동산세 전액으로 구성된다.

② 중앙정부가 지방자치단체별로 지방교부세를 교부할 때 사용하는 기준지표는 지방재정자립도이다.

③ 지방교부세는 용도가 정해져 있지 않다는 점에서 국고보조금과 다르다.

④ 재정자립도를 산정할 때 지방교부세는 지방자치단체의 의존재원에 속한다.

⑤ 국고보조금은 행정서비스의 구역 외 확산에 대처할 수 있지만 지역 간 재정력 격차 및 불균형을 심화시키기도 한다.

80 다음 중 행정개혁의 저항을 줄이는 방법으로 옳은 것을 〈보기〉에서 모두 고르면?

> 보기
>
> ㄱ. 참여기회 제공 　　　　　　　 ㄴ. 포괄적 개혁추진
> ㄷ. 구성원의 부담 최소화 　　　　 ㄹ. 외부집단에 의한 개혁추진
> ㅁ. 피개혁자 교육 및 홍보 　　　　 ㅂ. 개혁안의 명료화

① ㄱ, ㄴ, ㄷ, ㅁ 　　　　　　　 ② ㄱ, ㄷ, ㅁ, ㅂ
③ ㄱ, ㄴ, ㄷ, ㅁ, ㅂ 　　　　　 ④ ㄱ, ㄷ, ㄹ, ㅁ, ㅂ
⑤ ㄱ, ㄴ, ㄷ, ㄹ, ㅁ, ㅂ

81 다음 중 신공공관리(NPM; New Public Management)와 뉴거버넌스의 특징에 대한 설명으로 옳지 않은 것은?

① NPM이 정부 내부 관리의 문제를 다루는 반면 뉴거버넌스는 시장 및 시민사회와의 관계에서 정부의 역할과 기능을 다룬다.

② 뉴거버넌스는 NPM에 비해 자원이나 프로그램 관리의 효율성보다 국가차원에서의 민주적 대응성과 책임성을 강조한다.

③ NPM과 뉴거버넌스는 모두 방향잡기(Steering) 역할을 중시하며 NPM에서는 기업을 방향잡기의 중심에, 뉴거버넌스에서는 정부를 방향잡기의 중심에 놓는다.

④ 뉴거버넌스는 정부영역과 민간영역을 상호 배타적이고 경쟁적인 관계로 보지 않는다.

⑤ NPM은 경쟁과 계약을 강조하는 반면에 뉴거버넌스는 네트워크나 파트너십을 강조하고 신뢰를 바탕으로 한 상호존중을 중시한다.

82 다음 중 갈등관리에 대한 설명으로 옳지 않은 것은?

① 갈등해소 방법으로는 문제해결, 상위 목표의 제시, 자원 증대, 태도 변화 훈련, 완화 등을 들 수 있다.

② 적절한 갈등을 조성하는 방법으로 의사전달 통로의 변경, 정보 전달 억제, 구조적 요인의 개편, 리더십 스타일 변경 등을 들 수 있다.

③ 1940년대 말을 기점으로 하여 1970년대 중반까지 널리 받아들여졌던 행태주의적 견해에 의하면 갈등이란 조직 내에서 필연적으로 발생하는 현상으로 보았다.

④ 마치(March)와 사이먼(Simon)은 개인적 갈등의 원인 및 형태를 비수락성, 비비교성, 불확실성으로 구분했다.

⑤ 유해한 갈등을 해소하기 위해 갈등상황이나 출처를 근본적으로 변동시키지 않고 거기에 적응하도록 하는 전략을 사용하기도 한다.

83 다음과 같은 특징을 가진 리더십 유형은?

- 지적자극
- 카리스마
- 개별적 배려
- 장기 비전 제시에 따른 구성원의 태도 변화

① 변혁적 리더십
② 슈퍼 리더십
③ 서번트 리더십
④ 카리스마적 리더십
⑤ 거래적 리더십

84 다음은 마이클 포터(Michael Porter)의 산업구조 분석모델(Five Forces Model)이다. 빈칸 (A)에 들어갈 용어는?

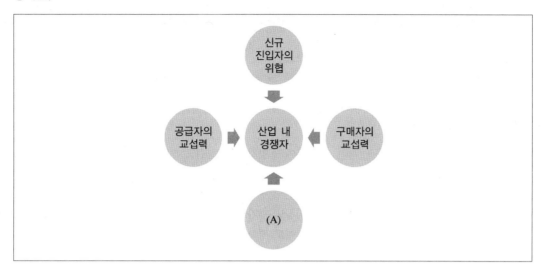

① 정부의 규제 완화   ② 고객의 충성도
③ 공급업체의 규모   ④ 가격의 탄력성
⑤ 대체재의 위협

85 다음 중 학습조직(LO; Learning Organization)에 대한 설명으로 옳지 않은 것은?

① 가빈(Garvin)은 학습조직을 '지식을 창출하고 획득하여 전달하는 데 능숙하며, 새로운 지식과 통찰력을 경영에 반영하기 위하여 기존의 행동방식을 바꾸는 데 능숙한 조직'이라고 정의했다.
② 문제지향적 학습과정, 집단적 학습의 강조, 의식적 학습의 자극과 규칙, 통찰력과 병렬적 학습을 강조한다.
③ 학습의 기본단위는 정보이고, 조직적 차원에서 정보는 공유되어야 하기 때문에 조직은 정보관리시스템을 건설하고 정보의사소통을 지원해야 한다.
④ 학습조직을 위한 다섯 가지 훈련(Senge)은 자기완성, 사고의 틀, 공동의 비전, 집단적 학습, 시스템 중심의 사고로 볼 수 있다.
⑤ 학습조직의 구조는 조직기본 단위를 개인으로 구성하고, 물질적 보상과 결과를 중시한다.

86 다음은 커크패트릭(Kirkpatrick)의 4단계 평가모형이다. 빈칸에 들어갈 단계별 평가가 바르게 연결된 것은?

평가단계		4 Levels	정보가치	중점대상	사용빈도	분석 난이도
1단계	( )	Reaction	적음 ↕ 많음	참여자 ↕ 관리자	높음 ↕ 낮음	쉬움 ↕ 어려움
2단계	( )	Learning				
3단계	( )	Behavior				
4단계	( )	Results				

	1단계	2단계	3단계	4단계
①	반응도 평가	적용도 평가	기여도 평가	성취도 평가
②	성취도 평가	기여도 평가	적용도 평가	반응도 평가
③	기여도 평가	적용도 평가	성취도 평가	반응도 평가
④	반응도 평가	성취도 평가	적용도 평가	기여도 평가
⑤	적용도 평가	반응도 평가	기여도 평가	성취도 평가

87 다음 중 마케팅의 푸시(Push) 전략에 대한 설명으로 옳지 않은 것은?

① 푸시 전략은 채널 파트너에게 마케팅 노력의 방향을 포함하는 전략이다.
② 고객에게 제품이나 브랜드에 대해 알릴 수 있다.
③ 영업 인력이나 중간상 판촉 등을 활용하여 수행한다.
④ 최종 소비자에게 마케팅 노력을 홍보하는 전략이다.
⑤ 브랜드 충성도가 낮은 경우에 적합한 전략이다.

88 다음 중 동시설계(동시공학; Concurrent Engineering)에 대한 특징으로 옳지 않은 것은?

① 전반적인 제품개발과정을 단축시킨다.
② 제품의 설계, 기술, 생산, 마케팅, 서비스 등의 전 과정을 거쳐, 서로 다른 부서로부터 다기능팀(Multi – Functional Team)을 구성한다.
③ 제품개발공정뿐만 아니라 기업의 경영관리 활동을 개선하는 접근 방법으로도 이용되어 경영프로세스혁신과 경영혁신을 도모한다.
④ 모든 프로세스를 동시에 진행하여 기간을 단축시키는 방법으로 비용절감을 꾀할 수 있으나 품질개선은 어렵다는 단점이 있다.
⑤ 팀 – 관리 기법, 정보 시스템, 통합 데이터베이스 환경, 제품 또는 서비스의 정보 교환을 위한 표준으로 구성된다.

89 솔로우(R. Solow)의 경제성장모형에서 1인당 생산함수는 $y = 2k^{0.5}$, 저축률은 30%, 자본의 감가상각률은 25%, 인구증가율은 5%라고 가정한다. 균제상태(steady state)에서의 1인당 생산량 및 자본량은?(단, y는 1인당 생산량, k는 1인당 자본량이다)

① $y=1$, $k=1$　　　　　　　　② $y=2$, $k=2$

③ $y=3$, $k=3$　　　　　　　　④ $y=4$, $k=4$

⑤ $y=5$, $k=5$

90 한계소비성향이 0.8이라면 국민소득을 500만큼 증가시키기 위해서는 정부지출을 어느 정도 늘려야 하는가?

① 100　　　　　　　　② 200

③ 300　　　　　　　　④ 400

⑤ 500

91 다음 자료는 어떤 재화의 수요와 공급을 보여준다. 정부가 이 재화에 대하여 P_0로 최고가격제를 실시한다고 할 때, 이에 대한 설명으로 옳지 않은 것은?(단, 수요곡선과 공급곡선은 모두 선형이다)

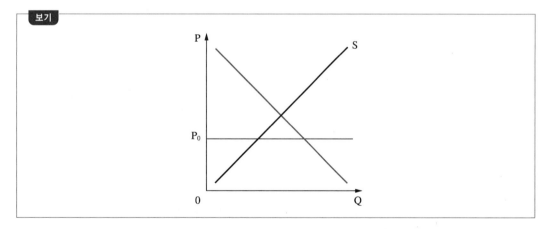

① 최고가격제를 실시하지 않는다면, 시장 가격은 P_0 이하에서 결정된다.

② 최고가격제를 실시하면 암시장이 형성될 수 있다.

③ 최고가격제를 실시하면 시장에서는 공급량이 줄어든다.

④ 초과수요가 발생하여 추첨이나 선착순과 같은 방식이 실시될 수 있다.

⑤ 이 재화를 구매한 소비자는 실제로 지불한 가격보다 더 높은 가격을 지불 할 의향이 있다.

92 다음은 농산물 시장 개방에 따른 이득과 손실을 나타낸 자료이다. 〈보기〉 중 옳은 것을 모두 고르면?

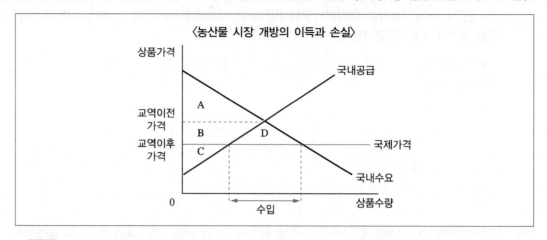

〈농산물 시장 개방의 이득과 손실〉

> **보기**
>
> 가. 교역 이전 가격에서의 소비자잉여는 A이다.
> 나. 교역 이전 가격에서의 사회적잉여는 A+B+C이다.
> 다. 교역 이후 가격 하락으로 농민들이 입는 손해가 소비자들이 얻는 이익보다 크다.
> 라. 교역 이후 가격 하락으로 사회적잉여는 감소한다.

① 가, 나   ② 가, 다
③ 가, 라   ④ 나, 다
⑤ 다, 라

93 다음 중 설문을 어떻게 구성하느냐에 따라 다른 응답이 나오는 효과는?

① 틀짜기효과(Framing Effect)
② 닻내림효과(Anchoring Effect)
③ 현상유지편향(Status quo Bias)
④ 기정편향(Default Bias)
⑤ 부존효과(Endowment Effect)

94 다음 중 실물적 경기변동이론(Real Business Cycle Theory)에 대한 설명으로 옳지 않은 것을 〈보기〉에서 모두 고르면?

> **보기**
>
> 가. 경기변동을 일으키는 주요인은 생산성 충격이다.
> 나. 경기변동 과정에서 발생하는 실업은 모두 자발적 실업이다.
> 다. 경기변동이 발생하는 과정에서 가격은 비신축적이다.
> 라. 정책결정자들은 경기침체를 완화시키는 재정정책을 시행해야 한다.

① 가, 나   ② 가, 라
③ 나, 다   ④ 나, 라
⑤ 다, 라

95 다음 중 빈칸 ㉠, ㉡에 들어갈 말을 〈보기〉에서 골라 바르게 나열한 것은?

> 고용보험법에 따른 구직급여 지급 일수는 ___㉠___, ___㉡___ 에 의해서 결정된다.

> **보기**
>
> ㄱ. 재취업을 위한 노력   ㄴ. 이직일 현재 연령
> ㄷ. 피보험기간   ㄹ. 소득 수준

① ㄱ, ㄴ   ② ㄱ, ㄹ
③ ㄴ, ㄷ   ④ ㄴ, ㄹ
⑤ ㄷ, ㄹ

96 다음 글에서 설명하는 사회복지사 윤리강령 기준으로 옳은 것은?

> • 사회복지사는 클라이언트의 지불능력에 상관없이 서비스를 제공해야 하며 이를 이유로 차별대우를 해서는 안 된다.
> • 사회복지사는 전문가로서의 품위와 자질을 유지하고 자신이 맡고 있는 업무에 대해 책임을 진다.

① 기본적 윤리기준   ② 사회에 대한 윤리기준
③ 클라이언트에 대한 윤리기준 ④ 기관에 대한 윤리기준
⑤ 도덕에 대한 윤리기준

97 다음 중 국민기초생활보장제도에 대한 설명으로 옳지 않은 것은?

① 기준 중위소득은 중앙생활보장위원회의 심의·의결을 거쳐 고시하는 국민 가구소득의 중위값을 말한다.

② 소득인정액은 개별가구의 소득평가액과 재산의 소득환산액을 합산한 금액을 말한다.

③ 급여의 기준은 급여종류에 관계없이 동일한 선정기준이 적용된다.

④ 생계급여는 금전으로 지급하는 것이 적당하지 아니하다고 인정될 때 물품으로 지급할 수 있다.

⑤ 생계급여는 수급자가 희망하는 경우에 수급자를 보장시설이나 타인의 가정에 위탁하여 급여를 실시할 수 있다.

98 다음 중 사회복지 주요 개념에 대한 설명으로 옳지 않은 것은?

① 보편주의(Universalism)에서 사회복지급여는 모든 국민에게 사회적 권리로 인정된다.

② 적극적 조치(Affirmative Action)는 여성, 장애인, 소수인종집단, 유색인종, 농어촌지역주민 등 사회적으로 불리한 조건에 처한 집단에 대한 입학, 고용, 승진 등에서의 평등을 실현하고자 하는 정책을 말한다.

③ 노동의 탈상품화(Decommodification of Labor)는 자본주의 이전의 사회에서 사람들이 생존을 위해 임금 형태의 소득에 전적으로 의존하지 않던 상태를 말한다.

④ 임파워먼트(Empowerment)는 치료를 통해서가 아니라 클라이언트의 강점을 강조함으로써 클라이언트가 처해 있는 어려움을 해결할 수 있도록 하는 사회복지실천기술이다.

⑤ 긍정적 차별(Positive Discrimination)은 평등한 권리를 누리지 못한 계층들에 대해 그동안의 불이익을 조금이나마 해소해 주는 차원에서 이들을 옹호하는 차별을 말한다.

99 다음 〈보기〉 중 사회복지서비스 전달체계에 대한 설명으로 옳은 것을 모두 고르면?

> **보기**
>
> ㄱ. 민간 전달체계는 이용자에게 폭넓은 서비스 선택권을 제공한다는 장점이 있다.
> ㄴ. 사회복지법인은 비영리공익법인으로서 민법상 재단법인이나 사단법인에 비해 공공성이 강조되는 사회복지서비스 전달기관이다.
> ㄷ. 중앙정부가 전달주체가 되면 서비스의 접근성과 융통성이 커진다.
> ㄹ. 공공기관이 제공하던 서비스를 민간기관에 이양 또는 위탁하는 민영화 추세가 강화되고 있다.

① ㄱ, ㄴ   ② ㄱ, ㄴ, ㄹ
③ ㄱ, ㄷ, ㄹ   ④ ㄴ, ㄷ, ㄹ
⑤ ㄱ, ㄴ, ㄷ, ㄹ

100 다음 중 쿠블러(Kubler) – 로스(Ross)의 죽음에 대한 적응 단계로 옳은 것은?

① 분노 – 부정 – 수용 – 우울 – 타협
② 부정 – 분노 – 타협 – 수용 – 우울
③ 부정 – 분노 – 타협 – 우울 – 수용
④ 부정 – 우울 – 분노 – 수용 – 타협
⑤ 부정 – 우울 – 분노 – 타협 – 수용

답안채점 • 성적분석 서비스

모바일
OMR

도서 내 모의고사 우측 상단에 위치한 QR코드 찍기	로그인 하기	'시작하기' 클릭	'응시하기' 클릭	나의 답안을 모바일 OMR 카드에 입력	'성적분석 & 채점결과' 클릭	현재 내 실력 확인하기

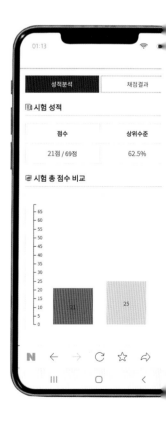

도서에 수록된 모의고사에 대한
객관적인 결과(정답률, 순위)를
종합적으로 분석하여 제공합니다.

※OMR 답안채점 / 성적분석 서비스는 등록 후 30일간 사용 가능합니다.

시대에듀

공기업 취업을 위한 NCS
직업기초능력평가 시리즈

NCS부터 전공까지 완벽 학습 "통합서" 시리즈

공기업 취업의 기초부터 차근차근! 취업의 문을 여는 **Master Key!**

NCS 영역 및 유형별 체계적 학습 "집중학습" 시리즈

영역별 이론부터 유형별 모의고사까지! 단계별 학습을 통한 **Only Way!**

2025
전면개정판

사이다 기출응용
모의고사 시리즈

사이다

사일 동안
이것만 풀면
다 합격!

누적 판매량
1위
기업별 NCS 시리즈

근로복지공단 NCS + 전공 4회분 | 정답 및 해설

모바일 OMR
답안채점 / 성적분석
서비스

NCS
핵심이론 및
대표유형 PDF

[합격시대]
온라인 모의고사
무료쿠폰

무료
NCS
특강

SDC
SDC는 시대에듀 데이터 센터의 약자로 약 30만 개의 NCS · 적성 문제 데이터를 바탕으로 최신 출제경향을 반영하여 문제를 출제합니다.

편저 | SDC(Sidae Data Center)

시대에듀

기출응용 모의고사
정답 및 해설

근로복지공단 NCS + 전공

1일 차 기출응용 모의고사 정답 및 해설

| 01 | 직업기초능력

01	02	03	04	05	06	07	08	09	10
③	④	⑤	③	⑤	③	④	⑤	③	④
11	12	13	14	15	16	17	18	19	20
④	④	①	③	④	①	②	③	④	③
21	22	23	24	25	26	27	28	29	30
③	④	③	④	④	④	④	③	②	④
31	32	33	34	35	36	37	38	39	40
③	③	③	④	①	④	①	②	④	②
41	42	43	44	45	46	47	48	49	50
③	④	②	①	③	③	②	②	④	③
51	52	53	54	55	56	57	58	59	60
③	②	⑤	②	③	④	②	②	③	①
61	62	63	64	65	66	67	68	69	70
③	①	⑤	②	②	①	④	②	③	②

01

제시문의 내용은 크게 두 부분으로 나눌 수 있다. 첫 번째와 두 번째 문단에서는 맥주의 주원료에 대해서, 마지막 문단에서는 맥주의 제조공정 중 발효에 대해 설명하며 이에 따른 맥주의 종류에 대해 설명하고 있다. 따라서 제시문의 제목으로는 ③이 가장 적절하다.

02
정답 ④

- (가) : 계몽의 작업이 공포를 몰아내는 작업이라는 것이 명시되어 있듯이 ⓒ은 인간의 계몽 작업이 왜 이루어져 왔는지를 요약하는 문장이다.
- (나) : 이해가 역사 속에서 가능하다는 ㉠은 두 번째 입장을 잘 요약하고 있는 문장이다.
- (다) : 권력과 지식의 관계가 대립이 아니라는 세 번째 입장에 비추어 볼 때, ㉡이 적절하다.

03
정답 ⑤

제시문은 미국 대통령 후보 선거제도 중 하나인 '코커스'에 대해 설명하고 아이오와주에서 코커스 개최시기가 변경된 것, 그리고 아이오와주 선거 운영 방식의 변화에 대하여 서술하고 있다. 빈칸 앞에서는 개최 시기를 1월로 옮긴 아이오와주 공화당의 이야기를 하고, 빈칸 뒤에서는 아이오와주 선거 운영 방식의 변화와 같은 다른 주제에 대해서 다루고 있으므로, 빈칸에는 '아이오와주는 미국의 대선후보 선출 과정에서 민주당과 공화당 모두 가장 먼저 코커스를 실시하는 주가 되었다.'가 오는 것이 가장 적절하다.

오답분석
① 선거 운영 방식이 달라진 것이 아니라 코커스를 실시하는 시기가 달라진 것이다.
② 제시문에서는 민주당과 공화당 사이가 악화될 계기가 언급되어 있지 않다.
③ 제시문에서 아이오와주에서 코커스의 개정을 요구했다는 근거를 찾을 수 없다.
④ 아이오와주가 코커스 제도에 대해 부정적이었다는 근거를 찾을 수 없다.

04
정답 ③

보에티우스의 건강을 회복할 수 있는 방법은 병의 원인이 되는 잘못된 생각을 바로 잡아 주는 것이다. 그것은 만물의 궁극적인 목적이 선을 지향하는 데 있다는 것을 알게 되는 것이다. 또한 세상은 결국에는 불의가 아닌 정의에 의해 다스려지게 된다는 것을 깨닫는 것이다. 따라서 적절한 것은 ㄱ, ㄴ이다.

오답분석
ㄷ. 보에티우스가 모든 소유물을 박탈당했다고 생각하는 것은 운명의 본모습을 모르기 때문이라고 말하고 있다.

05
정답 ⑤

ⓒ K공단은 온실가스를 많이 배출하고 에너지 소비가 큰 업체를 매년 관리대상 업체로 지정한다.
ⓔ 공공부문은 2025년까지 온실가스를 30% 이상 감소하는 것을 목표로 하고 있다.
ⓜ 관리대상으로 지정된 업체는 목표 미달성 시 상부 업체가 아닌 정부가 과태료를 부과한다.

06
정답 ③

교환되는 내용이 양과 질의 측면에서 정확히 대등하지 않기 때문에 대칭적 상호주의의 예시로 적절하지 않다.

07
정답 ④

제시문에서 동물의 의사 표현 방법으로 제시한 것은 색깔이나 모습, 행동을 통한 시각적 방법과 소리를 이용하는 방법, 냄새를 이용하는 방법이다. 서식지와 관련된 내용은 제시되어 있지 않다.

08
정답 ⑤

제시문은 동물의 네 가지 의사 표현 수단을 구체적 사례를 들어가며 제시하고 있는 글이다. 하지만 이러한 의사 표현 방법의 장단점을 대조하며 서술하고 있지는 않다.

09
정답 ③

사례에 나타난 의사 표현에 영향을 미치는 요소는 연단공포증이다. 연단공포증은 90% 이상의 사람들이 호소하는 불안이므로, 이러한 심리현상을 잘 통제하면서 구두표현을 한다면 청자는 그것을 더 인간다운 것으로 생각하게 될 것이다. 이러한 공포증은 본질적인 것이기 때문에 완전히 치유할 수는 없으나, 노력에 의해서 심리적 불안을 얼마간 유화시킬 수 있다. 따라서 완전히 치유할 수 있다는 ③은 적절하지 않다.

10
정답 ④

제시된 기사의 논점은 교과서는 정확한 통계·수치를 인용해야 하며, 잘못된 정보는 바로 잡아야 한다는 것이다. 갑, 을, 병, 무는 이러한 논점의 맥락과 맞게 교과서의 오류에 관해 논하고 있다. 하지만 정은 교과서에 실린 원전 폐쇄 찬반문제를 언급하며, 원전 폐쇄 찬성에 부정적인 의견을 펼치고 있다. 따라서 기사를 읽고 난 후의 감상으로 적절하지 않다.

11
정답 ④

도덕적 딜레마 논증은 어린이를 대상으로 한 임상실험이 없게 된다는 점, 제한된 동의능력만을 가진 경우 실험 대상에 포함시키는 것은 도덕적으로 올바르지 않다는 점을 근거로 하고 있다. 따라서 이를 비판하기 위해서는 어린이를 대상에서 배제시키는 것이 어린이를 꼭 위험에 몰아넣는 것은 아니라는 점을 보이거나, 제한된 동의능력만을 가졌다고 하여도 반드시 도덕적으로 실험 대상에 포함시키는 것이 잘못된 것은 아니라는 점을 보이면 된다. 그런 의미에서 ㄴ과 ㄷ은 적절한 비판이라고 할 수 있다.

오답분석
ㄱ. 제시문의 두 번째 논증과 같은 의미이기 때문에 논증을 비판하는 것이 아니라 오히려 강화하는 것이라고 할 수 있다.

12
정답 ④

제시문은 여름에도 감기에 걸리는 이유와 예방 및 치료방법에 대해 설명하고 있다. 따라서 (마) 의외로 여름에도 감기에 걸림 → (가) 찬 음식과 과도한 냉방기 사용으로 체온이 떨어져 면역력이 약해짐 → (라) 감기 예방을 위해 찬 음식은 적당히 먹고 충분한 휴식을 취하고, 귀가 후 손발을 씻어야 함 → (나) 감기에 걸렸다면 수분을 충분히 섭취해야 함 → (다) 열이나 기침이 날 때에는 따뜻한 물을 여러 번 나눠 먹는 것이 좋음의 순서대로 나열되어야 한다.

13
정답 ①

고대 그리스, 헬레니즘, 로마 시대를 순서대로 나열하여 설명하였으므로, 역사적 순서대로 주제의 변천에 대해 서술하고 있다. 따라서 글의 서술 방식으로는 ①이 가장 적절하다.

14
정답 ③

제시문은 사회복지의 역할을 긍정하며 사회복지 찬성론자의 입장을 설명하고 있다. 이에 대한 반론으로는 사회 발전을 위한 사회복지가 오히려 장애가 될 수 있다는 점을 주장하며 반박하는 ③이 가장 적절하다.

오답분석
① 사회복지는 소외 문제를 해결하고 예방하기 위하여 사회 구성원들이 각자의 사회적 기능을 원활하게 수행하게 한다.
② 사회복지는 삶의 질을 향상시키는 데 필요한 제반 서비스를 제공하는 행위와 그 과정을 의미한다.
④ 현대 사회가 발전함에 따라 생기는 문제의 기저에는 경제 성장과 사회 분화 과정에서 나타나는 불평등과 불균형이 있다.
⑤ 찬성론자들은 병리 현상을 통해 생겨난 희생자들을 방치하게 되면 사회 통합은 물론 지속적 경제 성장에 막대한 지장을 초래할 것이라고 주장한다.

15
정답 ④

'내'가 일부 시간적·공간적 범위를 나타내는 명사와 함께 쓰여, 일정한 범위의 안을 의미할 때는 의존 명사이므로 띄어 쓴다.

오답분석
① 짓는데 → 짓는 데
② 한박스 → 한 박스
③ 해결할 게 → 해결할게
⑤ 안됐다 → 안 됐다

16
정답 ①

첫 번째 문단에서 '대중문화 산물의 내용과 형식이 표준화·도식화되어 더 이상 예술인 척할 필요조차 없게 되었다고 주장했다.'라는 내용이 있으므로 제시문을 바르게 이해했다고 할 수 있다.

17

정답 ②

기호학적 생산성은 피스크가 주목하는 것으로서 초기 스크린 학파의 평가로 적절하지 않다.

오답분석

⑤ 피스크를 비판하는 켈러의 입장을 유추해 보았을 때 타당하다.

18

정답 ③

삼각지는 본래 지명 새벌(억새 벌판)의 경기 방언인 새뿔을 각각 석 삼(三)과 뿔 각(角)으로 잘못 해석하여 바꾼 것이므로 뿔 모양의 지형에서 유래되었다는 내용은 옳지 않다.

오답분석

① 우리나라의 지명 중 山(산), 谷(곡), 峴(현), 川(천) 등은 산악 지형이 대부분인 한반도의 산과 골짜기를 넘는 고개, 그 사이를 굽이치는 하천을 반영한 것이다.

② 평지나 큰 들이 있는 곳에는 坪(평), 平(평), 野(야), 原(원) 등의 한자가 많이 쓰였다.

④ 조선 시대에는 촌락의 특수한 기능이 지명에 반영되는 경우가 많았는데 하천 교통이 발달한 곳의 지명에는 ~도(渡), ~진(津), ~포(浦) 등의 한자가 들어간다.

⑤ 김포공항에서 유래된 공항동은 서울의 인구 증가로 인해 새롭게 만들어진 동이므로 공항동 지명의 역사는 일제에 의해 지명이 바뀐 고잔동 지명의 역사보다 짧다.

19

정답 ④

'역은 공문서의 전달과 관리의 내왕, 관물의 수송 등을 주로 담당했고, 원은 관리나 일반 여행자에게 숙박 편의를 제공했다.'는 앞의 내용을 통해 역(驛)~, ~원(院) 등의 한자가 들어가는 지명은 과거에 육상 교통이 발달했던 곳임을 알 수 있다.

20

정답 ③

전력 데이터는 이미 수집되고 있다. 전력 데이터 외에도 수도나 가스 등 다양한 이종 데이터가 융합될 것으로 기대되고 있다.

오답분석

① '1인 가구 안부 살핌 서비스'는 전력 빅데이터와 통신데이터를 분석하여 고독사를 예방하는 인공지능 서비스이다.

② 서비스는 오토 인코더 모델을 기반으로 설계되었으며, 평소와 다른 비정상적인 사용패턴이 모델에 입력되면 돌봄 대상의 안부에 이상이 있다고 판단하고 지자체 담당 공무원에게 경보 SMS를 발송하는 알고리즘을 가지고 있다.

④ 서비스 실증사업이 광주광역시 광산구 우산동에서 실시되었기 때문에 그 지역 사람들이 처음으로 해당 서비스를 사용해봤다.

⑤ 우산동의 관리 지역은 나이가 많고 혼자 사는 분들이 많아 고독사가 발생할 가능성이 크다고 한 내용으로 보아 서비스의 주대상은 독거노인층이다.

21

정답 ③

제시된 조건에 따르면 밀크시슬을 월요일에 복용하는 경우와 목요일에 복용하는 경우로 정리할 수 있다.

구분	월	화	수	목	금
경우 1	밀크시슬	비타민B	비타민C	비타민E	비타민D
경우 2	비타민B	비타민E	비타민C	밀크시슬	비타민D

따라서 수요일에는 항상 비타민C를 복용한다.

오답분석

① 월요일에는 밀크시슬 또는 비타민B를 복용한다.

② 화요일에는 비타민B 또는 비타민E를 복용한다.

④ 경우 1에서는 비타민E를 비타민C보다 나중에 복용한다.

⑤ 비타민D는 밀크시슬보다 나중에 복용한다.

22

정답 ④

제시문에 따르면 H부서에 근무하는 신입사원은 한 명이며, 신입사원은 단 한 지역의 출장에만 참가한다. 따라서 갑과 단둘이 가는 한 번의 출장에만 참가하는 을이 신입사원임을 알 수 있다. 이때, 네 지역으로 모두 출장을 가는 총괄 직원도 단 한 명뿐이므로 을과 단둘이 출장을 간 갑이 총괄 직원임을 알 수 있다. 또한, 신입사원을 제외한 모든 직원은 둘 이상의 지역으로 출장을 가야 하므로 병과 정이 함께 같은 지역으로 출장을 가면 무는 남은 두 지역 모두 출장을 가야 한다. 이때, 병과 정 역시 남은 두 지역 중 한 지역으로 각각 출장을 가야 한다. 따라서 다섯 명의 직원이 출장을 가는 경우를 정리하면 다음과 같다.

지역	직원	
	경우 1	경우 2
A	갑, 을	갑, 을
B	갑, 병, 정	갑, 병, 정
C	갑, 병, 무	갑, 정, 무
D	갑, 정, 무	갑, 병, 무

따라서 정은 두 곳으로만 출장을 가므로 정이 총 세 곳에 출장을 간다는 것은 반드시 거짓이 된다.

오답분석

① 갑은 총괄 직원이다.

② 두 명의 직원만이 두 광역시에 모두 출장을 간다고 하였으므로 을의 출장 지역은 광역시에 해당하지 않는다.

③ · ⑤ 위의 표를 통해 확인할 수 있다.

23

한글 자음과 한글 모음의 치환 규칙은 다음과 같다.
• 한글 자음

ㄱ	ㄴ	ㄷ	ㄹ	ㅁ	ㅂ	ㅅ
a	b	c	d	e	f	g
ㅇ	ㅈ	ㅊ	ㅋ	ㅌ	ㅍ	ㅎ
h	i	j	k	l	m	n

• 한글 모음

ㅏ	ㅑ	ㅓ	ㅕ	ㅗ	ㅛ	ㅜ
A	B	C	D	E	F	G
ㅠ	ㅡ	ㅣ	–	–	–	–
H	I	J	–	–	–	–

• 6 : 토요일
• hJd ㅐcE : 이래도
• aAenJ : 감히
• aIeaEdId : 금고를
• hDdgG : 열 수
• hJㅆcAaE : 있다고
6hJd ㅐcEaAenJaIeaEdIdhDdgGhJㅆcAaE → 이래도 감히 금고를 열 수 있다고

24

오답분석
① 7hEeFnAcA → 일요일의 암호 '오묘하다'
② 3iJfh ㅔaAbcA → 수요일의 암호 '집에간다'
③ 2bAaAbEdcA → 화요일의 암호 '나가놀다'
⑤ 1kAbjEgGiCh → 월요일의 암호 '칸초수정'

25

주어진 조건을 정리하면 다음과 같은 순서로 위치한다.
초밥가게 – ✕ – 카페 – ✕ – 편의점 – 약국 – 옷가게 – 신발가게 – ✕ – ✕
따라서 신발가게는 8번째 건물에 있다.

오답분석
① 카페와 옷가게 사이에 3개의 건물이 있다.
② 초밥가게와 약국 사이에 4개의 건물이 있다.
③ 편의점은 5번째 건물에 있다.
⑤ 옷가게는 7번째 건물에 있다.

26

먼저 첫 번째 조건에 따라 A위원이 발언하면 B위원도 발언하므로 A위원 또는 B위원은 발언하지 않는다는 두 번째 조건이 성립하지 않는다. 따라서 A위원은 발언자에서 제외되는 것을 알 수 있다.
두 번째 조건에 따라 B위원이 발언하는 경우와 발언하지 않는 경우를 나누어 볼 수 있다.
1) B위원이 발언하는 경우
   세 번째 조건에 따라 C위원이 발언하며, 네 번째 조건에 따라 D위원과 E위원이 발언한다. D위원이 발언하면 세 번째 조건에 따라 F위원도 발언한다. 결국 A위원을 제외한 나머지 위원 모두가 발언하는 것을 알 수 있다.
2) B위원이 발언하지 않는 경우
   네 번째 조건에 따라 D위원과 E위원이 발언하고, 세 번째 조건에 따라 F위원도 발언한다. 그러나 주어진 조건만으로는 C위원의 발언 여부를 알 수 없다.
따라서 항상 참이 되는 것은 ④이다.

오답분석
①·⑤ A위원은 항상 발언하지 않는다.
② B위원은 발언하거나 발언하지 않는다.
③ C위원은 1)의 경우 발언하지만, 2)의 경우 발언 여부를 알 수 없다.

27

일반적인 문제해결 절차는 문제 인식, 문제 도출, 원인 분석, 해결안 개발, 실행 및 평가의 5단계를 따른다. 먼저 해결해야 할 전체 문제를 파악하여 우선순위를 정하고, 선정 문제에 대한 목표를 명확히 한 후 선정된 문제를 분석하여 해결해야 할 것이 무엇인지를 명확히 한다. 다음으로 분석 결과를 토대로 근본 원인을 도출하고, 근본 원인을 효과적으로 해결할 수 있는 최적의 해결책을 찾아 실행, 평가한다. 따라서 문제해결 절차는 (다) → (마) → (가) → (라) → (나)의 순서로 진행된다.

28

세 번째 조건에 따라 빨간색 모자를 쓴 사람은 5명, 파란색 모자를 쓴 사람은 7명이다.
첫 번째 조건에 따라 파란색 하의를 입은 사람은 5명, 빨간색 하의를 입은 사람은 7명이다.
두 번째 조건에 따라 파란색 상의와 하의를 입은 사람의 수를 x명이라 하면, 빨간색 상의와 하의를 입은 사람의 수는 $(6-x)$명이다. 또한 파란색 상의와 빨간색 하의를 입은 사람의 수는 $7-(6-x)=(x+1)$명이고, 빨간색 상의와 파란색 하의를 입은 사람의 수는 $(5-x)$명이다.
네 번째 조건에 따라 $x+(x+1)=7$이고 $x=3$이다.
따라서 하의만 빨간색인 사람은 4명이다.

29

고급 포장과 스토리텔링은 모두 수제 초콜릿의 강점에 해당되므로 SWOT 분석에 의한 마케팅 전략으로 볼 수 없다. SO전략과 ST전략으로 보일 수 있으나, 기회를 포착하거나 위협을 회피하는 모습을 보이지 않기에 적절하지 않다.

오답분석
① 수제 초콜릿의 풍부한 맛(강점)을 알리고, 맛을 보기 전에는 알 수 없는 일반 초콜릿과의 차이(위협)도 알리는 ST전략에 해당된다.
③ 수제 초콜릿의 스토리텔링(강점)을 포장에 명시하여 소비자들의 요구를 충족(기회)시키는 SO전략에 해당된다.
④ 수제 초콜릿의 존재를 모르는 점(약점)을 마케팅을 강화하여 대기업과의 경쟁(위협)을 이겨내는 WT전략에 해당된다.
⑤ 값비싼 포장(약점)을 보완하여 좋은 식품에 대한 인기(기회)에 발맞춰 홍보하는 WO전략에 해당된다.

30

정답 ④

제시된 조건에 따르면 (마)에 의해 대호는 B팀에 가고, (바)에 의해 A팀은 외야수를 선택해야 한다. 또한 (라)에 의해 민한은 투수만 가능하고, C팀이 투수만 스카웃한다고 했으므로 나머지 B, D팀은 포수와 내야수 중 선택해야 한다. (사)에 의해 성흔이 A팀 외야수로 간다면 주찬은 D팀에 갈 수밖에 없으며, 이는 (아)에 어긋난다. 따라서 성흔은 포수를 선택하여 D팀으로 가고, (자)에 의해 주찬은 외야수로 A팀으로 간다.

31

정답 ③

탐색형 문제는 현재의 상황을 개선하거나 효율을 높이기 위한 문제로, 눈에 보이지 않지만 방치하면 뒤에 큰 손실이 따르거나 결국 해결할 수 없는 문제로 나타날 수 있다. ③의 현재 상황은 문제가 되지 않지만, 생산성 향상을 통해 현재 상황을 개선하면 대외경쟁력과 성장률을 강화할 수 있으므로 탐색형 문제에 해당한다.

오답분석
①・④ 현재 직면하고 있으면서 바로 해결해야 하는 발생형 문제이다.
②・⑤ 앞으로 발생할 수 있는 설정형 문제이다.

32

정답 ③

WT전략은 외부 환경의 위협 요인을 회피하고 약점을 보완하는 전략을 적용해야 한다. ③은 강점인 'S'를 강화하는 방법에 대해 이야기하고 있다.

오답분석
① WT전략은 외부 환경의 위협 요인을 회피하고 약점을 보완하는 전략이므로 적절하다.

② WO전략은 외부 환경의 기회를 사용해 약점을 보완하는 전략이므로 적절하다.
④ ST전략은 외부 환경의 위협을 회피하며 강점을 적극 활용하는 전략이므로 적절하다.
⑤ SO전략은 외부 환경의 기회를 활용하면서 강점을 더욱 강화시키는 전략이므로 적절하다.

33

정답 ③

주어진 조건을 정리하면 다음과 같다.
• 철수 : C, D, F는 포인트 적립이 안 되므로 해당 사항이 없다(②, ④ 제외).
• 영희 : 배송비를 고려하였으므로 A에는 해당 사항이 없다.
• 민수 : 주문 다음 날 취소가 되지 않았으므로 A, B, C에는 해당 사항이 없다(①, ⑤ 제외).
• 철호 : 환불 및 송금수수료, 배송비가 포함되었으므로 A, D, E, F에는 해당 사항이 없다.

34

정답 ④

파일 이름에 주어진 규칙을 적용하여 암호를 구하면 다음과 같다.
1. 비밀번호 중 첫 번째 자리에는 파일 이름의 첫 문자가 한글일 경우 @, 영어일 경우 #, 숫자일 경우 *로 특수문자를 입력한다.
 • 2022매운전골Cset3인기준recipe8 → *
2. 두 번째 자리에는 파일 이름의 총 자리 개수를 입력한다.
 • 2022매운전골Cset3인기준recipe8 → *23
3. 세 번째 자리부터는 파일 이름 내에 숫자를 순서대로 입력한다. 숫자가 없을 경우 0을 두 번 입력한다.
 • 2022매운전골Cset3인기준recipe8 → *23202238
4. 그 다음 자리에는 파일 이름 중 한글이 있을 경우 초성만 순서대로 입력한다. 없다면 입력하지 않는다.
 • 2022매운전골Cset3인기준recipe8 → *23202238ㅁㅇㅈㄱㅇㄱㅈ
5. 그 다음 자리에는 파일 이름 중 영어가 있다면 뒤에 덧붙여 순서대로 입력하되, a, e, I, o, u만 'a=1, e=2, I=3, o=4, u=5'로 변형하여 입력한다(대문자・소문자 구분 없이 모두 소문자로 입력한다).
 • 2022매운전골Cset3인기준recipe8 → *23202238ㅁㅇㅈㄱㅇㄱㅈcs2tr2c3p2
따라서 주어진 파일 이름의 암호는 '*23202238ㅁㅇㅈㄱㅇㄱㅈcs2tr2c3p2'이다.

35

정답 ①

각각의 정보를 수식으로 비교해 보면 다음과 같다.
A>B, D>C, F>E>A, E>B>D
∴ F>E>A>B>D>C
따라서 실적이 가장 높은 외판원은 F이다.

36

정답 ④

고객관리코드 순서대로 내용을 정리하면 다음과 같다.
- 충치치료와 관련된 보험 내용이므로 치아보험으로 보는 것이 적절하다. → TO
- 해지환급금은 지급받되 지급률은 최대한 낮게 한다고 하였으므로 30% 지급이 가장 적절하다. → R
- 성별은 제시문에서 언급되어 있지 않기에 여성, 남성 모두 가능하다. → 01 또는 10
- 치아보험의 경우, 보장기간은 최대 20년까지 가능하다. A는 보장기간과 납입기간을 같게 한다고 했으므로 모두 20년이며, 납입주기는 연납이다. → 200102

따라서 고객 A씨의 고객관리코드는 'TOR01200102' 또는 'TOR10200102'이다.

37

정답 ①

고객관리코드 순서대로 내용을 정리하면 다음과 같다.
- 간병보험 상품(NC) – 해지환급금 미지급(N) – 남성(01) – 납입기간·납입주기 일시납(0000) – 보장기간 100세(10)

따라서 해당 고객의 고객관리코드는 'NCN01000010'이다.

38

정답 ②

- 먼저 보험기간에 대한 제약이 없는 보험 상품은 종합보험·암보험·어린이보험·간병보험이므로, 치아보험(TO)과 생활보장보험(LF)을 가입한 고객을 지우면 다음과 같다.

SYY01100102	NCP01201202	CCQ10151202	LFR10151220
CCR10000008	SYR01151203	BBN10100108	SYY01101209
LFP10101220	TOQ01000001	NCY01101208	BBQ01201209
TOY10200120	CCQ10000010	CCR01301210	SYN10200110

- 다음으로 해지환급금의 일부만을 지급받는다 하였으므로, 전체를 지급받거나(Y) 지급받지 않는(N) 고객을 지우면 다음과 같다.

SYY01100102	NCP01201202	CCQ10151202	LFR10151220
CCR10000008	SYR01151203	BBN10100108	SYY01101209
LFP10101220	TOQ01000001	NCY01101208	BBQ01201209
TOY10200120	CCQ10000010	CCR01301210	SYN10200110

- 마지막으로 납입기간이 보장기간보다 짧은 월납 고객이 추석선물지급 대상이므로, 먼저 연납(01) 또는 일시불(00)인 고객을 제외한다.

SYY01100102	NCP01201202	CCQ10151202	LFR10151220
CCR10000008	SYR01151203	BBN10100108	SYY01101209
LFP10101220	TOQ01000001	NCY01101208	BBQ01201209
TOY10200120	CCQ10000010	CCR01301210	SYN10200110

남은 고객 중에서 납입기간과 보장기간을 비교하면 다음과 같다.
- NCP01201202 : 납입기간 20년=보장기간 20년
- CCQ10151202 : 납입기간 15년<보장기간 20년
- SYR01151203 : 납입기간 15년<보장기간 30년
- BBQ01201209 : 납입기간 20년≤보장기간 90세까지
- CCR01301210 : 납입기간 30년≤보장기간 100세까지

따라서 80~100세까지 보장은 납입기간이 보장기간보다 짧은지 같은지 알 수 없으므로 납입기간이 보장기간보다 짧은 고객은 2명이다.

39

정답 ④

한 분야의 모든 사람이 한 팀에 들어갈 수는 없다는 조건이 있으므로 가와 나는 한 팀이 될 수 없다.

[오답분석]
① 갑과 을이 한 팀이 되는 것과 상관없이 한 분야의 모든 사람이 한 팀에 들어갈 수는 없기 때문에 가와 나는 반드시 다른 팀이어야 한다.
② 두 팀에 남녀가 각각 2명씩 들어갈 수도 있지만, (남자 셋, 여자 하나), (여자 셋, 남자 하나)의 경우도 있다.
③ a와 c는 성별이 다르기 때문에 같은 팀에 들어갈 수 있다.
⑤ 주어진 조건에 따라 c와 갑이 한 팀이 되면 한 팀의 인원이 5명이 된다.

40

정답 ②

기존의 정보를 객관적으로 분석하는 것은 창의적 사고가 아니라 논리적 사고 또는 비판적 사고와 관련이 있다. 창의적 사고에는 성격, 태도에 걸친 전인격적 가능성이 포함되므로 모험심과 호기심이 많고 집념과 끈기가 있으며, 적극적·예술적·자유분방적일수록 높은 창의력을 보인다.

41

정답 ③

밴쿠버 지사에 메일이 도착한 시각은 4월 22일 오전 12시 15분이지만, 업무 시간이 아니므로 메일을 읽을 수 없다. 따라서 밴쿠버 지사에서 가장 빠르게 메일을 읽을 수 있는 시각은 전력 점검이 끝난 4월 22일 오전 10시 15분이다. 모스크바는 밴쿠버와 10시간의 시차가 있으므로 이때의 모스크바 현지 시각은 4월 22일 오후 8시 15분이다.

42

정답 ④

승진시험 성적은 100점 만점이므로 제시된 점수를 그대로 반영하고 영어 성적은 5를 나누어서 반영한다. 성과 평가의 경우는 2를 나누어서 합산해, 그 합산점수가 가장 큰 사람을 선발한다. 합산점수를 나타내면 다음과 같다.

구분	합산점수(점)
A	220
B	225
C	225
D	200
E	277.5
F	235
G	245
H	220
I	260
J	225
K	230

이때, 합산점수가 높은 E와 I는 동료평가에서 하를 받았으므로 승진대상에서 제외된다. 따라서 다음 순위인 F, G가 승진대상자가 된다.

43

정답 ②

• (하루 1인당 고용비)=(1인당 수당)+(산재보험료)+(고용보험료)
  =50,000+(50,000×0.00504)+(50,000×0.013)
  =50,000+252+650=50,902원
• (하루에 고용할 수 있는 인원 수)
  =[(본예산)+(예비비)]÷(하루 1인당 고용비)
  =600,000÷50,902
  ≒11.8
따라서 하루 동안 고용할 수 있는 최대 인원은 11명이다.

44

정답 ①

조건에 따라 가중치를 적용한 후보 도서들의 점수를 나타내면 다음과 같다.

도서명	흥미도 점수(점)	유익성 점수(점)	1차 점수(점)	2차 점수(점)
재테크, 답은 있다	6×3 =18	8×2 =16	34	34
여행학개론	7×3 =21	6×2 =12	33	33+1 =34
부장님의 서랍	6×3 =18	7×2 =14	32	–
IT혁명의 시작	5×3 =15	8×2 =16	31	–
경제정의론	4×3 =12	5×2 =10	22	–
건강제일주의	8×3 =24	5×2 =10	34	34

1차 점수가 높은 3권은 '재테크, 답은 있다', '여행학개론', '건강제일주의'이다. 이 중 '여행학개론'은 해외저자의 서적이므로 2차 선정에서 가점 1점을 받는다. 1차 선정된 도서 3권의 2차 점수가 34점으로 모두 동일하므로, 유익성 점수가 가장 낮은 '건강제일주의'가 탈락한다.
따라서 최종 선정될 도서는 '재테크, 답은 있다'와 '여행학개론'이다.

45

정답 ③

강사원의 급여지급계는 지급내역의 총합이므로 1,800,000+70,000+100,000=1,970,000원이다.
공제내역별 계산방법을 참고하여 각 빈칸의 공제액을 계산하면 다음과 같다.
• 건강보험료
  - 전체 : 1,800,000×0.0612=110,160원
  - 명세서에 기입될 건강보험료 : 110,160×0.5=55,080원
• 고용보험료
  - 전체 : 1,800,000×0.013=23,400원
  - 명세서에 기입될 고용보험료 : 23,400×0.5=11,700원
• 국민연금액
  - 전체 : 1,800,000×0.09=162,000원
  - 명세서에 기입될 국민연금액 : 162,000×0.5=81,000원
• 장기요양보험료
  - 전체 : 110,160×0.065=7,160.4≒7,200원
  - 명세서에 기입될 장기요양보험료 : 7,200×0.5=3,600원
• 공제총액 : 15,110+55,080+11,700+81,000+3,600+1,510+20,000=188,000원
따라서 실수령액은 1,970,000−188,000=1,782,000원이다.

46

정답 ③

대화 내용을 살펴보면 A과장은 패스트푸드점, B대리는 화장실, C주임은 은행, K사원은 편의점을 이용한다. 이는 동시에 이루어지는 일이므로 가장 오래 걸리는 일의 시간만을 고려하면 된다. 은행이 30분으로 가장 오래 걸리므로 17:20에 모두 모이게 된다. 따라서 17:00, 17:15에 출발하는 버스는 이용하지 못한다. 그리고 17:30에 출발하는 버스는 잔여석이 부족하여 이용하지 못한다. 최종적으로 17:45에 출발하는 버스를 탈 수 있다. 그러므로 서울에 도착 예정시각은 19:45이다.

47

정답 ②

A씨와 B씨의 일정에 따라 요금을 계산하면 다음과 같다.

- A씨
  - 이용요금 : $1,310 \times 6 \times 3 = 23,580$원
  - 주행요금 : $92 \times 170 = 15,640$원
  - 반납지연에 따른 페널티 금액 : $(1,310 \times 9) \times 2 = 23,580$원
  ∴ $23,580 + 15,640 + 23,580 = 62,800$원

- B씨
  - 이용요금
    목요일 : 39,020원
    금요일 : $880 \times 6 \times 8 = 42,240$원
    → 81,260원
  - 주행요금 : $243 \times 170 = 41,310$원
  ∴ $81,260 + 41,310 = 122,570$원

48

정답 ②

주어진 자료를 토대로 모델별 향후 1년 동안의 광고효과를 계산하면 다음과 같다.

(단위 : 백만 원, 회)

모델	1년 광고비	1년 광고횟수	1회당 광고효과	총 광고효과
A	$180-120$ $=60$	$60 \div 2.5$ $=24$	$140+130$ $=270$	24×270 $=6,480$
B	$180-80$ $=100$	$100 \div 2.5$ $=40$	$80+110$ $=190$	40×190 $=7,600$
C	$180-100$ $=80$	$80 \div 2.5$ $=32$	$100+120$ $=220$	32×220 $=7,040$
D	$180-90$ $=90$	$90 \div 2.5$ $=36$	$80+90$ $=170$	36×170 $=6,120$
E	$180-70$ $=110$	$110 \div 2.5$ $=44$	$60+80$ $=140$	44×140 $=6,160$

따라서 광고효과가 가장 높은 모델은 B이다.

49

정답 ④

- 한국 기준 비행기 탑승 시각 : 21일 8시 30분+13시간=21일 21시 30분
- 비행기 도착 시각 : 21일 21시 30분+17시간=22일 14시 30분
∴ 김사원의 출발 시각 : 22일 14시 30분-1시간 30분-30분 =22일 12시 30분

50

정답 ③

ⅰ) 연봉이 3천만 원인 K사원의 월 수령액은 3천만÷12=250만 원이고, 월평균 근무시간은 200시간이므로 시급은 250만÷200=12,500원이다.
ⅱ) K사원이 평일에 야근한 시간은 2+3+3+2=10시간이다. 따라서 야근 수당은 $(12,500+5,000) \times 10=175,000$원이다.
ⅲ) K사원이 주말에 특근한 시간은 3+5=8시간이므로, 특근 수당은 $(12,500+10,000) \times 8=180,000$원이다.

식대는 야근·특근 수당에 포함되지 않으므로 K사원의 한 달간 야근 및 특근 수당의 총액은 175,000+180,000=355,000원이다.

51

정답 ③

임직원들의 항목 평균 점수를 구하면 다음과 같다.

(단위 : 점)

성명	조직기여	대외협력	기획	평균	순위
유시진	58	68	83	69.67	9
최은서	79	98	96	91	1
양현종	84	72	86	80.67	6
오선진	55	91	75	73.67	8
이진영	90	84	97	90.33	2
장수원	78	95	85	86	4
김태균	97	76	72	81.67	5
류현진	69	78	54	67	10
강백호	77	83	66	75.33	7
최재훈	80	94	92	88.67	3

따라서 상위 4명인 최은서, 이진영, 최재훈, 장수원이 해외연수 대상자로 선정된다.

52

평균 점수의 내림차순으로 순위를 정리하면 다음과 같다.

(단위 : 점)

성명	조직기여	대외협력	기획	평균	순위
최은서	79	98	96	91	1
이진영	90	84	97	90.33	2
최재훈	80	94	92	88.67	3
장수원	78	95	85	86	4
김태균	97	76	72	81.67	5
양현종	84	72	86	80.67	6
강백호	77	83	66	75.33	7
오선진	55	91	75	73.67	8
유시진	58	68	83	69.67	9
류현진	69	78	54	67	10

따라서 오선진은 8위로 해외연수 대상자가 될 수 없다.

53

정답 ⑤

오답분석

① 예산이 150만 원이라고 했으므로 예산을 초과하였다.
② 해외 A/S만 가능하므로 신속한 A/S 조건에 맞지 않는다.
③ 조명도가 5,000lx 미만이므로 적절하지 않다.
④ 가격과 조명도 적절하고 특이사항도 문제없지만, 가격이 저렴한 제품을 우선으로 한다고 하였으므로 적절하지 않다.

54

정답 ②

자원관리과정
1. 필요한 자원의 종류와 양 확인하기
2. 이용 가능한 자원 수집하기
3. 자원 활용 계획 세우기
4. 계획대로 수행하기

55

정답 ②

예산은 넓은 범위에서 민간기업·공공단체 및 기타 조직체는 물론이고 개인의 수입·지출에 대한 것도 포함된다.

56

정답 ③

자기계발 과목에 따라 해당되는 지원 금액과 신청 인원은 다음과 같다.

구분	영어회화	컴퓨터 활용능력	세무회계
지원 금액	70,000×0.5 =35,000원	50,000×0.4 =20,000원	60,000×0.8 =48,000원
신청 인원	3명	3명	3명

따라서 교육프로그램마다 3명씩 지원했으므로, 지급될 총 지원비는 (35,000+20,000+48,000)×3=309,000원이다.

57

정답 ④

초과근무 계획표를 요일별로 정리하면 목요일 초과근무자가 5명임을 알 수 있다.

월	화	수	목	금	토	일
김혜정 정해리 정지원	이지호 이승기 최명진	김재건 신혜선	박주환 신혜선 정지원 김우석 이상엽	김혜정 김유미 차지수	이설희 임유진 김유미	임유진 한예리 이상엽

또한 목요일 초과근무자 중 단 1명만 초과근무 일정을 바꿔야 한다면 목요일 6시간과 일요일 3시간 일정으로 6+(3×1.5)=10.5시간을 근무하는 이상엽 직원의 일정을 바꿔야 한다. 따라서 목요일에 초과근무 예정인 이상엽 직원의 요일과 시간을 수정해야 한다.

58

정답 ②

우유 한 궤짝에 40개가 들어가므로 우유 한 궤짝당 700×40= 28,000원의 비용이 필요하고, 따라서 (가로)3m×(세로)2m×(높이)2m인 냉동 창고에 채울 수 있는 궤짝의 수를 계산하면 다음과 같다.
• 가로 : 궤짝의 가로 길이가 40cm이므로 300÷40=7.5개
　→ 7개(소수점 첫째 자리에서 내림)
• 세로 : 궤짝의 세로 길이가 40cm이므로 200÷40=5개
• 높이 : 궤짝의 높이가 50cm이므로 200÷50=4개
따라서 냉동 창고에 총 7×5×4=140궤짝이 들어가므로 140× 28,000=3,920,000≒400만 원이 든다.

59

정답 ③

각 교통편에 대한 결정조건계수를 계산하면 다음과 같다.

- A : $\dfrac{5 \times 700}{(10 \times 1,000) + (50,000 \times 0.5)} = \dfrac{3,500}{35,000} = 0.1$

- B : $\dfrac{5 \times 700}{(8 \times 1,000) + (60,000 \times 0.5)} = \dfrac{3,500}{38,000} \fallingdotseq 0.09$

- C : $\dfrac{7 \times 700}{(6 \times 1,000) + (80,000 \times 0.5)} = \dfrac{4,900}{46,000} \fallingdotseq 0.11$

- D : $\dfrac{7 \times 700}{(5 \times 1,000) + (100,000 \times 0.5)} = \dfrac{4,900}{55,000} \fallingdotseq 0.09$

- E : $\dfrac{10 \times 700}{(2 \times 1,000) + (150,000 \times 0.5)} = \dfrac{7,000}{77,000} \fallingdotseq 0.09$

따라서 K씨가 선택할 교통편은 결정조건계수가 0.11로 가장 높은 C이다.

60

정답 ①

업체들의 항목별 가중치 미반영 점수를 도출한 후, 가중치를 적용하여 선정점수를 도출하면 다음과 같다.

(단위 : 점)

구분	납품품질 점수	가격경쟁력 점수	직원규모 점수	가중치 반영한 선정점수
A업체	90	90	90	$(90 \times 0.4) + (90 \times 0.3) + 90 \times 0.3 = 90$
B업체	80	100	90	$(80 \times 0.4) + (100 \times 0.3) + 90 \times 0.3 = 89$
C업체	70	100	80	$(70 \times 0.4) + (100 \times 0.3) + 80 \times 0.3 = 82$
D업체	100	70	80	$(100 \times 0.4) + (70 \times 0.3) + 80 \times 0.3 = 85$
E업체	90	80	100	$(90 \times 0.4) + (80 \times 0.3) + (100 \times 0.3) = 90$

따라서 선정점수가 가장 높은 업체는 90점을 받은 A업체와 E업체이며, 이 중 가격경쟁력 점수가 더 높은 A업체가 선정된다.

61

정답 ③

배의 속력을 $x$km/h, 강물의 유속을 $y$km/h라 하면 다음과 같은 식이 성립한다.

$5(x - y) = 30 \cdots \bigcirc$

$3(x + y) = 30 \cdots \bigcirc$

$\bigcirc$, $\bigcirc$을 연립하면 $x = 8$, $y = 2$이다.

따라서 배의 속력은 8km/h이다.

62

정답 ①

퍼낸 소금물의 양을 xg이라고 하면 다음과 같은 식이 성립한다.

$$\left(\dfrac{6}{100} \times 700 \right) - \dfrac{6}{100}x + \dfrac{13}{100}x = \dfrac{9}{100} \times 700$$

$$\rightarrow 4,200 - 6x + 13x = 6,300$$

$$\rightarrow 7x = 2,100$$

$$\therefore x = 300$$

따라서 퍼낸 소금물의 양은 300g이다.

63

정답 ⑤

주어진 수열은 앞의 항에 $\times 1 + 1^2$, $\times 2 + 2^2$, $\times 3 + 3^2$, $\times 4 + 4^2$, $\cdots$인 수열이다.

따라서 ( ) $= 8 \times 3 + 3^2 = 33$이다.

64

정답 ②

- 공연음악 시장 규모 : 2025년의 예상 후원금은 $6,305 + 118 = 6,423$백만 달러이고, 티켓 판매 시장은 $22,324 + 740 = 23,064$백만 달러이다. 따라서 2025년 공연음악 시장 규모는 $6,423 + 23,064 = 29,487$백만 달러이다.

- 스트리밍 시장 규모 : 2020년 스트리밍 시장의 규모가 1,530백만 달러이므로, 2025년의 스트리밍 시장 규모는 $1,530 \times 2.5 = 3,825$백만 달러이다.

- 오프라인 음반 시장 규모 : 2025년 오프라인 음반 시장 규모를 x백만 달러라고 하면 $\dfrac{x - 8,551}{8,551} \times 100 = -6\% \rightarrow x = -\dfrac{6}{100} \times 8,551 + 8,551 \fallingdotseq 8,037.9$이다. 따라서 2025년 오프라인 음반 시장 규모는 8,037.9백만 달러이다.

65

정답 ③

주어진 자료의 수치는 비율뿐이므로 실업자의 수는 알 수 없다.

오답분석

① 2023년 대비 2024년 경제활동인구 비율은 80%에서 70%로 감소하였다.
② 2023년 대비 2024년 실업자의 비율은 2%p 증가하였다.
④ 2023년 대비 2024년 취업자 비율은 12%p 감소한 반면, 실업자 비율은 2%p 증가하였기 때문에 취업자 비율의 증감폭이 더 크다.
⑤ 2023년 대비 2024년 비경제활동인구 비율은 20%에서 30%로 증가하였다.

66

정답 ①

- S전자 : 8대 구매 시 2대를 무료로 증정하기 때문에 32대를 사면 8개를 무료로 증정 받아 32대 가격으로 총 40대를 살 수 있다. 32대의 가격은 80,000×32=2,560,000원이다. 그리고 구매 금액 100만 원당 2만 원이 할인되므로 구매 가격은 2,560,000-40,000=2,520,000원이다.
- B마트 : 40대 구매 금액인 90,000×40=3,600,000원에서 40대 이상 구매 시 7% 할인 혜택을 적용하면 3,600,000×0.93=3,348,000원이다. 1,000원 단위 이하는 절사하므로 구매 가격은 3,340,000원이다.

따라서 B마트에 비해 S전자가 3,340,000-2,520,000=82만 원 저렴하다.

67

정답 ④

퇴근시간대인 16:00~20:00에 30대 및 40대의 누락된 유동인구 비율을 찾아낸 뒤 100,000명을 곱하여 설문조사 대상 인원수를 산출하면 된다. 우측 및 하단 소계 및 주변 정보를 통해서 다음과 같이 빈 공간의 비율을 먼저 채운다.

(단위 : %)

구분	10대	20대	30대	40대	50대	60대	70대	합계
08:00~12:00	1	1	3	4	1	0	1	11
12:00~16:00	0	2	3	4	3	1	0	13
16:00~20:00	4	3	10	11	2	1	1	32
20:00~24:00	5	6	14	13	4	2	0	44
합계	10	12	30	32	10	4	2	100

위 결과를 토대로 30~40대 퇴근시간대 유동인구 비율은 10+11=21%임을 확인할 수 있다. 따라서 100,000×0.21=21,000명이므로, 설문지는 21,000장을 준비하면 된다.

68

정답 ②

2014년과 2024년의 암으로 인해 사망한 환자 수를 정리하면 다음과 같다.

(단위 : 만 명)

구분	2014년	2024년
폐암	$\frac{50}{1.25}=40$	50
간암	$240-(40+100+20)=80$	x
위암	100	80
자궁경부암	20	y
합계	240	200

2014년 대비 2024년도 위암 사망자의 증감률은 $\frac{80-100}{100}\times100$ $=-20\%$이며, 자궁경부암 사망자의 증감률은 (위암 사망자의 증감률)×2=-40%이다.

2024년도 간암, 자궁경부암 사망자 수를 각각 x, y만 명이라 하면 $-40\%=\frac{y-20}{20}\times100 \rightarrow y=12$

2024년도 사망자 수의 합 $200=50+x+80+12 \rightarrow x=58$

따라서 2014년 대비 2024년도 간암 사망자의 증감률은 $\frac{58-80}{80}\times100=-27.5\%$이다.

69

정답 ③

산업 및 가계별로 대기배출량을 구하면 다음과 같다.

- 농업, 임업 및 어업

$\left(10,400\times\frac{30}{100}\right)+\left(810\times\frac{20}{100}\right)+\left(12,000\times\frac{40}{100}\right)$ $+\left(0\times\frac{10}{100}\right)=8,082$천 톤 CO_2eq

- 석유, 화학 및 관련 제품

$\left(6,350\times\frac{30}{100}\right)+\left(600\times\frac{20}{100}\right)+\left(4,800\times\frac{40}{100}\right)$ $+\left(0.03\times\frac{10}{100}\right)=3,945.003$천 톤 CO_2eq

- 전기, 가스, 증기 및 수도사업

$\left(25,700\times\frac{30}{100}\right)+\left(2,300\times\frac{20}{100}\right)+\left(340\times\frac{40}{100}\right)$ $+\left(0\times\frac{10}{100}\right)=8,306$천 톤 CO_2eq

- 건설업

$\left(3,500\times\frac{30}{100}\right)+\left(13\times\frac{20}{100}\right)+\left(24\times\frac{40}{100}\right)+\left(0\times\frac{10}{100}\right)$ $=1,062.2$천 톤 CO_2eq

- 기계 부문

$\left(5,400\times\frac{30}{100}\right)+\left(100\times\frac{20}{100}\right)+\left(390\times\frac{40}{100}\right)$ $+\left(0\times\frac{10}{100}\right)=1,796$천 톤 CO_2eq

따라서 대기배출량이 많은 부문의 대기배출량을 줄여야 지구온난화 예방에 효과적이므로 '전기, 가스, 증기 및 수도사업' 부문의 대기배출량을 줄여야 한다.

70

정답 ②

2024년 김치 수출액이 3번째로 많은 국가는 홍콩이다. 홍콩의 2023년 대비 2024년 수출액의 증감률은 $\frac{4,285-4,543}{4,543}\times100$ $≒-5.68\%$이다.

| 02 | 직무기초지식

71	72	73	74	75	76	77	78	79	80
②	④	④	①	③	②	④	⑤	②	①
81	82	83	84	85	86	87	88	89	90
③	④	④	②	②	②	①	⑤	④	①
91	92	93	94	95	96	97	98	99	100
①	④	②	②	②	⑤	⑤	②	④	④

71

정답 ②

자유권은 주관적·구체적 권리로서의 성격이, 생존권(생활권)은 객관적·추상적 권리로서의 성격이 강하다.

자유권적 기본권과 생존권적 기본권의 비교

구분	자유권적 기본권	생존권적 기본권
이념적 기초	• 개인주의적·자유주의적 세계관 • 시민적 법치국가를 전제	• 단체주의적·사회정의의 세계관 • 사회적 복지국가를 전제
법적 성격	• 소극적·방어적 권리 • 전국가적·초국가적인 자연권 • 구체적 권리·포괄적 권리	• 적극적 권리 • 국가 내적인 실정권 • 추상적 권리·개별적 권리
주체	• 자연인(원칙), 법인(예외) • 인간의 권리	• 자연인 • 국민의 권리
내용 및 효력	• 국가권력의 개입이나 간섭 배제 • 모든 국가권력 구속, 재판규범성이 강함 • 제3자적 효력(원칙)	• 국가적 급부나 배려 요구 • 입법조치문제, 재판규범성이 약함 • 제3자적 효력(예외)
법률 유보	권리제한적 법률유보	권리형성적 법률유보
제한 기준	• 주로 안전보장·질서 유지에 의한 제한 • 소극적 목적	• 주로 공공복리에 의한 제한 • 적극적 목적

72

정답 ④

유치권은 타인의 물건이나 유가증권을 점유한 자가 그 물건이나 유가증권에 관하여 생긴 채권이 있는 경우에 변제받을 때까지 그 물건이나 유가증권을 유치할 수 있는 담보물권을 말한다.

73

정답 ④

대통령은 중대한 재정·경제상의 위기에 있어서 국가의 안전보장 또는 공공의 안녕질서를 유지하기 위하여 최소한으로 필요한 재정·경제상의 처분을 할 수 있다(헌법 제76조 제1항). 따라서 국무총리가 아니라 대통령의 긴급재정경제처분권을 규정하고 있다.

오답분석

① 헌법 전문·헌법 제5조·제6조 등에서 국제평화주의를 선언하고 있다.
② 헌법 제77조 제1항
③ 헌법 제1조 제1항
⑤ 실질적 의미의 헌법은 규범의 형식과 관계없이 국가의 통치조직·작용의 기본원칙에 대한 규범을 총칭한다.

74

정답 ①

증거조사는 법원이 공판절차에서 행하는 소송행위이다.

수사개시의 단서

• 수사기관 체험에 의한 단서 : 현행범 체포, 변사자의 검시, 불심검문, 다른 사건 수사 중의 범죄발견, 기사, 풍설 등
• 타인의 체험의 청취에 의한 단서 : 고소, 고발, 자수, 진정, 범죄신고 등

75

정답 ③

오답분석

① 국가는 사회보장제도의 안정적인 운영을 위하여 중장기 사회보장 재정추계를 격년으로 실시하고 이를 공표하여야 한다(사회보장기본법 제5조 제4항).
② 사회보장수급권의 포기는 취소할 수 있다(사회보장기본법 제14조 제2항).
④ 사회보장수급권은 관계 법령에서 정하는 바에 따라 다른 사람에게 양도하거나 담보로 제공할 수 없으며, 이를 압류할 수 없다(사회보장기본법 제12조).
⑤ '사회서비스'란 국가·지방자치단체 및 민간부문의 도움이 필요한 모든 국민에게 복지, 보건의료, 교육, 고용, 주거, 문화, 환경 등의 분야에서 인간다운 생활을 보장하고 상담, 재활, 돌봄, 정보의 제공, 관련 시설의 이용, 역량 개발, 사회참여 지원 등을 통하여 국민의 삶의 질이 향상되도록 지원하는 제도를 말한다(사회보장기본법 제3조 제4호). 사회적 위험을 보험의 방식으로 대처함으로써 국민의 건강과 소득을 보장하는 제도는 '사회보험'이다(사회보장기본법 제3조 제2호).

76

정답 ②

루소는 개인의 이익이 국가의 이익보다 우선하며, 법의 목적은 개인의 자유와 평등의 확보 및 발전이라고 보았다.

77

정답 ④

위탁집행형 준정부기관에 해당하는 기관으로는 한국도로교통공단, 건강보험심사평가원, 국민건강보험공단 등이 있다.

오답분석

① 정부기업은 형태상 일반부처와 동일한 형태를 띠는 공기업이다.
② 지방공기업의 경우 지방공기업법의 적용을 받는다.
③ 총 수입 중 자체수입액이 총 수입액의 50% 이상인 것은 공기업으로 지정한다.
⑤ 공기업은 정부조직에 비해 인사 및 조직운영에 많은 자율권이 부여된다.

78

정답 ⑤

총액배분 자율편성 예산제도는 중앙예산기관이 국가재정운용계획에 따라 각 부처의 지출한도를 하향식으로 설정해 주면 각 부처가 배정받은 지출한도 내에서 자율적으로 편성하는 예산제도이다.

79

정답 ②

재의요구권은 자치단체장의 권한에 속하는 사항으로 단체장이 위법·부당한 지방의회의 의결사항에 재의를 요구하는 것이다. 지방자치단체장의 재의요구 사유는 다음과 같다.

- 조례안에 이의가 있는 경우
- 지방의회의 의결이 월권 또는 법령에 위반되거나 공익을 현저히 해한다고 인정된 때
- 지방의회의 의결에 예산상 집행할 수 없는 경비가 포함되어 있는 경우, 의무적 경비나 비상재해복구비를 삭감한 경우
- 지방의회의 의결이 법령에 위반되거나 공익을 현저히 해한다고 판단되어 주무부장관 또는 시·도지사가 재의요구를 지시한 경우

오답분석

①·③·④·⑤ 지방의회 의결사항이다.

지방의회 의결사항(지방자치법 제47조)
1. 조례의 제정·개정 및 폐지
2. 예산의 심의·확정
3. 결산의 승인
4. 법령에 규정된 것을 제외한 사용료·분담금·지방세 또는 가입금의 부과와 징수
5. 기금의 설치·운용
6. 대통령령으로 정하는 중요 재산의 취득·처분
7. 대통령령으로 정하는 공공시설의 설치·처분
8. 법령과 조례에 규정된 것을 제외한 예산 외의 의무부담이나 권리의 포기
9. 청원의 수리와 처리
10. 외국 지방자치단체와의 교류협력에 관한 사항
11. 그 밖에 법령에 따라 그 권한에 속하는 사항

80

정답 ①

오답분석

② 증여세, 상속세는 직접세에 해당한다.
③ 취득세, 재산세, 자동차세, 등록면허세는 지방세에 해당한다.
④ 종합부동산세, 법인세, 소득세, 상속세는 직접세에 해당한다.
⑤ 레저세, 담배소비세는 지방세에 해당한다.

국세와 지방세의 구분

• 국세

국세	내국세	직접세	소득세, 법인세, 상속세, 증여세
		간접세	부가가치세, 개별소비세, 주세, 인지세, 증권거래세
	관세		–
	종합부동산세		과거 지방세인 종합토지세를 폐지하고 국세로 종합부동산세를 신설하였다(종부세는 부동산교부세로 전액 자치단체에 교부된다).
	목적세		교통·에너지·환경세, 교육세, 농어촌특별세

• 지방세

구분	광역자치단체		기초자치단체	
	특별시·광역시세	도세	시·군세	자치구세
보통세	취득세, 레저세, 담배소비세, 지방소비세, 주민세, 지방소득세, 자동차세	취득세, 등록면허세, 레저세, 지방소비세	담배소비세, 주민세, 지방소득세, 재산세, 자동차세	등록면허세, 재산세
목적세	지역자원시설세, 지방교육세	지역자원시설세, 지방교육세	–	–

81

정답 ③

ㄱ. 행정통제는 통제시기의 적시성과 통제내용의 효율성이 고려되어야 한다(통제의 비용과 통제의 편익 중 편익이 더 커야 한다).
ㄴ. 옴부즈만 제도는 사법 통제의 한계를 보완하기 위해 도입되었다.
ㄷ. 선거에 의한 통제와 이익집단에 의한 통제 등은 외부통제에 해당한다.

오답분석

ㄹ. 합법성을 강조하는 통제는 사법통제이다. 또한 사법통제는 부당한 행위에 대한 통제는 제한된다.

82

우리나라는 행정의 양대 가치인 민주성과 능률성에 대해 규정하고 있다.

목적(국가공무원법 제1조)
이 법은 각급 기관에서 근무하는 모든 국가공무원에게 적용할 인사행정의 근본 기준을 확립하여 그 공정을 기함과 아울러 국가공무원에게 국민 전체의 봉사자로서 행정의 민주적이며 능률적인 운영을 기하게 하는 것을 목적으로 한다.

목적(지방공무원법 제1조)
이 법은 지방자치단체의 공무원에게 적용할 인사행정의 근본 기준을 확립하여 지방자치행정의 민주적이며 능률적인 운영을 도모함을 목적으로 한다.

목적(지방자치법 제1조)
이 법은 지방자치단체의 종류와 조직 및 운영, 주민의 지방자치행정 참여에 관한 사항과 국가와 지방자치단체 사이의 기본적인 관계를 정함으로써 지방자치행정을 민주적이고 능률적으로 수행하고, 지방을 균형 있게 발전시키며, 대한민국을 민주적으로 발전시키려는 것을 목적으로 한다.

83

원가우위전략은 경쟁사보다 저렴한 원가로 경쟁하며 동일한 품질의 제품을 경쟁사보다 낮은 가격에 생산 및 유통한다는 점에 집중되어 있다. 디자인, 브랜드 충성도 또는 성능 등으로 우위를 점하는 전략은 차별화 전략이다.

84

제도화 이론은 조직이 생존하기 위해서는 이해관계자들로부터 정당성을 획득하는 것이 중요하다고 주장한다. 즉, 환경에서 어떤 조직의 존재가 정당하다고 인정될 때에만 조직이 성공할 수 있다는 것이다. 또한 다른 조직을 모방하려는 모방적 힘이나 규제와 같은 강압적 힘 등이 작용하기 때문에 유사한 산업에 속한 조직들이 서로 간에 유사한 시스템을 구축한다고 본다.

오답분석
① 대리인 이론 : 기업과 관련된 이해관계자들의 문제는 기업 내의 계약관계에 의하여 이루어진다는 이론이다.
③ 자원의존 이론 : 자원을 획득하고 유지할 수 있는 능력을 조직 생존의 핵심요인으로 보는 이론이다.
④ 전략적 선택 이론 : 조직구조는 재량을 지닌 관리자들의 전략적 선택에 의해 결정된다는 이론이다.
⑤ 조직군 생태학 이론 : 환경에 따른 조직들의 형태와 그 존재 및 소멸 이유를 설명하는 이론이다.

85

오답분석
① 지주회사(Holding Company) : 다른 회사의 주식을 소유함으로써 사업활동을 지배하는 것을 주된 사업으로 하는 회사이다.
③ 컨글로머리트(Conglomerate) : 복합기업, 다종기업이라고도 하며, 서로 업종이 다른 이종기업 간의 결합에 의한 기업형태이다.
④ 트러스트(Trust) : 동일산업 부문에서의 자본의 결합을 축으로 한 독점적 기업결합이다.
⑤ 콘체른(Concern) : 법률적으로 독립하고 있는 몇 개의 기업이 출자 등의 자본적 연휴를 기초로 하는 지배·종속 관계에 의해 형성되는 기업결합이다.

86

통제범위란 관리자 대 작업자의 비율을 뜻하는 것으로 스텝으로부터의 업무상 조언과 지원의 횟수는 통제의 범위와는 직접적 관련이 없다.

통제범위(Span of Control)
권한계층(Hierarchy of Authority)과 동일하며, 관리자가 직접 관리·감독하는 부하의 수를 말한다. 통제범위가 좁으면 조직계층이 높아지고, 통제범위가 넓으면 조직계층이 낮아져 조직이 수평적으로 변한다.

87

대량생산·대량유통으로 규모의 경제를 실현하여 비용절감을 하는 전략은 비차별화 전략으로, 단일제품으로 단일 세분시장을 공략하는 집중화 전략과는 반대되는 전략이다.

88

최소납기일우선법은 주문받은 작업 중 납기일이 가장 빠른 작업을 최우선 순서로 정하는 방법으로 단순하지만 주문의 긴급도와 작업지연을 고려하지 않기 때문에 합리성이 부족한 방법이다.
따라서 최우선으로 시작할 작업은 납기일이 가장 빠른 E이다.

89

정답 ④

스태그플레이션이란 경기가 불황임에도 불구하고 물가가 상승하는 현상을 말한다. 즉, 공급충격으로 인한 비용인상 인플레이션이 지속될 경우 인플레이션과 실업이 동시에 발생하는 것이다. 하지만 공급충격은 지속적으로 발생하는 것은 아니므로 지속적인 비용인상 인플레이션은 불가능하다.

인플레이션의 종류

종류	개념
초 인플레이션	물가상승이 1년에 수백에서 수천 퍼센트를 기록하는 인플레이션이다.
애그 플레이션	농업(Agriculture)과 인플레이션(Inflation)이 결합된 단어로, 농산물의 부족으로 인한 농산물 가격의 급등으로 야기되는 인플레이션이다.
에코 플레이션	환경(Ecology)과 인플레이션(Inflation)의 합성어로, 환경적 요인에 의해 야기되는 인플레이션이다.
차이나 플레이션	중국(China)과 인플레이션(Inflation)의 합성어로, 중국의 경제 성장으로 인해 야기되는 인플레이션이다.

90

정답 ①

S의 예금액 100만 원$\times(1+0.05)^2=1,102,500$원이므로 명목이자율은 10.25%이다. 따라서 실질이자율은 명목이자율에서 물가상승률을 뺀 값이므로 $10.25\%-\left(\dfrac{53-50}{50}\times100\right)=10.25\%-6\%=4.25\%$이다.

91

정답 ①

가격차별이란 동일한 상품에 대해 구입자 또는 구입량에 따라 다른 가격을 받는 행위를 의미한다. 기업은 이윤을 증대시키는 목적으로 가격차별을 실행한다. 가격차별은 나이, 주중고객과 주말고객, 판매지역(국내와 국외), 대량구매 여부 등의 기준에 따라 이루어진다. 일반적으로 가격차별을 하면 기존에는 소비를 하지 못했던 수요자층까지 소비를 할 수 있으므로 산출량이 증가하고 사회후생이 증가한다.

92

정답 ④

나. 경기호황으로 인한 임시소득의 증가는 소비에 영향을 거의 미치지 않기 때문에 저축률이 상승하게 된다.
라. 소비가 현재소득뿐 아니라 미래소득에도 영향을 받는다는 점에서 항상소득가설과 유사하다.

오답분석

가. 직장에서 승진하여 소득이 증가한 것은 항상소득의 증가를 의미하므로 승진으로 소득이 증가하면 소비가 큰 폭으로 증가한다.
다. 항상소득가설에 의하면 항상소득이 증가하면 소비가 큰 폭으로 증가하지만 임시소득이 증가하는 경우에는 소비가 별로 증가하지 않는다. 그러므로 항상소득에 대한 한계소비성향이 임시소득에 대한 한계소비성향보다 더 크게 나타난다.

93

정답 ②

중국은 의복과 자동차 생산에 있어 모두 절대우위를 갖는다. 그러나 리카도는 비교우위론에서 양국 중 어느 한 국가가 절대우위에 있는 경우라도 상대적으로 생산비가 낮은 재화생산에 특화하여 무역을 하면 양국 모두 무역으로부터 이익을 얻을 수 있다고 보았다. 이때 생산하는 재화를 결정하는 것은 재화의 국내생산비 재화생산의 기회비용을 말한다. 문제에서 주어진 표를 바탕으로 각 재화생산의 기회비용을 알아보면 다음과 같다.

구분	의복(벌)	자동차(대)
중국	0.5	0.33
인도	2	3

기회비용 표에서 보면 중국은 자동차의 기회비용이 의복의 기회비용보다 낮고, 인도는 의복의 기회비용이 자동차의 기회비용보다 낮다.
그러므로 중국은 자동차, 인도는 의복에 비교우위가 있다.

94

정답 ②

가격에 대한 공급의 반응 속도가 빠를수록 공급이 가격에 대해 탄력적이라고 표현한다. 즉, 공급이 빨리 증가하면 가격은 상대적으로 적게 상승한다. 일반적으로 수요가 동일하게 증가할 경우 공급이 가격에 대해 비탄력적일수록 가격이 큰 폭으로 증가한다.

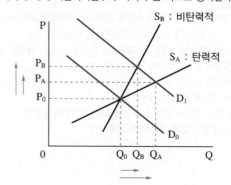

95

① 한 시기에 여러 연령집단을 조사하는 방법은 횡단조사이다.
③ 동류집단 조사는 특정 연령이나 세대 범위에 속한 인구집단의 변화를 측정하기 위한 조사이다.
④ 동류집단 조사는 조사 시점마다 일정 범주의 조사자들을 그때 그때 선정하여 조사하지만, 패널조사는 조사 시점에서 종점까지 동일 대상자를 추적 조사한다.
⑤ 패널조사는 동일인을 일정한 시간 가격을 두고 반복적으로 조사하는 것이므로, 시간이 지남에 따라 대상자들이 여러 사정으로 인해 변동될 수 있어 주기적인 확인이 필요하다. 따라서 시간과 비용이 많이 드는 단점이 있다.

96

사례관리
• 개인의 복합적인 문제를 해결하는 데 있어서 한 전문가의 책임하에 지속적으로 필요한 서비스와 전문가를 찾아 연결시켜 주고 적절한 서비스를 받을 수 있도록 조치해 주는 기법이다.
• 복합적이고 다중적인 문제를 가진 개별 클라이언트의 요구에 초점을 두고, 기관보다는 소비자의 전반적인 목적에 기반을 둔 실천과정이다.
• 프로그램에 기반을 둔 서비스라기보다는 개별화된 서비스 계획에 기반을 둔 클라이언트 중심인 실천이다.
• 클라이언트의 문제해결과 치료보다는 욕구충족과 보호에 더 중점을 둔다.
• 클라이언트의 사회적 기능과 독립을 극대화하기 위해서 보호의 연속성과 책임성을 보장한다.
• 서비스의 효과성과 효율성을 높이기 위해 포괄적인 서비스를 제공하고 조정한다.
• 환경과의 상호작용에 관심을 집중하고 다양한 지원체계의 광범위한 서비스를 활용한다.
• 가정방문과 출장원조, 안내와 의뢰와 같은 클라이언트와의 적극적인 접근을 강조한다.
• 클라이언트 수준에서 클라이언트 각자의 욕구를 개별화하고, 개입 과정에서 참여와 자기결정을 촉진한다.
• 개별적인 실천기술과 지역사회 실천기술을 통합하여 접근한다.

97

사회민주주의 이론에서 복지국가는 사회민주세력의 전리품으로, 노동의 정치적 세력 확대의 결과로 발전한다고 본다. 반면, 복지국가는 노동자계급을 대변하는 정치적 집단의 정치적 세력이 커질수록 발전한다는 것이며, 복지국가를 자본과 노동의 계급투쟁에서 노동이 획득한 전리품으로 본다.

98

시장에서 재화들이 효율적으로 분배된다는 것은 시장실패가 일어나지 않는다는 것이다. 따라서 시장실패가 일어나지 않기 위해서는 재화의 거래에서 외부효과와 역의 선택 현상이 일어나지 않아야 하며, 수요자와 공급자가 재화에 대한 충분한 정보가 있어야 하고 위험의 발생이 상호 의존적이어서는 안 된다. 위험의 발생이 상호 의존적이면 시장에서의 재화 배분이 효율적으로 이루어질 수 없게 된다.

99

㉠ 형성평가 : 프로그램 운영 중에 이루어지는 평가로, 과정평가(Process Evaluation)가 속한다.
㉡ 총괄평가 : 프로그램 종결 후 행해지는 평가로, 목표지향적 평가·효과성평가·효율성평가·공평성평가 등이 속한다.
㉢ 메타평가 : 프로그램 평가 자체를 차후에 종합적으로 평가한다.

100

사회복지 실천과정은 '접수 → 자료수집(조사) 및 사정 → 목표설정 및 계약(계획) → 개입 → 평가 및 종결'로 이루어진다.

2일 차 기출응용 모의고사 정답 및 해설

| 01 | 직업기초능력

01	02	03	04	05	06	07	08	09	10
④	③	⑤	②	③	③	⑤	④	⑤	③
11	12	13	14	15	16	17	18	19	20
⑤	④	④	④	④	②	③	④	④	①
21	22	23	24	25	26	27	28	29	30
⑤	④	④	②	④	①	③	①	④	③
31	32	33	34	35	36	37	38	39	40
③	①	③	④	④	④	①	②	②	①
41	42	43	44	45	46	47	48	49	50
④	③	④	⑤	②	④	③	④	⑤	④
51	52	53	54	55	56	57	58	59	60
④	③	②	④	③	④	④	③	④	④
61	62	63	64	65	66	67	68	69	70
⑤	①	①	④	③	②	②	⑤	⑤	③

01
정답 ④

제시문을 통해 4세대 신냉매는 온실가스를 많이 배출하는 기존 3세대 냉매의 대체 물질로 사용되어 지구온난화 문제를 해결하는 열쇠가 될 것임을 알 수 있다.

02
정답 ③

놀이 공원이나 휴대전화 요금제 등을 미루어 생각해 볼 때, 이부가격제는 이윤 추구를 최대화하려는 기업의 가격 제도이다.

03
정답 ⑤

제시문은 공포증을 정의한 뒤 공포증은 모든 사람에게 생기는 것이 아니며, 왜 공포증이 생기는 것인지에 대한 심리학자 와이너의 설명이 담긴 글이다. 따라서 (라) 공포증의 정의 → (나) 공포증이 생기는 대상 → (가) 공포증이 생기는 이유를 밝힌 와이너 → (다) 와이너가 밝힌 공포증이 생기는 이유 순으로 나열해야 한다.

04
정답 ②

제시문은 재산권 제도의 발달에 따른 경제 성장을 예로 들어 제도의 발달과 경제 성장의 상관관계에 대해 설명하고 있다. 더불어 제도가 경제 성장에 영향을 줄 수는 있지만 동시에 경제 성장으로부터 영향을 받을 수도 있다는 점에서 그 인과관계를 판단하기 어렵다는 한계점을 제시하고 있다. 따라서 제목으로 가장 적절한 것은 '경제 성장과 제도 발달'이다.

05
정답 ③

제시문에서는 법조문과 관련된 '반대 해석'과 '확장 해석'의 개념을 일상의 사례를 들어 설명하고 있다.

06
정답 ③

제시문의 '얼굴을 맞대고 하는 접촉이 매체를 통한 접촉보다 결정적인 영향력을 미친다.', '새 어형이 전파되는 것은 매체를 통해서보다 사람과의 직접적인 접촉에 의해서라는 것이 더 일반적인 견해이다.' '매체를 통한 것보다 자주 접촉하는 사람들을 통해 언어 변화가 진전된다는 사실은 언어 변화의 여러 면을 바로 이해하는 핵심적인 내용이라 해도 좋을 것이다.'라는 내용은 모두 '접촉의 형식도 언어 변화에 영향을 미치는 요소이다.'로 종합할 수 있다.

07
정답 ⑤

전 세계의 기상 관측소와 선박, 부표에서 온도를 측정한 것은 19세기 중반부터이며, 1979년 이후부터는 지상을 벗어나 대류권과 성층권에서도 지구의 기후 변화를 감시하게 되었다.

08
정답 ④

제시문은 느낌의 동질성 판단 방법을 주제로 삼아 느낌이라는 현상을 철학적인 관점에서 분석하고 있다. 자신의 느낌이 타인의 느낌과 같은지 판단하는 방법으로 유추적 방법과 과학적 방법을 검토한 뒤 새로운 접근 방법으로 다양한 가설과 합리적인 해결책을 찾아야 한다고 주장하고 있다. (라) 문단에서는 (다) 문단에서 제기한 고전적인 해결책의 한계를 해결하기 위해 두뇌 속 뉴런을 관찰하는 과학적인 방법을 소개하고 있지만, 이러한 과학적인 방법에도 한계가 있다고 설명하고 있다. 따라서 ④는 적절하지 않다.

09

빈칸 뒤에 이어지는 내용은 동물실험의 어두운 면으로, 앞의 내용과 상반된 내용이므로 상반된 내용을 이어주는 접속부사인 '하지만'을 넣어야 한다.

10

세 번째 문단에서 쥐와 인간의 유전자는 약 99% 정도가 유사하며 300개 정도의 유전자만 다르다고 하였다.

오답분석
① 첫 번째 문단에 제시되어 있다.
② 두 번째 문단에 제시되어 있다.
④ 마지막 문단에서 확인할 수 있다.
⑤ 여섯 번째 문단에서 2022년 12월 FDA에서 동물실험 의무 조항을 삭제했다 하였으므로 그해 상반기까지는 의무였음을 추측할 수 있다.

11

지난 1월 서울시 기후환경본부가 발표한 자료에 따르면 서울지역 초미세먼지 가운데 51% 정도는 중국이 아닌 국내에서 생성된 것으로 나타났다.

12

국립환경과학원 환경연구관의 인터뷰 내용에서 황사가 발생했을 때 주요 대기 오염물질이 다른 시기와 비슷하거나 오히려 낮은 경우도 있다고 한 점을 볼 때 빈칸에 ④가 들어가는 것이 가장 적절하다.

13

의존 명사는 반드시 관형어가 있어야 문장에 쓰일 수 있는 명사이지만, 다른 명사들과 마찬가지로 독립된 어절로 띄어쓰기를 해야 한다.

오답분석
① '지'는 '어떤 일이 있었던 때로부터 지금까지의 동안'을 나타내는 의존 명사이므로 띄어 쓴다.
② '-ㄴ데다가'는 '동시 연발'을 나타내는 어미이므로 붙여 쓴다.
③ '뿐'은 '다만 어떠하거나 어찌할 따름'이란 뜻의 의존 명사이므로 띄어 쓴다.
⑤ '커녕'은 '어떤 사실을 부정하는 것은 물론 그보다 덜하거나 못한 것까지 부정함'을 뜻하는 보조사이므로 붙여 쓴다.

14

보행자 통행에만 이용되는 보도의 유효 폭 최소 기준을 기존 1.2m에서 1.5m로 확대하면 보행자는 더욱 넓은 공간에서 통행할 수 있게 되지만, 보도의 유효 폭에 가로수를 포함한다는 내용은 명시되어 있지 않다.

오답분석
① 보도의 유효 폭 최소 기준을 기존 1.2m에서 1.5m로 확대하면, 휠체어나 유모차 이용자도 통행할 수 있는 최소한의 보도 폭을 확보하게 된다.
② 횡단경사를 기존 1/25 이하에서 1/50 이하로 완화하면, 통행 시 한쪽 쏠림현상을 줄일 수 있다.
③ 도로관리청별로 다르게 관리하던 보행자도로에 대한 관리 기준을 포장상태 서비스 수준별로 등급(A ~ E)을 마련하여 관리해야 한다.
⑤ 보행자도로의 경우 일정 수준(C등급) 이상의 관리가 필요하다.

15

토지공공임대제(ⓓ)는 토지가치공유제(ⓒ)의 하위 제도로, 사용권은 민간이 갖고 수익권은 공공이 갖는다. 처분권의 경우 사용권을 가진 민간에게 한시적으로 맡기는 것일 뿐이며, 처분권도 공공이 갖는다. 따라서 ⑤는 토지공공임대제(ⓓ)에 대한 설명으로 적절하지 않다.

16

제시문의 문맥상 먼저 속담을 제시하고 그 속담에 얽힌 이야기가 순서대로 나와야 하므로 (라) 문단이 가장 먼저 와야 한다. 다음으로 '앞집'과 '뒷집'의 다툼이 시작되는 (가) 문단이 와야 하고, 적반하장격으로 뒷집이 앞집에 닭 한 마리 값을 물어주게 된 상황을 설명하는 (다) 문단이 이어져야 한다. 또한, 이야기를 전체적으로 요약하고 평가하는 (나) 문단이 마지막에 와야 한다. 따라서 문단을 순서대로 바르게 나열하면 (라) - (가) - (다) - (나)이다.

17

과학자는 과학의 소산물이 잘못 이용될 때에 생기는 예기치 못한 위험 상황을 위정자들에게 자세히 알려 줄 의무가 있음을 언급하고 있으나, 위정자들의 정치관을 바로 잡아야 한다는 내용은 없다.

18

제시문의 전체적인 맥락으로 볼 때, 핵심 내용은 과학자의 역할 및 그 중요성이다.

19

정답 ④

제시문은 '온난화 기체 저감을 위한 습지 건설 기술'에 대한 내용이다. 따라서 제시된 문장 뒤에는 (나) 인공 습지 개발 가정 → (다) 그에 따른 기술적 성과 → (가) 개발 기술의 활용 가정 → (라) 기술 이전에 따른 효과 기대 순서로 나열해야 한다.

20

정답 ①

오답분석

② 첫 번째 문단의 '독자는 작품의 의미를 수동적으로 받아들이는 존재'에서 알 수 있다.
③ 두 번째와 네 번째 문단의 '독자의 능동성', '독자 스스로 빈틈을 채우는 구체화 과정'을 통해 알 수 있다.
④ 첫 번째 문단에서 수용미학이 등장한 배경이 고전주의 예술관과 관련된다는 내용과 두 번째 문단에서 작품의 의미는 작품 속에 갇혀 있는 것이 아니라 독자에 의해 재생산된다는 내용을 통해 알 수 있다.
⑤ 마지막 문단을 통해 알 수 있다.

21

정답 ⑤

주어진 조건을 표로 정리하면 다음과 같다.

구분	A	B	C	D	E	F
아침	된장찌개	된장찌개	된장찌개	김치찌개	김치찌개	김치찌개
점심	김치찌개	김치찌개	된장찌개	된장찌개	된장찌개	김치찌개
저녁	김치찌개	김치찌개	김치찌개	된장찌개	된장찌개	된장찌개

따라서 김치찌개는 총 9그릇이 필요하다.

22

정답 ④

• 세 번째 조건 : A가 받는 상여금은 75만 원이다.
• 네 번째, 여섯 번째 조건 : (B의 상여금)<(C의 상여금), (B의 상여금)<(D의 상여금)<(E의 상여금)이므로 B가 받는 상여금은 25만 원이다.
• 다섯 번째 조건 : C가 받는 상여금은 50만 원 또는 100만 원이다.
이를 정리하여 가능한 경우를 표로 나타내면 다음과 같다.

구분	A	B	C	D	E
경우 1	75만 원	25만 원	50만 원	100만 원	125만 원
경우 2	75만 원	25만 원	100만 원	50만 원	125만 원

따라서 C의 상여금이 A보다 많은 경우는 경우 2로, 이때 B의 상여금(25만 원)은 C의 상여금(100만 원)의 25%이다.

오답분석

① 모든 경우에서 A를 제외한 나머지 네 명의 상여금 평균은 $\frac{25만+50만+100만+125만}{4}=75만$ 원이므로 A의 상여금과 같다.
② 어떠한 경우에서도 A와 B의 상여금은 각각 75만 원, 25만 원이므로 A의 상여금이 반드시 B보다 많다.
③ C의 상여금은 경우 1에서 50만 원으로 두 번째로 적고, 경우 2에서 100만 원으로 두 번째로 많다.
⑤ C의 상여금이 D보다 적은 경우는 경우 1로, 이때 D의 상여금(100만 원)은 E의 상여금(125만 원)의 80%이다.

23

정답 ④

부속서 I에 해당하는 국가는 온실가스 배출량을 1990년 수준으로 감축하기 위해 노력하지만 강제성을 부여하지는 않기에 벌금은 없다.

24

정답 ②

한글 자음을 순서에 따라 바로 뒤의 자음으로 변환하면 다음과 같다.

ㄱ	ㄴ	ㄷ	ㄹ	ㅁ	ㅂ	ㅅ
ㄴ	ㄷ	ㄹ	ㅁ	ㅂ	ㅅ	ㅇ
ㅇ	ㅈ	ㅊ	ㅋ	ㅌ	ㅍ	ㅎ
ㅈ	ㅊ	ㅋ	ㅌ	ㅍ	ㅎ	ㄱ

한글 모음을 순서에 따라 영어로 변환하면 다음과 같다.

ㅏ	ㅐ	ㅑ	ㅒ	ㅓ	ㅔ	ㅕ
a	b	c	d	e	f	g
ㅖ	ㅗ	ㅘ	ㅙ	ㅚ	ㅛ	ㅜ
h	i	j	k	l	m	n
ㅝ	ㅞ	ㅟ	ㅠ	ㅡ	ㅢ	ㅣ
o	p	q	r	s	t	u

ㄴ=ㄱ, u=ㅣ, ㅂ=ㅁ, ㅋ=ㅊ, u=ㅣ, ㅊㅊ=ㅉ, u=ㅣ, ㄴ=ㄱ, b=ㅐ
따라서 김대리가 말한 메뉴는 김치찌개이다.

25

정답 ③

ㅈ=ㅊ, ㅗ=i, ㄴ=ㄷ, ㅈ=ㅊ, ㅜ=n, ㅇ=ㅈ, ㄱ=ㄴ, ㅘ=j, 공백=0, ㅂ=ㅅ, ㅐ=b, ㄹ=ㅁ, ㅕ=g
따라서 김대리가 전달할 구호는 'ㅊiㄷㅊnㅈㄴj0ㅅbㅁg'이다.

26 정답 ①

논리 순서를 따라 주어진 조건을 정리하면 다음과 같다.
- 다섯 번째 조건 : 1층에 경영지원실이 위치한다.
- 첫 번째 조건 : 1층에 경영지원실이 위치하므로 4층에 기획조정실이 위치한다.
- 두 번째 조건 : 2층에 보험급여실이 위치한다.
- 네 번째, 다섯 번째 조건 : 3층에 급여관리실, 5층에 빅데이터운영실이 위치한다.

따라서 1층부터 순서대로 '경영지원실 – 보험급여실 – 급여관리실 – 기획조정실 – 빅데이터운영실'이 위치하므로 5층에 있는 부서는 빅데이터운영실이다.

27 정답 ③

리스크 관리 능력의 부족은 기업 내부환경의 약점 요인에 해당한다. 위협은 외부환경 요인에 해당하므로 위협 요인에는 회사 내부를 제외한 외부에서 비롯되는 요인이 들어가야 한다.

28 정답 ①

주어진 조건에 따르면 김씨는 남매끼리 서로 인접하여 앉을 수 없으며, 박씨와도 인접하여 앉을 수 없으므로 김씨 여성은 왼쪽에서 첫 번째 자리에만 앉을 수 있다. 또한, 박씨 남성 역시 김씨와 인접하여 앉을 수 없으므로 왼쪽에서 네 번째 자리에만 앉을 수 있다. 나머지 자리는 최씨 남매가 모두 앉을 수 있으므로 6명이 앉을 수 있는 경우는 다음과 같다.

1) 경우 1

김씨 여성	최씨 여성	박씨 여성	박씨 남성	최씨 남성	김씨 남성

2) 경우 2

김씨 여성	최씨 남성	박씨 여성	박씨 남성	최씨 여성	김씨 남성

따라서 경우 1과 경우 2 모두 최씨 남매는 왼쪽에서 첫 번째 자리에 앉을 수 없다.

29 정답 ④

각 도입규칙을 논리기호로 나타내면 다음과 같다.
규칙1. A
규칙2. ~B → D
규칙3. E → ~A
규칙4. B, E, F 중 2개 이상
규칙5. ~E and F → ~C
규칙6. 최대한 많은 설비 도입

규칙1에 따르면 A는 도입하며, 규칙3의 대우인 A → ~E에 따르면 E는 도입하지 않는다.
규칙4에 따르면 E를 제외한 B, F를 도입해야 하고, 규칙5에서 E

는 도입하지 않으며, F는 도입하므로 C는 도입하지 않는다.
D의 도입 여부는 규칙1 ~ 5에서는 알 수 없지만, 규칙6에서 최대한 많은 설비를 도입한다고 하였으므로 D를 도입한다.
따라서 도입할 설비는 A, B, D, F이다.

30 정답 ③

- 702 나 2838 : '702'는 승합차에 부여되는 자동차 등록번호이다.
- 431 사 3019 : '사'는 운수사업용 차량에 부여되는 자동차 등록번호이다.
- 912 라 2034 : '912'는 화물차에 부여되는 자동차 등록번호이다.
- 214 하 1800 : '하'는 렌터카에 부여되는 자동차 등록번호이다.
- 241 가 0291 : '0291'은 발급될 수 없는 일련번호이다.

따라서 보기에서 비사업용 승용차의 자동차 등록번호로 잘못 부여된 것은 모두 5개이다.

31 정답 ③

우선 아랍에미리트에는 해외 EPS센터가 없으므로 제외한다. 또한, 한국 기업이 100개 이상 진출해 있어야 한다는 두 번째 조건으로 인도네시아와 중국으로 후보를 좁힐 수 있으나 '우리나라 사람들의 해외취업을 위한 박람회'이므로 성공적인 박람회 개최를 위해선 취업까지 이어지는 것이 중요하다. 중국의 경우 청년 실업률은 높지만 경쟁력 부분에서 현지 기업의 80% 이상이 우리나라 사람을 고용하기를 원하므로 중국 청년 실업률과는 별개로 우리나라 사람들의 취업이 쉽게 이루어질 수 있음을 알 수 있다. 따라서 중국이 박람회 장소로 가장 적절하다.

32 정답 ①

A, B, C가 각각 7개, 6개, 7개의 동전을 가지게 된다. 이때 모든 종류의 동전이 있는 A의 최소 금액은 $10 \times 4 + 50 \times 1 + 100 \times 1 + 500 \times 1 = 690$원이 된다.

[오답분석]

② C가 2개($500 \times 1 + 100 \times 1 = 600$원)의 동전을 가지고, B도 C와 같은 개수(2개)의 동전을 가지게 된다. 이때 16개의 동전을 가진 A의 최대 금액은 $500 \times 16 = 8,000$원이 된다.

③ C가 2개($500 \times 1 + 100 \times 1 = 600$원)의 동전을 가진 경우와 3개($500 \times 1 + 50 \times 2 = 600$원)의 동전을 가진 경우도 있을 수 있다. 이때 B도 C와 같은 개수인 각 2개와 3개의 동전을 가져, B와 C가 각각 4개 이상의 동전을 가질 수 없게 된다.

④ 제시된 조건만으로는 알 수 없다.

⑤ C가 8개($100 \times 4 + 50 \times 4 = 600$원)의 동전을 가진다. 이때 A도 C와 같은 개수인 8개($10 \times 8 = 80$원)의 동전을 가지며, B는 4개($10 \times 4 = 40$원)의 동전을 가지게 된다. 따라서 이들의 최소 금액은 $80 + 40 + 600 = 720$원이 된다.

33
정답 ③

용인 지점에서는 C와 D만 근무할 수 있으며, 인천 지점에서는 A와 B만 근무할 수 있다. 이때, A는 과천 지점에서 근무하므로 인천 지점에는 B가 근무하는 것을 알 수 있다. 주어진 조건에 따라 A ~ D의 근무 지점을 정리하면 다음과 같다.

구분	과천	인천	용인	안양
경우 1	A	B	C	D
경우 2	A	B	D	C

따라서 항상 참이 되는 것은 ③이다.

① · ② 주어진 조건만으로 A와 B가 각각 안양과 과천에서 근무한 경험이 있는지는 알 수 없다.

34
정답 ④

ㄴ. 민간의 자율주행기술 R&D를 지원하여 기술적 안정성을 높이는 전략은 위협을 최소화하는 내용은 포함하지 않고 약점만 보완하는 것이므로 ST전략으로 적절하지 않다.
ㄹ. 국내기업의 자율주행기술 투자가 부족한 약점을 국가기관의 주도로 극복하려는 것은 약점을 최소화하고 위협을 회피하려는 WT전략으로 적절하지 않다.

ㄱ. 높은 수준의 자율주행기술을 가진 외국 기업과의 기술이전협약 기회를 통해 국내외에서 우수한 평가를 받는 국내 자동차 기업의 수준을 향상시켜 국내 자율주행자동차 산업의 강점을 강화하는 전략은 SO전략으로 적절하다.
ㄷ. 국가가 지속적으로 자율주행자동차 R&D를 지원하는 법안이 본회의를 통과한 기회를 토대로 기술개발을 지원하여 국내 자율주행자동차 산업의 약점인 기술적 안전성을 확보하려는 전략은 WO전략으로 적절하다.

35
정답 ④

ㄴ. 책임운영기관이 직제 개정을 하기 위해서는 소속 중앙행정기관장의 승인을 얻어야 하므로 옳은 내용이다.
ㄹ. 책임운영기관의 부기관장을 제외한 나머지 직원은 해당 책임운영기관장이 임명하므로 옳은 내용이다.

ㄱ. 책임운영기관의 직급별 정원은 소속 중앙행정기관장의 승인을 얻어 기본운영규정에 규정하므로 옳지 않은 내용이다.
ㄷ. 중앙행정기관은 초과수입금을 사용할 수 없으므로 옳지 않은 내용이다.

36
정답 ④

① 자사의 유통 및 생산 노하우가 부족하다고 분석하였으므로 적절하지 않다.
② 디지털마케팅 전략을 구사하기에 역량이 미흡하다고 분석하였으므로 적절하지 않다.
③ 경쟁사 중 상위업체가 하위업체와의 격차를 확대하기 위해서 파격적인 가격정책을 펼치고 있다고 하였으므로 적절하지 않다.
⑤ 브랜드 경쟁력을 유지하기 위해 20대 SPA 시장 진출이 필요하며, 자사가 높은 브랜드 인지도를 가지고 있다는 내용은 자사의 상황분석과 맞지 않는 내용이므로 적절하지 않다.

37
정답 ①

첫 번째 조건에서 원탁 의자에 임의로 번호를 적고 회의 참석자들을 앉혀 본다.

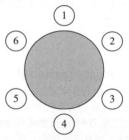

네 번째 조건에서 A와 B 사이에 2명이 앉으므로 임의로 1번 자리에 A가 앉으면 4번 자리에 B가 앉는다. 그리고 B자리 바로 왼쪽에 F가 앉기 때문에 F는 5번 자리에 앉는다. 만약 6번 자리에 C 또는 E가 앉게 되면 2번과 3번 자리에 D와 E 또는 D와 C가 나란히 앉게 되어 세 번째 조건에 부합하지 않는다. 따라서 6번 자리에 D가 앉아야 하고 두 번째 조건에서 C가 A 옆자리에 앉아야 하므로 2번 자리에 C가, 나머지 3번 자리에는 E가 앉게 된다. 이를 나타내면 다음과 같다.

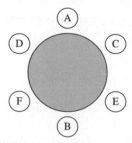

따라서 이웃하여 앉게 되는 두 사람은 A와 D이다.

38
정답 ②

먼저, A는 수험서를 구매한 다음 바로 에세이를 구매했는데 만화와 소설보다 잡지를 먼저 구매했고 수험서는 가장 먼저 구매하지 않았다고 했으므로 잡지가 가장 첫 번째로 구매한 것이 되며, 순서는 '잡지 - (만화, 소설) - 수험서 - 에세이 - (만화, 소설)'이다. 이때, 에세이나 소설은 마지막에 구매하지 않았으므로 만화가 마지막으로 구매한 것이 되고, 에세이와 만화를 연달아 구매하지 않았으므로 소설이 네 번째로 구매한 책이 된다.
이를 표로 정리하면 다음과 같다.

첫 번째	두 번째	세 번째	네 번째	다섯 번째
잡지	수험서	에세이	소설	만화

따라서 A가 세 번째로 구매한 책은 에세이이다.

39
정답 ②

제시된 조건을 기호로 정리하면 다음과 같다.
• ~A → B
• A → ~C
• B → ~D
• ~D → E
E가 행사에 참여하지 않는 경우, 네 번째 조건의 대우인 ~E → D에 따라 D가 행사에 참여한다. D가 행사에 참여하면 세 번째 조건의 대우인 D → ~B에 따라 B는 행사에 참여하지 않는다. 또한, B가 행사에 참여하지 않으면 첫 번째 조건의 대우에 따라 A가 행사에 참여하고, A가 행사에 참여하면 두 번째 조건에 따라 C는 행사에 참여하지 않는다. 따라서 E가 행사에 참여하지 않을 경우 행사에 참여하는 사람은 A와 D 2명이다.

40
정답 ①

먼저 16진법으로 표현된 수를 10진법으로 변환하여야 한다.
• 43=4×16+3=67
• 41=4×16+1=65
• 54=5×16+4=84
변환된 수를 아스키 코드표를 이용하여 해독하면 67=C, 65=A, 84=T임을 확인할 수 있다. 따라서 철수가 장미에게 보낸 문자의 의미는 'CAT'이다.

41
정답 ④

먼저 B안마의자는 색상이 블랙이 아니고, C안마의자는 가격이 최대 예산을 초과하며, E안마의자는 온열기능이 없으므로 고려 대상에서 제외한다. 남은 A안마의자와 D안마의자 중 프로그램 개수가 많으면 많을수록 좋다고 하였으므로, K사는 D안마의자를 구매할 것이다.

42
정답 ③

C씨는 지붕의 수선이 필요한 주택보수비용 지원 대상에 선정되었는데, 지붕 수선은 대보수에 해당하며, 대보수의 주택당 보수비용 지원한도액은 950만 원이다. 또한, C씨는 중위소득 40%에 해당하므로 지원한도액의 80%를 차등 지원받게 된다. 따라서 C씨가 지원받을 수 있는 주택보수비용의 최대 액수는 950만×0.8=760만 원이다.

43
정답 ④

ⅰ) 연봉이 3,600만 원인 H사원의 월 수령액은 3,600만÷12=3,000,000원이다.
월평균 근무시간은 200시간이므로 시급은 300만÷200=15,000원/시간이다.
ⅱ) 야근 수당
H사원이 평일에 야근한 시간은 2+3+1+3+2=11시간이므로 야근 수당은 15,000×11×1.2=198,000원이다.
ⅲ) 특근 수당
H사원이 주말에 특근한 시간은 2+3=5시간이므로 특근 수당은 15,000×5×1.5=112,500원이다.
식대는 야근·특근 수당에 포함되지 않으므로 H사원의 이번 달 야근·특근 근무 수당의 총액은 198,000+112,500=310,500원이다.

44
정답 ⑤

제시된 규정에 따라 사례금액의 상한액을 산출하면 다음과 같다.

강의자	강의시간	기타	사례금액 상한액
A국립대 M교수	1시간	–	20만 원
B언론사 H기자	2시간	–	250만 원
C병원 E병원장	2시간	–	100만 원
D사립대 J강사	1시간	원고료 10만 원 추가 요청	100만 원
합계			470만 원

B언론사 H기자와 C병원 E병원장의 경우, 1시간을 초과하여 강의를 하므로, 기본 1시간+상한금액의 1.5배에 해당하는 추가금액이 상한액이다. 따라서 총 사례금액의 상한액은 470만 원이다.

45

정답 ②

최대리는 3년 차 대리이므로 대리 1년 차 기본급에 5%의 상승률을 두 번 곱한 기본급은 다음과 같다. 지급연도의 기본급을 기준으로 성과급이 지급되므로, 2024년을 기준으로 기본급을 계산한다. 2,800만 원×105%×105%=3,087만 원

2024년도에 지급하는 성과급은 전년도인 2023년도의 경영평가 등급을 기준으로 하므로, 2023년도의 경영평가 등급인 B등급에 해당하는 기본급의 15%를 적용받는다. 또한 전년도인 2023년 동안 1회의 조치를 받았으므로, 근무 점수는 0.8점이다.

계산식을 반영하여 성과급을 계산하면 3,087만 원×0.15×0.8=370.44만 원이다.

따라서 최대리의 2024년도 성과급은 370만 4,400원이다.

46

정답 ③

C대리의 인사평가 점수는 2024년 업무평가 점수인 89점에서 지각 1회에 따른 5점, 결근 1회에 따른 10점을 제한 74점이다. 따라서 승진 대상에 포함되지 못하므로, 그대로 대리일 것이다.

오답분석

① A사원은 근속연수가 3년 미만이므로 승진 대상이 아니다.
② B주임은 출산휴가 35일을 제외하면 근속연수가 3년 미만이므로 승진 대상이 아니다.
④·⑤ 승진 대상에 대한 자료이므로 대리가 될 수 없다.

47

정답 ④

수인이가 베트남 현금 1,670만 동을 환전하기 위해 필요한 한국돈은 수수료를 제외하고 1,670만×483=806,610원이다.

우대사항에서 50만 원 이상 환전 시 70만 원까지 수수료가 0.4%로 낮아진다고 했으므로 70만 원의 수수료는 0.4%가 적용되고 나머지는 0.5%가 적용된다. 이때, 총수수료를 구하면 (700,000× 0.004)+{(806,610-700,000)×0.005}=2,800+533.05≒3,330원이다. 따라서 제시된 수수료를 포함하여 수인이가 원하는 금액을 환전하기 위해서 필요한 총금액은 806,610+3,330=809,940원임을 알 수 있다.

48

정답 ④

25~26일은 예측농도가 '약간 나쁨', '보통'이다. 두 번째 조건에 따라 워크숍 마지막 날은 토요일도 가능하며, 27일의 예측농도는 '나쁨'이지만 따로 제한하고 있는 조건이 없으므로 25~27일이 가장 적절하다.

오답분석

① 1일은 미세먼지 예측농도가 '매우 나쁨'이며, 2~3일은 '나쁨'이므로 적절하지 않다.
② 8~10일은 미세먼지 예측농도는 적절하지만 매달 둘째, 넷째 주 수요일마다 기획회의가 있으므로 10일인 수요일이 불가능하다.
③ 17~18일은 미세먼지 예측농도가 '나쁨'이며, 19일에 우수성과팀 시상식이 있기 때문에 적절하지 않다.
⑤ 29~31일은 중국 현지에서 열리는 컨퍼런스에 참여해야 하므로 적절하지 않다.

49

정답 ⑤

• A : 2018년 4월부터 2019년 3월까지의 기간에서 연금보험료를 내지 않은 3개월을 제외하므로 A의 가입기간은 총 12-3=9개월이다. A는 지역가입자이므로 제17조 제2항의 예외조항에 해당되지 않는다.
• B : 2017년 11월부터 2018년 8월까지이므로 총 10개월이다.
• C : 가입자 자격을 취득한 날이 5월 1일이므로 C의 가입기간은 2018년 5월부터 2019년 2월까지로 총 10개월이다.
• D : 2017년 4월부터 2017년 5월까지의 가입기간과 2017년 6월부터 2018년 2월까지의 가입기간을 계산하면 D의 가입기간은 총 2+9=11개월이다.
• E : 2018년 1월부터 2018년 12월까지이므로 총 12개월이다.
따라서 가입기간이 가장 긴 사람은 E이다.

50

정답 ④

규정과 신청 내용에 따라 상황을 정리하면 다음과 같다.
• A는 1년 차 근무를 마친 직원이므로 우선 반영되어 자신이 신청한 종로로 이동하게 된다.
• B는 E와 함께 영등포를 신청하였으나, B의 전년도 평가점수가 더 높아 B가 영등포로 이동한다.
• 3년 차에 지방 지역인 제주에서 근무한 E는 A가 이동할 종로와 B가 이동할 영등포를 제외한 수도권 지역인 여의도로 이동하게 된다.
• D는 자신이 2년 연속 근무한 적 있는 수도권 지역으로 이동이 불가능하므로, 지방 지역인 광주, 제주, 대구 중 한 곳으로 이동하게 된다.
• 이때, C는 자신이 근무하였던 대구로 이동하지 못하므로, D가 광주로 이동한다면 C는 제주로, D가 대구로 이동한다면 C는 광주 혹은 제주로 이동한다.
• 1년 차 신입은 전년도 평가 점수를 100점으로 보므로 신청한 근무지에서 근무할 수 있다. 따라서 1년 차에 대구에서 근무한 A는 입사 시 대구를 1년 차 근무지로 신청하였을 것임을 알 수 있다.

이를 표로 나타내면 다음과 같다.

직원	1년 차 근무지	2년 차 근무지	3년 차 근무지	이동지역	전년도 평가(점)
A	대구	–	–	종로	–
B	여의도	광주	–	영등포	92
C	종로	대구	여의도	제주 / 광주	88
D	영등포	종로	–	광주 / 제주 / 대구	91
E	광주	영등포	제주	여의도	89

2번 이상 같은 지역을 신청할 수 없으므로, D는 1년 차와 2년 차 서울 지역에서 근무하였으므로 3년 차에는 지방으로 가야 한다. 따라서 D는 자신의 신청지로 배정받지 못할 것이다.

51
정답 ④

- A : 견학 희망 인원이 45명, 견학 희망 장소는 발전소 전체이고 견학 희망 시간이 100분 이상이므로 한빛 발전소로 견학을 가야 한다.
- B : 견학 희망 인원이 35명이고 견학 희망 장소는 발전시설을 제외한 곳이므로 고리 발전소 또는 월성 발전소로 견학을 가야 한다. 이때, C팀이 고리 발전소로 견학을 가야 하므로 월성 발전소로 견학을 가야 한다.
- C : 견학 희망 인원이 45명이고 견학 희망 장소는 홍보관이므로 고리 발전소로 견학을 가야 한다.
- D : 견학 희망 인원이 35명이고 견학 희망 장소는 발전소 전체이므로 한빛 발전소, 한울 발전소로 견학을 갈 수 있으나, A팀이 한빛 발전소로 견학을 가야 하므로 한울 발전소로 견학을 가야 한다.
- E : 견학 희망 인원이 35명, 견학 희망 시간은 최소 100분이므로 새울 발전소와 한빛 발전소 중 한 곳으로 견학을 가야 한다. 이때, A팀이 한빛 발전소를 가야 하므로 새울 발전소로 견학을 가야 한다.

따라서 A팀은 한빛 발전소, B팀은 월성 발전소, C팀은 고리 발전소, D팀은 한울 발전소, E팀은 새울 발전소로 견학을 가야 한다.

52
정답 ③

월성 발전소 견학 순서에 따른 발전소별 견학 순서는 다음과 같다.
- 월성 발전소의 견학 순서가 첫 번째일 때
  새울 발전소는 세 번째로 가야 한다. 이때 두 번째, 다섯 번째 조건에 의해 한울 발전소는 두 번째로 가야 하고, 첫 번째 조건에 의해 고리 발전소는 한빛 발전소보다 먼저 견학을 가야 한다. 따라서 견학 순서는 '월성 발전소 – 한울 발전소 – 새울 발전소 – 고리 발전소 – 한빛 발전소'이다.
- 월성 발전소의 견학 순서가 세 번째일 때
  네 번째 조건에 의해 새울 발전소는 다섯 번째로 가야 한다. 이때 한울 발전소를 네 번째로 간다면 월성 발전소보다 먼저 한빛 발전소로 견학을 가야 하므로 첫 번째 조건을 만족하지 않는다. 따라서 견학 순서는 '고리 발전소 – 한울 발전소 – 월성 발전소 – 한빛 발전소 – 새울 발전소'이다.

- 월성 발전소의 견학 순서가 다섯 번째일 때
  월성 발전소보다 먼저 한빛 발전소에 견학을 가야 하므로 첫 번째 조건을 만족하지 않는다.
따라서 항상 두 번째로 견학을 가게 되는 발전소는 한울 발전소이다.

53
정답 ②

A호텔 연꽃실은 2시간 이상 사용할 경우 추가비용이 발생하고, 수용 인원도 부족하다. B호텔 백합실은 1시간 초과 대여가 불가능하며, C호텔 매화실은 이동수단을 제공하지만 수용 인원이 적절하지 않다. 나머지 C호텔 튤립실과 D호텔 장미실을 비교했을 때, C호텔의 튤립실은 예산초과로 예약할 수 없으므로 이대리는 대여료와 수용 인원의 조건이 맞는 D호텔 연회장을 예약하면 된다. 따라서 이대리가 지불해야 하는 예약금은 D호텔 대여료 150만 원의 10%인 15만 원이다.

54
정답 ④

예산이 200만 원으로 증액되었을 때, 조건에 해당하는 연회장은 C호텔 튤립실과 D호텔 장미실이다. 예산 내에서 더 저렴한 연회장을 선택해야 한다는 조건이 없고, 이동수단이 제공되는 연회장을 우선적으로 고려해야 하므로 이대리는 C호텔 튤립실을 예약할 것이다.

55
정답 ③

제시된 자료와 조건을 이용해 갑 ~ 무의 출장 여비를 구하면 다음과 같다.
- 갑의 출장 여비
  - 숙박비 : 145×3=$435(실비 지급)
  - 식비 : 72×4=$288(마일리지 미사용)
  그러므로 갑의 출장 여비는 435+288=$723이다.
- 을의 출장 여비
  - 숙박비 : 170×3×0.8=$408(정액 지급)
  - 식비 : 72×4×1.2=$345.6(마일리지 사용)
  그러므로 을의 출장 여비는 408+345.6=$753.60이다.
- 병의 출장 여비
  - 숙박비 : 110×3=$330(실비 지급)
  - 식비 : 60×5×1.2=$360(마일리지 사용)
  그러므로 병의 출장 여비는 330+360=$690이다.
- 정의 출장 여비
  - 숙박비 : 100×4×0.8=$320(정액 지급)
  - 식비 : 45×6=$270(마일리지 미사용)
  그러므로 정의 출장 여비는 320+270=$590이다.
- 무의 출장 여비
  - 숙박비 : 75×5=$375(실비 지급)
  - 식비 : 35×6×1.2=$252(마일리지 사용)
  그러므로 무의 출장 여비는 375+252=$627이다.

따라서 출장 여비를 가장 많이 지급받는 출장자부터 순서대로 나열하면 '을 – 갑 – 병 – 무 – 정'이다.

56

정답 ④

사원 수를 a명, 사원 1명당 월급을 b만 원이라고 가정하면, 월급 총액은 $(a \times b)$만 원이 된다.

두 번째 정보에서 사원 수는 10명이 늘어났고, 월급은 100만 원 적어졌다. 또한 월급 총액은 기존의 80%로 줄었다고 하였으므로, 이에 따라 식을 세우면 다음과 같다.

$(a+10) \times (b-100) = (a \times b) \times 0.8 \cdots \bigcirc$

세 번째 정보에서 사원은 20명이 줄었으며, 월급은 동일하고 월급 총액은 60%로 줄었다고 했으므로 사원 20명의 월급 총액은 기존 월급 총액의 40%임을 알 수 있다.

$20b = (a \times b) \times 0.4 \cdots \bigcirc\!\bigcirc$

$\bigcirc\!\bigcirc$에서 사원 수 a를 구하면 다음과 같다.

$20b = (a \times b) \times 0.4 \rightarrow 20 = a \times 0.4 \rightarrow a = \dfrac{20}{0.4} = 50$

$\bigcirc$에 사원 수 a를 대입하여 월급 b를 구하면 다음과 같다.

$(a+10) \times (b-100) = (a \times b) \times 0.8 \rightarrow 60 \times (b-100) = 40b$
$\rightarrow 20b = 6{,}000 \rightarrow b = 300$

따라서 사원 수는 50명이며, 월급 총액은 $(a \times b) = 50 \times 300$만$=1$억 5천만 원이다.

57

정답 ④

인천에서 샌프란시스코까지 비행 시간은 10시간 25분이므로, 샌프란시스코 도착 시각에서 거슬러 올라가면 샌프란시스코 시각으로 00시 10분에 출발한 것이 된다. 이때 한국은 샌프란시스코보다 16시간 빠르기 때문에 한국 시각으로는 16시 10분에 출발한 것이다. 하지만 비행기 티켓팅을 위해 출발 한 시간 전에 인천공항에 도착해야 하므로 15시 10분까지 공항에 가야 한다.

58

정답 ③

10월 22일 중간보고에는 보고자인 K대리를 포함해 A팀장, B주임, C주임, D책임연구원까지 총 5명이 참석하므로 K대리는 적어도 5인 이상을 수용할 수 있는 세미나실을 대여해야 한다. 그런데 '호텔 아뜰리에'는 보수공사로 인해 4인실만 이용가능하며, '대전 베일리쉬'의 세미나실은 4인실이므로 '호텔 아뜰리에'와 '대전 베일리쉬'는 고려하지 않는다.

나머지 호텔들의 총비용을 계산하면 다음과 같다.

호텔명	총비용(원)
글래드 대전	$(78{,}000 \times 2) + 48{,}000 = 204{,}000$
스카이뷰 호텔	$(80{,}000 \times 0.90 \times 2) + 50{,}000 = 194{,}000$
이데아 호텔	$(85{,}000 \times 0.95 \times 2) + 30{,}000 = 191{,}500$
대전 하운드	$(80{,}000 \times 2) + (80{,}000 \times 0.60) = 208{,}000$

'글래드 대전'과 '대전 하운드'의 경우 예산범위인 200,000원을 초과하므로 K대리가 예약 가능한 호텔은 '스카이뷰 호텔'과 '이데아 호텔'이다.

59

정답 ④

1주 이용권을 1주마다 구매할 때의 요금은 다음과 같다.

- 기본요금 : $3{,}000 \times 2 = 6{,}000$원
- 추가요금 : $100 \div 10 \times (80 + 180 + 30 + 80) = 3{,}700$원
- ∴ (총요금)$= 6{,}000 + 3{,}700 = 9{,}700$원

오답분석

① 3일, 9일을 제외하고 매일 1일 이용권 A를 구매할 때의 요금은 다음과 같다.
- 기본요금 : $1{,}000 \times 12 = 12{,}000$원
- 추가요금 : $100 \div 10 \times (10 + 40 + 140 + 240 + 90 + 140 + 40)$
  $= 7{,}000$원
- ∴ (총요금)$= 12{,}000 + 7{,}000 = 19{,}000$원

② 3일, 9일을 제외하고 매일 1일 이용권 B를 구매할 때의 요금은 다음과 같다.
- 기본요금 : $1{,}500 \times 12 = 18{,}000$원
- 추가요금 : $100 \div 10 \times (80 + 180 + 30 + 80) = 3{,}700$원
- ∴ (총요금)$= 18{,}000 + 3{,}700 = 21{,}700$원

③ 첫째 주는 1일 이용권 B를, 둘째 주는 1주 이용권을 구매할 때의 요금은 다음과 같다.
- 기본요금 : $1{,}500 \times 6 + 3{,}000 = 12{,}000$원
- 추가요금 : $100 \div 10 \times (80 + 180 + 30 + 80) = 3{,}700$원
- ∴ (총요금)$= 12{,}000 + 3{,}700 = 15{,}700$원

⑤ 1달 이용권을 구매할 때의 요금은 다음과 같다.
- 기본요금 : $5{,}000$원
- 추가요금 : $100 \div 10 \times (10 + 40 + 140 + 240 + 90 + 140 + 40)$
  $= 7{,}000$원
- ∴ (총요금)$= 5{,}000 + 7{,}000 = 12{,}000$원

60

정답 ④

- A씨가 인천공항에 도착한 현지 날짜 및 시각

독일시각	11월 2일 19시 30분
소요 시간	$+12$시간 20분
시차	$+8$시간
	$= 11$월 3일 15시 50분

인천공항에 도착한 시각은 한국시각으로 11월 3일 15시 50분이고, A씨는 3시간 40분 뒤에 일본으로 가는 비행기를 타야 한다. 비행 출발 시각 1시간 전에는 공항에 도착해야 하므로, 참여 가능한 환승투어 코스는 소요 시간이 두 시간 이내인 엔터테인먼트, 인천시티, 해안관광이며, A씨의 인천공항 도착시각과 환승투어 코스를 바르게 나열한 것은 ④이다.

61
정답 ⑤

조건을 분석하면 다음과 같다.
- 첫 번째 조건에 의해 ㉠~㉣ 국가 중 연도별로 8위를 두 번 한 두 나라는 ㉠과 ㉣이므로 둘 중 한 곳이 한국, 나머지 하나가 캐나다임을 알 수 있다.
- 두 번째 조건에 의해 2020년 대비 2024년의 이산화탄소 배출량 증가율은 ㉡과 ㉢이 각각 $\frac{556-535}{535} \times 100 ≒ 3.93\%$와 $\frac{507-471}{471}$ $\times 100 ≒ 7.64\%$이므로 ㉢은 사우디아라비아가 되며, ㉡은 이란이 된다.
- 세 번째 조건에 의해 이란의 수치는 고정값으로 놓고 2015년을 기점으로 ㉠이 ㉡보다 배출량이 커지고 있으므로 ㉠이 한국, ㉣이 캐나다임을 알 수 있다.

따라서 ㉠~㉣은 순서대로 한국, 이란, 사우디아라비아, 캐나다이다.

62
정답 ①

(ㄱ) : 2021년 대비 2022년 의료 폐기물의 증감율은
$\frac{48,934-49,159}{49,159} \times 100 ≒ -0.5\%$이다.

(ㄴ) : 2019년 대비 2020년 사업장 배출시설계 폐기물의 증감율은
$\frac{123,604-130,777}{130,777} \times 100 ≒ -5.5\%$이다.

63
정답 ①

A사와 B사의 전체 직원 수를 알 수 없으므로, 비율만으로는 판단할 수 없다.

오답분석
② B, C, D사 각각 남직원보다 여직원의 비율이 높다. 따라서 B, C, D사 모두에서 남직원 수보다 여직원 수가 많다. 즉, B, C, D사의 직원 수를 다 합했을 때도 남직원 수는 여직원 수보다 적다.
③ 여직원 대비 남직원 비율은 여직원 비율이 높을수록, 남직원 비율이 낮을수록 값이 작아진다. 따라서 여직원 비율이 가장 높으면서, 남직원 비율이 가장 낮은 D사가 비율이 가장 낮고, 남직원 비율이 여직원 비율보다 높은 A사가 비율이 가장 높다.
④ A, B, C사의 각각 전체 직원 수를 a명이라 하면, 여직원의 수는 각각 $0.46a$명, $0.52a$명, $0.58a$명이다. 따라서 $0.46a+0.58a=2\times0.52a$이므로 옳은 설명이다.
⑤ A사의 전체 직원 수를 a명, B사의 전체 직원 수를 b명이라 하면, A사의 남직원 수는 $0.54a$명, B사의 남직원 수는 $0.48b$명이고 다음과 같은 식이 성립한다.
$\frac{0.54a+0.48b}{a+b} \times 100=52$
→ $54a+48b=52(a+b)$
∴ $a=2b$
따라서 옳은 설명이다.

64
정답 ②

공기청정기에 1번 통과할 때 미세먼지의 $\frac{3}{10}$이 걸러지므로 걸러지지 않는 미세먼지의 양은 $\frac{7}{10}$이다.

공기청정기에 2번 통과할 때 걸러지는 미세먼지의 양은 1번째에서 걸러지지 않은 $\frac{7}{10}$의 $\frac{3}{10}$만큼 걸러지고 $\frac{7}{10} \times \frac{7}{10}=\left(\frac{7}{10}\right)^2$ 만큼 걸러지지 않는다.

공기청정기에 3번 통과할 때 걸러지는 미세먼지의 양은 2번째에서 걸러지지 않은 $\left(\frac{7}{10}\right)^2$의 $\frac{3}{10}$만큼 걸러지고 $\left(\frac{7}{10}\right)^3$만큼 걸러지지 않는다.

따라서 걸러지는 미세먼지의 양은 공비가 $\frac{7}{10}$인 등비수열이다.

초항이 $10\times\frac{3}{10}=3$이므로 공기청정기를 6번 통과할 때 걸러지는 미세먼지의 총합은 $\frac{3(1-0.7^6)}{1-0.7}=\frac{3\times(1-0.118)}{0.3}=8.82g$이다.

65
정답 ③

총 6시간 30분 중 30분은 정상에서 휴식을 취했으므로, 오르막길과 내리막길의 실제 이동시간은 6시간이다.
총 14km의 길이 중 오르막길에서 걸린 시간을 a시간, 내리막길에서 걸린 시간을 b시간이라고 하면 다음과 같은 식이 성립한다.
- $a+b=6$ ⋯ ㉠
- $1.5a+4b=14$ ⋯ ㉡
㉠, ㉡을 연립하면 a는 4이고, b는 2이다.
따라서 오르막길의 거리는 $1.5\times4=6km$이다.

66
정답 ②

연도별 자금규모 항목을 더한 비율은 100%이어야 한다. 따라서 (가)에 들어갈 수치는 $100-(29.2+13.2+21.2+17.2+5)=14.2$이다.

67

정답 ②

먼저 종합순위가 4위인 D과장의 점수는 모두 공개되어 있으므로 총점을 계산해 보면, 80+80+60+70=290점이다. 종합순위가 5위인 A사원의 총점은 70+(가)+80+70=[220+(가)]점이며, 4위 점수인 290점보다 낮아야 하므로 (가)에 들어갈 점수는 70점 미만이다. 종합순위가 3위인 C대리의 총점은 (다)+85+70+75=[230+(다)]점이며, 290점보다 높아야 하므로 (다)에 들어갈 점수는 60점을 초과해야 한다.

②, ③에 따라 (가)=65점, (다)=65점을 대입하면, C대리의 종합 점수는 230+65=295점이 된다. 종합순위가 2위인 E부장의 총점은 85+85+70+(라)=[240+(라)]점이므로, (라)에 들어갈 점수는 55점보다 높은 점수여야 한다. 이때 ②, ③ 모두 조건을 만족시킨다.

종합순위가 1위인 B사원의 총점은 80+85+(나)+70=[235+(나)]점이다. 종합순위가 2위인 E부장의 총점은 [240+(라)]점이므로 (나)에 들어갈 점수는 [(라)+5]점보다 높은 점수여야 한다. 따라서 (나)와 (라)의 점수가 같은 ③은 제외된다. 이제 ①·②만 남는데, C대리의 총점 230+(다)>290이어야 한다. (다)는 60보다 커야 하므로, (가), (나), (다), (라)에 들어갈 점수가 바르게 연결된 것은 ②임을 알 수 있다.

68

정답 ⑤

A팀은 C팀의 평균보다 3초 짧고, B팀은 D팀의 평균보다 2초 길다. 각 팀의 평균을 구하면 다음과 같다.

- A팀 : 45−3=42초
- B팀 : 44+2=46초
- C팀 : $\frac{51+30+46+45+53}{5}=45$초
- D팀 : $\frac{36+50+40+52+42}{5}=44$초

A팀의 4번 선수의 기록을 a초, B팀의 2번 선수의 기록을 b초로 가정한다.

- A팀의 4번 선수의 기록 : $\frac{32+46+42+a+42}{5}=42$

  → $a+162=210$ → $a=48$

- B팀의 2번 선수의 기록 : $\frac{48+b+36+53+55}{5}=46$

  → $b+192=230$ → $b=38$

따라서 두 선수의 평균 기록은 $\frac{48+38}{2}=43$초이다.

69

정답 ⑤

일반 체류자보다 시민권자가 많은 국가는 중국, 일본, 캐나다, 덴마크, 러시아, 스위스이며, 각 국가의 영주권자는 모두 300명 이상이다.

오답분석

① 영주권자가 없는 국가는 인도, 라오스, 몽골, 미얀마, 네팔, 태국, 터키, 베트남이며, 이 나라들의 일반 체류자 수의 총합은 11,251+3,042+2,132+3,842+769+19,995+2,951+172,684=216,666명으로 중국의 일반 체류자 수인 300,332명보다 작다.

② 일본의 일반 체류자 대비 시민권자 비율은 $\frac{736,326}{88,108}\times100≒$ 835.7%이다.

③ 영주권자가 시민권자의 절반보다 많은 국가는 프랑스이며, 프랑스의 총 재외동포 수는 8,961+6,541+13,665=29,167명으로 3만 명보다 적다.

④ 재외동포 수가 가장 많은 국가는 시민권자가 200만 명이 넘는 중국이다. 중국은 시민권자와 일반 체류자의 수가 각각 1위를 차지하지만, 영주권자는 프랑스(6,541명)가 1위이다.

70

정답 ③

2021년 직장 어린이집의 교직원 수는 3,214명이고 2024년 직장 어린이집의 교직원 수는 5,016명이다. 따라서 2021년 대비 2024년 교직원의 증가율은 $\frac{5,016-3,214}{3,214}\times100≒56\%$이다.

71	72	73	74	75	76	77	78	79	80
②	②	②	③	①	④	④	④	①	①
81	82	83	84	85	86	87	88	89	90
⑤	②	⑤	④	④	①	⑤	③	④	①
91	92	93	94	95	96	97	98	99	100
③	①	⑤	⑤	⑤	①	④	②	④	③

71
정답 ②

인격권은 권리의 내용에 따른 분류에 속한다. 권리의 작용(효력) 따라 분류하면 지배권, 청구권, 형성권, 항변권으로 나누어진다.

권리의 작용(효력)에 따른 분류

지배권 (支配權)	권리의 객체를 직접・배타적으로 지배할 수 있는 권리를 말한다(예 물권, 무체재산권, 친권 등).
청구권 (請求權)	타인에 대하여 일정한 급부 또는 행위(작위・부작위)를 적극적으로 요구하는 권리이다(예 채권, 부양청구권 등).
형성권 (形成權)	권리자의 일방적인 의사표시에 의하여 일정한 법률관계를 발생・변경・소멸시키는 권리를 말한다(예 취소권, 해제권, 추인권, 해지권 등).
항변권 (抗辯權)	청구권의 행사에 대하여 급부를 거절할 수 있는 권리로, 타인의 공격을 막는 방어적 수단으로 사용되며 상대방에게 청구권이 있음을 부인하는 것이 아니라 그것을 전제하고, 다만 그 행사를 배척하는 권리를 말한다(예 보증인의 최고 및 검색의 항변권, 동시이행의 항변권 등).

72
정답 ②

현행 헌법에는 국민소환을 채택하고 있지 않다.

오답분석
① 헌법 제61조 제1항
③ 헌법 제111조 제1항
④ 헌법 제76조
⑤ 헌법 제65조

73
정답 ②

근대민법은 형식적 평등을 추구하며 사적자치의 원칙하에 소유권 절대의 원칙(㉠), 계약 자유의 원칙(㉢), 과실 책임의 원칙(㉣)에 충실했다. 그러나 현대 민법은 공공의 복리를 강조하며 이를 실천하기 위한 수단으로 신의성실의 원칙, 계약 공정의 원칙, 권리남용 금지의 원칙, 무과실 책임의 원칙 등을 강조한다.

74
정답 ③

재정신청이란 고소(대상범죄 제한 없음) 또는 고발(공무원의 직권남용죄)에 대한 불기소처분에 불복하는 고소・고발인의 법원에 대한 신청을 말한다(형사소송법 제260조 제1항). 법원이 공소제기결정을 하는 경우 종전에는 지정변호사가 공소를 유지하는 체계였지만, 2007년 법개정으로 검사가 공소를 제기하도록 하였다.

75
정답 ①

노동기본권이라 함은 근로의 권리(헌법 제32조 제1항)와 근로3권(단결권・단체교섭권・단체행동권)을 포함하는 일체의 권리를 말한다.

근로3권(헌법 제33조)
• 단결권 : 근로자가 자주적으로 단결하여 근로지위 향상・개선을 위하여 노동조합 등 단결체를 조직・가입하거나 운영할 권리
• 단체교섭권 : 노동조합이 주체가 되어 근로조건의 향상・개선을 위하여 사용자와 자주적으로 교섭할 권리
• 단체행동권 : 근로자가 근로조건의 향상・개선을 위해 사용자에 대해 단체적인 행동을 할 권리

76
정답 ④

준법률행위적 행정행위에는 공증, 수리, 통지, 확인 등이 있고, 법률행위적 행정행위에는 명령적 행정행위(하명, 허가, 면제)와 형성적 행정행위(특허, 인가, 공법상 대리)가 있다.

77
정답 ④

하명은 명령적 행정행위이다.

법률행위적 행정행위와 준법률행위적 행정행위

법률행위적 행정행위		준법률행위적 행정행위
명령적 행위	형성적 행위	
하명, 면제, 허가	특허, 인가, 대리	공증, 통지, 수리, 확인

78
정답 ④

㉠은 시공자의 흠이라는 위법한 행정행위에 대한 것이므로 손해배상에 해당하고, ㉡은 정당한 법집행에 대한 것이므로 손실보상에 해당한다.

79

정답 ①

내용타당성은 시험이 특정한 직위에 필요한 능력이나 실적과 직결되는 실질적인 능력요소(직무수행지식, 태도, 기술 등)를 포괄적으로 측정하였는가에 관한 기준이다. 따라서 내용타당성을 확보하려면 직무분석을 통해 선행적으로 실질적인 능력요소를 파악해야 한다.

오답분석

② 구성타당성 : 시험이 이론적(추상적)으로 구성된 능력요소를 얼마나 정확하게 측정할 수 있느냐에 관한 기준이다. 즉, 추상적 능력요소를 구체적인 측정요소로 전환했을 때 구체적인 측정요소가 추상적 능력요소를 얼마나 잘 대변하는가의 문제이다.

③ 개념타당성 : 감정과 같은 추상적인 개념 또는 속성을 측정도구가 얼마나 적합하게 측정하였는가를 나타내는 타당성을 말한다.

④ 예측적 기준타당성 : 신규채용자를 대상으로 그의 채용시험성적과 업무실적을 비교하여 양자의 상관관계를 확인하는 방법이다. 측정의 정확성은 높으나, 비용과 노력이 많이 소모된다는 점, 시차가 존재한다는 점, 성장효과 및 오염효과가 존재한다는 점 등 한계가 있다.

⑤ 동시적 기준타당성 : 재직자를 대상으로 그들의 업무실적과 시험성적을 비교하여 그 상관관계를 보는 방법이다. 측정의 정확성은 낮으나, 신속하고 비용과 노력이 절감된다는 특징이 있다.

80

정답 ①

오답분석

ㄴ. 성과주의 예산제도(PBS)는 예산배정 과정에서 필요사업량이 제시되므로 사업계획과 예산을 연계할 수 있다. (세부사업별 예산액)=(사업량)×(단위원가)이다.

ㅁ. 목표관리제도(MBO)는 기획 예산제도(PPBS)와 달리 예산결정 과정에 관리자의 참여가 이루어져 분권적·상향적인 예산편성이 이루어진다.

81

정답 ⑤

오답분석

① 공무원 팽창의 법칙(부하배증의 원칙)을 주장한 사람은 파킨슨(Parkinson)이다.

② 김대중, 이명박 정부 때의 작은 정부 시책으로 인해 공무원 정원이 일관되게 증가한 것은 아니다.

③ 파킨슨의 법칙은 우리나라에만 적용되는 것이 아니라 관료화된 조직이라면 어느 나라의 조직이든지 나타나게 되는 일반적 현상이다.

④ 업무배증의 원칙과 부하배증의 원칙이 서로 맞물리면서 조직이 점점 더 비대해지는 현상이 나타난다.

82

정답 ②

ㄱ. 베버의 관료제론은 규칙과 규제가 조직에 계속성을 제공하여 조직을 예측 가능성 있는 조직, 안정적인 조직으로 유지시킨다고 보았다.

ㄴ. 행정관리론은 모든 조직에 적용시킬 수 있는 효율적 조직관리의 원리들을 연구하였다.

ㄷ. 호손실험으로 인간관계에서의 비공식적 요인이 업무의 생산성에 큰 영향을 끼친다는 것이 확인되었다.

오답분석

ㄹ. 조직군 생태이론은 조직과 환경의 관계에서 조직군이 환경에 의해 수동적으로 결정된다는 환경결정론적 입장을 취한다.

거시조직 이론의 유형

구분	결정론	임의론
조직군	• 조직군 생태이론 • 조직경제학(주인 – 대리인 이론, 거래비용 경제학) • 제도화이론	• 공동체 생태론
개별조직	• 구조적 상황론	• 전략적 선택론 • 자원의존이론

83

정답 ⑤

주어진 매트릭스에서 시장 지위를 유지하며 집중 투자를 고려해야 하는 위치는 사업의 강점과 시장의 매력도가 높은 프리미엄이다. 프리미엄에서는 성장을 위하여 투자를 적극적으로 하며, 사업 다각화 전략과 글로벌 시장 진출 고려 또한 너무 미래지향적인 전략보다는 적정선에서 타협을 하는 단기적 수익을 수용하는 전략이 필요하다.

> **GE 매트릭스**
> 3×3 형태의 매트릭스이며, Y축 시장의 매력도에 영향을 끼치는 요인은 시장 크기, 시장성장률, 시장수익성, 가격, 경쟁강도, 산업평균 수익률, 리스크, 진입장벽 등이며, X축 사업의 강점에 영향을 끼치는 요인은 자사의 역량, 브랜드 자산, 시장점유율, 고객충성도, 유통 강점, 생산 능력 등이 있다.

84

정답 ④

리스트럭처링(Restructuring)은 미래의 모습을 설정하고 그 계획을 실행하는 기업혁신방안으로, 기존 사업 단위를 통폐합하거나 축소 또는 폐지하여 신규 사업에 진출하기도 하며 기업 전체의 경쟁력 제고를 위해 사업 단위들을 어떻게 통합해 나갈 것인가를 결정한다.

① 벤치마킹(Benchmarking) : 기업에서 경쟁력을 제고하기 위한 방법의 일환으로 타사에서 배워오는 혁신 기법이다.
② 학습조직(Learning Organization) : 조직의 지속적인 경쟁 우위를 확보하기 위한 근본적, 총체적, 지속적인 경영혁신전략이다.
③ 리엔지니어링(Re-Engineering) : 전면적으로 기업의 구조와 경영방식을 재설계하여 경쟁력을 확보하고자 하는 혁신기법이다.
⑤ 기업 아이덴티티(企業 Identity) : 기업이 다른 기업과의 차이점을 나타내기 위하여 기업의 이미지를 통합하는 작업이다.

85 [정답] ④

분석결과에 따라 초기 기업 목적과 시작 단계에서의 평가수정이 가능하다는 것이 앤소프 의사결정의 장점이다.

앤소프의 세 가지 의사결정 유형

전략적 의사결정	운영적 의사결정	관리적 의사결정
• 기업의 목표 목적을 설정하고 그에 따른 각 사업에 효율적인 자원배분을 전략화한다. • 비일상적이며 일회적인 의사결정이다.	• 기업 현장에서 일어나는 생산 판매 등 구체적인 행위에 대한 의사결정이다. • 일상적이면서 반복적인 의사결정이다.	• 결정된 목표와 전략을 가장 효과적으로 달성하기 위한 활동들과 관련되어 있다. • 전략적 의사결정과 운영적 의사결정의 중간 지점이다.

86 [정답] ①

스캔런 플랜은 보너스 산정방식에 따라 3가지로 분류된다. 단일비율 스캔런 플랜은 노동비용과 제품생산액의 산출 과정에서 제품의 종류와 관계없이 전체 공장의 실적을 보너스 산출에 반영한다. 또한 분할비율 스캔런 플랜은 노동비용과 제품생산액을 산출할 때 제품별로 가중치를 둔다. 그리고 다중비용 스캔런 플랜은 노동비용뿐만 아니라 재료비와 간접비의 합을 제품생산액으로 나눈 수치를 기본비율로 사용한다. 이러한 모든 공식에는 재료 및 에너지 등을 포함하여 계산한다.

② 러커 플랜(Rucker Plan) : 러커(Rucker)는 스캔런 플랜에서의 보너스 산정 비율은 생산액에 있어서 재료 및 에너지 등 경기 변동에 민감한 요소가 포함되어 있어, 종업원의 노동과 관계없는 경기 변동에 따라 비효율적인 수치 변화가 발생할 수 있는 문제점이 있다고 제시하면서, 노동비용을 판매액에서 재료 및 에너지, 간접비용을 제외한 부가가치로 나누는 것을 공식으로 하였다.

③・⑤ 임프로쉐어 플랜(Improshare Plan) : 회계처리 방식이 아닌 산업공학의 기법을 사용하여 생산단위당 표준노동시간을 기준으로 노동생산성 및 비용 등을 산정하여 조직의 효율성을 보다 직접적으로 측정, 집단성과급제들 중 가장 효율성을 추구한다.
④ 커스터마이즈드 플랜(Customized Plan) : 집단성과배분제도를 각 기업의 환경과 상황에 맞게 수정하여 사용하는 방식이다. 성과측정의 기준으로서 노동비용이나 생산비용, 생산 이외에도 품질향상, 소비자 만족도 등 각 기업이 중요성을 부여하는 부분에 초점을 둔 새로운 지표를 사용한다. 성과를 측정하는 항목으로 제품의 품질, 납기준수실적, 생산비용의 절감, 산업 안전 등 여러 요소를 정하고, 분기별로 각 사업부서의 성과를 측정하고 성과가 목표를 초과하는 경우에 그 부서의 모든 사원이 보너스를 지급받는 제도이다.

87 [정답] ⑤

페이욜은 기업활동을 기술활동, 영업활동, 재무활동, 회계활동, 관리활동, 보전활동 6가지 분야로 구분하였다.

② 차별 성과급제, 기능식 직장제도, 과업관리, 계획부 제도, 작업지도표 제도 등은 테일러의 과학적 관리법을 기본이론으로 한다.
③ 포드의 컨베이어 벨트 시스템은 생산원가를 절감하기 위해 표준 제품을 정하고 대량 생산하는 방식을 정립한 것이다.
④ 베버의 관료제 조직은 계층에 의한 관리, 분업화, 문서화, 능력주의, 사람과 직위의 분리, 비개인성의 6가지 특징을 가지며, 이를 통해 조직을 가장 합리적이고 효율적으로 운영할 수 있다고 주장한다.

88 [정답] ③

채찍효과란 고객의 수요가 상부단계 방향으로 전달될수록 단계별 수요의 변동성이 증가하는 현상을 말한다. 발생원인으로는 자사 주문량에 근거하는 예측, 일괄주문처리, 가격 변동, 결품 예방 경쟁 등이 있다. 전자 자료 교환(EDI)의 시행은 리드타임을 단축시킴으로써 채찍효과를 제거할 수 있는 방안에 해당한다.

89 [정답] ④

경제가 유동성함정에 놓여 있다면 LM곡선은 수평선이므로 통화량이 증가하더라도 이자율 변동에 영향을 미치지 못한다. 즉, 유동성함정 구간에서는 통화정책이 완전히 무력하다. 반면, 경제가 유동성함정 구간에 놓여있더라도 확대적인 재정정책을 실시하면 IS곡선이 우측으로 이동하므로 이자율은 변하지 않지만 국민소득은 대폭 증가한다. 즉, 재정정책은 매우 효과적이다.

90
정답 ①

교정적 조세(Corrective Taxation)란 피구세와 같이 외부성에 따른 자원배분의 효율성을 시정하기 위해 부과하는 조세를 의미한다.

[오답분석]
나. 오염배출권은 오염배출권제도가 시행될 때 만들어지는 것이지 피구세가 부과될 때 생겨나는 것은 아니다.
다. 피구세의 세율이 어떻게 정해지느냐에 따라 오염배출량이 달라지므로 피구세와 오염배출권제도하에서 오염배출량이 반드시 동일하다는 보장은 없다.
마. 오염배출권이 자유로이 거래될 수 있다면 오염을 줄이는 데 비용이 적게 드는 당사자는 오염배출권을 매각하고 직접 오염을 줄일 것이고, 오염을 줄이는 데 비용이 많이 드는 당사자는 오염면허를 매입하고 오염을 배출할 것이다. 그러므로 오염배출권이 자유로이 거래될 수 있다면 적은 비용으로 오염을 줄일 수 있는 당사자가 오염을 줄이게 된다. 오염배출권 제도는 환경문제와 같은 외부성을 해결하는 데 있어 시장유인을 사용하는 방법이다.

91
정답 ③

일반적으로 한계대체율 체감과 무차별곡선의 볼록성은 같은 의미이다. 무차별곡선이 볼록할 경우 무차별곡선의 기울기는 X재 소비증가에 따라 점점 평평해지며, 이는 X재를 많이 소비할수록 Y재 단위로 나타낸 X재의 상대적 선호도가 감소한다는 의미이므로 한계대체율 체감을 의미한다.

92
정답 ①

경기적 실업이란 경기침체로 인한 총수요의 부족으로 발생하는 실업이다. 그러므로 경기적 실업을 감소시키기 위해서는 총수요를 확장시켜 경기를 활성화시키는 경제안정화정책이 필요하다.

[오답분석]
② 새로운 직장을 찾거나 다니던 직장을 그만두고 다른 직장을 찾을 때 발생하는 실업은 마찰적 실업에 해당하는 사례이며, 마찰적 실업만 존재하는 상태를 완전고용상태라고 정의한다.
③ 계절적 실업에 해당하는 사례이다.
④·⑤ 구조적 실업에 해당하는 사례이다. 구조적 실업이란 경제구조 변화로 노동수요 구조가 변함에 따라 발생하는 실업을 말하며, 산업 간 노동이동이 쉽지 않으므로 장기화되는 경향이 있다. 구조적 실업을 감소시키기 위해서는 직업훈련, 재취업교육 등이 필요하다.

93
정답 ⑤

독점적 경쟁시장은 광고, 서비스 등 비가격경쟁이 가격경쟁보다 더 활발히 진행된다.

94
정답 ⑤

새케인스학파는 합리적 기대를 받아들이지만 가격의 경직성으로 인해 단기에는 통화정책이 효과를 나타낼 수 있다고 본다.

95
정답 ⑤

사회복지의 효율성을 논할 때 파레토 효율과 수단적 효율이 있다. 전자는 더 이상 어떠한 개선이 불가능한 최적의 자원배분 상태를 의미하며, 후자는 특정한 목표를 달성하는 데 가능한 한 적은 자원을 투입하여 최대한의 산출을 얻는 것을 의미한다.

96
정답 ①

크리밍(Creaming) 현상이란 서비스 조직들이 접근성 메커니즘을 조정함으로써 유순하고 성공 가능성이 높은 클라이언트를 선발하고 비협조적이거나 어려울 것으로 예상되는 클라이언트들을 배척하는 현상을 말한다.

97
정답 ④

장애급여는 산업재해보상급여에 기인한 급여의 일종이다. 업무상 부상을 치료한 후에도 신체에 장애가 남아 있는 경우 정도에 따라 지급되는 금전 급여로 피재해노동자의 소득능력 손실의 보완을 목적으로 한다.

98
정답 ②

복지와 재분배적 기능을 강조하며 시장의 영향력을 최소화하려 노력하는 복지국가는 사회민주적 복지국가이다.

99
정답 ④

ㄴ. 모든 대안을 합리적으로 검토하여 최선의 정책 대안을 찾을 수 있다고 가정하는 것은 합리모형이다.
ㄹ. 제한된 합리성을 토대로 접근이 용이한 일부 대안에 대해 만족할 만한 수준을 추구하는 것은 점증모형이다.

100
정답 ③

문항 수(측정항목, 하위변수)가 많으면 많을수록 신뢰도는 높아지며, 항목의 선택범위가 넓을수록(포괄적일수록) 신뢰도는 높아진다.

3일 차 기출응용 모의고사 정답 및 해설

| 01 | 직업기초능력

01	02	03	04	05	06	07	08	09	10
③	②	⑤	③	③	①	②	③	⑤	④
11	12	13	14	15	16	17	18	19	20
④	③	④	①	③	①	④	⑤	③	①
21	22	23	24	25	26	27	28	29	30
②	②	③	②	③	③	⑤	②	③	③
31	32	33	34	35	36	37	38	39	40
②	③	⑤	④	④	①	④	②	③	④
41	42	43	44	45	46	47	48	49	50
④	③	②	①	③	⑤	④	②	④	①
51	52	53	54	55	56	57	58	59	60
③	④	②	③	③	④	④	④	④	④
61	62	63	64	65	66	67	68	69	70
④	④	④	②	①	③	②	④	②	①

01 정답 ③

제시문에서 레비스트로스는 신화 자체의 사유 방식이나 특성을 특정 시대의 것으로 한정하는 오류를 범하고 있다고 언급하였다. 과거 신화 시대에 생겨난 신화적 사유는 신화가 재현되고 재생되는 한 여전히 시간과 공간을 뛰어 넘어 현재화되고 있다.

02 정답 ②

보기의 문장은 우리나라 작물의 낮은 자급률을 보여주는 구체적인 수치이다. 따라서 '하지만 실상은 벼, 보리, 배추 등을 제외한 많은 작물의 종자를 수입하고 있어 그 자급률이 매우 낮다고 한다.'의 뒤인 (나)에 위치하는 것이 적절하다.

03 정답 ⑤

ⓜ은 주제문장, ⓒ은 ⓜ에 대한 반론, ⓔ과 ㉠은 ⓒ에 대한 부연설명, ⓛ은 ⓒ·ⓔ에 대한 결론이다. 따라서 ⓜ – ⓒ – ⓔ – ㉠ – ⓛ의 순서로 나열해야 한다.

04 정답 ③

통합허가 관련 서류는 통합환경 허가시스템을 통해 온라인으로도 제출할 수 있다.

오답분석

① 사업장에 최적가용기법을 보급해 사업장이 자발적으로 환경관리와 허가에 사용할 수 있도록 한다.
② 관리방식의 통합은 총 10종에 이르는 인허가를 통합허가 1종으로 줄였다.
④ 사업장별로 지역 맞춤형 허가기준을 부여해 5 ~ 8년마다 주기적으로 검토한다.
⑤ 통합환경 관리제도는 대기, 수질, 토양 등 개별적으로 이루어지던 관리 방식을 하나로 통합해 환경오염물질이 다른 분야로 전이되는 것을 막기 위해 만들어졌다.

05 정답 ③

납축전지의 기전력은 약 2V이지만, 방전하는 사이에 서서히 저하하여 1.8V 정도까지 저하하면 다시 충전을 시켜야 한다.

06 정답 ①

제시된 문단 다음에는 청바지의 시초에 대한 내용이 나와야 하므로 (가)가 와야 한다. 그 다음에는 '비록 시작은 그리하였지만'으로 받는 (다)가 위치해야 하며, 패션 아이템화의 각론으로서 한국에서의 청바지를 이야기하는 (나)가 와야 한다. (라)는 청바지가 가지고 있는 단점과 그 해결을 설명하는 것이므로 마지막에 오는 것이 적절하다.

07

저작권법에 의해 보호받을 수 있는 저작물은 최소한의 창작성을 지니고 있어야 하며, 남의 것을 베낀 것이 아닌 저작자 자신의 것이어야 한다.

08

제시문은 태양의 온도를 일정하게 유지해 주는 에너지원에 대한 설명이다. 태양의 온도가 일정하게 유지되는 이유는 태양 중심부의 온도가 올라가 핵융합 에너지가 늘어나면 에너지의 압력으로 수소를 밖으로 밀어내어 중심부의 밀도와 온도를 낮춰주기 때문이다. 즉, 태양 내부에서 중력과 핵융합 반응의 평형상태가 유지되기 때문에 태양은 50억 년간 빛을 낼 수 있었고, 앞으로도 50억 년 이상 더 빛날 수 있는 것이다. 따라서 빈칸에 들어갈 내용으로 '태양이 오랫동안 안정적으로 빛을 낼 수 있게 된다.'가 가장 적절하다.

09

최저소득보장제가 저소득층의 생계를 지원하나, 성장 또한 제한할 수 있다는 점을 한계로 지적할 수 있다.

오답분석

① 실업률이 증가하면 사회적으로 경제적 취약 계층인 저소득층도 늘어나게 된다.
② 총소득이 면세점을 넘는 경우 총소득 전체에 대해 세금이 부과되어 순소득이 총소득보다 줄어들게 된다.
③ 최저소득보장제는 경제적 취약 계층에게 일정 생계비를 보장해 주는 제도이다.
④ 세금이 부과되는 기준 소득을 '면세점'이라 한다.

10

㉠ 앞뒤 문장의 내용이 반대이므로 '그러나'가 와야 한다.
㉡ 앞 문장의 예가 뒤 문장에서 제시되고 있으므로 '예컨대'가 와야 한다.

11

반대 측의 주장에는 자신의 경험이 들어가 있지 않다.

오답분석

① 한국해양수산개발원 전문가의 의견을 인용하여 주장을 뒷받침하고 있다.
② "얼마나 많은 비용이 들까요?", "북극항로를 개발해야 할까요?"와 같이 설의법을 통해 자신의 주장을 강조하고 있다.
③ 부산과 로테르담 간의 항로 거리, 북극항로에 매장된 석유와 천연가스의 수치, 해양플랫폼 시장의 시장 가치에 대해서 구체적인 수치를 제시하고 있다.
⑤ 찬성 측과 반대 측 모두 각자 3가지 주장에 대한 구체적인 근거를 제시하고 있다.

12

북극항로는 석유, 천연가스와 같이 엄청난 양의 자원이 매장되어 있어서 경제성이 높다.

오답분석

① 북극항로는 3 ~ 4개월 남짓한 짧은 해빙기에만 이용할 수 있다.
② 플랜트 사업, 운송업, 조선업, 철강업 등 이미 한국의 여러 기업이 뛰어들어 총력을 기울이는 중이다.
④ 해외의 많은 기업이 높은 비용의 장벽에 막혀 북극항로 개발을 포기하는 상황이다.
⑤ 북극항로 개발은 해수면 상승으로 이어져 저지대가 침몰되는 사태가 초래될 수 있다.

13

뇌 영상 기술은 뇌 질환을 치료하기 위한 목적이 아닌 뇌 안에서 일어나고 있는 활동을 들여다보기 위해 X선이나 전자파 등을 사용한다.

오답분석

① 뇌 영상 기술은 환자의 상태에 따라 CT, PET, MRI, fMRI를 선택적으로 활용한다.
② 1970년대에 개발된 CT를 시초로 하여 PET, MRI, fMRI 등 다양한 뇌 영상 기술이 등장하였다.
③ 지난 20여 년 동안 급격히 발전해 온 뇌 영상 기술은 인간에게 뇌에 대한 풍부한 정보를 제공해 주었다.
⑤ 인지과학이나 심리학의 영역에서는 최근의 뇌 영상 기술이 전통적인 방법보다 인간의 마음과 행동을 이해하는 좀 더 정확한 방법으로 인정되고 있다.

14

ㄱ. 에스페란토의 문자는 영어 알파벳 26개 문자에서 4개 문자를 빼고, 6개 문자를 추가하였으므로 총 $26-4+6=28$개의 문자로 만들어졌다.
ㄷ. 단어의 강세는 항상 뒤에서 두 번째 모음에 있다고 하였으므로 '어머니(patrino)'와 '장모(bopatrino)'에서 강세가 있는 모음은 뒤에서 두 번째 모음인 i로 서로 같다.

오답분석

ㄴ. 에스페란토는 어간에 품사 고유의 어미를 붙이는데, 명사 '사랑(amo)'의 경우 명사를 나타내는 −o를 붙인 것이다. 따라서 어간은 am−인 것을 알 수 있다. 또한, 미래 시제를 나타내는 경우는 어간에 −os를 붙인다. 따라서 에스페란토 '사랑할 것이다.'는 어간 am−에 −os가 결합한 amos이다.
ㄹ. 자멘호프의 구상은 '1민족 2언어주의'에 입각하여 같은 민족끼리는 모국어를, 다른 민족과는 에스페란토를 사용하자는 것이었다. 따라서 동일한 언어를 사용하는 하와이 원주민끼리는 모국어를 사용해야 한다.

15
정답 ③

빈칸 앞 문장에서 변혁적 리더는 구성원의 욕구 수준을 상위 수준으로 끌어올린다고 하였으므로 구성원에게서 기대되었던 성과만을 얻어내는 거래적 리더십을 발휘하는 리더와 달리 변혁적 리더는 구성원에게서 보다 더 높은 성과를 얻어낼 수 있을 것임을 추론해볼 수 있다. 따라서 빈칸에 들어갈 내용으로는 '기대 이상의 성과를 얻어낼 수 있다.'는 ③이 가장 적절하다.

16
정답 ①

합리적 사고와 이성에 호소하는 거래적 리더십과 달리 변혁적 리더십은 감정과 정서에 호소하는 측면이 크다. 따라서 변혁적 리더십을 발휘하는 변혁적 리더는 구성원의 합리적 사고와 이성이 아닌 감정과 정서에 호소한다.

17
정답 ④

'듯'은 의존 명사이므로 앞에 오는 관형형 '올'과 띄어 써야 한다.

18
정답 ⑤

공유경제는 소유권(Ownership)보다는 접근권(Accessibility)에 기반을 둔 경제모델로, 개인이나 기업들이 소유한 물적·금전적·지적 자산에 대한 접근권을 온라인 플랫폼을 통해 거래하는 것이다. 따라서 자신이 타던 자동차를 판매하는 것은 제품에 대한 접근권이 아닌 소유권을 거래하는 것이므로 이를 공유경제의 일환으로 볼 수 없다.

19
정답 ③

채권을 발행한 기업의 경영 환경이 악화되면 지급 불능 위험이 높아지므로, 채권 가격은 떨어지게 된다.

20
정답 ①

빈칸 앞의 '금리는 현재가치에 반대 방향으로 영향을 준다.'와 빈칸 뒤의 '금리가 상승하면 채권의 현재가치가 하락하게 되고'는 논리적 모순 없이 인과관계를 이룬다. 따라서 빈칸에는 '따라서'가 가장 적절하다.

21
정답 ②

분류코드에서 알 수 있는 정보를 순서대로 나열하면 다음과 같다.
• 발송코드 : c4(충청지역에서 발송)
• 배송코드 : 304(경북지역으로 배송)
• 보관코드 : HP(고가품)
• 운송코드 : 115(15톤 트럭으로 배송)
• 서비스코드 : 01(당일 배송 서비스 상품)
따라서 분류코드에서 확인할 수 없는 정보는 ②이다.

22
정답 ②

제품 A의 분류코드는 앞에서부터 순서대로 수도권인 경기도에서 발송되었으므로 a1, 울산지역으로 배송되므로 062, 냉동보관이 필요하므로 FZ, 5톤 트럭으로 운송되므로 105, 배송일을 7월 7일로 지정하였으므로 02가 연속되는 'a1062FZ10502'이다.

23
정답 ③

2명이 선발되었다고 하였으므로, 주어진 진술을 이용해 선발된 두 명을 가정하고 문제의 조건에 맞춰 판단해 본다. 첫 번째와 두 번째 진술을 참이라고 가정하면 C와 D 2명을 특정할 수 있다. 이때, 나머지 진술 중 네 번째와 다섯 번째 진술이 거짓이 되므로 세 명의 진술만 옳다는 조건을 만족한다. 따라서 C와 D가 선발되었다.

[오답분석]
① A가 선발되었을 경우 첫 번째, 다섯 번째 진술이 거짓이 되므로 문제의 조건에 따라 두 번째 ~ 네 번째 진술은 모두 참이어야 한다. A를 제외한 B ~ G 6명 중 두 번째 진술을 만족시키기 위해서는 B, C, D 중 선발되어야 한다. 세 번째 진술을 만족시키기 위해서는 C가 선발되어야 하는데, 이 경우 네 번째 진술이 거짓이 된다.
② B가 선발되었을 경우 첫 번째 진술이 거짓이 된다. A, C, D, E, F, G 여섯 명 중 A가 선발될 경우 네 번째, 다섯 번째 진술, C가 선발될 경우 네 번째, 다섯 번째 진술, D가 선발될 경우 세 번째 ~ 다섯 번째 진술, E와 F가 선발될 경우 두 번째, 세 번째 진술, F가 선발될 경우 두 번째, 세 번째 진술, G가 선발될 경우 두 번째, 다섯 번째 진술이 거짓이 된다.
④ E가 선발되었을 경우 두 번째 진술이 거짓이 된다. A, B, C, D, F, G 여섯 명 중 A가 선발될 경우 첫 번째, 세 번째, 다섯 번째 진술이 거짓이 된다. B가 선발될 경우 첫 번째, 세 번째 진술이 거짓이 된다. C가 선발될 경우 나머지 진술이 모두 참이 된다. D가 선발될 경우 세 번째, 다섯 번째 진술이 거짓이 된다. F가 선발될 경우 세 번째 ~ 다섯 번째 진술이 거짓이 된다. G가 선발될 경우 첫 번째, 네 번째, 다섯 번째 진술이 거짓이 된다.
⑤ G가 선발되었을 경우 첫 번째, 두 번째, 다섯 번째 진술이 거짓이 된다.

24

정답 ②

첫 번째 조건과 두 번째 조건에 따라 물리학과 학생은 흰색만 좋아하는 것을 알 수 있으며, 세 번째 조건과 네 번째 조건에 따라 지리학과 학생은 흰색과 빨간색만 좋아하는 것을 알 수 있다. 전공별로 좋아하는 색을 정리하면 다음과 같다.

경제학과	물리학과	통계학과	지리학과
검은색, 빨간색	흰색	빨간색	흰색, 빨간색

이때 검은색을 좋아하는 학과는 경제학과뿐이므로 C가 경제학과임을 알 수 있으며, 빨간색을 좋아하지 않는 학과는 물리학과뿐이므로 B가 물리학과임을 알 수 있다. 따라서 항상 참이 되는 것은 ②이다.

오답분석

① A는 통계학과이거나 지리학과이다.
③ C는 경제학과이다.
④ D는 통계학과이거나 지리학과이다.
⑤ C는 빨간색을 좋아하지만 B는 흰색을 좋아한다.

25

정답 ③

소설을 대여한 남자는 690건이고, 소설을 대여한 여자는 1,060건이다. 따라서 $\frac{690}{1,060} \times 100 ≒ 65.1\%$이므로 옳지 않은 설명이다.

오답분석

① 소설의 전체 대여건수는 450+600+240+460=1,750건이고, 비소설의 전체 대여건수는 520+380+320+400=1,620건이므로 옳은 설명이다.
② 40세 미만 대여건수는 520+380+450+600=1,950건이고, 40세 이상 대여건수는 320+400+240+460=1,420건이므로 옳은 설명이다.
④ 전체 40세 미만 대여 수는 1,950건이고, 그중 비소설 대여는 900건이다. 따라서 $\frac{900}{1,950} \times 100 ≒ 46.2\%$이므로 옳은 설명이다.
⑤ 전체 40세 이상 대여 수는 1,420건이고, 그중 소설 대여는 700건이다. 따라서 $\frac{700}{1,420} \times 100 ≒ 49.3\%$이므로 옳은 설명이다.

26

정답 ③

SO전략은 강점을 살려 기회를 포착하는 전략이므로 TV프로그램에 출연하여 좋은 품질의 재료만 사용한다는 점을 홍보하는 것이 옳다.

27

정답 ⑤

병과 정의 말이 서로 모순되므로 둘 중 한 명은 거짓을 말한다. 따라서 병과 정의 말이 거짓일 경우를 정리하면 다음과 같다.

1) 병이 거짓말을 할 경우
거짓인 병의 말에 따라 을은 윗마을에 사는 여자이며, 윗마을에 사는 여자는 거짓말만 하므로 을의 말은 거짓이 된다. 참인 정의 말에 따르면 병은 윗마을에 사는데, 거짓을 말하고 있으므로 병은 여자이다. 을과 병 모두 윗마을 사람이므로 나머지 갑과 정은 아랫마을 사람이 된다. 이때 갑과 정은 모두 진실을 말하고 있으므로 여자이다. 따라서 갑, 을, 병, 정 모두 여자임을 알 수 있다.

2) 정이 거짓말을 할 경우
거짓인 정의 말에 따르면 을과 병은 아랫마을에 사는데, 병은 참을 말하고 있으므로 병은 여자이다. 참인 병의 말에 따르면 을은 아랫마을에 사는 남자이며, 아랫마을에 사는 남자는 거짓말만 하므로 을의 말은 거짓이 된다. 이때 을의 말이 거짓이 되면 을은 윗마을에 살게 되므로 서로 모순된다. 따라서 성립하지 않는다.

28

정답 ②

수준 높은 금융 서비스를 통해 글로벌 경쟁에서 우위를 차지하는 것은 강점을 이용해 글로벌 금융사와의 경쟁 심화라는 위협을 극복하는 ST전략이다.

오답분석

① 해외 비즈니스TF팀을 신설해 해외 금융시장 진출을 확대하는 것은 글로벌 경쟁력이 낮다는 약점을 극복하고 해외 금융시장 진출 확대라는 기회를 활용하는 WO전략이다.
③ 탄탄한 국내 시장점유율이 국내 금융그룹의 핀테크 사업 진출의 기반이 되는 것은 강점을 통해 기회를 살리는 SO전략이다.
④ 우수한 자산건전성 지표를 홍보하여 고객 신뢰를 회복하는 것은 강점으로 위협을 극복하는 ST전략이다.
⑤ 외화 자금 조달 리스크가 약점이므로 기회를 통해 약점을 보완하는 WO전략이다.

29

정답 ③

논리 순서를 따라 주어진 조건을 정리하면 다음과 같다.
• 첫 번째 조건 : 대우(B 또는 C가 위촉되지 않으면, A도 위촉되지 않는다)에 의해 A는 위촉되지 않는다.
• 두 번째 조건 : A가 위촉되지 않으므로 D가 위촉된다.
• 다섯 번째 조건 : D가 위촉되므로 F도 위촉된다.
• 세 번째, 네 번째 조건 : D가 위촉되었으므로 C와 E는 동시에 위촉될 수 없다.
따라서 위촉되는 사람은 C 또는 E 중 1명과 D, F 2명이므로 총 3명이다.

30

정답 ③

제시된 직원 투표 결과를 정리하면 다음과 같다.

(단위 : 표)

여행 상품	1인당 비용(원)	총무 팀	영업 팀	개발 팀	홍보 팀	공장1	공장2	합계
A	500,000	2	1	2	0	15	6	26
B	750,000	1	2	1	1	20	5	30
C	600,000	3	1	0	1	10	4	19
D	1,000,000	3	4	2	1	30	10	50
E	850,000	1	2	0	2	5	5	15
합계		10	10	5	5	80	30	140

ㄱ. 가장 인기가 좋은 상품은 D이다. 그러나 공장1의 고려사항은 회사에 손해를 줄 수 있으므로, 2박 3일 상품이 아닌 1박 2일 상품 중 가장 인기가 좋은 B상품이 선택된다.
따라서 750,000×140=105,000,000원이 필요하므로 옳다.

ㄷ. 공장1의 A, B 투표 결과가 바뀐다면 여행 상품 A, B의 투표수가 각각 31, 25표가 되어 선택되는 여행 상품이 A로 변경된다.

오답분석

ㄴ. 가장 인기가 좋은 상품은 D이므로 옳지 않다.

31

정답 ②

ㄱ. 한류의 영향으로 한국 제품을 선호하므로 한류 배우를 모델로 하여 적극적인 홍보 전략을 추진한다.

ㄷ. 빠른 제품 개발 시스템이 있기 때문에 소비자 기호를 빠르게 분석하여 제품 생산에 반영한다.

오답분석

ㄴ. 인건비 상승과 외국산 저가 제품 공세 강화로 인해 적절한 대응이라고 볼 수 없다.

ㄹ. 선진국은 기술 보호주의를 강화하고 있으므로 적절한 대응이라고 볼 수 없다.

32

정답 ③

두 번째, 세 번째 결과에서 A는 가위를 내지 않았고 B는 바위를 내지 않았으므로 A가 바위를 내고 B가 가위를 낸 경우, A가 바위를 내고 B가 보를 낸 경우, A가 보를 내고 B가 가위를 낸 경우, A와 B가 둘 다 보를 낸 경우 총 4가지로 나누어 조건을 따져보면 다음과 같다.

구분	A	B	C	D	E	F
경우 1	바위	가위	바위	가위	바위	보
경우 2	바위	보	바위	보	가위	보
경우 3	보	가위	보	가위	바위	가위
경우 4	보	보	보	보	가위	가위

따라서 A와 B가 모두 보를 낸 경우에만 모든 조건을 만족하므로, E와 F가 이겼다.

33

정답 ⑤

두 번째 조건과 세 번째 조건에 따라 3학년이 앉은 첫 번째 줄과 다섯 번째 줄의 바로 옆줄인 두 번째 줄과 네 번째 줄, 여섯 번째 줄에는 3학년이 앉을 수 없다. 즉, 두 번째 줄, 네 번째 줄, 여섯 번째 줄에는 1학년 또는 2학년이 앉아야 한다. 이때, 3학년이 앉은 줄의 수가 1학년과 2학년이 앉은 줄의 합과 같다는 네 번째 조건에 따라 남은 세 번째 줄은 반드시 3학년이 앉아야 한다.
따라서 ⑤는 항상 거짓이 된다.

오답분석

① 두 번째 줄에는 1학년 또는 2학년이 앉을 수 있다.

② 책상 수가 몇 개인지는 알 수 없다.

③ 학생 수가 몇 명인지는 알 수 없다.

④ 여섯 번째 줄에는 1학년 또는 2학년이 앉을 수 있다.

34

정답 ④

주어진 조건에 따라 부서별 위치를 정리하면 다음과 같다.

구분	1층	2층	3층	4층	5층	6층
경우 1	해외 사업부	인사· 교육부	기획부	디자인 부	서비스 개선부	연구· 개발부
경우 2	해외 사업부	인사· 교육부	기획부	서비스 개선부	디자인 부	연구· 개발부

따라서 3층에 위치한 기획부의 직원은 출근 시 반드시 계단을 이용해야 하므로 ④는 항상 옳다.

오답분석

① 경우 1일 때 김대리는 출근 시 엘리베이터를 타고 4층에서 내린다.

② 경우 2일 때 디자인부의 김대리는 서비스개선부의 조대리보다 엘리베이터에서 나중에 내린다.

③ 카페와 같은 층에 위치한 부서는 해외사업부이다.

⑤ 엘리베이터 이용에만 제한이 있을 뿐 계단 이용에는 층별 이용 제한이 없다.

35

정답 ④

ⓛ WO전략은 약점을 보완하여 기회를 포착하는 전략이다. ⓛ에서 말하는 원전 운영 기술은 강점에 해당되므로 적절하지 않다.

ⓒ ST전략은 강점을 살려 위협을 회피하는 전략이다. ⓒ은 위협 회피와 관련하여 기후 위기에 따른 발전 효율 감소 보완책을 고려하지 않았으므로 적절하지 않다.

ⓔ WT전략은 약점을 보완하여 위협을 회피하는 전략이다. ⓔ은 위협 회피와 관련하여 기후 위기에 따른 발전 효율 감소 보완책을 고려하지 않았으므로 적절하지 않다.

오답분석

ⓖ SO전략은 강점을 살려 기회를 포착하는 전략으로, 강점인 기술력을 활용해 해외 시장에서 우위를 점하려는 것은 적절한 SO전략으로 볼 수 있다.

36

의류 종류 코드에서 'OP(원피스)'를 'OT(티셔츠)'로 수정해야 하므로 ①의 생산 코드를 'OTGR − 220124 − 475ccc'로 수정해야 한다.

오답분석

㉠ 스커트는 'OH', 붉은색은 'RD', 제조일은 '211204', 창원은 '753', 수량은 'aaa'이므로 ③의 생산 코드는 'OHRD − 211204 − 753aaa'로 옳다.

㉢ 원피스는 'OP', 푸른색은 'BL', 제조일은 '220705', 창원은 '753', 수량은 'aba'이므로 ⑤의 생산 코드는 'OPBL − 220705 − 753aba'로 옳다.

㉣ 납품일(2022년 7월 23일) 전날에 생산했으므로 생산날짜는 2022년 7월 22일이다. 따라서 ②의 생산 코드는 'OJWH − 220722 − 935baa'로 옳다.

㉤ 티셔츠의 생산 코드는 ④와 같이 'OTYL − 220430 − 869aab'로 옳으며, 스커트의 생산 코드는 'OHYL − 220430 − 869aab'이다.

37

다섯 번째 정보에 따르면 E대리는 참석한다.

네 번째 정보의 대우는 'E대리가 참석하면 D대리는 참석하지 않는다.'이므로 D대리는 참석하지 않는다.

첫 번째 정보에 따라 D대리가 참석하지 않으므로 C주임이 참석한다.

세 번째 정보에 따라 C주임이 참석하면 A사원도 참석한다.

두 번째 정보는 나머지 정보들과 논리적 동치 관계가 없으므로 판단의 근거로 활용할 수 없다.

따라서 반드시 참석하는 직원은 A사원, C주임, E대리이며, 반드시 참석하지 않는 직원은 D대리이다. B사원과 F과장의 참석 여부는 분명하지 않다.

그러므로 B사원과 F과장이 참석한다고 가정하는 경우, A사원, B사원, C주임, E대리, F과장 5명이 참석하여 최대 인원이 참석하는 경우이다.

38

주어진 정보를 표로 정리하면 다음과 같다.

선택		B여행팀	
		관광지에 간다	관광지에 가지 않는다
A 여행팀	관광지에 간다	(10, 15)	(15, 10)
	관광지에 가지 않는다	(25, 20)	(35, 15)

• A여행팀의 최대효용
 − B여행팀이 관광지에 가는 경우 : A여행팀이 관광지에 가지 않을 때 25의 최대효용을 얻는다.

− B여행팀이 관광지에 가지 않는 경우 : A여행팀이 관광지에 가지 않을 때 35의 최대효용을 얻는다.

따라서 A여행팀은 B여행팀의 선택에 상관없이 관광지에 가지 않아야 효용이 발생하며, 이때의 최대효용은 35이다.

• B여행팀의 최대효용
 − A여행팀이 관광지에 가는 경우 : B여행팀이 관광지에 갈 때 15의 최대효용을 얻는다.

− A여행팀이 관광지에 가지 않는 경우 : B여행팀이 관광지에 갈 때 20의 최대효용을 얻는다.

따라서 B여행팀은 A여행팀의 선택에 상관없이 관광지에 가야 효용이 발생하며, 이때의 최대효용은 20이다.

이를 종합하면 A여행팀은 관광지에 가지 않을 때, B여행팀은 관광지에 갈 때 효용이 극대화되고, 이때의 총효용은 25+20=45이다.

39

선택지별 비용을 구하면 다음과 같다.

① 143,000원−(143,000원×15%)=121,550원
② 165,000원−(165,000원×20%)=132,000원
③ 164,000원−(164,000원×30%)=114,800원
④ 154,000원−(154,000원×20%)=123,200원
⑤ 162,000원−(162,000원×20%)=129,600원

따라서 가장 비용이 저렴한 경우는 ③이다.

40

알파벳 순서에 따라 숫자로 변환하면 다음과 같다.

A	B	C	D	E	F	G	H	I	J	K	L	M
1	2	3	4	5	6	7	8	9	10	11	12	13
N	O	P	Q	R	S	T	U	V	W	X	Y	Z
14	15	16	17	18	19	20	21	22	23	24	25	26

'INTELLECTUAL'의 품번을 규칙에 따라 정리하면 다음과 같다.

• 1단계 : 9(I), 14(N), 20(T), 5(E), 12(L), 12(L), 5(E), 3(C), 20(T), 21(U), 1(A), 12(L)
• 2단계 : 9+14+20+5+12+12+5+3+20+21+1+12=134
• 3단계 : |(14+20+12+12+3+20+12)−(9+5+5+21+1)|=|93−41|=52
• 4단계 : (134+52)÷4+134=46.5+134=180.5
• 5단계 : 180.5를 소수점 첫째 자리에서 버림하면 180이다.

따라서 제품의 품번은 '180'이다.

41

업체별 정비 1회당 품질개선효과와 1년 정비비, 1년 정비횟수를 정리하면 다음과 같다.

구분	1년 계약금 (만 원)	1년 정비비 (만 원)	1년 정비횟수 (회)	정비 1회당 품질개선효과 (점)
A업체	1,680	2,120	424	51
B업체	1,920	1,880	376	51
C업체	1,780	2,020	404	45
D업체	1,825	1,975	395	56
E업체	2,005	1,795	359	53

이를 토대로 품질개선점수를 도출하면 다음과 같다.

구분	1년 정비횟수 (회)	정비 1회당 품질개선효과 (점)	품질개선점수 (점)
A업체	424	51	21,624
B업체	376	51	19,176
C업체	404	45	18,180
D업체	395	56	22,120
E업체	359	53	19,027

따라서 선정될 업체는 D이다.

42

A팀장은 개최기간(4월 11일 ~ 14일) 총 4일 동안 차량을 렌트하여야 하며, 업체별로 A팀장이 지불할 렌트비용을 계산하면 다음과 같다.

렌탈업체	총 렌트비용	할인내역
부릉이 렌탈	$(35,000 \times 2 \times 0.9)$ $+(35,000 \times 2)$ $=133,000$원	4월 11 ~ 12일 10% 할인
편한여행	$39,000 \times 4 \times 0.9$ $=140,400$원	10% 할인쿠폰 1개 적용
렌트여기	멤버십 가입 ○ : $15,000+(36,000 \times 4$ $\times 0.8)=130,200$원	멤버십 가입 시 1일당 20% 할인 (멤버십 가입비 15,000원 지출)
	멤버십 가입 × : $36,000 \times 4$ $=144,000$원	–
싸다렌탈	$(40,500 \times 4)-10,000$ $=152,000$원	10,000원 할인

따라서 가장 저렴한 경우는 '렌트여기'에서 '멤버십 가입 ○'이고, 총 130,200원의 비용이 든다.

43

상생협력사업관련 회의는 다음 주 주중[9월 24일(월) ~ 28일(금)] 오전으로 계획되어 있다. 따라서 현장관리과장의 28일 무주양수발전소 협력 회의, 환경조사과장의 28일 한강2본부 근무, 원자력정책팀장의 25일 한강수력본부 출장은 모두 오후 일정이므로 고려할 필요가 없다. 이를 통해 회의 참석대상자의 다음 주 일정에 따라 요일별로 불참 원인을 정리하면 다음과 같다.

요일	불참 원인
월(24일)	– 사업계획부장(병가) – 환경조사과장(추진사업 조사결과 보고)
화(25일)	–
수(26일)	– 사업계획부장(계획현안회의) – 현장관리과장(서부권역 건설현장 방문)
목(27일)	– 기술전략처장(휴가) – 현장관리과장(서부권역 건설현장 방문)
금(28일)	–

따라서 회의 진행이 가능한 요일은 다음 주 화요일과 금요일이며, 회의 조건에서 회의는 가능한 날짜 중 가장 빠른 날짜에 진행한다고 하였으므로, 다음 주 화요일에 회의가 진행된다.

44

조건에 따라 자동차를 대여할 수 없는 날을 표시하면 다음과 같다.

〈2월 달력〉

일	월	화	수	목	금	토
		1	2 × 짝수 날 점검	3	4 × 짝수 날 점검	5	6 × 짝수 날 점검
7	8	9 × 업무	10 × 업무	11 × 설 연휴	12 × 설 연휴	13 × 설 연휴
14	15 × 출장	16 × 출장	17	18	19	20
21	22	23	24 × C 대여	25 × C 대여	26 × C 대여	27
28						

따라서 B자동차를 대여할 수 있는 날은 주말을 포함한 18 ~ 20일, 19 ~ 21일, 20 ~ 22일, 21 ~ 23일이므로 수요일(17일)이 자동차를 대여할 수 있는 첫 날이 될 수 없다.

45

임유리 직원은 첫째 주 일요일 6시간, 넷째 주 토요일 5시간으로 월 최대 10시간 미만인 당직규정을 어긋나므로 당직 일정을 수정해야 한다.

46

A팀장은 1박으로만 숙소를 예약하므로 S닷컴을 통해 예약할 경우 할인적용을 받지 못한다.

M투어를 통해 예약하는 경우 3박 이용 시 다음 달에 30% 할인쿠폰 1매가 제공되므로 9월에 30% 할인 쿠폰을 1개 사용할 수 있으며, A팀장은 총 숙박비용을 최소화하고자 하므로 9월 또는 10월에 30% 할인 쿠폰을 사용할 것이다.

H트립을 이용하는 경우 6월부터 8월 사이 1박 이상 숙박 이용내역이 있을 시 10% 할인받을 수 있으므로 총 5번의 숙박 중 7월, 8월에 10% 할인받을 수 있다.

T호텔스의 경우 멤버십 가입 여부에 따라 숙박비용을 비교해야 한다.

이를 고려하여 예약사이트별 숙박비용을 계산하면 다음과 같다.

예약 사이트	총 숙박비용
M투어	$(120,500 \times 4) + (120,500 \times 0.7 \times 1) = 566,350$원
H트립	$(111,000 \times 3) + (111,000 \times 0.9 \times 2) = 532,800$원
S닷컴	$105,500 \times 5 = 527,500$원
T호텔스	멤버십 미가입 : $105,000 \times 5 = 525,000$원 멤버십 가입 : $(105,000 \times 0.9 \times 5) + 20,000 = 492,500$원

따라서 숙박비용이 가장 낮은 예약사이트는 T호텔스이며, 총 숙박비용은 492,500원이다.

47

• 일비 : 하루에 10만 원씩 지급 → $100,000 \times 3 = 300,000$원
• 숙박비 : 실비 지급 → B호텔 2박 → $250,000 \times 2 = 500,000$원
• 식비 : 8 ~ 9일까지는 3식이고 10일에는 점심 기내식을 제외하여 아침만 포함 → $(10,000 \times 3) + (10,000 \times 3) + (10,000 \times 1) = 70,000$원
• 교통비 : 실비 지급 → $84,000 + 10,000 + 16,300 + 17,000 + 89,000 = 216,300$원
∴ 합계 : $300,000 + 500,000 + 70,000 + 216,300 = 1,086,300$원

48

• 국문 명함 중 50장이 고급종이로 제작되었으므로 일반종이로 제작된 명함의 수량은 $130 - 50 = 80$장이다.
(1인당 국문 명함 제작비) $= \{10,000 + (2,500 \times 3)\} + (10,000 \times 1.1) = 28,500$원

• 영문 명함의 수량 : 70장
(1인당 영문 명함 제작비) $= 15,000 + (3,500 \times 2) = 22,000$원
따라서 1인당 명함 제작비는 $28,500 + 22,000 = 50,500$원이다.
총비용은 808,000원이므로 신입사원의 수는 $808,000 \div 50,500 = 16$명이다.

49

순이익이 많은 매장이 가장 실적이 좋은 매장이므로, (순이익)=(판매실적)−[(시설투자비)+(12×월유지비)+(12×인력 수×150)]을 계산하면 다음과 같다.

구분	시설투자비 (만 원)	월유지비 (만 원)	판매실적 (만 원)	고용 인력 수	이윤 (만 원)
A	2,000	200	11,000	3명	1,200
B	7,000	500	15,000	5명	−7,000
C	5,000	300	10,000	4명	−5,800
D	3,000	200	17,000	2명	8,000
E	6,000	300	18,000	4명	1,200

따라서 이윤이 가장 높은 매장은 D이다.

50

ⓛ, ⓒ, ⓔ에 의해 의사소통능력과 대인관계능력을 지닌 사람은 오직 병뿐이라는 사실을 알 수 있다. 또한 ⓜ에 의해 병이 이해능력도 가지고 있음을 알 수 있다. 신입사원으로 채용되기 위해서는 적어도 3가지 자질이 필요하기 때문에 나머지 갑, 을, 정은 채용될 수 없다. 따라서 신입사원으로 채용될 수 있는 지원자는 병 1명이다.

51

A와 D는 각각 문제해결능력과 의사소통능력에서 과락이므로 제외한다.

남은 인원의 점수를 합격 점수 산출법에 따라 계산하면 다음과 같다.
• B : $39 + 21 + 22 = 82$점
• C : $36 + 16.5 + 20 = 72.5$점
• E : $54 + 24 + 19.6 = 97.6$점
따라서 B와 E가 합격자이다.

52

제품군별 지급해야 할 보관료는 다음과 같다.
• A제품군 : $300억 \times 0.01 = 3$억 원
• B제품군 : $2,000 \times 20,000 = 4$천만 원
• C제품군 : $500 \times 80,000 = 4$천만 원
따라서 K기업이 보관료로 지급해야 할 총금액은 3억+4천만+4천만=3억 8천만 원이다.

53

정답 ②

왕복 시간이 2시간, 배차 간격이 15분이라면 첫차가 재투입되는 데 필요한 앞차의 수는 첫차를 포함해서 8대이다(∵ 15분×8대 =2시간이므로 8대 버스가 운행된 이후 9번째에 첫차 재투입 가능). 운전사는 왕복 후 30분의 휴식을 취해야 하므로 첫차를 운전했던 운전사는 2시간 30분 뒤에 운전을 시작할 수 있다.

따라서 8대의 버스로 운행하더라도 운전자는 150분 동안 운행되는 버스 150÷15=10대를 운전하기 위해서는 10명의 운전사가 필요하다.

54

정답 ③

엘리베이터는 한 번에 최대 세 개 층을 이동할 수 있으며, 올라간 다음에는 반드시 내려와야 한다는 조건에 따라 청원경찰이 최소 시간으로 6층을 순찰하고, 1층으로 돌아올 수 있는 방법은 다음과 같다.

• 1층 → 3층 → 2층 → 5층 → 4층 → 6층 → 3층 → 4층 → 1층

이때, 이동에만 소요되는 시간은 총 2+1+3+1+2+3+1+3 =16분이다.

따라서 청원경찰이 6층을 모두 순찰하고 1층으로 돌아오기까지 소요되는 시간은 총 60(10분×6층)+16=76분=1시간 16분이다.

55

정답 ③

고객 A는 제품을 구입한 지 1년이 지났으므로 수리비 2만 원을 부담해야 하며, A/S 서비스가 출장 서비스로 진행되어 출장비를 지불해야 하는데, 토요일 오후 3시는 A/S 센터 운영시간이 아니므로 3만 원의 출장비를 지불해야 한다. 또한 부품을 교체하였으므로 고객 A는 부품비 5만 원까지 합하여 총 10만 원의 A/S 서비스 비용을 지불해야 한다.

56

정답 ②

8월 10일에 B부서의 과장이 연차이지만 마지막 조건에 따라 B부서와 C부서의 과장은 워크숍에 참여하지 않는다. 따라서 워크숍 기간으로 적절한 기간은 8월 9~10일이다.

[오답분석]
① 부사장의 외부 일정으로 불가능하다.
③ 일요일(8월 15일)은 워크숍 일정에 들어갈 수 없다.
④ 8월 19일은 회식 전날이므로 불가능하다.
⑤ 8월 31일은 부사장 외부 일정이 있으므로 불가능하다.

57

정답 ④

제시된 조건에 따라 1~5층의 월 전기료는 다음과 같다.
• 1층 : (10대×5만 원)+(4대×3만 원)=62만 원
• 2층 : (13대×5만 원)+(5대×3만 원)=80만 원
• 3층 : (15대×5만 원)+(7대×3만 원)=96만 원
• 4층 : (11대×5만 원)+(6대×3만 원)=73만 원
• 5층 : (12대×5만 원)+(5대×3만 원)=75만 원

첫 번째 조건을 충족하지 않는 층은 2·3·5층이고, 조건을 충족하기 위해 2·3·5층에 각각 구형 에어컨 2대, 5대, 1대를 판매하게 된다. 이때 발생하는 수입은 구형 에어컨의 중고 판매가격 총 10만 원×8대=80만 원이다.

구형 에어컨을 판매하고 난 후 각 층의 구형 에어컨의 개수와 신형 에어컨 개수 및 비율을 구하면 다음과 같다.

구분	1층	2층	3층	4층	5층
구형 에어컨	10대	13−2 =11대	15−5 =10대	11대	12−1 =11대
신형 에어컨	4대	5대	7대	6대	5대
비율	$\frac{4}{10}$	$\frac{5}{11}$	$\frac{7}{10}$	$\frac{6}{11}$	$\frac{5}{11}$

두 번째 조건에서 비율이 $\frac{1}{2}$ 미만인 층은 1·2·5층이고, 조건을 충족하기 위해 신형 에어컨을 1대씩 구입하면, 신형 에어컨 총 구입비용은 50만 원×3대=150만 원이 나온다. 따라서 K회사는 150만 원−80만 원=70만 원의 지출(비용)이 발생한다.

58

정답 ④

1일 평균임금을 x원이라 놓고 퇴직금 산정공식을 이용하여 계산하면 다음과 같다.
1,900만={30x×(5×365)}÷365
→ 1,900만=150x
∴ x≒13만(∵ 천의 자리에서 반올림)
따라서 1일 평균임금이 13만 원이므로 갑의 평균연봉은 13만× 365=4,745만 원이다.

59

정답 ④

통화내역을 통해 국내통화인지 국제통화인지 구분한다.
• 국내통화 : 11/5(화), 11/6(수), 11/8(금)
  → 10+30+30=70분
• 국제통화 : 11/7(목)→60분
∴ (70분×15원)+(60분×40원)=3,450원
따라서 A대리가 사용한 통화요금은 총 3,450원이다.

60

정답 ④

A계장은 목적지까지 3시간 내로 이동하여야 한다. 택시를 타고 대전역까지 15분, 열차대기 15분, KTX / 새마을호 이동시간 2시간, 환승 10분, 목포역에서 미팅장소까지 택시 20분이 소요된다. 따라서 총 3시간이 걸리므로 적절하다. 비용은 택시 6,000원, KTX 20,000원, 새마을호 14,000원, 택시 9,000원으로 총 49,000원이다. 따라서 출장지원 교통비 한도 이내이므로 가장 적절하다.

오답분석
①·② 이동시간이 3시간이 넘어가므로 적절하지 않다.
③·⑤ 이동시간은 3시간 이내이지만, 출장지원 교통비 한도를 넘기 때문에 적절하지 않다.

61

정답 ④

홀수 번째 항은 2^0, 2^1, 2^2, 2^3, $\cdots \to 2^{n-1}$을 반복하는 수열이며, 짝수 번째 항은 3^0, 3^1, 3^2, 3^3, $\cdots \to 3^{n-1}$을 반복하는 수열이다.

따라서 a는 첫 번째 항으로 $a+2^0=3 \to a=3-1=2$가 되며, b는 열 번째 항으로 $19+3^3=46$이므로 $\dfrac{b}{a}=\dfrac{46}{2}=23$임을 알 수 있다.

62

정답 ④

5%의 설탕물 500g에 들어있는 설탕의 양은 $\dfrac{5}{100} \times 500=25$g이고, 5분 동안 가열한 뒤 남은 설탕물의 양은 $500-(50\times5)=250$g이다.

따라서 가열한 후 남은 설탕물의 농도는 $\dfrac{25}{250} \times 100=10$%이다.

63

정답 ④

A, B, C팀의 인원수를 각각 a, b, c명이라고 하면 A, B팀의 인원수 합은 $a+b=80 \cdots$ ㉠이다.
A팀의 총점은 $40a$점이고, B팀의 총점은 $60b$점이므로 $40a+60b=80\times52.5=4,200 \to 2a+3b=210 \cdots$ ㉡이다.
㉠과 ㉡을 연립하면 $a=30$, $b=50$이고, $b+c=120$이므로 $c=70$이므로 (가)에 들어갈 값은 100이다.
C+A의 총점은 $30\times40+70\times90=7,500$점이고, $c+a=100$이므로 (나)에 들어갈 값은 $\dfrac{7,500}{100}=75.0$이다.

64

정답 ②

• 2023년 대구 지역의 경제활동 인구 : 982천 명
• 2024년 대구 지역의 경제활동 인구 : 994천 명
∴ 전년 대비 2024년 대구 지역의 경제활동 인구 증가율
  : $\dfrac{994-982}{982} \times 100 ≒ 1.2$%

65

정답 ①

일을 그만두는 이유를 모두 합한 값이 100%가 나와야 하므로 다음 식을 만족해야 한다.
㉠$=100-(10.5+3.6+47.3+23.9+6.5)=100-91.8=8.2$
따라서 ㉠에 들어갈 수치는 8.20이다.

66

정답 ③

빨간 구슬의 개수를 x개, 흰 구슬의 개수를 $(15-x)$개라 하자.
이때, 2개의 구슬을 꺼내는 모든 경우의 수는 (15×14)가지이고, 2개의 구슬이 모두 빨간색일 경우의 수는 $x(x-1)$가지이다.
5회에 1번 꼴로 모두 빨간 구슬이었으므로 다음과 같은 식이 성립한다.
$$\dfrac{x(x-1)}{15\times14}=\dfrac{1}{5}$$
$$\to x^2-x=42$$
$$\therefore x=7$$

따라서 빨간 구슬일 확률은 $\dfrac{7}{15}$이다.

67

정답 ②

범죄유형별 체포 건수와 발생 건수의 비율이 전년 대비 가장 크게 증가한 것은 모두 2022년 절도죄로 각각 $76.0-57.3=18.7$p, $56.3-49.4=6.9$p 증가했다.
∴ $18.7-6.9=11.8$p
따라서 전년 대비 가장 크게 증가한 범죄인 절도죄의 발생 건수 비율과 체포 건수 비율의 증가량 차이는 11.8%p이다.

68

A, B, E구의 1인당 소비량을 각각 a, b, e kg라고 하고 조건을 식으로 나타내면 다음과 같다.

- 첫 번째 조건 : $a+b=30$ … ㉠
- 두 번째 조건 : $a+12=2e$ … ㉡
- 세 번째 조건 : $e=b+6$ … ㉢

㉢을 ㉡에 대입하여 식을 정리하면 다음과 같다.

$a+12=2(b+6) \rightarrow a-2b=0$ … ㉣

㉠－㉣을 하면 다음과 같다.

$3b=30$

$\therefore b=10, a=20, e=16$

A～E구의 변동계수를 구하면 다음과 같다.

- A구 : $\dfrac{5}{20} \times 100 = 25\%$
- B구 : $\dfrac{4}{10} \times 100 = 40\%$
- C구 : $\dfrac{6}{30} \times 100 = 20\%$
- D구 : $\dfrac{4}{12} \times 100 = 33.33\%$
- E구 : $\dfrac{8}{16} \times 100 = 50\%$

따라서 변동계수가 3번째로 큰 구는 D구이다.

69

첫 번째 조건에서 2024년 11월 요가 회원은 $a=50 \times 1.2=60$이므로 60명이고, 세 번째 조건에서 2025년 1월 필라테스 예상 회원 수는 2024년 4분기 월 평균 회원 수가 되어야하므로 2025년 1월 필라테스 예상 회원 수는 $d=\dfrac{106+110+126}{3}=\dfrac{342}{3}=114$이므로 114명이다.

두 번째 조건에 따라 2024년 12월 G.X 회원 수 c를 구하면 $(90+98+c)+37=106+110+126 \rightarrow c=342-225=117$이므로 117명이 된다.

b를 구하기 위해 $2a+b=c+d$에 a, c, d에 해당하는 수를 대입하면 $b+2 \times 60=117+114 \rightarrow b=231-120 \rightarrow b=111$이다. 따라서 2024년 12월에 요가 회원 수는 111명이다.

70

고속국도 평균 버스 교통량의 증감 추이는 '증가 – 감소 – 증가 – 감소'이고, 일반국도 평균 버스 교통량의 증감 추이는 '감소 – 감소 – 감소 – 감소'이다. 따라서 고속국도와 일반국도의 평균 버스 교통량의 증감 추이는 같지 않다.

오답분석

② 자료를 통해 확인할 수 있다.

③ 전년 대비 교통량이 감소한 2021년을 제외하고 국가지원지방도 연도별 평균 버스 교통량의 전년 대비 증가율을 구하면 다음과 같다.

- 2022년 : $\dfrac{226-219}{219} \times 100 ≒ 3.20\%$
- 2023년 : $\dfrac{231-226}{226} \times 100 ≒ 2.21\%$
- 2024년 : $\dfrac{240-231}{231} \times 100 ≒ 3.90\%$

따라서 2024년에 국가지원지방도 평균 버스 교통량의 전년 대비 증가율이 가장 컸다.

④ 2020 ～ 2024년의 일반국도와 국가지원지방도 일평균 승용차 교통량의 합을 구하면 다음과 같다.

- 2020년 : $7,951+5,169=13,120$대
- 2021년 : $8,470+5,225=13,695$대
- 2022년 : $8,660+5,214=13,874$대
- 2023년 : $8,988+5,421=14,409$대
- 2024년 : $9,366+5,803=15,169$대

따라서 고속국도 일평균 승용차 교통량은 일반국도와 국가지원지방도 일평균 승용차 교통량의 합보다 항상 많음을 알 수 있다.

⑤ 2022년 일반국도와 국가지원지방도 일평균 화물차 교통량의 합은 $2,757+2,306=5,063$대이고, $5,063 \times 2.5=12,657.5 < 13,211$이다. 따라서 2024년 고속국도 일평균 화물차 교통량은 2024년 일반국도와 국가지원지방도 일평균 화물차 교통량의 합의 2.5배 이상이다.

71	72	73	74	75	76	77	78	79	80
①	③	①	③	③	③	①	⑤	④	⑤
81	82	83	84	85	86	87	88	89	90
④	①	②	③	③	④	②	⑤	④	⑤
91	92	93	94	95	96	97	98	99	100
③	③	①	③	④	③	④	③	③	③

71　　　정답 ①

성문법은 '헌법 → 법률 → 명령 → 자치법규(조례 → 규칙)'의 단계적 구조로 이루어져 있다.

72　　　정답 ③

헌법 제111조 제1항 제4호

오답분석
① · ⑤ 헌법재판소 재판관의 임기는 6년으로 하며, 법률이 정하는 바에 의하여 연임할 수 있다(헌법 제112조 제1항).
② 재판의 전심절차로서 행정심판을 할 수 있다(헌법 제107조 제3항).
④ 헌법재판소에서 법률의 위헌결정, 탄핵의 결정, 정당해산의 결정 또는 헌법소원에 대한 인용결정을 할 때에는 재판장 6인 이상의 찬성이 있어야 한다(헌법 제113조 제1항).

73　　　정답 ①

모든 자연인은 권리능력의 주체가 될 수 있다. 그러나 건전한 판단력을 갖지 못한 자의 행위는 유효하지 못하다. 단독으로 유효한 법률행위를 할 수 있는 자를 행위능력자라고 부르고 이러한 능력이 없는 자를 제한능력자라 한다. 행위능력이 없으면 원칙적으로 취소 사유가 된다. 따라서 행위능력이 모든 자연인에게 인정되는 것은 아니다.

74　　　정답 ③

사회법에서 사회란 의미는 약자보호를 의미하며, 산업재해보상보험법이 사회법에 해당한다.
• 공법 : 헌법, 행정법, 형법, 형사소송법, 민사소송법, 행정소송법, 국제법 등
• 사법 : 민법, 상법, 회사법, 어음법, 수표법 등
• 사회법 : 근로기준법, 연금법, 보험법, 사회보장법, 산업재해보상보험법 등

75　　　정답 ③

행정지도란 행정기관이 그 소관 사무의 범위에서 일정한 행정목적을 실현하기 위하여 특정인에게 일정한 행위를 하거나 하지 아니하도록 지도, 권고, 조언 등을 하는 비권력적 사실행위를 말한다. 지도, 권고, 조언에서 행정지도임을 유추할 수 있다.

76　　　정답 ③

사용자가 경영상 이유에 의하여 근로자를 해고하려면 긴박한 경영상의 필요가 있어야 한다. 이 경우 경영 악화를 방지하기 위한 사업의 양도 · 인수 · 합병은 긴박한 경영상의 필요가 있는 것으로 본다(근로기준법 제24조 제1항).

오답분석
① 근로기준법 제5조
② 근로기준법 제4조
④ 근로기준법 제15조
⑤ 근로기준법 제3조

77　　　정답 ①

형평성이론(Equity Theory)에서 공정성의 개념은 아리스토텔레스의 정의론, 페스팅거의 인지 부조화이론, 호만즈(G. Homans) 등의 교환이론에 그 근거를 둔 것으로 애덤스(J. S. Adams)가 개발하였다. 이 이론은 모든 사람이 공정하게 대접받기를 원한다는 전제에 기초를 두고 있으며 동기 부여, 업적의 평가, 만족의 수준 등에서 공정성이 중요한 영향을 미친다고 본다.

오답분석
② · ③ · ④ · ⑤ 내용이론으로, 욕구와 동기유발 사이의 관계를 설명하고 있다.

78　　　정답 ⑤

정책문제 자체를 잘못 인지한 상태에서 계속 해결책을 모색하여 정책문제가 해결되지 못하고 남아있는 상태는 제3종 오류라고 한다. 제1종 오류는 옳은 가설을 틀리다고 판단하고 기각하는 오류이고, 제2종 오류는 틀린 가설을 옳다고 판단하여 채택하는 오류를 말한다.

79

지방정부의 일반회계 세입에서 자주재원과 지방교부세를 합한 일반재원의 비율을 재정자주도라고 한다.

오답분석

① 재정자립도에 대한 설명이다.
③ 재정력지수에 대한 설명이다.

주요 재정지표

- 재정자립도 = $\dfrac{지방세+세외수입}{일반회계 세입총액}$

- 재정자주도 =
$\dfrac{지방세+세외수입+지방교부세+조정교부금+재정보전금}{일반회계 세입총액}$

80

행정통제는 행정의 일탈에 대한 감시와 평가를 통해서 행정활동이 올바르게 전개될 수 있도록 계속적인 시정과정을 거치게 하는 행동이다. 별도의 시정 노력을 하지 않아도 된다는 것은 행정통제의 개념과 반대되는 설명이다.

81

책임경영 방식은 정부가 시장화된 방식을 이용하여 직접 공급하는 것을 말한다.

민간위탁 방식

계약 (Contracting -out)	정부의 책임하에 민간이 서비스를 생산하는 방식
면허 (Franchise)	민간조직에게 일정한 구역 내에서 공공서비스를 제공하는 권리를 인정하는 협정을 체결하는 방식으로, 시민·이용자는 서비스 제공자에게 비용을 지불하며, 정부는 서비스 수준과 질을 규제
보조금 (Grants)	민간의 서비스 제공 활동 촉진을 위해 정부가 재정 및 현물을 지원하는 방식
바우처 (Vouchers)	금전적 가치가 있는 쿠폰 또는 카드를 제공하는 방식
자원봉사 (Volunteer)	직접적인 보수를 받지 않으면서 정부를 위해 봉사하는 사람들을 활용하는 방식
자조활동 (Self-help)	공공서비스의 수혜자와 제공자가 같은 집단에 소속되어 서로 돕는 형식으로 활동하는 방식

82

오답분석

ㄱ. 실체설이 아니라 과정설에 대한 설명이다.
ㄴ. 롤스의 사회정의의 원리에 따르면 제2원리 내에서 충돌이 생길 때에는 기회균등의 원리가 차등의 원리에 우선되어야 한다.
ㄷ. 실체설에 대한 설명이다.
ㄹ. 반대로 설명하고 있다. 간섭과 제약이 없는 상태를 소극적 자유라고 하고, 무엇을 할 수 있는 자유를 적극적 자유라고 하였다.

83

포드 시스템은 생산의 표준화와 이동조립법(Moving Assembly Line)을 실시한 생산시스템으로, 차별적 성과급이 아닌 일급제 급여 방식이다.

테일러 시스템과 포드 시스템

구분	테일러 시스템	포드 시스템
통칭	과업 관리	동시 관리
중점	개별 생산	계속 생산
원칙	고임금·저노무비	고임금·저가격
방법	직능직 조직, 차별적 성과급제	컨베이어 시스템 (이동조립법, 연속생산공정), 일급제 급여
표준	작업의 표준화	제품의 표준화

84

규범기는 역할과 규범을 받아들이고 수행하며 성과로 이어지는 단계이다.

터크만(Tuckman)의 집단 발달의 5단계 모형
1. 형성기(Forming) : 집단의 구조와 목표, 역할 등 모든 것이 불확실한 상태로, 상호 탐색 및 방향 설정을 함
2. 격동기(Storming) : 소속감, 능력, 영향력은 인식한 상태로, 권력분배와 역할분담 등에서 갈등과 해결 과정을 겪음
3. 규범기(Norming) : 집단의 구조, 목표, 역할, 규범, 소속감, 응집력 등이 분명한 상태로, 협동과 몰입을 함
4. 성과달성기(Performing) : 비전 공유 및 원활한 커뮤니케이션으로 집단목표를 달성한 상태로, 자율성과 높은 생산성을 가짐
5. 해체기(Adjourning) : 집단의 수명이 다하여 멤버들은 해산됨

85
정답 ③

허즈버그(Hertzberg)의 2요인이론에 따르면, 만족증가를 유도해 어떤 행동을 유발시키는 동기요인과 인간행동에 영향을 주는 요인에 충족된다면 불만족은 없애주는 위생요인으로 구분된다. 동기요인에는 성취감, 안정감, 책임감, 개인의 성장 및 발전, 보람 있는 직무내용, 존경과 자아실현 욕구 등이 포함된다. 반면에 위생요인에는 임금, 작업환경 등을 들 수 있다.

86
정답 ④

유통업자 판매촉진은 제조업체가 유통업체를 대상으로 하는 판매촉진 활동을 의미한다. 경영활동 지원, 판매활동 지원, 콘테스트, 협동광고, 진열보조금 지원, 판매장려금 지원, 판매도우미 파견 등이 있다. 소비자에게 특정 제품을 소량으로 포장하여 무료로 샘플을 제공하는 판매촉진은 소비자 판매촉진에 해당한다.

87
정답 ②

통계적 품질관리에 대해 바르게 설명한 사람은 준호, 민영 총 2명이다.

오답분석
- 진영 : 원자재 불량, 공구 마모, 작업자의 부주의 등 특별한 원인에 의하여 발생하는 변동은 이상변동이라고 한다.
- 아현 : 관리도의 독립성 속성의 가정으로 데이터들 사이는 서로 부분집단적이 아닌 서로 독립적이어야 한다.

88
정답 ⑤

GT(Group Technology, 집단관리기법)의 기본적인 사고방법은 복잡하고 다양한 가공물에 대한 정보를 일정한 분류규칙에 따라 질서정연하게 표기하고, 이들을 유사성이나 동질성에 따라 집단화하여 설계, 가공, 조립 등 일련의 생산작업을 합리적으로 배치하고 운영하는 것이다.

89
정답 ④

실제GDP는 한 나라의 국경 안에서 실제로 생산된 모든 최종 생산물의 시장가치를 의미하며, 잠재GDP는 한 나라에 존재하는 노동과 자본 등 모든 생산요소를 정상적으로 사용할 경우 달성할 수 있는 최대 GDP를 의미한다. 즉, 잠재GDP는 자연산출량 완전고용산출량 상태에서의 GDP를 의미한다. 따라서 실제GDP가 잠재GDP 수준에 미달한다면 디플레이션 갭이 존재하는 상태이므로 실제실업률이 자연실업률보다 높다. 실제실업률이 자연실업률보다 높으면 노동시장에서 임금하락 압력이 존재하고, 임금이 하락하면 점차 단기총공급곡선이 오른쪽으로 이동하므로 물가가 하락하고 국민소득은 증가한다.

90
정답 ⑤

기업의 이윤은 $4Q-0.25L=8L^{0.5}-0.25L$이므로 이를 극대화하는 노동투입량은 이윤을 L로 1계미분하여 도출된다. 이때 $4L^{-0.5}-0.25=0$을 풀면 $L=256$이다. 이를 생산함수에 대입하면 $Q=32$가 도출된다.

91
정답 ③

실제투자액과 필요투자액이 일치하므로 1인당 자본량이 더 이상 변하지 않는 상태를 균제상태라고 한다. 균제상태에서는 1인당 자본량이 더 이상 변하지 않으므로 자본증가율과 인구증가율이 일치하고, 경제성장률과 인구증가율도 일치한다.

92
정답 ③

오답분석
① 총공급곡선이 우상향 형태일 때 물가수준이 하락하면 총공급곡선 자체가 이동하는 것이 아니라 총공급곡선상에서 좌하방으로 이동한다.
② 확장적 재정정책을 실시하면 이자율이 상승하여 민간투자가 감소하는 구축효과가 발생하게 되는데, 변동환율제도하에서는 확장적 재정정책을 실시하면 환율하락으로 인해 추가적으로 총수요가 감소하는 효과가 발생한다. 확장적 재정정책으로 이자율이 상승하면 자본유입이 이루어지므로 외환의 공급이 증가하여 환율이 하락한다. 평가절상이 이루어지면 순수출이 감소하므로 폐쇄경제에서보다 총수요가 더 큰 폭으로 감소한다.
④ 장기균형 상태에 있던 경제에 원유가격이 일시적으로 상승하면 단기에는 물가가 상승하고 국민소득이 감소하지만 장기적으로는 원유가격이 하락하여 총공급곡선이 다시 오른쪽으로 이동하므로 물가와 국민소득은 변하지 않는다.
⑤ 단기 경기변동에서 소비와 투자가 모두 경기순응적이며, 소비의 변동성은 투자의 변동성보다 작다.

93
정답 ①

케인스가 주장하였던 유동성 함정(Liquidity Trap)의 상황이다. 유동성 함정이란 시장에 현금이 흘러 넘쳐 구하기 쉬운데도 기업의 생산·투자와 가계의 소비가 늘지 않아 경기가 나아지지 않고, 마치 경제가 함정(Trap)에 빠진 것처럼 보이는 상황을 말한다. 즉, 유동성 함정의 경우에는 금리를 아무리 낮추어도 실물경제에 영향을 미치지 못하게 된다.

94
정답 ①

수요나 공급이 가격에 민감할수록 조세 부과로 인한 수요량과 공급량이 더욱 크게 감소하여 시장 왜곡이 더 커진다.

오답분석
②·③·④·⑤ 수요곡선이나 공급곡선의 이동 폭은 조세부과의 크기로 인해 달라지는 것이므로, 탄력성과는 무관한 설명이다.

95
정답 ④

수익자 부담은 저소득층의 자기존중감을 높이지만 고소득층에 비해 상대적으로 부담이 커서 필요한 서비스의 이용이 억제될 수 있다.

96
정답 ③

정책결정의 통제력을 수급자에게 부여하고, 정책결정에서 수급자 이익을 최대한 반영하는 것은 사회복지급여 중 권력에 해당한다. 권력은 어떤 특정 집단에게 사회복지정책의 결정과정에 참여할 수 있는 권한을 주어 정책의 내용이 그 집단에게 유리하게 결정되도록 하는 방법으로, 재화와 자원을 통제할 수 있는 영향력을 의미한다.

97
정답 ④

제3의 길은 복지다원주의를 제시하면서 기존의 중앙정부 중심의 복지공급을 지양하고 비영리부문(제3부문), 기업, 지방정부 등도 복지공급의 주체로 삼아야 한다고 주장하였다.

오답분석
① 적극적·생산적 복지의 입장에서 국민들에게 경제적 혜택을 직접 제공하기보다는 인적 자원에 투자하는 복지국가(사회투자국가)를 주장하였다.
② 제3의 길은 복지다원주의를 제시한다.
③ 의식 전환을 주장하면서 위험의 최소화나 위험으로부터의 보호를 국가만의 책임으로 해서는 안 되고 기업과 노동자와 공동 부담으로 해야 한다고 주장하였다.
⑤ 제3의 길은 시장의 효율성과 사회연대의 조화를 통해 국민들의 사회경제생활 보장과 시장경제의 활력을 높일 수 있다고 주장하였다.

98
정답 ③

사회적 기업이란 취약계층에게 사회서비스 또는 일자리를 제공하거나 지역사회에 공헌함으로써 지역주민의 삶의 질을 높이는 등의 사회적 목적을 추구하면서 재화 및 서비스의 생산·판매 등 영업활동을 하는 기업으로서 고용노동부장관의 인증받은 자를 말한다(사회적기업 육성법 제2조 제1호).

99
정답 ③

인지행동모델의 체계적 둔감법이란 불안을 일으키는 자극을 여러 단계로 세분해 놓고 낮은 단계, 즉 불안반응이 약한 수준부터 강한 수준의 순서로 자극을 제시해 나가는 방법이다. 체계적 둔감법에 내재된 세 가지 요소는 긴장이완, 불안위계 목록표 작성, 체계적 둔감화이다.

100
정답 ③

보편적 서비스란 전체적 대상으로 하며, 사전 예방적 성격을 가진 서비스이다. 중학생을 대상으로 한 인터넷·약물중독 예방 교육은 중학생 전체를 대상으로 하며 사전 예방적 성격을 갖고 있으므로 보편적 서비스에 해당한다고 할 수 있다.

오답분석
①·②·④·⑤ 치료적 성격을 가진 선별적 서비스에 해당한다.

4일 차 기출응용 모의고사 정답 및 해설

| 01 | 직업기초능력

01	02	03	04	05	06	07	08	09	10
④	④	⑤	④	①	④	⑤	①	①	②
11	12	13	14	15	16	17	18	19	20
②	②	①	③	④	①	③	①	③	②
21	22	23	24	25	26	27	28	29	30
③	④	③	④	②	③	③	⑤	④	③
31	32	33	34	35	36	37	38	39	40
②	②	④	③	③	①	②	⑤	④	②
41	42	43	44	45	46	47	48	49	50
②	③	①	②	②	⑤	②	⑤	⑤	⑤
51	52	53	54	55	56	57	58	59	60
⑤	④	④	④	①	①	②	③	①	③
61	62	63	64	65	66	67	68	69	70
③	⑤	④	①	⑤	③	⑤	②	③	⑤

01
정답 ④

컴퓨터로 야간작업을 할 때는 실내 전체 조명은 어둡게 하고 부분 조명을 사용하면 서로 다른 빛 방향으로 시력이 증진되므로 눈 건강을 위한 행동으로 적절하다.

오답분석
① 눈을 건조하지 않게 하려면 눈을 자주 깜빡거리는 게 좋다.
② 정기적으로 안과 검사를 하는 것이 좋지만 그 주기가 2년에 한 번인지는 나와 있지 않다.
③ 비타민 A와 C가 눈 건강에 좋은 것은 알 수 있지만 얼마나 섭취해야 하는지는 나와 있지 않다.
⑤ 모니터 글씨를 크게 하여 눈이 뚫어지게 집중하는 것을 피하는 것이 좋다.

02
정답 ④

나이가 들수록 퇴화하는 망막 세포의 손상을 막아 주는 것은 망막의 구성 성분인 오메가 3이다. 루틴은 눈 건강을 위한 항염 작용에 도움이 된다.

03
정답 ⑤

공유경제는 제품을 여럿이 함께 공유하며 경제활동을 하는 것을 의미하므로 단순히 사진을 업로드하고 자신의 일상을 여러 사람과 공유하는 소셜네트워크 서비스를 공유경제의 사례로 보기 어렵다.

04
정답 ④

빈칸 뒤의 내용을 보면 공유경제에서는 기존 기업과 달리 거래 당사자들이 이익을 취할 뿐만 아니라 거래를 통해 사회 전체에 기여한다고 하였으므로 공유경제는 모두에게 이익이 되는 구조를 지향한다는 ④가 빈칸에 들어갈 내용으로 가장 적절하다.

05
정답 ①

제시문은 급격하게 성장하는 호주의 카셰어링 시장을 언급하면서 이러한 성장 원인에 대해 분석하고 있으며, 호주 카셰어링 시장의 성장 가능성과 이에 따른 전망을 이야기하고 있다. 따라서 제시문의 제목으로 ①이 가장 적절하다.

06
정답 ④

네 번째 문단을 보면 호주에서 차량 2대를 소유한 가족의 경우 차량 구매 금액을 비롯하여 차량 유지비에 쓰는 비용이 최대 연간 18,000호주 달러에 이른다고 하였다. 따라서 18,000호주 달러는 차량 2대를 소유한 가족 기준 차량 유지비이다.

07
정답 ⑤

전화를 처음 발명한 사람으로 알려진 알렉산더 그레이엄 벨이 전화에 대한 특허를 받았음을 이야기하는 (라) 문단이 첫 번째 문단으로 적절하며, 다음으로 벨이 특허를 받은 뒤 치열한 소송전이 이어졌다는 (다) 문단이 오는 것이 적절하다. 이후 벨은 그레이와의 소송에서 무혐의 처분을 받으며 마침내 전화기의 발명자는 벨이라는 판결이 났다는 (나) 문단과 지금도 벨의 전화 시스템이 세계 통신망에 뿌리를 내리고 있다는 (가) 문단이 차례로 오는 것이 적절하다.

08
정답 ①

누가 먼저 전화를 발명했는지에 대한 치열한 소송이 있었지만, (나) 문단의 1887년 재판에서 전화의 최초 발명자는 벨이라는 판결에 따라 법적으로 전화를 처음으로 발명한 사람은 벨임을 알 수 있다.

오답분석
② 벨과 그레이는 1876년 2월 14일 같은 날에 특허를 신청했으나, 누가 먼저 제출했는지는 글을 통해 알 수 없다.
③ 무치는 1871년 전화에 대한 임시 특허만 신청하였을 뿐, 정식 특허로 신청하지 못하였다.
④ 벨이 만들어낸 전화 시스템은 현재 세계 통신망에 뿌리를 내리고 있다.
⑤ 소송 결과 그레이가 전화의 가능성을 처음 인지하긴 하였으나, 전화를 완성하기 위한 후속 조치를 취하지 않았다고 판단되었다.

09
정답 ①

제시문에서는 '전통'의 의미를 '상당히 이질적인 것이 교차하여 겯고튼 끝에 이루어진 것', '어느 것이나 우리화시켜 받아들인 것'으로 규정하고, '전통의 혼미란 곧 주체 의식의 혼미란 뜻에 지나지 않는다.'라는 주장을 하고 있다. 따라서 빈칸에 들어갈 내용으로 가장 적절한 것은 ①이다.

10
정답 ②

제시문은 사회의 변화 속도를 따라가지 못하는 언어의 변화 속도에 대해 문제를 제기하며 구체적 예시와 함께 이를 시정할 것을 촉구하고 있다. 따라서 (나) 사회의 변화 속도를 따라가지 못하고 있는 언어의 실정 → (라) 성별을 구분하는 문법적 요소가 없는 우리말 → (가) 성별을 구분하여 사용하는 단어들의 예시 → (다) 언어의 남녀차별에 대한 시정노력 촉구의 순서로 나열되어야 한다.

11
정답 ②

첫 번째 문단에 따르면 범죄는 취잿감으로 찾아내기가 쉽고 편의에 따라 기사화할 수 있을 뿐만 아니라 범죄 보도를 통해 시청자의 관심을 끌 수 있기 때문에 언론이 범죄를 보도의 주요 소재로 삼지만, 지나친 범죄 보도는 범죄자나 범죄 피의자의 초상권을 침해하여 법적・윤리적 문제를 일으킨다. 그러므로 마지막 문단의 내용처럼 범죄 보도가 초래하는 법적・윤리적 논란은 언론계 전체의 신뢰도에 치명적인 손상을 가져올 수도 있다.
따라서 이를 비유하기에 가장 적절한 표현은 '부메랑'이다. 부메랑은 그것을 던진 사람에게 되돌아와 상처를 입힐 수도 있기 때문이다.

오답분석
① 시금석(試金石) : 귀금속의 순도를 판정하는 데 쓰는 검은색의 현무암이나 규질의 암석을 뜻하며, 가치・능력・역량 등을 알아볼 수 있는 기준이 되는 기회나 사물을 비유적으로 이르는 말로도 쓰인다.
③ 아킬레스건(Achilles 腱) : 치명적인 약점을 비유하는 말이다.
④ 악어의 눈물 : 일반적으로 강자가 약자에게 보이는 '거짓 눈물'을 비유하는 말이다.
⑤ 뜨거운 감자 : 삼킬 수도 뱉을 수도 없다는 뜻에서 할 수도 안할 수도 없는 난처한 경우 또는 다루기 어려운 미묘한 문제를 비유하는 말이다.

12
정답 ②

제시문은 자연법의 권위를 중요하게 생각하는 주장들을 담고 있다. 그러나 자연법은 인간의 경험에 근거하기 때문에 구체적으로 정의하기 어렵다는 문제점을 가지고 있다. 따라서 제시문에 대한 반론으로 가장 적절한 것은 ②이다.

오답분석
① 때와 장소에 관계없이 누구에게나 보편적으로 받아들여질 수 있는 정의롭고 도덕적인 법을 자연법이라 정의한다.
③ 특히 인간의 본성에 깃든 이성, 다시 말해 참과 거짓, 선과 악을 분별할 수 있는 인간만의 자질은 자연법을 발견해 낼 수 있는 수단이 된다고 밝히고 있다.
④ 근대의 자연법 사상에서는 신학의 의존으로부터 독립하여 자연법을 오직 이성으로써 확인할 수 있다고 보았다고 한다.
⑤ 그로티우스는 이성의 올바른 인도를 통해 다다르게 되는 자연법은 국가와 실정법을 초월하는 규범이라고 보았다.

13
정답 ①

기업의 입장에서 사회적 마모 기간이 짧은 게 유리하기 때문에 이를 위해 노력한다. 하지만 품질이 나빠지거나 전에 비해 발전하지 않은 것은 아니다.

14
정답 ③

㉠은 기업들이 더 많은 이익을 내기 위해 디자인의 향상에 몰두하는 것이 바람직하다는 판단이다. 즉, 상품의 사회적 마모를 짧게 해서 소비를 계속 증가시키기 위한 방안인데, 이것에 대한 반론이 되기 위해서는 ㉠의 주장이 지니고 있는 문제점을 비판하여야 하므로 '과연 성능 향상 없는 디자인 변화가 소비를 촉진시킬 수 있는 것인가?'가 되어야 한다. 디자인 변화는 분명히 상품의 소비를 촉진시킬 수 있는 효과적 방법 중의 하나이지만 '성능이나 기능, 내구성'의 향상이 전제되지 않았을 때는 효과를 내기 힘들기 때문이다.

15
정답 ④

㉡은 자본주의 상품의 모순을 설명하고 있는 문장인데, '상품의 기능이나 성능, 내구성이 향상되었는데도 상품의 생명이 짧아지는 것'을 의미한다. 이에 대한 사례로 가장 적절한 것은 ④와 같이 상품을 아직 충분히 쓸 수 있는데도 불구하고 새로운 상품을 구매하는 행위이다.

16
정답 ①

사카린은 설탕보다 당도가 약 500배 정도 높고, 아스파탐의 당도는 설탕보다 약 200배 이상 높다. 따라서 사카린과 아스파탐 모두 설탕보다 당도가 높고, 사카린은 아스파탐보다 당도가 높다.

오답분석

② 사카린은 화학물질의 산화반응을 연구하던 중에, 아스파탐은 위궤양 치료제를 개발하던 중에 우연히 발견되었다.
③ 사카린은 무해성이 입증되어 미국 FDA의 인증을 받았지만, 아스파탐은 이탈리아의 한 과학자에 의해 발암성 논란이 일고 있다.
④ 2009년 미국의 설탕, 옥수수 시럽, 기타 천연당의 1인당 연평균 소비량인 140파운드는 중국보다 9배 많은 수치이므로, 2009년 중국의 소비량은 15파운드였을 것이다.
⑤ 아스파탐은 미국암협회가 안전하다고 발표했지만, 이탈리아의 과학자가 쥐를 대상으로 한 실험에서 아스파탐이 암을 유발한다고 내린 결론 때문에 논란이 끊이지 않고 있다.

17
정답 ③

제시문은 테레민이라는 악기를 어떻게 연주하는가에 대한 내용이다. 두 번째 문단에서 '오른손으로는 수직 안테나와의 거리에 따라 음고를 조절하고, 왼손으로는 수평 안테나와의 거리에 따라 음량을 조절한다.'라고 하였고, 마지막 문단에서는 이에 따라 오른손으로 음고를 조절하는 방법에 대해 설명하고 있다. 따라서 뒤에 이어질 내용은 수평 안테나와 왼손 사이의 거리에 따라 음량이 조절되는 원리가 나오는 것이 적절하다.

18
정답 ①

두 번째 문단의 예시를 보면, 공동체에 소속된 사람들은 공동 식사를 통해 유대감을 가졌지만, 그 공동체에 속하지 않은 사람과 함께 식사를 한 사람에게 가혹한 형벌을 내린 것을 통해 배타성이 있었음을 확인할 수 있다.

오답분석

ㄴ. 첫 번째 문단의 중간 부분을 확인해 보면 공동 식사가 새로운 종교를 만든 것이 아니라, 새로 만들어진 종교가 공동 식사를 통해 공동체 의식을 만든 것을 알 수 있다.
ㄷ. 첫 번째 문단의 '이러한 공동 식사 중에는 ~ 배타성이 극복된다.'라는 문장을 통해 식사 자체는 이기적이지만, 공동 식사를 통해 이를 극복하게 되었다는 것을 알 수 있다.

19
정답 ③

서론의 끝이 '그렇다고 남의 향락을 위하여 스스로는 고난의 길을 일부러 걷는 것이 학자는 아니다.'이므로 이어질 내용은 학자가 학문을 하는 이유를 설명하는 (나)가 적절하다. 그 다음으로 (가) 상아탑이 제구실을 못함 → (다) 학문의 목적은 진리 탐구 → (마) 학문 악용의 폐단 → (라) 학문에 대한 의문 제기의 순서로 나열해야 한다.

20
정답 ②

오답분석

① 풀에 들어 있는 여러 가지 물질이 김칫소에 있는 미생물을 쉽게 자랄 수 있도록 해주는 영양분의 역할을 한다.
③ 김치 국물의 맛이 시큼해지는 것은 유산균이 당을 분해해 시큼한 맛이 나는 젖산을 생산하기 때문이다.
④ 미생물들이 만들어 내는 여러 종류의 향미 성분이 더해지면서 특색 있는 김치 맛이 만들어진다.
⑤ 호기성 세균의 수는 김치가 익어갈수록 점점 줄어들어 나중에는 효모의 수와 비슷해진다. 하지만 혐기성 세균의 수는 김치가 익어갈수록 증가하며 결국 많이 익어서 시큼한 맛이 나는 김치에 있는 미생물 중 대부분을 차지한다.

21
정답 ③

가입금액 한도 내에서 보상하되, 휴대품 손해로 인한 보상 시 휴대품 1개 또는 1쌍에 대해서만 20만 원 한도로 보상한다.

22

갑 ~ 무학생이 얻는 점수는 다음과 같다.

- 갑 : 기본 점수 80점에 오탈자 33건이므로 5점 감점, 전체 글자 수 654자이므로 3점 추가, A등급 2개와 C등급 1개이므로 15점 추가하여 총 $80-5+3+15=93$점이다.
- 을 : 기본 점수 80점에 오탈자 7건이므로 0점 감점, 전체 글자 수 476자이므로 0점 추가, B등급 3개이므로 5점 추가하여 총 $80+5=85$점이다.
- 병 : 기본 점수 80점에 오탈자 28건이므로 4점 감점, 전체 글자 수 332자이므로 10점 감점, B등급 2개와 C등급 1개이므로 0점 추가하여 총 $80-4-10=66$점이다.
- 정 : 기본 점수 80점에 오탈자 25건이므로 4점 감점, 전체 글자 수가 572자이므로 0점 추가, A등급 3개이므로 25점 추가하여 총 $80-4+25=101$점이다.
- 무 : 기본 점수 80점에 오탈자 12건이므로 1점 감점, 전체 글자 수가 786자이므로 8점 추가, A등급 1개와 B등급 1개와 C등급 1개이므로 10점 추가하여 총 $80-1+8+10=97$점이다.

따라서 점수가 가장 높은 학생은 정이다.

23

B안의 가중치는 전문성인데 자원봉사제도는 (−)이므로 적절하지 않다.

오답분석

① 전문성 면에서는 유급법률구조제도가 (+), 자원봉사제도가 (−)이므로 적절한 설명이다.
② A안에 가중치를 적용할 경우 접근용이성과 전문성에 가중치를 적용하므로 두 정책목표 모두에서 (+)를 보이는 유급법률구조제도가 가장 적절하다.
④ B안에 가중치를 적용할 경우 전문성에 가중치를 적용하므로 (+)를 보이는 유급법률구조제도가 가장 적절하며, A안에 가중치를 적용할 경우 ②에 의해 유급법률구조제도가 가장 적절하다. 따라서 어떤 것을 적용하더라도 결과는 같다.
⑤ 비용저렴성을 달성하려면 (+)를 보이는 자원봉사제도가 가장 유리하다.

24

오답분석

① 재질이 티타늄, 용도가 일반이므로 옳지 않다.
② 용도가 선박이므로 옳지 않다.
③ 재질이 크롬 도금, 직경이 12mm이므로 옳지 않다.
⑤ 재질이 티타늄, 직경이 12mm이므로 옳지 않다.

25

논리 순서를 따라 주어진 조건을 정리하면 다음과 같다.

- 세 번째 조건 : 한국은 월요일에 대전에서 연습을 한다.
- 다섯 번째 조건 : 미국은 월요일과 화요일에 수원에서 연습을 한다.
- 여섯 번째 조건 : 미국은 목요일에 인천에서 연습을 한다.
- 일곱 번째 조건 : 금요일에 중국과 미국은 각각 서울과 대전에서 연습을 한다.
- 여덟 번째 조건 : 한국은 월요일에 대전에서 연습하므로, 화요일과 수요일에 이틀 연속으로 인천에서 연습을 한다.

이때, 미국은 자연스럽게 수요일에 서울에서 연습함을 유추할 수 있고, 한국은 금요일에 인천에서 연습을 할 수 없으므로, 목요일에는 서울에서, 금요일에는 수원에서 연습함을 알 수 있다. 그리고 만약 중국이 수요일과 목요일에 이틀 연속으로 수원에서 연습을 하게 되면 일본은 수원에서 연습을 못하게 되므로, 중국은 월요일과 목요일에 각각 인천과 수원에서 연습하고, 화요일과 수요일에 대전에서 이틀 연속으로 연습해야 함을 유추할 수 있다. 나머지는 일본이 모두 연습하면 된다. 이 사실을 종합하여 주어진 조건을 표로 정리하면 다음과 같다.

구분	월요일	화요일	수요일	목요일	금요일
서울	일본	일본	미국	한국	중국
수원	미국	미국	일본	중국	한국
인천	중국	한국	한국	미국	일본
대전	한국	중국	중국	일본	미국

따라서 수요일에 대전에서는 중국이 연습을 한다.

26

조선시대의 미(未)시는 오후 1 ~ 3시를, 유(酉)시는 오후 5 ~ 7시를 나타낸다. 오후 2시 4시 30분 운동을 하였다면, 조선시대 시간으로 미(未)시 정(正)부터 신(申)시 정(正)까지 운동을 한 것이 되므로 옳지 않다.

오답분석

① 초등학교의 점심 시간이 오후 1시부터 2시까지라면, 조선시대 시간으로 미(未)시(오후 1 ~ 3시)에 해당한다.
② 조선시대의 인(寅)시는 현대 시간으로 오전 3 ~ 5시를 나타낸다.
④ 축구 경기가 전반전 45분과 후반전 45분으로 총 90분 동안 진행되었으므로 조선시대 시간으로 한시진(2시간)이 되지 않는다.
⑤ 조선시대의 술(戌)시는 오후 7 ~ 9시를 나타내므로 오후 8시 30분은 술(戌)시에 해당한다.

27
정답 ③

- 두 번째, 세 번째, 여섯 번째 조건 : A는 주황색, B는 초록색(C와 보색), C는 빨간색 구두를 샀다.
- 일곱 번째 조건 : B와 D는 각각 노란색 / 남색 또는 남색 / 노란색(B와 D는 보색) 구두를 샀다.
- 다섯 번째 조건 : 남은 구두는 파란색과 보라색 구두인데 A가 두 켤레를 샀으므로, C와 D는 각각 한 켤레씩 샀다.
- 네 번째 조건 : A는 파란색, B는 보라색 구두를 샀다.

이 사실을 종합하여 주어진 조건을 표로 정리하면 다음과 같다.

A	B	C	D
주황색	초록색	빨간색	남색 / 노란색
파란색	노란색 / 남색	–	–
–	보라색	–	–

따라서 A는 주황색과 파란색 구두를 샀다.

28
정답 ⑤

각 펀드의 총점을 통해 비교 결과를 유추하면 다음과 같다.
- A펀드 : 한 번은 우수(5점), 한 번은 우수 아님(2점)
- B펀드 : 한 번은 우수(5점), 한 번은 우수 아님(2점)
- C펀드 : 두 번 모두 우수 아님(2점+2점)
- D펀드 : 두 번 모두 우수(5점+5점)

각 펀드의 비교 대상은 다른 펀드 중 두 개이며, 총 4번의 비교를 했다고 하였으므로 다음과 같은 경우를 고려할 수 있다.

i)
A		B		C		D	
B	D	A	C	B	D	A	C
5	2	2	5	2	2	5	5

표의 결과를 정리하면 D>A>B, A>B>C, B·D>C, D>A·C이므로 D>A>B>C이다.

ii)
A		B		C		D	
B	C	A	D	A	D	C	B
2	5	5	2	2	2	5	5

표의 결과를 정리하면 B>A>C, D>B>A, A·D>C, D>C·B이므로 D>B>A>C이다.

iii)
A		B		C		D	
D	C	C	D	A	B	A	B
2	5	5	2	2	2	5	5

표의 결과를 정리하면 D>A>C, D>B>C, A·B>C, D>A·B이므로 D>A·B>C이다.

ㄱ. 세 가지 경우에서 모두 D펀드는 C펀드보다 우수하다.
ㄴ. 세 가지 경우에서 모두 B펀드보다 D펀드가 우수하다.
ㄷ. 마지막 경우에서 A펀드와 B펀드의 우열을 가릴 수 있으면 A~D까지 우열순위를 매길 수 있다.

29
정답 ④

ⓛ 특허를 통한 기술 독점은 기업의 내부환경으로 볼 수 있다. 따라서 내부환경의 강점(Strength) 사례이다.
ⓒ 점점 증가하는 유전자 의뢰는 기업의 외부환경(고객)으로 볼 수 있다. 따라서 외부환경에서 비롯된 기회(Opportunity) 사례이다.

오답분석

㉠ 투자 유치의 어려움은 기업의 외부환경(거시적 환경)으로 볼 수 있다. 따라서 외부환경에서 비롯된 위협(Threat) 사례이다.
㉢ 높은 실험비용은 기업의 내부환경으로 볼 수 있다. 따라서 내부환경의 약점(Weakness) 사례이다.

30
정답 ③

논리 순서를 따라 주어진 조건을 정리하면 다음과 같다.
- 두 번째 조건 : 홍보팀은 5실에 위치한다.
- 첫 번째 조건 : 홍보팀이 5실에 위치하므로, 마주보는 홀수실인 3실 또는 7실에 기획조정 1팀과 미래전략 2팀이 각각 위치한다.
- 네 번째 조건 : 보안팀은 남은 홀수실인 1실에 위치하고, 이에 따라 인사팀은 8실에 위치한다.
- 세 번째 조건 : 7실에 미래전략 2팀, 3실에 기획조정 1팀이 위치한다.
- 다섯 번째 조건 : 2실에 기획조정 3팀, 4실에 기획조정 2팀이 위치하고, 남은 6실에는 자연스럽게 미래전략 1팀이 위치한다.

이 사실을 종합하여 주어진 조건에 따라 사무실을 배치하면 다음과 같다.

1실 – 보안팀	2실 – 기획조정 3팀	3실 – 기획조정 1팀	4실 – 기획조정 2팀
복도			
5실 – 홍보팀	6실 – 미래전략 1팀	7실 – 미래전략 2팀	8실 – 인사팀

따라서 기획조정 1팀(3실)은 기획조정 2팀(4실)과 3팀(2실) 사이에 위치한다.

오답분석

① 인사팀은 8실에 위치한다.
② 미래전략 2팀과 기획조정 3팀은 복도를 사이에 두고 위치한다.
④ 미래전략 1팀은 6실에 위치한다.
⑤ 홍보팀이 있는 라인에서 가장 높은 번호의 사무실은 8실로 인사팀이 위치한다.

31

정답 ②

주어진 조건을 표로 정리하면 다음과 같다.

구분	1층	2층	3층	4층	5층
경우 1	E	A	B	C	D
경우 2	E	A	B	D	C
경우 3	E	A	C	D	B
경우 4	E	A	D	C	B

따라서 어떠한 경우에도 E는 1층에 살기 때문에 A는 항상 E보다 높은 층에 산다.

오답분석

① 경우 1에서만 D가 가장 높은 층에 산다.
③ 경우 3에서만 C가 3층에 산다.
④ 어떠한 경우에도 E는 가장 낮은 1층에 산다.
⑤ 경우 1 또는 경우 2에서 B는 3층에 산다.

32

정답 ②

주어진 자료를 토대로 달력을 보며 민원처리 시점을 구하면 다음과 같다.

일	월	화	수	목	금	토
					4/29	30
5/1	2	3	4	5	6	7
8	9	10	11	12	13	14
15	16	17	18	19	20	21
22	23	24	25	26	27	28
29	30	31				

• A씨는 4/29(금)에 '부동산중개사무소 등록'을 접수하였고 민원처리기간은 7일이다. 민원사무처리기간이 6일 이상일 경우, 초일을 산입하고 '일' 단위로 계산하되, 토요일은 포함하고 공휴일은 포함하지 않는다. 따라서 민원사무처리가 완료되는 시점은 5/9(월)이다.
• B씨는 4/29(금)에 '토지거래계약허가'를 접수하였고 민원처리기간은 15일이다. 민원사무처리기간이 6일 이상일 경우, 초일을 산입하고 '일' 단위로 계산하되, 토요일은 포함하고 공휴일은 포함하지 않는다. 따라서 민원사무처리가 완료되는 시점은 5/19(목)이다.
• C씨는 4/29(금)에 '등록사항 정정'을 접수하였고 민원처리기간은 3일이다. 민원사무처리기간이 5일 이하일 경우, '시간' 단위로 계산하되, 토요일과 공휴일은 포함하지 않는다. 따라서 민원사무처리가 완료되는 시점은 5/4(수) 14시이다.

33

정답 ④

A가 서브한 게임에서 전략팀이 득점하였으므로 이어지는 서브권은 A가 가지며, 총 4점을 득점한 상황이므로 팀 내에서 선수끼리 자리를 교체하여 A가 오른쪽에서 서브를 해야 한다. 그리고 서브를 받는 총무팀은 서브권이 넘어가지 않았기 때문에 선수끼리 코트 위치를 바꾸지 않는다. 따라서 이어질 서브 방향 및 선수 위치는 ④이다.

34

정답 ③

ⓒ의 '인터넷전문은행의 활성화 및 빅테크의 금융업 진출 확대 추세'는 강력한 경쟁 상대의 등장을 의미하므로 조직 내부의 약점(W)이 아니라 조직 외부로부터의 위협(T)에 해당한다.

오답분석

㉠ 조직의 목표 달성을 촉진할 수 있으며 조직 내부의 통제 가능한 강점(S)에 해당한다.
㉡ 조직의 목표 달성을 방해할 수 있으며 조직 내부의 통제 가능한 약점(W)에 해당한다.
㉣ 조직 외부로부터 비롯되어 조직의 목표 달성에 도움이 될 수 있는 통제 불가능한 기회(O)에 해당한다.
㉤ 조직 외부로부터 비롯되어 조직의 목표 달성을 방해할 수 있는 통제 불가능한 위협(T)에 해당한다.

35

정답 ③

논리 순서를 따라 주어진 조건을 정리하면 다음과 같다.
• 첫 번째 조건 : B부장은 출입문과 가장 먼 10번 자리에 앉는다.
• 두 번째 조건 : C대리와 D과장은 마주봐야 하므로 2 · 7번 또는 4 · 9번 자리에 앉을 수 있다.
• 세 번째 조건 : E차장은 B부장과 마주보거나 옆자리이므로 5번 또는 9번 자리에 앉을 수 있다.
• 네 번째 조건 : C대리는 A사원 옆자리에 앉아야 하지만 9번 자리에 앉으면 E차장은 5번 자리에 앉는다.
• 다섯 번째 조건 : E차장 옆자리는 공석이므로 4번 자리는 아무도 앉을 수가 없어 두 번째 조건을 만족하지 못한다. 따라서 C대리는 7번 자리에 앉고, D과장은 2번 자리에 앉아야 하며, E차장은 옆자리에 공석이어야 하므로 5번 자리에 앉을 수밖에 없다.
• 일곱 번째 조건 : D과장과 G과장은 마주보거나 나란히 앉을 수 없으므로 G과장은 3번 자리에 앉을 수 없고, 6번과 9번 자리에 앉을 수 있다.
• 여섯 번째 조건 : F대리는 마주보는 자리에 아무도 앉지 않아야 하므로 9번 자리에 앉아야 하고 G과장은 6번 자리에 앉아야 한다.

따라서 주어진 조건에 맞게 자리 배치를 정리하면 다음과 같다.

출입문				
1 - 신입사원	2 - D과장	×	×	5 - E차장
6 - G과장	7 - C대리	8 - A사원	9 - F대리	10 - B부장

36

ㄱ. 부패금액이 산정되지 않은 6번의 경우에도 고발하였으므로 옳지 않은 설명이다.

ㄴ. 2번의 경우 해임당하였음에도 고발되지 않았으므로 옳지 않은 설명이다.

오답분석

ㄷ. 직무관련자로부터 금품을 수수한 사건은 2번, 4번, 5번, 7번, 8번으로 총 5건 있었다.

ㄹ. 2번과 4번은 모두 '직무관련자로부터 금품 및 향응 수수'로 동일한 부패행위 유형에 해당함에도 2번은 해임, 4번은 감봉 1개월의 처분을 받았으므로 옳은 설명이다.

37

정답 ②

농촌 신청 인력을 순서대로 정리하면, 김정현은 8월에 진행되는 파종 작업이면서 일당이 8만 원 이상인 D농가(양파 파종 작업)와 연결된다.

희망 작업이 없는 박소리는 5월에 경기에서 진행되고 일당이 10만 원 이상인 C농가(모내기 작업)에 배정되고, 마찬가지로 희망 작업이 없는 이진수는 7 ~ 9월에 진행되는 일당이 5만 원 이상인 A농가(고추 수확 작업)에서 일하게 된다.

김동혁은 10월에 충남에서 진행되는 수확 작업이면서 일당이 10만 원 이상인 E농가(고구마 수확 작업)에 배정되고, 한성훈은 3 ~ 4월에 진행되는 파종 작업이면서 일당이 8만 원 이상인 곳을 원하므로 B농가(감자 파종 작업)와 연결된다.

자원봉사자 서수민은 봉사 가능 기간 및 지역에 부합하는 농가가 없어 배정할 수 없다. 마지막으로 자원봉사자 최영재는 4 ~ 6월에 진행되는 모내기 작업인 C농가에서 일하게 될 것이다.

따라서 B농가는 2명이 필요인력이지만 조건을 만족하는 인력이 1명뿐이므로 원하는 인력을 모두 공급받기 어려운 농가이다.

38

정답 ⑤

각 농가가 농촌인력 중개 후 보수를 지급해야 하는 금액을 구하면 다음과 같다.

• A농가 : 이진수(1명)에게 6일간(8월 28 ~ 9월 2일) 일당 10만 원 제공 → 60만 원

• B농가 : 한성훈(1명)에게 2일간(3월 20 ~ 21일) 일당 10만 원 제공 → 20만 원

• C농가 : 박소리(1명)에게 2일간(5월 27 ~ 28일) 일당 20만 원 제공 → 40만 원, 최영재는 자원봉사자이므로 보수를 지급하지 않는다.

• D농가 : 김정현(1명)에게 1일간(8월 25일) 일당 8만 원 제공 → 8만 원

• E농가 : 김동혁(1명)에게 6일간(10월 3 ~ 8일) 일당 15만 원 제공 → 90만 원

따라서 가장 많은 보수를 지급해야 하는 농가는 E농가이다.

39

정답 ④

구인농가에는 현장실습교육비를 최대 3일간 인력 1인당 2만 원씩 지급하고, 일자리 참여자에게 교통비는 일당 5천 원, 숙박비는 작업일수에서 하루를 제외하고 일당 2만 원씩 제공한다. 교통비와 숙박비 지급에서 자원봉사자를 제외하면 다음과 같이 계산할 수 있다.

• 이진수 : A농가 6일간 작업, $(3 \times 2) + (6 \times 0.5) + (5 \times 2)$ =19만 원

• 한성훈 : B농가 2일간 작업, $(2 \times 2) + (2 \times 0.5) + (1 \times 2)$ =7만 원

• 박소리 : C농가 2일간 작업, $(2 \times 2) + (2 \times 0.5) + (1 \times 2)$ =7만 원

• 김정현 : D농가 1일간 작업, $(1 \times 2) + (1 \times 0.5) = 2.5$만 원

• 김동혁 : E농가 6일간 작업, $(3 \times 2) + (6 \times 0.5) + (5 \times 2)$ =19만 원

최영재는 C농가에서 2일간 작업하지만 자원봉사자로 교통비와 숙박비를 제외한 현장실습교육비($2 \times 2 = 4$만 원)만 지급받는다. 따라서 K회사에서 지급하는 지원금은 총 $19 + 7 + 7 + 2.5 + 19 + 4$ =58.5만 원이다.

40

정답 ②

지역가입자 A ~ E의 생활수준 및 경제활동 점수표를 정리하면 다음과 같다.

구분	성별	연령	연령 점수	재산 정도	재산 정도 점수	연간 자동차 세액	연간 자동차 세액 점수
A	남성	32세	6.6점	2,500 만 원	7.2점	12.5 만 원	9.1점
B	여성	56세	4.3점	5,700 만 원	9점	35만 원	12.2점
C	남성	55세	5.7점	20,000 만 원	12.7점	43만 원	15.2점
D	여성	23세	5.2점	1,400 만 원	5.4점	6만 원	3점
E	남성	47세	6.6점	13,000 만 원	10.9점	37만 원	12.2점

이에 따른 지역보험료를 계산하면 다음과 같다.

• A씨 : $(6.6 + 7.2 + 9.1 + 200 + 100) \times 183 ≒ 59,090$원

• B씨 : $(4.3 + 9 + 12.2 + 200 + 100) \times 183 ≒ 59,560$원

• C씨 : $(5.7 + 12.7 + 15.2 + 200 + 100) \times 183 ≒ 61,040$원

• D씨 : $(5.2 + 5.4 + 3 + 200 + 100) \times 183 ≒ 57,380$원

• E씨 : $(6.6 + 10.9 + 12.2 + 200 + 100) \times 183 ≒ 60,330$원

따라서 보험료를 바르게 계산한 것은 ②이다.

41
정답 ②

먼저 참가 가능 종목이 2개인 사람부터 종목을 확정한다. D는 훌라후프와 줄다리기, E는 계주와 줄다리기, F는 줄넘기와 줄다리기, G는 줄다리기와 2인 3각, J는 계주와 줄넘기이다. 여기에서 E와 J는 계주 참가가 확정되고, 참가인원이 1명인 훌라후프 참가자가 D로 확정되었으므로 나머지는 훌라후프에 참가할 수 없다. 그러므로 C는 계주와 줄넘기에 참가한다. 다음으로 종목별 참가 가능 인원이 지점별 참가인원과 동일한 경우 참가를 확정시키면, 줄다리기와 2인 3각 참여인원이 확정된다. A는 줄다리기와 2인 3각에 참가하고, B · H · I 중 한 명이 계주에 참가하게 되며 나머지 2명이 줄다리기에 참가한다. 따라서 계주에 꼭 출전해야 하는 직원은 C, E, J이다.

42
정답 ③

각각의 조건을 고려하여 입지마다의 총 운송비를 산출한 후 이를 비교한다.
• A가 공장입지일 경우
 − 원재료 운송비 : (3톤×4km×20만 원/km·톤)+(2톤×8km ×50만 원/km·톤)=1,040만 원
 − 완제품 운송비 : 1톤×0km×20만 원/km·톤=0원
 ∴ 총 운송비 : 1,040만 원+0원=1,040만 원
• B가 공장입지일 경우
 − 원재료 운송비 : (3톤×0km×20만 원/km·톤)+(2톤×8km ×50만 원/km·2톤)=800만 원
 − 완제품 운송비 : 2톤×4km×20만 원/km·톤=80만 원
 ∴ 총 운송비 : 800만 원+80만 원=880만 원
• C가 공장입지일 경우
 − 원재료 운송비 : (3톤×8km×20만 원/km·톤)+(2톤×0km ×50만 원/km·톤)=480만 원
 − 완제품 운송비 : 1톤×8km×20만 원/km·톤=160만 원
 ∴ 총 운송비 : 480만 원+160만 원=640만 원
• D가 공장입지일 경우
 − 원재료 운송비 : (3톤×4km×20만 원/km·톤)+(2톤× 4km×50만 원/km·톤)=640만 원
 − 완제품 운송비 : 1톤×6km×20만 원/km·톤=120만 원
 ∴ 총 운송비 : 640만 원+120만 원=760만 원
• E가 공장입지일 경우
 − 원재료 운송비 : (3톤×3km×20만 원/km·톤)+(2톤×6km ×50만 원/km·톤)=780만 원
 − 완제품 운송비 : 1톤×3km×20만 원/km·톤=60만 원
 ∴ 총 운송비 : 780만 원+60만 원=840만 원
따라서 총 운송비를 최소화할 수 있는 공장입지 부지는 C이다.

43
정답 ③

주어진 임무는 행사와 관련하여 모두 필요한 업무이므로 성과발표 준비는 가장 오래 걸리는 과정이 끝났을 때 완성된다. 따라서 가장 오래 걸리는 과정인 'A → C → E → G → H'와 'A → C → F → H'가 모두 끝나는 데는 8일이 소요되며, 여기서 'E → G'를 단축하게 되더라도 'A → C → F → H'가 되므로 전체 준비기간은 짧아지지 않는다.

44
정답 ④

처음으로 오수 1탱크를 정화하는 데 걸린 시간은 4+6+5+4+6 =25시간이다.
그 후에는 A ~ E공정 중 가장 긴 공정 시간이 6시간이므로 남은 탱크는 6시간마다 1탱크씩 처리할 수 있다.
따라서 30탱크를 처리하는 데 걸린 시간은 25+6×(30−1)= 199시간이다.

45
정답 ②

3L의 C형 폐수에는 P균이 3×400mL=1,200mL, Q균이 3× 200mL=600mL 포함되어 있다.
주어진 정보에 따를 때, 실험을 거치면서 폐수 3L에 남아있는 P균과 Q균의 변화는 다음과 같다.

구분	P균	Q균
공정 1	$1{,}200 \times 0.6 = 720 \text{mL}$	$600 \times 0.3 = 780 \text{mL}$
공정 2	$720 \times \dfrac{2}{5} = 288 \text{mL}$	$780 \times \dfrac{1}{3} = 260 \text{mL}$
공정 3	$288 \times 0.8 = 230.4 \text{mL}$	$260 \times 0.5 = 130 \text{mL}$
공정 2	$230.4 \times \dfrac{2}{5} = 92.2 \text{mL}$	$130 \times \dfrac{1}{3} = 43.3 \text{mL}$

따라서 실험 내용상의 공정 4단계를 모두 마쳤을 때, 3L의 폐수에 남아있는 P균은 92.2mL, Q균은 43.3mL이다.

46
정답 ②

D사원의 출장 기간은 4박 5일로, 숙박요일은 수 · 목 · 금 · 토요일이다. 숙박비를 계산하면 120+120+150+150=USD 540이고, 총숙박비의 20%를 예치금으로 지불해야 하므로 예치금은 540×0.2=USD 108이다. 일요일은 체크아웃하는 날이므로 숙박비가 들지 않는다.

47
정답 ⑤

D사원의 출장 출발일은 호텔 체크인 당일이다. 체크인 당일 취소 시 환불이 불가능하므로 D사원은 환불받을 수 없다.

48

ⅰ) 택시를 이용하는 경우

5km를 초과하면 1km당 500원의 추가요금이 발생하므로 0.1km당 50원으로 계산한다.

- 집 → 회사 : $2,800+(6.2\times500)=5,900$원
- 회사 → 신도림 지점 : $2,800+(22\times500)=13,800$원
- 신도림 지점 → 종로 지점 : $2,800+(10.8\times500)=8,200$원
- 종로 지점 → 회사 : $2,800+(30\times500)=17,800$원

∴ 45,700원

ⅱ) 버스를 이용하는 경우

별도의 추가요금이 없으므로 1,000원씩 4번만 내면 된다.

∴ 4,000원

ⅲ) 자가용을 이용하는 경우

총이동거리는 $11.2+27+15.8+35=89$km이고, 추가요금으로 계산한다.

∴ $89\times1,000=89,000$원

49

5개의 부서별 3개월간 사용하는 용지 매수와 각 부서에 꼭 필요한 기능을 정리하면 다음과 같다.

(단위 : 매)

부서	컬러	흑백	필요 기능	사용 가능한 프린터
경영 지원부	120×3 $=360$	500×3 $=1,500$	스캔	B, C, D
마케팅 부	100×3 $=300$	450×3 $=1,350$	스캔	B, C, D
해외 사업부	–	400×3 $=1,200$	–	A, B, C, D
총무부	50×3 $=150$	700×3 $=2,100$	팩스	B
인사부	50×3 $=150$	350×3 $=1,050$	팩스	B

총무부와 인사부는 팩스 기능을 반드시 사용해야 하므로 이 기능을 가지고 있는 B프린터를 반드시 사용해야 한다. 두 부서의 컬러 프린터 사용량은 $150+150=300$매이므로 B프린터 한 대로 모두 사용 가능하다. 그러나 흑백 프린터의 경우 $2,100+1,050=3,150$매를 사용할 수 있어야 하므로 두 부서 중 한 부서는 다른 프린터를 활용해야 한다. 이 중 총무부는 B프린터 한 대로 최대 흑백 프린트 부수인 2,000매를 감당할 수 없다. 즉, 인사부가 B프린터만 사용한다. 이 경우 B프린터로 인사부가 인쇄할 수 있는 최대 매수는 $2,000-1,050=950$매이고, 총무부가 더 인쇄해야 하는 부수는 $2,100-950=1,150$매이다.

다음으로 마케팅부와 경영지원부는 스캔기능을 반드시 사용해야 하는데, B프린터는 이미 사용할 수 없으므로 C나 D프린터 중 하나의 프린터를 선택해야 하고, 이에 따라 A프린터는 해외사업부만 사용한다. 해외사업부가 A프린터를 이용하여 1,200매를 프린트

하면 더 프린트할 수 있는 양은 300매이므로 총무부와 프린터를 공유할 수 없다. 남은 B와 C프린터를 토대로 총무부의 남은 프린트매수인 1,150매를 함께 프린트 할 수 있는 경우는 경영지원부가 D프린터를 사용하고, 총무(1,150매)와 마케팅부(1,350매)가 함께 C프린터를 사용하는 경우이다.

따라서 A프린터는 해외사업부, B프린터는 총무부와 인사부, C프린터는 총무부와 마케팅부, D프린터는 경영지원부가 사용한다.

50

- 직접비용 : ㉠, ㉡, ㉢, ㉾
- 간접비용 : ㉢, ㉣

직접비용은 제품 또는 서비스를 창출하기 위해 직접 소비된 것으로 여겨지는 비용을 말하며, 재료비, 원료와 장비 구입비, 인건비, 출장비 등이 직접비용에 해당한다.

간접비용은 생산에 직접 관련되지 않은 비용을 말하며, 광고비, 보험료, 통신비 등이 간접비용에 해당한다.

51

K기업은 전자가격표시기 도입으로 작업 소요 시간을 일주일 평균 31시간에서 3.8시간으로 단축하였다. 기업의 입장에서 작업 소요 시간을 단축하게 되면 생산성 향상, 가격 인상, 위험 감소, 시장 점유율 증가의 효과를 얻을 수 있다.

52

성과급 기준표를 적용한 A ~ E교사에 대한 성과급 배점을 정리하면 아래와 같다.

구분	주당 수업시간	수업 공개 유무	담임 유무	업무 곤란도	호봉	합계
A교사	14점	–	10점	20점	30점	74점
B교사	20점	–	5점	20점	30점	75점
C교사	18점	5점	5점	30점	20점	78점
D교사	14점	10점	10점	30점	15점	79점
E교사	16점	10점	5점	20점	25점	76점

따라서 D교사가 가장 높은 배점을 받게 된다.

53

첫 번째 지원계획을 보면 지원금을 받는 모임의 구성원은 6명 이상 9명 미만이므로 A모임과 E모임은 제외한다. 나머지 B, C, D모임의 총지원금을 구하면 다음과 같다.

- B모임 : $1,500+(100\times6)=2,100$천 원
- C모임 : $1.3\{1,500+(120\times8)\}=3,198$천 원
- D모임 : $2,000+(100\times7)=2,700$천 원

따라서 D모임이 두 번째로 많은 지원금을 받는다.

54

정답 ④

제품 생산이 가능한 일정을 정리하면 다음과 같다.

	7월						8월
25일 (화)	26일 (수)	27일 (목)	28일 (금)	29일 (토)	30일 (일)	31일 (월)	1일 (화)
A	A	A	A			A	
		B	B	주말	주말	B	…
			C			C	

- 25 ~ 26일 : A공정에 의해 100개 생산
- 27 ~ 28일 : A공정에 의해 100개 생산
- 31일 : A공정이 작업 중이지만 2일이 걸리므로 제외한다.
- 27 ~ 31일 : B공정에 의해 150개 생산
- 28 ~ 31일 : C공정에 의해 200개 생산

따라서 7월 31일에 제품 550개가 생산되므로 7월 31일에 제품 생산이 가장 빨리 완료된다.

55

정답 ①

각 자동차의 경비를 구하면 다음과 같다.
- A자동차
  - (연료비)$=150,000 \div 12 \times 1,400 = 1,750$만 원
  - (경비)$=1,750$만$+2,000$만$=3,750$만 원
- B자동차
  - (연료비)$=150,000 \div 8 \times 900 = 1,687.5$ 원
  - (경비)$=1,687.5$만$+2,200$만$=3,887.5$만 원
- C자동차
  - (연료비)$=150,000 \div 15 \times 1,150 = 1,150$만 원
  - (경비)$=1,150$만$+2,700$만$=3,850$만 원
- D자동차
  - (연료비)$=150,000 \div 20 \times 1,150 = 862.5$만 원
  - (경비)$=862.5$만$+3,300$만$=4,162.5$만 원
- E자동차
  - (연료비)$=150,000 \div 15 \times 1,400 = 1,400$만 원
  - (경비)$=1,400$만$+2,600$만$=4,000$만 원

따라서 경비가 가장 적게 들어가는 것은 A자동차이다.

56

정답 ①

- 1,000kg 기준 총요금
  - A : $3,000+(200 \times 1,000)+1,000+(2,500 \times 450)$
    $=1,329,000$원
  - B : $2,000+(150 \times 1,000)+1,500+(3,500 \times 350)$
    $=1,378,500$원
  - C : $2,500+(150 \times 1,000)+1,500+(5,000 \times 250)$
    $=1,404,000$원
  - D : $1,000+(200 \times 1,000)+2,500+(3,000 \times 400)$
    $=1,403,500$원
  - E : $0+(200 \times 1,000)+2,000+(6,000 \times 200)$
    $=1,402,000$원

따라서 A가 가장 저렴하다.

- 2,000kg 기준 총요금
  - 앞의 1,000kg 기준 총요금에서 늘어난 1,000kg에 대한 요금만 추가하여 계산
  - A : $1,329,000+(1,000 \times 200)=1,529,000$원
  - B : $1,378,500+(1,000 \times 150)=1,528,500$원
  - C : $1,404,000+(1,000 \times 150)=1,554,000$원
  - D : $1,403,500+(1,000 \times 200)=1,603,500$원
  - E : $1,402,000+(1,000 \times 200)=1,602,000$원

따라서 B가 가장 저렴하다.

57

정답 ②

B버스(9시 출발, 소요시간 40분) → KTX(9시 45분 출발, 소요시간 1시간 32분) → 도착시간 오전 11시 17분으로 가장 먼저 도착한다.

오답분석

① A버스(9시 20분 출발, 소요시간 24분) → 새마을호(9시 45분 출발, 소요시간 3시간) → 도착시간 오후 12시 45분
③ 지하철(9시 30분 출발, 소요시간 20분) → KTX(10시 30분 출발, 소요시간 1시간 32분) → 도착시간 오후 12시 2분
④ B버스(9시 출발, 소요시간 40분) → 새마을호(9시 40분 출발, 소요시간 3시간) → 도착시간 오후 12시 40분
⑤ 지하철(9시 30분 출발, 소요시간 20분) → 새마을호(9시 50분 출발, 소요시간 3시간) → 도착시간 오후 12시 50분

58

정답 ③

1) 예약가능 객실 수 파악
  7월 19일부터 2박 3일간 워크숍을 진행한다고 했으므로 19일, 20일에 객실 예약이 가능한지를 확인하여야 한다. 호텔별 잔여객실 수를 파악하면 다음과 같다.

(단위 : 실)

구분	A호텔	B호텔	C호텔	D호텔	E호텔
7월 19일	88−20 =68	70−11 =59	76−10 =66	68−12 =56	84−18 =66
7월 20일	88−26 =62	70−27 =43	76−18 =58	68−21 =47	84−23 =61

2) 필요 객실 수 파악
  K은행의 전체 임직원 수는 총 80명이다. 조건에 따르면 부장급 이상은 1인 1실을 이용하므로 4명(처장)+12명(부장)=16명, 즉 16실이 필요하다. 나머지 직원 80−16=64명은 2인 1실을 사용하므로 총 64÷2=32실이 필요하다. 따라서 이틀간 48실이 필요하다.
  따라서 A호텔, C호텔, E호텔이 워크숍 장소로 적절하다.

3) 세미나룸 현황 파악

총 임직원이 80명인 것을 고려할 때, A호텔의 세미나룸은 최대수용인원이 70명이므로 제외한다. E호텔은 테이블(4인용)을 총 15개 보유하고 있어 부족하므로 제외된다.

따라서 모든 조건을 충족하는 C호텔이 가장 적절하다.

59
정답 ①

노선지수를 계산하기 위해선 총거리와 총시간, 총요금을 먼저 계산한 후 순위에 따라 다시 한 번 계산해야 한다.

경유지	합산 거리	총 거리 순위	합산 시간	총 시간 순위	합산 요금	총 요금 순위	노선 지수
베이징	9,084 km	1	10 시간	1	150 만 원	7	2.9
하노이	11,961 km	4	15 시간	6	120 만 원	4	8.2
방콕	13,242 km	7	16 시간	7	105 만 원	1	10.7
델리	11,384 km	3	13 시간	4	110 만 원	2	5.6
두바이	12,248 km	6	14 시간	5	115 만 원	3	8.9
카이로	11,993 km	5	12 시간	3	125 만 원	5	7.1
상하이	10,051 km	2	11 시간	2	135 만 원	6	4.2

따라서 베이징 노선은 잠정 폐쇄되었으므로 그 다음으로 노선지수가 낮은 상하이를 경유하는 노선이 옳다.

60
정답 ③

월요일에는 늦지 않게만 도착하면 되므로, 서울역에서 8시에 출발하는 KTX를 이용한다. 수요일에는 최대한 빨리 와야 하므로, 사천공항에서 19시에 출발하는 비행기를 이용한다. 따라서 소요되는 교통비는 65,200('서울 – 사천' KTX 비용)+22,200('사천역 – 사천연수원' 택시비)+21,500('사천연수원 – 사천공항' 택시비)+93,200('사천 – 서울' 비행기 비용)×0.9=192,780원이다.

61
정답 ③

원의 둘레는 $2\times\pi\times r$이고, 각 롤러가 칠할 수 있는 면적은 (원의 둘레)×(너비)이다. A롤러의 반지름(r)은 5cm, B롤러의 반지름(r)은 1.5cm이므로 A롤러가 1회전 할 때 칠할 수 있는 면적은 $2\times\pi\times5\times$(너비), B롤러가 1회전 할 때 칠할 수 있는 면적은 $2\times\pi\times1.5\times$(너비)이다. π와 롤러의 너비는 같으므로 소거하면, A롤러는 10, B롤러는 3만큼의 면적을 칠한다. 즉, 처음으로 같은 면적을 칠하기 위해 A롤러는 3바퀴, B롤러는 10바퀴를 회전해야

한다. 따라서 A롤러와 B롤러가 회전한 수의 합은 10+3=13바퀴이다.

62
정답 ⑤

8월 7일의 8월 2일 가격 대비 증감률은 1.1×1.2×0.9×0.8×1.1=1.04544이므로 매도 시 주식가격은 100,000×1.04544=104,544원이다.

오답분석

① 8월 2일 대비 8월 5일 주식가격 증감률은 1.1×1.2×0.9=1.188이며, 매도할 경우 100,000×1.188=118,800원에 매도 가능하므로 18,800원 이익이다.

②·④ 8월 6일에 주식을 매도할 경우 가격은 100,000×(1.1×1.2×0.9×0.8)=95,040이다. 따라서 100,000−95,040=4,960원 손실이며, 8월 2일 대비 주식가격 감소율(이익률)은 $\frac{100,000-95,040}{100,000}\times100=4.96\%$이다.

③ 8월 4일에 주식을 매도할 경우 가격은 100,000×(1.1×1.2)=132,000원이므로, 이익률은 $\frac{132,000-100,000}{100,000}\times100=32\%$이다.

63
정답 ④

• 올리브 통조림 주문량 : 15÷3=5캔
　→ 올리브 통조림 구입 비용 : 5,200×5=26,000원
• 메추리알 주문량 : 7÷1=7봉지
　→ 메추리알 구입 비용 : 4,400×7=30,800원
• 방울토마토 주문량 : 25÷5=5박스
　→ 방울토마토 구입 비용 : 21,800×5=109,000원
• 옥수수 통조림 주문량 : 18÷3=6캔
　→ 옥수수 통조림 구입 비용 : 6,300×6=37,800원
• 베이비 채소 주문량 : 4÷0.5=8박스
　→ 베이비 채소 구입 비용 : 8,000×8=64,000원

따라서 B지점의 재료 구입 비용의 총합은 26,000+30,800+109,000+37,800+64,000=267,600원이다.

64
정답 ①

안성시는 매년 1.5%씩 증가했고, 시흥시는 매년 1.8%씩 증가하였다. 따라서 안성시의 2018년 사교육 참여율(㉠)은 35.7−1.5=34.2%이고, 시흥시의 2022년도 사교육 참여율(㉡)은 46.3+1.8=48.1%이다.

65

경기남부의 가구 수가 경기북부의 가구 수의 2배라면, 가구 수의 비율은 남부가 $\frac{2}{3}$, 북부가 $\frac{1}{3}$이다. 경기지역에서 개별난방을 사용하는 가구 수의 비율은 가중평균으로 구할 수 있다.

$$\left(26.2\% \times \frac{2}{3}\right) + \left(60.8\% \times \frac{1}{3}\right) ≒ 37.7\%$$

따라서 ⑤는 옳은 설명이다.

오답분석

① 경기북부지역에서 도시가스를 사용하는 가구 수는 66.1%이고, 등유를 사용하는 가구 수는 3.0%이다. 따라서 66.1÷3≒22배이다.
② 서울과 인천지역에서 사용하는 비율이 가장 낮은 연료는 LPG이다.
③ 주어진 자료에서는 서울과 인천의 지역별 가구 수를 알 수 없으므로, 지역난방을 사용하는 가구 수도 알 수 없다.
⑤ 지역난방의 비율은 경기남부지역이 67.5%, 경기북부지역이 27.4%로 경기남부지역이 더 높다.

66

제시된 수열은 $+7$, -5, $+3$이 반복되는 수열이다. A는 $15-7=8$, B는 $25-5=20$이다. 따라서 $20-8=12$이다.

67

(두 도시의 인구의 곱)

$$= \frac{(\text{두 도시 간 인구 이동량}) \times (\text{두 도시 간의 거리})}{k}$$

• A ↔ B 도시의 인구의 곱 : $\frac{60 \times 2}{k} = \frac{120}{k}$

• A ↔ C 도시의 인구의 곱 : $\frac{30 \times 4.5}{k} = \frac{135}{k}$

• A ↔ D 도시의 인구의 곱 : $\frac{20 \times 7.5}{k} = \frac{150}{k}$

• A ↔ E 도시의 인구의 곱 : $\frac{55 \times 4}{k} = \frac{220}{k}$

A도시가 공통으로 있고, k는 양의 상수이므로, 두 도시의 인구의 곱에서 분자가 크면 인구가 많은 도시이다. 따라서 E-D-C-B 순으로 인구가 많다.

68

A~E의 적성고사 점수를 각자 구하면 다음과 같다.

• A(인문계열) : (18개×4점)+(17개×3점)+(5개×3점)+230점 =368점
• B(자연계열) : (17개×3점)+(13개×4점)+(8개×3점)+230점 =357점
• C(인문계열) : (12개×4점)+(14개×3점)+(6개×3점)+230점 =338점
• D(인문계열) : (17개×4점)+(11개×3점)+(3개×3점)+230점 =340점
• E(자연계열) : (19개×3점)+(18개×4점)+(6개×3점)+230점 =377점

따라서 A~E의 평균 점수는(368+357+338+340+377)÷5 =356점이다.

69

(마름모의 넓이)=(한 대각선의 길이)×(다른 대각선의 길이)$\times \frac{1}{2}$

이므로 두 마름모의 넓이의 차는 $\left(9 \times 6 \times \frac{1}{2}\right) - \left(4 \times 6 \times \frac{1}{2}\right) = 27 - 12 = 15$이다.

70

영업팀별 연간 매출액을 구하면 다음과 같다.

• 영업 A팀 : 50×0.1+100×0.1+100×0.3+200×0.15=75억 원
• 영업 B팀 : 50×0.2+100×0.2+100×0.2+200×0.4=130억 원
• 영업 C팀 : 50×0.3+100×0.2+100×0.25+200×0.15=90억 원
• 영업 D팀 : 50×0.4+100×0.5+100×0.25+200×0.3=155억 원

따라서 연간 매출액이 큰 순서로 팀을 나열하면 D-B-C-A이고, 이때 매출 1위인 영업 D팀의 연 매출액은 155억 원이다.

| 02 | 직무기초지식

71	72	73	74	75	76	77	78	79	80
④	①	③	①	④	②	④	②	②	②
81	**82**	**83**	**84**	**85**	**86**	**87**	**88**	**89**	**90**
③	②	⑤	⑤	⑤	④	④	④	④	①
91	**92**	**93**	**94**	**95**	**96**	**97**	**98**	**99**	**100**
①	①	①	⑤	③	①	③	③	②	③

71 　　정답 ④

형법에서는 유추해석과 확대해석을 동일한 것으로 보아 금지하며(죄형법정주의의 원칙), 피고인에게 유리한 유추해석만 가능하다고 본다.

72 　　정답 ①

헌법소원은 공권력의 행사 또는 불행사로 인하여 자신의 헌법상 보장된 기본권이 직접적·현실적으로 침해당했다고 주장하는 국민의 기본권침해구제청구에 대하여 심판하는 것이다. 이를 제기하기 위해서는 다른 구제절차를 모두 거쳐야 하므로 법원에 계류 중인 사건에 대해서는 헌법소원을 청구할 수 없다.

73 　　정답 ③

오답분석

① 피보험자란 고용보험 및 산업재해보상보험의 보험료징수 등에 관한 법률 제5조 제1항·제2항, 제6조 제1항, 제8조 제1항·제2항, 제48조의2 제1항 및 제48조의3 제1항에 따라 보험에 가입되거나 가입된 것으로 보는 근로자, 예술인 또는 노무제공자에 해당하거나 고용산재보험료징수법 제49조의2 제1항·제2항에 따라 고용보험에 가입하거나 가입된 것으로 보는 자영업자에 해당하는 사람을 말한다(고용보험법 제2조 제1호).
② 이직(離職)이란 피보험자와 사업주 사이의 고용관계가 끝나게 되는 것을 말한다(고용보험법 제2조 제2호).
④ 보수란 소득세법 제20조에 따른 근로소득에서 대통령령으로 정하는 금품을 뺀 금액을 말한다. 다만, 휴직이나 그 밖에 이와 비슷한 상태에 있는 기간 중에 사업주 외의 자로부터 지급받는 금품 중 고용노동부장관이 정하여 고시하는 금품은 보수로 본다(고용보험법 제2조 제5호).
⑤ 일용근로자란 1개월 미만 동안 고용되는 자를 말한다(고용보험법 제2조 제6호).

74 　　정답 ①

사회법은 자본주의의 문제점(사회적 약자 보호)을 합리적으로 해결하기 위해 근래에 등장한 법으로, 점차 사법과 공법의 성격을 모두 가진 제3의 법영역으로 형성되었으며 법의 사회화·사법의 공법화 경향을 띤다.

75 　　정답 ④

절대적 부정기형은 형기를 전혀 정하지 않고 선고하는 형이며, 이는 죄형법정주의에 명백히 위배되므로 금지된다. 반면 상대적 부정기형은 형기의 상한을 정하여 선고하는 것으로, 우리나라의 경우 소년법 제60조(부정기형)에서 확인할 수 있다.

76 　　정답 ②

보험계약자의 의무가 아닌 보험자가 지켜야 할 의무에 해당된다(상법 제640조).

보험계약의 효과

보험자의 의무	보험증권교부의무, 보험금지급의무(상법 제658조), 보험료반환의무(상법 제648조), 이익배당의무 등
보험계약자·피보험자·보험수익자의 의무	• 보험료지급의무(상법 제650조) • 고지의무(상법 제651조) : 보험계약자 또는 피보험자는 보험계약 당시에 보험계약과 관련된 중요한 사항을 보험자에게 고지하여야 한다. • 통지의무(상법 제652조) : 보험계약자·피보험자는 보험계약서에 기재한 사항이 변경되었거나 사고가 생긴 때에는 이를 보험자에게 알려야 한다(보험자는 통지의무가 없다). • 위험유지의무(상법 제653조) : 보험계약자·피보험자·보험수익자는 보험계약을 체결할 당시에 보험료를 산출하는 데 기초가 되었던 위험을 증가시키는 행위를 하여서는 안 된다.

77 　　정답 ④

위원회는 위원장 2명을 포함한 20명 이상 25명 이하의 위원으로 구성한다(행정규제기본법 제25조 제1항).

오답분석

① 행정규제기본법 제4조 제1항
② 행정규제기본법 제5조 제1항
③ 행정규제기본법 제8조 제2항
⑤ 행정규제기본법 제12조 제1항

78

정답 ②

오답분석

ㄱ. 예산총계주의 원칙은 회계연도의 모든 수입은 세입으로, 모든 지출은 세출로 해야 하는 원칙이다. 하지만 자치단체의 행정목적 달성, 공익상 필요에 의하여 재산을 보유하거나 특정 자금의 운용을 위한 기금 운영, 기타 손실부담금 및 계약보증금 등의 사무관리상 필요에 의하여 자치단체가 일시 보관하는 경비 등의 예외사항이 있다.

ㄷ. 회계연도 독립의 원칙이란 각 회계연도의 경비는 당해의 세입으로 충당해야 하며, 매 회계연도의 세출예산은 다음 해에 사용할 수 없다는 원칙이다. 하지만 계속비 외에 예산의 이월, 세계잉여금의 세입이입, 과년도 수입 및 지출 등의 예외사항이 있다.

79

정답 ②

중앙정부가 지방자치단체별로 지방교부세를 교부할 때 사용하는 기준지표는 지방재정자립도가 아닌 재정력지수(기준재정수입액÷기준재정수요액)이다. 중앙정부는 지방자치단체의 재정력지수가 1보다 클 경우 보통교부세를 교부하지 않는다.

80

정답 ②

오답분석

ㄴ. 개혁을 포괄적·급진적으로 추진할 경우 개혁에 대한 저항은 더 크게 나타난다. 구체적·점진적으로 진행해야 저항이 적다.

ㄹ. 내부집단에 의할 때보다 외부집단에 의해 개혁이 추진될 때 저항이 강해진다.

81

정답 ③

NPM(신공공관리)과 뉴거버넌스 모두 방향잡기(Steering) 역할을 중시하며, NPM에서는 정부를 방향잡기 중심에 둔다.

신공공관리와 뉴거버넌스

구분	신공공관리(NPM)	뉴거버넌스
기초	신공공관리·신자유주의	공동체주의·참여주의
공급주체	시장	공동체에 의한 공동생산
가치	결과 (효율성·생산성)	과정 (민주성·정치성)
관료의 역할	공공기업가	조정자
작동원리	시장매커니즘	참여매커니즘
관리방식	고객 지향	임무 중심

82

정답 ②

구조적 요인의 개편이란 조직 합병, 인사교류 등을 말하는 것으로 이는 갈등해소 방안이다.

오답분석

③ 행태론적 갈등론은 갈등의 순기능론으로서 갈등을 불가피하거나 정상적인 현상으로 보고, 문제해결과 조직발전의 계기로 보는 적극적 입장이다.

83

정답 ①

변혁적 리더십은 장기적인 비전을 제시하여 구성원의 태도 변화를 통한 조직몰입과 그 결과로 초과성과를 달성하도록 하는 리더십이다. 변혁적 리더십의 특징으로는 카리스마, 개별적 배려, 지적자극이 있다.

오답분석

② 슈퍼 리더십 : 자신이 처한 상황을 스스로 효과적으로 처리해 갈 수 있도록 도움을 줌으로써 다른 사람들의 공헌을 극대화한다.

③ 서번트 리더십 : 부하와 목표를 공유하고 부하들의 성장을 도모하면서 리더와 부하 간 신뢰를 형성시켜 궁극적으로 조직성과를 달성하게 한다.

④ 카리스마적 리더십 : 긴급하고 어려운 환경에 적합하며 리더는 비전을 제시하고 구성원들이 효과적으로 단기성과를 낼 수 있도록 한다.

⑤ 거래적 리더십 : 변혁적 리더십과 반대 개념으로 거래적 리더는 부하직원들이 직무를 완수하고 조직의 규칙을 따르도록 한다.

84

정답 ⑤

마이클 포터(Michael Porter)의 산업구조 분석모델은 산업에 참여하는 주체를 기존기업(산업 내 경쟁자), 잠재적 진입자(신규 진입자), 대체재, 공급자, 구매자로 나누고 이들 간의 경쟁 우위에 따라 기업 등의 수익률이 결정되는 것으로 본다.

오답분석

① 정부의 규제 완화 : 정부의 규제 완화는 시장 진입장벽이 낮아지게 만들며, 신규 진입자의 위협으로 볼 수 있다.

② 고객의 충성도 : 고객의 충성도 정도에 따라 진입자의 위협도가 달라진다.

③ 공급업체의 규모 : 공급업체의 규모에 따라 공급자의 교섭력에 영향을 준다.

④ 가격의 탄력성 : 소비자들은 가격에 민감할 수도, 둔감할 수도 있기 때문에 구매자 교섭력에 영향을 준다.

85
정답 ⑤

학습조직은 구성원들에게 권한위임(Empowerment)을 강조한다. 따라서 개인보다는 팀 단위로 조직을 구성하고, 문제해결의 창의성과 혁신을 유도하기 위하여 권한을 부여한다. 또한, 조직의 수평화 네트워크화를 유도하기에 개인보다는 팀 단위가 적절하다. 학습조직은 결과만을 중시하는 성과중심의 관리나 물질적 보상을 중시하는 전통적 관리와는 다르다.

86
정답 ④

HRD에서 대표적으로 사용되는 평가모델인 커크패트릭의 4단계 평가모형이다.
1. 반응도 평가 : 교육 후 만족도 평가이다. 인터뷰나 관찰을 통해서도 진행되지만, 보통 설문지로 진행된다.
2. 성취도 평가 : 교육생이 교육내용을 잘 숙지하고 이해했는지, 학습목표의 달성여부를 평가한다.
3. 적용도 평가 : 교육을 통해 배운 것들이 현업에서 얼마나 잘 적용되었는지 평가한다.
4. 기여도 평가 : 현업에 대한 적용도까지 평가한 상태에서, 진행되었던 교육이 궁극적으로 기업과 조직에 어떤 공헌을 했는지를 평가한다.

> **필립스의 5단계 평가모형**
> 커크패트릭(Kirkpatrick)의 4단계 평가모형에 평가 마지막 단계인 ROI(Return On Investment) 한 단계를 추가한 것으로, 재무적 지표를 HRD에 도입하였다.

87
정답 ④

최종 소비자에게 마케팅 노력을 홍보하는 전략은 풀(Pull) 전략에 해당한다.

푸시 전략과 풀 전략의 비교

비교 기준	푸시 전략	풀 전략
의미	채널 파트너에게 마케팅 노력의 방향을 포함하는 전략	최종 소비자에게 마케팅 노력을 홍보하는 전략
목표	고객에게 제품이나 브랜드에 대해 알릴 수 있음	고객이 제품이나 브랜드를 찾도록 권장
용도	영업 인력, 중간상 판촉, 무역 진흥 등	광고, 소비자 판촉 및 기타 의사소통 수단
강조	자원 할당	민감도
적당	브랜드 충성도가 낮을 때	브랜드 충성도가 높을 때
리드타임	길다	짧다

88
정답 ④

동시설계(동시공학: Concurrent Engineering)는 제품과 서비스 설계, 생산, 인도, 지원 등을 통합하는 체계적이고 효율적인 접근방법이다. 동시설계는 팀 – 관리 기법, 정보 시스템, 통합 데이터베이스 환경, 제품 또는 서비스의 정보 교환을 위한 표준으로 구성된다. 즉, 시장의 소비자, 소비 형태와 기호를 분석하고, 설계, 생산하며 이를 유통하고 판매하는 모든 프로세스를 거의 동시에 진행한다. 또한 정부, 기업 등의 조직이 동시설계에 의한 민첩한 생산 및 서비스 활동을 통하여 경쟁력을 강화할 수 있고, 모든 프로세스를 동시에 진행하여 기간을 단축시키는 방법이면서, 비용절감과 품질향상을 동시에 달성하고자 하는 설계방식이다.

89
정답 ④

균제상태에서 $\triangle k = sf(k) - (\delta + n) = 0$이 성립하므로 $f(k) = 2k^{0.5}$, $s = 0.3$, $\delta = 0.25$, $n = 0.05$를 대입하면 $0.6k^{0.5} - 0.3k = 0$으로 정리할 수 있다. 이 식을 풀면 $k = 4$가 도출되고 1인당 생산함수 $y = 2k^{0.5}$에 대입하면 $y = 4$가 도출된다.

90
정답 ①

승수효과란 정부가 지출을 늘리면 가계나 기업의 소득과 수입이 증가하고 총수요가 증가하게 되는데, 이때 총수요가 정부의 지출액 이상으로 증가하는 것을 말한다. 일반적으로 한계소비성향을 c라고 가정할 경우 정부지출이 $\triangle G$만큼 증가할 때의 국민소득 증가분 $\triangle Y$는 다음과 같이 산출한다.

$$\triangle Y = \triangle G + c\triangle G + c^2 \triangle G + c^3 \triangle G + \cdots$$
$$= (1 + c + c^2 + c^3 + \cdots)\triangle G$$
$$= \frac{1}{1-c}\triangle G$$

위 식에 $\triangle Y = 500$, $c = 0.8$을 대입해 보면 $\triangle Y = \frac{1}{1-c}\triangle G$이므로 $\triangle G = (1-c)\triangle Y = (1-0.8) \times 500 = 100$이다.
따라서 한계소비성향이 0.8일 경우 국민소득을 500만큼 증가시키기 위해서는 정부지출을 100 정도 늘려야 한다.

91
정답 ①

시장가격은 수요와 공급의 교차하는 점에서 결정된다. 따라서 P_0보다 높다.

92
정답 ①

교역 이후 가격하락으로 소비자잉여는 B+D만큼 증가하여 A+B+D가 되고, 생산자잉여는 B만큼 감소하여 C가 된다. 즉, 교역으로 소비자들이 얻는 이익(B+D)이 농민들이 입는 손해(B)보다 크기 때문에 소비자잉여와 생산자잉여를 합하여 구하는 사회적잉여는 농산물 수입 이전보다 D만큼 증가한 A+B+C+D가 된다.

93
정답 ①

틀짜기효과(Framing Effect)란 똑같은 상황이더라도 어떤 틀에 따라 인식하느냐에 따라 행태가 달라지는 효과를 뜻한다.

[오답분석]

② 닻내림효과(Anchoring Effect) : 어떤 사항에 대한 판단을 내릴 때 초기에 제시된 기준에 영향을 받아 판단을 내리는 현상을 뜻한다.
③ 현상유지편향(Status quo Bias) : 사람들이 현재의 성립된 행동을 특별한 이득이 주어지지 않는 이상 바꾸지 않으려는 경향을 뜻한다.
④ 기정편향(Default Bias) : 사람들이 미리 정해진 사항을 그대로 따르려는 경향을 뜻한다.
⑤ 부존효과(Endowment Effect) : 어떤 물건을 갖고 있는 사람이 그렇지 않은 사람에 비해 그 가치를 높게 평가하는 경향을 뜻한다.

94
정답 ⑤

새고전학파의 실물적 경기변동이론에 따르면 경기변동은 외부적인 충격에 대한 가계와 기업의 최적화 행동의 결과로 나타나는 현상이므로 정책당국의 개입은 바람직하지 않다고 주장한다.

95
정답 ③

하나의 수급자격에 따라 구직급여를 지급받을 수 있는 날은 대기기간이 끝난 다음 날부터 계산하기 시작하여 피보험기간(㉠)과 연령(㉡)에 따라 정한 일수가 되는 날까지로 한다(고용보험법 제50조 제1항).

96
정답 ①

사회복지사로서 지불능력에 대한 차별 없이 서비스를 제공하며, 전문가로서의 품위와 자질을 유지하는 것은 사회복지사의 기본적 윤리기준에 해당한다.

97
정답 ③

이 법에 따른 급여의 기준은 수급자의 연령, 가구 규모, 거주지역, 그 밖의 생활여건 등을 고려하여 급여의 종류별로 보건복지부장관이 정하거나 급여를 지급하는 중앙행정기관의 장이 보건복지부장관과 협의하여 정한다(국민기초생활 보장법 제4조 제2항).

[오답분석]

① 기준 중위소득이란 보건복지부장관이 급여의 기준 등에 활용하기 위하여 제20조 제2항에 따른 중앙생활보장위원회의 심의・의결을 거쳐 고시하는 국민 가구소득의 중위값을 말한다(국민기초생활 보장법 제2조 제11호).
② 소득인정액이란 보장기관이 급여의 결정 및 실시 등에 사용하기 위하여 산출한 개별가구의 소득평가액과 재산의 소득환산액을 합산한 금액을 말한다(국민기초생활 보장법 제2조 제9호).
④ 생계급여는 금전을 지급하는 것으로 한다. 다만, 금전으로 지급할 수 없거나 금전으로 지급하는 것이 적당하지 아니하다고 인정하는 경우에는 물품을 지급할 수 있다(국민기초생활 보장법 제9조 제1항).
⑤ 생계급여는 수급자의 주거에서 실시한다. 다만, 수급자가 주거가 없거나 주거가 있어도 그곳에서는 급여의 목적을 달성할 수 없는 경우 또는 수급자가 희망하는 경우에는 수급자를 제32조에 따른 보장시설이나 타인의 가정에 위탁하여 급여를 실시할 수 있다(국민기초생활 보장법 제10조 제1항).

98
정답 ③

탈상품화는 노동자가 일을 할 수 없는 상황에 처했을 때 복지를 통해 생계를 유지할 수 있는 정도(보장되는 정도)를 나타낸다. 탈상품화 정도가 높을수록 복지선진국임을 의미한다.

99
정답 ②

[오답분석]

ㄷ. 중앙정부는 지방정부나 민간전달체계에 비해 소비자들의 접근성이 떨어진다.

100
정답 ③

쿠블러(Kubler) - 로스(Ross)의 죽음에 대한 적응단계는 5단계로 부정, 분노, 타협, 우울, 수용의 단계를 거친다고 본다.

www.sdedu.co.kr

성 명

지원 분야

문제지 형별기재란

( )형 Ⓐ Ⓑ

수 험 번 호

감독위원 확인

(인)

근로복지공단 필기전형 답안카드

※ 본 답안카드는 마킹연습용 모의 답안지입니다.

근로복지공단 필기전형 답안카드

1	① ② ③ ④ ⑤	21	① ② ③ ④ ⑤	41	① ② ③ ④ ⑤	61	① ② ③ ④ ⑤	81	① ② ③ ④ ⑤
2	① ② ③ ④ ⑤	22	① ② ③ ④ ⑤	42	① ② ③ ④ ⑤	62	① ② ③ ④ ⑤	82	① ② ③ ④ ⑤
3	① ② ③ ④ ⑤	23	① ② ③ ④ ⑤	43	① ② ③ ④ ⑤	63	① ② ③ ④ ⑤	83	① ② ③ ④ ⑤
4	① ② ③ ④ ⑤	24	① ② ③ ④ ⑤	44	① ② ③ ④ ⑤	64	① ② ③ ④ ⑤	84	① ② ③ ④ ⑤
5	① ② ③ ④ ⑤	25	① ② ③ ④ ⑤	45	① ② ③ ④ ⑤	65	① ② ③ ④ ⑤	85	① ② ③ ④ ⑤
6	① ② ③ ④ ⑤	26	① ② ③ ④ ⑤	46	① ② ③ ④ ⑤	66	① ② ③ ④ ⑤	86	① ② ③ ④ ⑤
7	① ② ③ ④ ⑤	27	① ② ③ ④ ⑤	47	① ② ③ ④ ⑤	67	① ② ③ ④ ⑤	87	① ② ③ ④ ⑤
8	① ② ③ ④ ⑤	28	① ② ③ ④ ⑤	48	① ② ③ ④ ⑤	68	① ② ③ ④ ⑤	88	① ② ③ ④ ⑤
9	① ② ③ ④ ⑤	29	① ② ③ ④ ⑤	49	① ② ③ ④ ⑤	69	① ② ③ ④ ⑤	89	① ② ③ ④ ⑤
10	① ② ③ ④ ⑤	30	① ② ③ ④ ⑤	50	① ② ③ ④ ⑤	70	① ② ③ ④ ⑤	90	① ② ③ ④ ⑤
11	① ② ③ ④ ⑤	31	① ② ③ ④ ⑤	51	① ② ③ ④ ⑤	71	① ② ③ ④ ⑤	91	① ② ③ ④ ⑤
12	① ② ③ ④ ⑤	32	① ② ③ ④ ⑤	52	① ② ③ ④ ⑤	72	① ② ③ ④ ⑤	92	① ② ③ ④ ⑤
13	① ② ③ ④ ⑤	33	① ② ③ ④ ⑤	53	① ② ③ ④ ⑤	73	① ② ③ ④ ⑤	93	① ② ③ ④ ⑤
14	① ② ③ ④ ⑤	34	① ② ③ ④ ⑤	54	① ② ③ ④ ⑤	74	① ② ③ ④ ⑤	94	① ② ③ ④ ⑤
15	① ② ③ ④ ⑤	35	① ② ③ ④ ⑤	55	① ② ③ ④ ⑤	75	① ② ③ ④ ⑤	95	① ② ③ ④ ⑤
16	① ② ③ ④ ⑤	36	① ② ③ ④ ⑤	56	① ② ③ ④ ⑤	76	① ② ③ ④ ⑤	96	① ② ③ ④ ⑤
17	① ② ③ ④ ⑤	37	① ② ③ ④ ⑤	57	① ② ③ ④ ⑤	77	① ② ③ ④ ⑤	97	① ② ③ ④ ⑤
18	① ② ③ ④ ⑤	38	① ② ③ ④ ⑤	58	① ② ③ ④ ⑤	78	① ② ③ ④ ⑤	98	① ② ③ ④ ⑤
19	① ② ③ ④ ⑤	39	① ② ③ ④ ⑤	59	① ② ③ ④ ⑤	79	① ② ③ ④ ⑤	99	① ② ③ ④ ⑤
20	① ② ③ ④ ⑤	40	① ② ③ ④ ⑤	60	① ② ③ ④ ⑤	80	① ② ③ ④ ⑤	100	① ② ③ ④ ⑤

※ 본 답안지는 마킹연습용 답안지입니다.

성 명

지원 분야

문제지 형별기재란

Ⓐ
Ⓑ

( )형

수 험 번 호

⓪	①	②	③	④	⑤	⑥	⑦	⑧	⑨
⓪	①	②	③	④	⑤	⑥	⑦	⑧	⑨
⓪	①	②	③	④	⑤	⑥	⑦	⑧	⑨
⓪	①	②	③	④	⑤	⑥	⑦	⑧	⑨
⓪	①	②	③	④	⑤	⑥	⑦	⑧	⑨
⓪	①	②	③	④	⑤	⑥	⑦	⑧	⑨
⓪	①	②	③	④	⑤	⑥	⑦	⑧	⑨

감독위원 확인

(인)

근로복지공단 필기전형 답안카드

문번	①	②	③	④	⑤	문번	①	②	③	④	⑤	문번	①	②	③	④	⑤	문번	①	②	③	④	⑤	문번	①	②	③	④	⑤
1	①	②	③	④	⑤	21	①	②	③	④	⑤	41	①	②	③	④	⑤	61	①	②	③	④	⑤	81	①	②	③	④	⑤
2	①	②	③	④	⑤	22	①	②	③	④	⑤	42	①	②	③	④	⑤	62	①	②	③	④	⑤	82	①	②	③	④	⑤
3	①	②	③	④	⑤	23	①	②	③	④	⑤	43	①	②	③	④	⑤	63	①	②	③	④	⑤	83	①	②	③	④	⑤
4	①	②	③	④	⑤	24	①	②	③	④	⑤	44	①	②	③	④	⑤	64	①	②	③	④	⑤	84	①	②	③	④	⑤
5	①	②	③	④	⑤	25	①	②	③	④	⑤	45	①	②	③	④	⑤	65	①	②	③	④	⑤	85	①	②	③	④	⑤
6	①	②	③	④	⑤	26	①	②	③	④	⑤	46	①	②	③	④	⑤	66	①	②	③	④	⑤	86	①	②	③	④	⑤
7	①	②	③	④	⑤	27	①	②	③	④	⑤	47	①	②	③	④	⑤	67	①	②	③	④	⑤	87	①	②	③	④	⑤
8	①	②	③	④	⑤	28	①	②	③	④	⑤	48	①	②	③	④	⑤	68	①	②	③	④	⑤	88	①	②	③	④	⑤
9	①	②	③	④	⑤	29	①	②	③	④	⑤	49	①	②	③	④	⑤	69	①	②	③	④	⑤	89	①	②	③	④	⑤
10	①	②	③	④	⑤	30	①	②	③	④	⑤	50	①	②	③	④	⑤	70	①	②	③	④	⑤	90	①	②	③	④	⑤
11	①	②	③	④	⑤	31	①	②	③	④	⑤	51	①	②	③	④	⑤	71	①	②	③	④	⑤	91	①	②	③	④	⑤
12	①	②	③	④	⑤	32	①	②	③	④	⑤	52	①	②	③	④	⑤	72	①	②	③	④	⑤	92	①	②	③	④	⑤
13	①	②	③	④	⑤	33	①	②	③	④	⑤	53	①	②	③	④	⑤	73	①	②	③	④	⑤	93	①	②	③	④	⑤
14	①	②	③	④	⑤	34	①	②	③	④	⑤	54	①	②	③	④	⑤	74	①	②	③	④	⑤	94	①	②	③	④	⑤
15	①	②	③	④	⑤	35	①	②	③	④	⑤	55	①	②	③	④	⑤	75	①	②	③	④	⑤	95	①	②	③	④	⑤
16	①	②	③	④	⑤	36	①	②	③	④	⑤	56	①	②	③	④	⑤	76	①	②	③	④	⑤	96	①	②	③	④	⑤
17	①	②	③	④	⑤	37	①	②	③	④	⑤	57	①	②	③	④	⑤	77	①	②	③	④	⑤	97	①	②	③	④	⑤
18	①	②	③	④	⑤	38	①	②	③	④	⑤	58	①	②	③	④	⑤	78	①	②	③	④	⑤	98	①	②	③	④	⑤
19	①	②	③	④	⑤	39	①	②	③	④	⑤	59	①	②	③	④	⑤	79	①	②	③	④	⑤	99	①	②	③	④	⑤
20	①	②	③	④	⑤	40	①	②	③	④	⑤	60	①	②	③	④	⑤	80	①	②	③	④	⑤	100	①	②	③	④	⑤

근로복지공단 필기전형 답안카드

1	① ② ③ ④ ⑤	21	① ② ③ ④ ⑤	41	① ② ③ ④ ⑤	61	① ② ③ ④ ⑤	81	① ② ③ ④ ⑤
2	① ② ③ ④ ⑤	22	① ② ③ ④ ⑤	42	① ② ③ ④ ⑤	62	① ② ③ ④ ⑤	82	① ② ③ ④ ⑤
3	① ② ③ ④ ⑤	23	① ② ③ ④ ⑤	43	① ② ③ ④ ⑤	63	① ② ③ ④ ⑤	83	① ② ③ ④ ⑤
4	① ② ③ ④ ⑤	24	① ② ③ ④ ⑤	44	① ② ③ ④ ⑤	64	① ② ③ ④ ⑤	84	① ② ③ ④ ⑤
5	① ② ③ ④ ⑤	25	① ② ③ ④ ⑤	45	① ② ③ ④ ⑤	65	① ② ③ ④ ⑤	85	① ② ③ ④ ⑤
6	① ② ③ ④ ⑤	26	① ② ③ ④ ⑤	46	① ② ③ ④ ⑤	66	① ② ③ ④ ⑤	86	① ② ③ ④ ⑤
7	① ② ③ ④ ⑤	27	① ② ③ ④ ⑤	47	① ② ③ ④ ⑤	67	① ② ③ ④ ⑤	87	① ② ③ ④ ⑤
8	① ② ③ ④ ⑤	28	① ② ③ ④ ⑤	48	① ② ③ ④ ⑤	68	① ② ③ ④ ⑤	88	① ② ③ ④ ⑤
9	① ② ③ ④ ⑤	29	① ② ③ ④ ⑤	49	① ② ③ ④ ⑤	69	① ② ③ ④ ⑤	89	① ② ③ ④ ⑤
10	① ② ③ ④ ⑤	30	① ② ③ ④ ⑤	50	① ② ③ ④ ⑤	70	① ② ③ ④ ⑤	90	① ② ③ ④ ⑤
11	① ② ③ ④ ⑤	31	① ② ③ ④ ⑤	51	① ② ③ ④ ⑤	71	① ② ③ ④ ⑤	91	① ② ③ ④ ⑤
12	① ② ③ ④ ⑤	32	① ② ③ ④ ⑤	52	① ② ③ ④ ⑤	72	① ② ③ ④ ⑤	92	① ② ③ ④ ⑤
13	① ② ③ ④ ⑤	33	① ② ③ ④ ⑤	53	① ② ③ ④ ⑤	73	① ② ③ ④ ⑤	93	① ② ③ ④ ⑤
14	① ② ③ ④ ⑤	34	① ② ③ ④ ⑤	54	① ② ③ ④ ⑤	74	① ② ③ ④ ⑤	94	① ② ③ ④ ⑤
15	① ② ③ ④ ⑤	35	① ② ③ ④ ⑤	55	① ② ③ ④ ⑤	75	① ② ③ ④ ⑤	95	① ② ③ ④ ⑤
16	① ② ③ ④ ⑤	36	① ② ③ ④ ⑤	56	① ② ③ ④ ⑤	76	① ② ③ ④ ⑤	96	① ② ③ ④ ⑤
17	① ② ③ ④ ⑤	37	① ② ③ ④ ⑤	57	① ② ③ ④ ⑤	77	① ② ③ ④ ⑤	97	① ② ③ ④ ⑤
18	① ② ③ ④ ⑤	38	① ② ③ ④ ⑤	58	① ② ③ ④ ⑤	78	① ② ③ ④ ⑤	98	① ② ③ ④ ⑤
19	① ② ③ ④ ⑤	39	① ② ③ ④ ⑤	59	① ② ③ ④ ⑤	79	① ② ③ ④ ⑤	99	① ② ③ ④ ⑤
20	① ② ③ ④ ⑤	40	① ② ③ ④ ⑤	60	① ② ③ ④ ⑤	80	① ② ③ ④ ⑤	100	① ② ③ ④ ⑤

성 명

지원 분야

문제지 형별기재란   Ⓐ Ⓑ

(형)

수 험 번 호

⓪	①	②	③	④	⑤	⑥	⑦	⑧	⑨
⓪	①	②	③	④	⑤	⑥	⑦	⑧	⑨
⓪	①	②	③	④	⑤	⑥	⑦	⑧	⑨
⓪	①	②	③	④	⑤	⑥	⑦	⑧	⑨
⓪	①	②	③	④	⑤	⑥	⑦	⑧	⑨
⓪	①	②	③	④	⑤	⑥	⑦	⑧	⑨
⓪	①	②	③	④	⑤	⑥	⑦	⑧	⑨

감독위원 확인

인

근로복지공단 필기전형 답안카드

1	① ② ③ ④ ⑤	21	① ② ③ ④ ⑤	41	① ② ③ ④ ⑤	61	① ② ③ ④ ⑤	81	① ② ③ ④ ⑤
2	① ② ③ ④ ⑤	22	① ② ③ ④ ⑤	42	① ② ③ ④ ⑤	62	① ② ③ ④ ⑤	82	① ② ③ ④ ⑤
3	① ② ③ ④ ⑤	23	① ② ③ ④ ⑤	43	① ② ③ ④ ⑤	63	① ② ③ ④ ⑤	83	① ② ③ ④ ⑤
4	① ② ③ ④ ⑤	24	① ② ③ ④ ⑤	44	① ② ③ ④ ⑤	64	① ② ③ ④ ⑤	84	① ② ③ ④ ⑤
5	① ② ③ ④ ⑤	25	① ② ③ ④ ⑤	45	① ② ③ ④ ⑤	65	① ② ③ ④ ⑤	85	① ② ③ ④ ⑤
6	① ② ③ ④ ⑤	26	① ② ③ ④ ⑤	46	① ② ③ ④ ⑤	66	① ② ③ ④ ⑤	86	① ② ③ ④ ⑤
7	① ② ③ ④ ⑤	27	① ② ③ ④ ⑤	47	① ② ③ ④ ⑤	67	① ② ③ ④ ⑤	87	① ② ③ ④ ⑤
8	① ② ③ ④ ⑤	28	① ② ③ ④ ⑤	48	① ② ③ ④ ⑤	68	① ② ③ ④ ⑤	88	① ② ③ ④ ⑤
9	① ② ③ ④ ⑤	29	① ② ③ ④ ⑤	49	① ② ③ ④ ⑤	69	① ② ③ ④ ⑤	89	① ② ③ ④ ⑤
10	① ② ③ ④ ⑤	30	① ② ③ ④ ⑤	50	① ② ③ ④ ⑤	70	① ② ③ ④ ⑤	90	① ② ③ ④ ⑤
11	① ② ③ ④ ⑤	31	① ② ③ ④ ⑤	51	① ② ③ ④ ⑤	71	① ② ③ ④ ⑤	91	① ② ③ ④ ⑤
12	① ② ③ ④ ⑤	32	① ② ③ ④ ⑤	52	① ② ③ ④ ⑤	72	① ② ③ ④ ⑤	92	① ② ③ ④ ⑤
13	① ② ③ ④ ⑤	33	① ② ③ ④ ⑤	53	① ② ③ ④ ⑤	73	① ② ③ ④ ⑤	93	① ② ③ ④ ⑤
14	① ② ③ ④ ⑤	34	① ② ③ ④ ⑤	54	① ② ③ ④ ⑤	74	① ② ③ ④ ⑤	94	① ② ③ ④ ⑤
15	① ② ③ ④ ⑤	35	① ② ③ ④ ⑤	55	① ② ③ ④ ⑤	75	① ② ③ ④ ⑤	95	① ② ③ ④ ⑤
16	① ② ③ ④ ⑤	36	① ② ③ ④ ⑤	56	① ② ③ ④ ⑤	76	① ② ③ ④ ⑤	96	① ② ③ ④ ⑤
17	① ② ③ ④ ⑤	37	① ② ③ ④ ⑤	57	① ② ③ ④ ⑤	77	① ② ③ ④ ⑤	97	① ② ③ ④ ⑤
18	① ② ③ ④ ⑤	38	① ② ③ ④ ⑤	58	① ② ③ ④ ⑤	78	① ② ③ ④ ⑤	98	① ② ③ ④ ⑤
19	① ② ③ ④ ⑤	39	① ② ③ ④ ⑤	59	① ② ③ ④ ⑤	79	① ② ③ ④ ⑤	99	① ② ③ ④ ⑤
20	① ② ③ ④ ⑤	40	① ② ③ ④ ⑤	60	① ② ③ ④ ⑤	80	① ② ③ ④ ⑤	100	① ② ③ ④ ⑤

근로복지공단 필기전형 답안카드

1	① ② ③ ④ ⑤	21	① ② ③ ④ ⑤	41	① ② ③ ④ ⑤	61	① ② ③ ④ ⑤	81	① ② ③ ④ ⑤
2	① ② ③ ④ ⑤	22	① ② ③ ④ ⑤	42	① ② ③ ④ ⑤	62	① ② ③ ④ ⑤	82	① ② ③ ④ ⑤
3	① ② ③ ④ ⑤	23	① ② ③ ④ ⑤	43	① ② ③ ④ ⑤	63	① ② ③ ④ ⑤	83	① ② ③ ④ ⑤
4	① ② ③ ④ ⑤	24	① ② ③ ④ ⑤	44	① ② ③ ④ ⑤	64	① ② ③ ④ ⑤	84	① ② ③ ④ ⑤
5	① ② ③ ④ ⑤	25	① ② ③ ④ ⑤	45	① ② ③ ④ ⑤	65	① ② ③ ④ ⑤	85	① ② ③ ④ ⑤
6	① ② ③ ④ ⑤	26	① ② ③ ④ ⑤	46	① ② ③ ④ ⑤	66	① ② ③ ④ ⑤	86	① ② ③ ④ ⑤
7	① ② ③ ④ ⑤	27	① ② ③ ④ ⑤	47	① ② ③ ④ ⑤	67	① ② ③ ④ ⑤	87	① ② ③ ④ ⑤
8	① ② ③ ④ ⑤	28	① ② ③ ④ ⑤	48	① ② ③ ④ ⑤	68	① ② ③ ④ ⑤	88	① ② ③ ④ ⑤
9	① ② ③ ④ ⑤	29	① ② ③ ④ ⑤	49	① ② ③ ④ ⑤	69	① ② ③ ④ ⑤	89	① ② ③ ④ ⑤
10	① ② ③ ④ ⑤	30	① ② ③ ④ ⑤	50	① ② ③ ④ ⑤	70	① ② ③ ④ ⑤	90	① ② ③ ④ ⑤
11	① ② ③ ④ ⑤	31	① ② ③ ④ ⑤	51	① ② ③ ④ ⑤	71	① ② ③ ④ ⑤	91	① ② ③ ④ ⑤
12	① ② ③ ④ ⑤	32	① ② ③ ④ ⑤	52	① ② ③ ④ ⑤	72	① ② ③ ④ ⑤	92	① ② ③ ④ ⑤
13	① ② ③ ④ ⑤	33	① ② ③ ④ ⑤	53	① ② ③ ④ ⑤	73	① ② ③ ④ ⑤	93	① ② ③ ④ ⑤
14	① ② ③ ④ ⑤	34	① ② ③ ④ ⑤	54	① ② ③ ④ ⑤	74	① ② ③ ④ ⑤	94	① ② ③ ④ ⑤
15	① ② ③ ④ ⑤	35	① ② ③ ④ ⑤	55	① ② ③ ④ ⑤	75	① ② ③ ④ ⑤	95	① ② ③ ④ ⑤
16	① ② ③ ④ ⑤	36	① ② ③ ④ ⑤	56	① ② ③ ④ ⑤	76	① ② ③ ④ ⑤	96	① ② ③ ④ ⑤
17	① ② ③ ④ ⑤	37	① ② ③ ④ ⑤	57	① ② ③ ④ ⑤	77	① ② ③ ④ ⑤	97	① ② ③ ④ ⑤
18	① ② ③ ④ ⑤	38	① ② ③ ④ ⑤	58	① ② ③ ④ ⑤	78	① ② ③ ④ ⑤	98	① ② ③ ④ ⑤
19	① ② ③ ④ ⑤	39	① ② ③ ④ ⑤	59	① ② ③ ④ ⑤	79	① ② ③ ④ ⑤	99	① ② ③ ④ ⑤
20	① ② ③ ④ ⑤	40	① ② ③ ④ ⑤	60	① ② ③ ④ ⑤	80	① ② ③ ④ ⑤	100	① ② ③ ④ ⑤

※ 본 답안지는 마킹연습용 모의 답안지입니다.

성 명

지원 분야

문제지 형별기재란 Ⓐ Ⓑ
(형)

수 험 번 호
⓪ ① ② ③ ④ ⑤ ⑥ ⑦ ⑧ ⑨
⓪ ① ② ③ ④ ⑤ ⑥ ⑦ ⑧ ⑨
⓪ ① ② ③ ④ ⑤ ⑥ ⑦ ⑧ ⑨
⓪ ① ② ③ ④ ⑤ ⑥ ⑦ ⑧ ⑨
⓪ ① ② ③ ④ ⑤ ⑥ ⑦ ⑧ ⑨
⓪ ① ② ③ ④ ⑤ ⑥ ⑦ ⑧ ⑨
⓪ ① ② ③ ④ ⑤ ⑥ ⑦ ⑧ ⑨

감독위원 확인
(인)

2025 최신판 시대에듀 All-New
사이다 모의고사 근로복지공단 NCS + 전공

개정8판1쇄 발행	2025년 05월 20일 (인쇄 2025년 04월 24일)
초 판 발 행	2017년 11월 15일 (인쇄 2017년 10월 26일)
발 행 인	박영일
책 임 편 집	이해욱
편 저	SDC(Sidae Data Center)
편 집 진 행	김재희 · 황성연
표지디자인	현수빈
편집디자인	김경원 · 임창규
발 행 처	(주)시대고시기획
출 판 등 록	제10-1521호
주 소	서울시 마포구 큰우물로 75 [도화동 538 성지 B/D] 9F
전 화	1600-3600
팩 스	02-701-8823
홈 페 이 지	www.sdedu.co.kr
I S B N	979-11-383-9248-8 (13320)
정 가	18,000원

사~이~다~

사일 동안
이것만 풀면
다 합격!

근로복지공단
NCS + 전공

기업별 맞춤 학습 "기본서" 시리즈

공기업 취업의 기초부터 심화까지! 합격의 문을 여는 Hidden Key!

기업별 시험 직전 마무리 "모의고사" 시리즈

실제 시험과 동일하게 마무리! 합격을 향한 Last Spurt!

※**기업별 시리즈** : HUG 주택도시보증공사/LH 한국토지주택공사/강원랜드/건강보험심사평가원/국가철도공단/국민건강
보험공단/국민연금공단/근로복지공단/발전회사/부산교통공사/서울교통공사/인천국제공항공사/코레일 한국철도공사/
한국농어촌공사/한국도로공사/한국산업인력공단/한국수력원자력/한국수자원공사/한국전력공사/한전KPS/항만공사 등

※도서의 이미지 및 구성은 변동될 수 있습니다.

NEXT STEP

시대에듀가 합격을 준비하는
당신에게 제안합니다.

성공의 기회
시대에듀를 잡으십시오.

시대에듀

기회란 포착되어 활용되기 전에는 기회인지조차 알 수 없는 것이다.
- 마크 트웨인 -